요한계시록 강해

과거, 현재, 미래를 주관하시는 그리스도

上

요한계시록 강해(상)
과거, 현재, 미래를 주관하시는 그리스도

지은이	손계문
펴낸곳	11HN
초판발행	2020년 8월 1일
재판발행	2021년 3월 1일
출판등록	2007년 7월 4일
전화	1544·0091 010·9543·0091
이메일	11hnnet@gmail.com
홈페이지	http://www.11hn.net

ISBN   979-11-6324-001-3

요한계시록 강해

과거, 현재, 미래를 주관하시는 그리스도

上

프롤로그

"왜 하나님은 우리에게 요한계시록을 주셨을까?"

요한계시록을 주신 첫번째 이유는,
하나님을 믿게 하기 위해서이다. 나는 모태신앙으로 태어났다. 독실한 장로교 신자인 어머니는 백일도 지나지 않은 갓난 아기를 업고 새벽기도를 다니셨다. 그래서 어려서부터 성경은 하나님의 말씀이라는 교훈을 받고 아무런 의심 없이 믿고 있었다. 그렇게 신앙속에서 자라던 어느 날, 누군가 "왜 성경이 하나님의 말씀인가?"라는 질문을 했을 때, 합리적인 대답을 들려주지 못했다. 그날부터 씨름은 시작되었고, 그 대답을 성경에서 찾게 되었다.

> "일이 이루기 전에 미리 너희에게 말한 것은 일이 이룰 때에 너희로 믿게 하려 함이라"(요 14:29).

성경전체에 나타난 예언을 연구함으로, 성경이 믿을 수 있는 하나님의 말씀일 수밖에 없다는 부인할 수 없는 확신을 얻게 되었다.

오늘날 사람들은 실험으로 증명되고, 과학으로 입증된 것만을 믿으려고 한다. 자상한 하나님은 이러한 사람의 심리를 잘 아시기 때문에, "그냥 무조건 믿어!" 이렇게 강요하지 않으시고, 성경은 과연 믿을 수 있는지 과학적 방법으로 실험하게 하셨다. 마치 하나님께서, "너희들이 의심이 많은데, 그러면 나를 믿을 수 있는지, 없는지 실험을 해 보고 믿어라"고 하시듯이, 인류의 역사적 사건을 미리 예언하심으로 그 역사적 성취를 보고 믿게 하셨다. 하나님이 말씀하신 그 예언이 역사적 사실로 성취되면, 예언하신 하나님은 참으로 믿을 수 있는 하나님 이라는 사실을 증명하신 것이다. 그래서 예수님은 이렇게 말씀하셨다.

 "지금부터 일이 이루기 전에 미리 너희에게 이름은 일이 이룰 때에 내가 그인 줄 너희로 믿게 하려 함이로라"(요 13:19).

그러므로 하나님은 "종말을 처음부터 고하며 아직 이루지 아니한 일을 옛적부터 보이고 … 나의 모든 기뻐하는 것을 이루리라"(사 46:10)고 하시는 분이시다.

하나님은 세계 역사의 시작과 진행과 종말을 한눈에 다 보시는 분이시기 때문에 미리 말씀해 주셨고, 그것이 역사의 현장에서 성취될 때 하나님의 말씀은 믿을 수 있다는 증거가 되게 하신 것이다. 하나님은 예언하는 능력을 참 하나님 되심의 한 증거로 제시하고 있다.

 "[21] 이스라엘의 하나님 여호와께서 온 세상의 우상들에게 말씀하신다. 너희가 신이라는 증거를 제시해 보아라 [22] 너희가 앞으로 계획한 일들을 미리 이야기해 보아라. 너희가 말한 대로 세계 역사가 흘러 가면 우리도 너희를 신으로 생각하겠다. [23] 좋은 일이든 나쁜 일이든 너희의 말대로 맞기만 한다면 우리가 모두 깜짝 놀라서 너희를 존중할 것이다"(현대어, 사 41:21-23).

하나님은 어떻게 하든지 우리가 하나님을 믿어서 영생에 이르기를 원하신다. 그래서 하나님을 분명하고도 확실하게 믿을 수 있도록 요한계시록을 우리에게 주신 것이다.

요한계시록을 주신 두번째 이유는,

시대를 보는 눈을 우리에게 주어서 마지막 때를 올바로 분별하여 거짓과 기만에 미혹 당하지 않고 예수 그리스도의 재림을 준비하고 맞이할 수 있도록 하기 위함이다. 지금은 마지막 시대이다. 요한계시록의 인봉이 풀어지고 예수께서 2천년 전에 초림하셨던 것처럼 이제 다시 오시는 때에 우리는 살고 있다. 조금만 관심을 가지고 역사를 살펴보면 이 땅의 역사가 하나님의 예언의 말씀대로 철저하게 퍼즐 맞추듯이 진행되어 왔음을 확인할 수 있다. 역사의 현장에 명백히 성취되는 것을 봄으로, 성경의 다른 기록들도 믿을 수 있는 사실임을 알게 해 주셨고, 이제 앞으로 올 예언도 당연히 성취될 수 있음을 알게 하신 것이다.

요한계시록에는 이 세상 역사를 이끌어 왔던 수많은 지도자들이 이미 예언되었고, 현재 세상을 지배하고 다스리는 세력들이 누구인지를 명시하고 있으며, 적그리스도와 짐승의 표, 666 등 인류 미래의 위협이 되는 존재가 누구인지를 분명하게 밝히고 있다. 어떤 사람들은 너무나 정확한 예언과 그 성취 때문에 성경의 기록을 믿지 않으려고 한다. 그래서 "그것은 역사적 사건이 이루어진 다음에 어떤 사람이 예언적 형식을 취하여 기록한 것 아닙니까? 그렇지 않고서야 어떻게 그처럼 정확히 기록할 수 있습니까?"라고 말한다. 그러나 예수님은 종말을 처음부터 고하시는 분이라고 선언하지 않았는가! 예수님은 일이 이루기 전에 미리 너희에게 말한다고 선언하지 않았는가! 참으로 하나님은 일이 이루기 전에 예언하셨다. 그러므로 우리는 요한계시록의 예언을 연구하여 이 혼돈과 기만의 마지막 시대에 참 백성으로 살아남아야만 한다.

본서는 YouTube에서 총 30부로 강의했던 요한계시록 강해 시리즈를 많은 시청자들의 반복적인 요청에 의해 책으로 옮겨왔다. 요한계시록 주석을 위한 논문이나 도서를 목적으로 집필된 것이 아니라 설교를 텍스트로 옮긴 것이기 때문에, 매끄럽게 연결되지 못한 부분들은 독자 여러분의 너그러운 양해를 부탁드린다. 또한 설교를 준비하면서 역사주의 해석 입장의 많은 자료들에서 도움과 유익을 얻었음을 밝히며 감사를 드린다.

이 책을 읽는 독자들이 지금까지 경험하지 못했던 참된 신앙부흥을 경험하고, 이론이나 지식이 아닌 살아 역사하시는 예수 그리스도를 체험적으로 만나게 되길 바란다. YouTube 설교를 시청하면 더욱 충만한 감동과 밝은 성령의 조명을 받을 것이라 믿는다.

> "이것들을 증언하신 이가 이르시되
> 내가 진실로 속히 오리라 하시거늘
> 아멘 주 예수여 오시옵소서 주 예수의 은혜가
> 모든 자들에게 있을지어다 아멘"
> (요한계시록 22장 20, 21절).

차례

서론 1
가짜 해석에 점령당한 기독교를 구원하라   11

서론 2
한눈에 보는 요한계시록과 밧모섬 탐방   37

계시록 1장
요한계시록 안에 나타나신 그리스도   69

계시록 2장, 일곱교회(에베소)
아른트와 슈페너가 현대 기독교에 말하다   95

계시록 2장, 일곱교회(서머나)
그리스도인이 된다는 것은?   137

계시록 2장, 일곱교회(버가모)
발람과 발락의 유혹에서 벗어나라   169

계시록 2장, 일곱교회(두아디라)
교황청과 이세벨을 저항하라   203

계시록 3장, 일곱교회(사데)
종교개혁은 끝나지 않았다   237

계시록 3장, 일곱교회(빌라델비아)
그리스도인의 가슴에 불을 던지다   269

계시록 3장, 일곱교회(라오디게아)
라오디게아1부: 자신에 대해 속은 교회   303

계시록 3장, 일곱교회(라오디게아)
라오디게아 2부: 주 예수 대문 밖에   333

계시록 4장
하나님의 보좌, 네 생물과 24장로   359

계시록 5장
지구에서 우주까지 가장 감격적인 경험   399

계시록 6장
네 말 탄자와 일곱인(印)의 비밀을 풀다   429

계시록 7장
말도 많고 탈도 많은 14만 4천   463

계시록 8장
일곱 나팔(유대교, 기독교, 이슬람) 심판이 시작되다   501

각주   530

복습문제(정답)   535

서론 I

가짜 해석에 점령당한 기독교회

"이 예언의 말씀을 읽는 자와 듣는 자들과
그 가운데 기록한 것을 지키는 자들이
복이 있나니 때가 가까움이라"
[계 1:3]

서론 I

가짜 해석에 점령당한 기독교회

기독교 역사 가운데 요한계시록의 필요가 오늘날처럼 더 절실하고 긴박했던 때가 있었을까? 사도 요한이 밧모섬에서 소아시아의 일곱 교회에게 보냈던 서신이지만, 계시록을 기록했던 그 당시보다 지금 더 우리에게 필요한 말씀이다. 그 이유는 요한계시록에서 예언된 실제적 사건들이 오늘을 살고 있는 이 시대에 성취되고 있기 때문이다. 지구 역사가 대단원의 막을 내리려 하는 이 시점에, 계시록에 대한 해석은 많지만 성경에 근거한 올바른 해석이 희귀한 시대이다. 말씀은 넘치지만 참된 말씀을 듣지 못해 목마른 시대이다.

1. 요한계시록은 인봉 된 책인가?

기독교 서점에 가보면 지난 십여 년 동안 요한계시록에 관한 주석서 수백 권이 쏟아져 나왔다. 또한 인터넷에서 요한계시록을 검색하면 수많은 강의들이 있다. 그런데 요한계시록을 연구하는 사람이 12명이 있다면, 그것에 대한 해석은 13가지라는 우스갯소리가 있을 정도로 많은 사람들이 계시록의 상징과 장면들을 해석하려고 애써왔다. 도대체 이 많고 많은 책들과 강의 중에서 무엇이 진리일까?

반면에 "이건 인봉된 책이다! 잘못 풀면 저주를 받는다!"라고 선언하고, 어떤 학자들은 "요한계시록 연구는 사람을 미치게 하거나 미친 채로 방치한다."라고 말하기도 한다. 그래서 오늘날 교회에서는 요한계시록에 대한 설교를 들어볼 수가 없다. 성경 66권 중 계시록은 하나님이 주신 책이 아닌가? 도대체 계시록에 대한 목마름을 어디서 풀어야 할까?

(1) 감추인 것을 드러내다.

이 책은 "계시(啓示)"이다. 어떤 사람들이 생각하듯이 "숨겨져 있는" 책도 아니고 "불가사의"한 책도 아니다. 헬라어로 계시록, 아포칼립시스 ἀποκάλυψις라는 말 자체가 "드러냄, 폭로, 현시(顯示)"이다. 감추인 것을 드러낸다는 의미이다. 여기에서 "묵시"란 뜻의 영어단어 아포칼립스(Apocalypse)란 말이 왔으며, 그래서 "요한계시록"을 "묵시록"이라고 부르는 경우도 생긴 것이다. 많은 사람들은 묵시란 단어를 3차 세계대전이나 핵전쟁, 대환난과 같은 것으로 생각한다. 그러나 성경적인 의미로 "묵시록"이란 예수 그리스도의 계시이다. 요한계시록은 예수께서 지금까지 인류를 위해 무엇을 해오셨으며, 현재는 무엇을 하고 계시며, 장차는 무엇을 하실 것인가에 관한 계시이다. 그래서 "[6] 이 말은 신실하고 참된지라 주 곧 선지자들의 영의 하나님이 그의 종들에게 결코 속히 될 일을 보이시려고 그의 천사를 보내셨도다 [7] 보라 내가 속히 오리니 이 책의 예언의 말씀을 지키는 자가 복이 있으리라 하더라 [10] 이 책의 예언의 말씀을 인봉하지 말라 때가 가까우니라"(계 22:6,7,10)고 말씀하셨다.

(2) 계시록을 인봉하려는 이유

그런데 왜 자꾸 닫아 두려고 할까? 뭔가 이상하지 않은가! 성경의 다른 어떤 책보다 더 활발한 연구와 설교가 나와야 하는 책인데, 20~30년 평생 신앙생활을 해도 요한계시록에 대한 설교를 들어본 적이 없다는 것은 무슨 이유 때문일까?

첫 번째는, 요한계시록이 갖고 있는 특수성 때문에 그렇다. 이 책은 양면성을 가지고 있는 참 이상한 책이다. 요한계시록을 올바로 이해하게 되면, 은혜의 생수가 터져 전혀 다른 신앙적 경험을 하고 큰 부흥을 맞이하게 되는 반면, 또한 그 신비한 표현들 때문에 "귀에 걸면 귀걸이, 코에 걸면 코걸이" 같은 방식으로 수많은 이단들을 양산해 내는 사이비들의 교과서가 되기도 했다. 인간을 "이긴 자", "보혜사 성령", "재림하신 구세주" 등으로 풀이하면서 사회적 물의를 일으키고 있음에도, 기독교회에 올바른 계시록 해석이 없기 때문에, 양들이 잘못된 곳으로 가는 것을 보면서도 막을 방법이 없는 것이다. 현 기독교회는 요한계시록에 무관심하거나 잘못된 해석으로 온갖 이단을 양산했다. 참으로 안타깝고 불행한 일이 아닐 수 없다.

두 번째는, 요한계시록 해석을 방해하는 단체가 있다. 사이비들의 해석은 쉽게 경계하게 되지만, 그렇다면 정통 교단이라는 곳에서 나온 요한계시록 해석은 올바로 해석하고 있을까? 요한계시록에는 특별한 용어들이 나온다. 짐승의 표, 666, 적그리스도, 아마겟돈 전쟁 이런 것들과 관련해서 여러분이 알고 있는 해석이 성경에 근거한 이해일까?

놀라운 사실은, 오늘날 기독교가 종말론이라고 붙들고 있는 대부분의 해석은 성경의 가르침이 아니다. 그럼 어디서 온 가르침인가? 성경의 진리를 올바로 깨닫지 못하게 하고 개신교회를 박멸하기 위해, 카톨릭의 예수회(Jesuit)가 개신교의 탈을 쓰고 개신교 신학 안에 들어와서 뿌려 놓은 씨앗의 열매들이다. 잘못된 참고서를 가지고 나도 배우고 너도 배우고, 10년이 지나고 20년이 지나도 그 참고서로 계속 공부하기 때문에 오늘날 기독교회가 성경의 진리와는 전혀 다른 해석을 하고 있다. 이러한 현상은 한국만의 문제가 아니라 전 세계 기독교의 동일한 문제다. 시작이 잘못됐다. 오늘날 요한계시록에 대한 무관심이나 잘못된 해석의 난립은 사탄의 작품이다. 왜냐하면 요한계시록이 올바로 해석되면 인류를 멸망시키려는 자신의 계획에 큰 손해를 끼치기 때문이다.

2. 예수회가 역사에 등장하다

◆ 예수회(Jesuit)- 1543년 8월 15일, 이그나시우스 로욜라가 창설함

종교개혁으로 사람들이 진리에 눈을 뜨자 카톨릭은 1543년 8월 15일 이그나시우스 로욜라(Ignatius Loyola 1491~1556)는 개신교회를 박멸하기 위해 예수회를 창설했다. 많은 기록들은 예수회를 역사상 가장 간악한 정치적 집단으로 소개한다.

"예수회는 단순한 사제단이 아니고 어떤 종교적 신념을 따르는 것도 아니다. 그들은 각종 직업에 종사하면서 우리 사회 어디에나 흩어져 있고, 하나의 큰 목적을 성취하기 위해 광명한 천사나 흑암의 사자 등 어떤 성격의 위장도 가능하다. 그들은 로마주의의 대의를 위해 목숨을 판 사람들이다"(J. Wayne Laurens, The Crisis in America; or the Enemies of America Unmasked, G.D.Miller, 1855, p.267).

"로마 천주교는 종교개혁을 전멸시키기 위하여 교황의 투사들 가운데 가장 잔인하고, 무법하고, 강력한 제수이트(Jesuit) 사제단을 조직하였다. 그들은 혈연적 관계와 인간적 사리도 무시하고, 인정의 요구와 이성(理性)과 양심에도 무감각하여 그것들을 완전히 배척해 버리고, 규율과 유대 관계도 무시하고, 오직 저들의 규칙에 의지하여 자기들의 세력을 확장하는 데만 진력하였다. 이 원칙에 의하여 거짓말, 도적질, 암살 같은 것도 그것이 교회를 이롭게 하는 일일 때 용서받을 수 있는 일일뿐만 아니라 오히려 칭찬받을 만한 일이 되었다. 제수이트들은 여러 가지 모양으로 가장하여 나라의 공직자들이 되고 왕의 지위에도 올라가서 나라의 정책을 세우는 일들을 하였고 첩보원 노릇을 하기 위하여 남의 종도 되었다(The Great Controversy p.234).

"그들은 못하는 언어가 없고 고백 못할 신조가 없으며 그들이 들어가 교인행세와 직책 수행을 할 수 없는 교회는 없다. 그들은 루터교도들과 함께 교황을 비난할 수 있다"(J.A.Wylie, The History of Protestantism, Vol. II, p.412).

예수회 선서의 일부를 소개하면 다음과 같다.

> "또 나는 다음을 서약합니다. 송장과 시체처럼, 나는 내 자신의 의견이나 정신적 의지는 어떠한 형태로든 갖지 않을 것입니다. 그러나 교황군대의 나의 상관으로부터 받는 모든 명령은 지체 없이 복종할 것입니다. 또 나는 다음을 서약합니다. 기회가 올 때 나는 모든 이단자, 개신교도 및 자유주의자들을 상대로 은밀히 또는 공개적으로 줄기찬 전쟁을 감행할 것이며, 지시에 따라 그들을 온 지면에서 근절 박멸할 것이며, 연령, 성별, 또는 상태 여하를 막론하고 이 악독한 이단자들을 목매달고, 불에 태우고, 굶기고, 물에 삶고, 가죽을 벗기고, 목을 조이고, 생매장하여 죽일 것이며, 저주스런 그들을 영원히 섬멸하기 위해 여자들의 배를 가르고 그들의 유아들의 머리를 벽에 쥐어박아 부술 것입니다. 그리고 그렇게 할 수 없을 때는 은밀히 독약, 목조르는 줄, 비수 또는 탄환을 사용하되, 그들의 명예, 지위 여하를 불문하고, 교황의 대리자나 거룩한 제수이트 형제단 상관의 지시를 받는 대로 이행할 것입니다"(Edwin A. Sheman, The Engineer Corps of Hell: of Romes Sappers and Miners, PrIvate Subscription, 1883, pp, 118~124).

보통 사람은 이런 혐오스러운 서약을 생각조차 할 수 없다. 이것이 예수회다.

3. 예언 해석의 방법 3가지

1545년 종교개혁을 무너뜨리기 위해 교황청은 특별한 회의를 소집했는데, 이 유명한 회의가 트렌트라는 도시에서 소집되어서 트렌트 회의라고 불린다. 1563년까지 약 20여 년 동안 지속된 여러 번의 회의 동안에 바티칸 지도자들은 종교개혁을 방해하기 위해 매우 간교한 "계획"을 추진했다. 종교재판이나 고문, 이단자들을 화형에 처하는 것을 포함할 뿐만 아니라 신학을 통하여 '프로테스탄트' 개신교를 공격한다는 것이다.

◆ Council of Trent- 1545년부터 1563년까지 이탈리아 북부 트렌토(트리덴틴)와 볼로냐에 소집된 로마 카톨릭교회의 공의회

어떤 신학으로 개신교회를 공격한다는 것일까? 오늘날 기독교회가 요한계시록, 종말론을 해석하고 있는 신학의 뿌리는 어디일까? 예언을 해석하는 세 가지 신학적 관점이 있는데, 그것은 과거주의 / 미래주의 / 역사주의 예언해석 방법이다.

(1) 과거주의(Preterism) 예언해석

예수회 신부 알카자(Luis De Alcazar; 1554~1613)는 성경에 나오는 "적그리스도"에 관한 예언을 과거에 이미 성취된 것으로 해석했다. 즉 과거주의 해석은 1세기에 살았던 네로 황제나 시리아왕 안티오코스 4세 에피파네스[1]와 같은 정치가에게 적용시켜서 적그리스도는 교황이 아니라 과거에 모두 성취되었다고 믿는 것이다. 교황청이 로마에서 지배하기 전에 적그리스도의 예언이 이미 성취되었으므로 교황에게 적용될 수 없다는 과거주의 해석을 고안해 냈다.

(2) 미래주의(Futurism) 예언해석

예수회 신부 리베라(Francisco Ribera; 1537~1591)는 개신교의 주장을 무마시키기 위해 요한계시록 주석을 출간했는데, 같은 예수회 신부인 알카자와는 정반대로 요한계시록의 예언을 미래의 것으로, 즉 마지막 시대에 한 독재자가 나타나서 실제 예루살렘 성전을 재건하고 3년 반 동안 세력을 떨칠 어떤 초자연적 인물에 적용시켰다. 이렇게 해서 "적그리스도는 교황"이라는 종교개혁자들의 성경해석을 짓밟고, 그 예언을 과거나 미래에 적용시킴으로써 예수회는 성경이 지목하는 적그리스도를 교황청과는 전혀 관계없는 것으로 돌려놓았다.

(3) 역사주의(Historicism) 예언해석

그렇다면 종교개혁자들이 따랐던 예언해석 방법은 무엇이었을까? 세 번째 예언해석의 원칙인 역사주의 해석은 초대교회부터 마지막 시대에 이르기까지 기독교 역사 속에서 성취되었으며, 되고 있는 중이라고 믿는 것이다. 그것은 그리스도와 사탄 사이의 대 전쟁의 역사이며, 이 역사주의 해석법은 모든 종교개혁자들이 주장했던 예언해석이었다.

그런데 심각한 문제는 오늘날 개신교회가 어떤 예언해석 방법으로 요한계시록을 해석하고 있느냐는 것이다. 이미 짐작했겠지만, 천주교회가 종교개혁운동을 무너뜨리기 위해 고안한 미래주의 예언해석 방법을 거의 대부분이 따르고 있다.

4. 현대 기독교회가 선택한 종말론

1500년대 종교개혁에서 뚜렷이 제시하는 두 가지 핵심 진리가 있었다.

① 구원은 예수 그리스도를 통해서만 얻을 수 있다.
② 로마 교황은 성경에 나오는 적그리스도이다.

첫 번째는, 의인은 천주교회에서 제정한 성례전이나 죄를 씻기 위한 고행의 행위로서가 아니라 "믿음으로 말미암아 살리라"는 것과 **두 번째는**, 역사주의 예언해석 방법에 근거해서 종교개혁자들은 한결같이 "교황은 적그리스도"라고 주장했다.

◆ 종교개혁자들- (왼쪽부터) 존 위클리프, 마틴 루터, 존 칼빈, 존 낙스, 츠빙글리

영국의 존 위클리프, 독일의 마틴 루터, 프랑스의 존 칼빈, 스코틀랜드의 존 낙스, 스위스의 츠빙글리는 로마 교황이 성경에서 일컫는 불법의 비밀이요 적그리스도라고 설교했다. 이 엄청난 진리 때문에 수백만 명의 사람들이 진리에 눈을 뜨고 카톨릭교회를 떠났다. 그런데 지금은 거의 모든 개신교회가 교황을 "평화의 사도"라고 고백한다. 더군다나 개신교회를 박멸시키기 위해 예수회가 만들어 놓은 "미래주의 예언해석"을 거의 대부분의 개신교가 채용하고 있다. 어떻게 이런 일이 생기게 되었을까? 무슨 일이 생긴 걸까?

(1) 미래주의 해석의 발전 과정

트렌트 회의가 있고 난 후 곧 교황의 축복 하에 프란치스코 리베라는 미래주의 해석법이라는 바이러스를 발전시켰고, 그 이후 300여 년간 예수회가 이 바이러스를 개신교회에 삽입시키려고 최선을 다했다. 특히 유럽 대학교의 교육과정을 통해 시도했지만 실패했다. 그 결과 리베라의 미래주의 해석은 약 300여 년 동안 개신교에 큰 영향을 끼치지 못했고 그것은 천주교회에 한정되어 있었다.

그러나 1800년대 법률가요 영국 성공회의 성경학자인 사무엘 로피 메이트랜드 박사가(1792~1866) 리베라의 주석을 지지하는 책을 발간했다. 그 때부터 10년간 그는 계속해서 소책자로 반종교개혁의 글을 썼다. 그가 예수회였을까? 글쎄 사무엘 박사의 소속은 개신교인이었지만 어떤 신분으로도 위장이 가능한 예수회였을지도 모르는 합리적 의심을 해 볼 수 있다.

이어서 제임스 H. 타드가 메이트랜드 박사의 뒤를 이었다. 타드는 메이트랜드의 사상을 본받아 미래주의 해석에 관한 책을 출간했다. 그도 예수회였을까? 글쎄 소속은 개신교인이었지만 그들은 얼마든지 위장이 가능하지 않은가?

John Henry Newman
(1801~1890)

그러다가 영국 국교의 일원이요 유명한 옥스퍼드 운동의 지도자인 존 헨리 뉴먼이 뒤를 이었다. 1850년에 뉴먼이 "영국 국교의 어려운 상황"이란 책을 쓰면서 영국의 여러 종파들을 로마 천주교로 돌아가게 하는 것이 옥스퍼드 운동의 목표 중 하나라고 역설한다. 적그리스도에 관한 타드의 미래주의 해석방법을 옹호하면서 뉴먼은 곧 로마 카톨릭 교인이 되고 후에 가장 높은 추기경이 된다. 그도 예수회였을까? 의심할 여지가 없는 것 같다.

오순절 카리스마 운동의 선구자이며 스코틀랜드의 장로교목사 에드워드 어빙은 런던에서 예언을 공부할 때 리베라, 메이트랜드, 타드가 주장한 미래에 있을 적그리스도의 개념을 받아들였을 뿐만 아니라 한 발자국 더 앞장섰다.

1830년경에 에드워드 어빙은 그리스도 재림의 두 단계를 가르치기 시작했는데, **첫째 단계**는 적그리스도의 등장 전에 비밀 휴거가 있다는 개념이었다. 오늘날 개신교인들이 흔히 믿고 있는 "7년 환난 전에 비밀 휴거가 있다"는 이 개념을 에드워드 어빙은 어디서 얻었을까? 당시 어빙이 이 개념을 소개했을 때 많은 논란이 있었는데, 마가렛 맥도날드라는 젊은 스코틀랜드 소녀가 본 환상을 어빙이 소개한 것이었다.² 그가 그것을 어디서 얻었든지 간에 중요한 것은 그것을 가르쳤다는 사실에 있다. 당시에 그토록 논란이 되었던 비밀휴거의 개념이 오늘날에는 당연한 듯이 가르쳐지고 있는 것은 참 흥미로운 일이다.

둘째 단계는 그렇게 휴거되어 복 천년이 지난 후에 예수님의 재림이 있다는 개념이다. 그가 예수회였을까? 글쎄 소속은 개신교인이었지만 어떤 신분으로도 위장하는 예수회였을 가능성도 열어 두고 싶다.

영국에서 이처럼 반종교개혁의 일환으로 제시된 리베라의 미래주의가 개신교의 신학으로 탈바꿈되어 성장하는 가운데 드디어 존 넬슨 다비(1800~1882)가 나타났다. 미래주의를 다른 말로 세대주의라고도 표현하는데, 미래주의 해석 발전에 다비의 공이 매우 컸기에 현대 세대주의의 창시자라 불린다. 에드워드 어빙처럼 존 넬슨 다비는 환난 전에 휴거가 있고 그 다음 마지막 때 "한 명의 악한 독재자인 적그리스도"가 나타난다는 교리를 강력하게 지지했다. 실제로 이 가르침이 오늘날 세대주의의 기둥이 되었다. 다비에 의하면 휴거 때까지 우리는 "교회시대"에 살고 있다. 휴거 후에는 7년 환난 기간이 있을 텐데 그 기간에 적그리스도가 유대인을 대항하여 일어난다는 현재 항간에 인기 있는 종말론의 기초를 놓았다.

이렇게 다비가 그의 신학 속에 "미래주의 해석"이라는 바이러스를 삽입시킴으로써 예수회였던 리베라, 그리고 정체가 의심스러운 메이트랜드, 타드, 어빙의 뒤를 따랐다. 다비는 미국의 주요 도시에서 설교하면서 영국에서 발전하던 미래주의 해석을 미국에도 소개하게 되었다. 그가 예수회였을까? 소속은 개신교인이었지만 글쎄, 판단은 여러분에게 맡기겠다.

C. I. Scofield(1843~1921)

이러한 상황에서 가장 중요한 인물 중 한 사람은 다비의 글에 큰 영향을 받은 법률가 사이릭스 인거슨 스코필드이다. 1909년에 스코필드는 그의 유명한 스코필드 주석 성경 초판을 출간했다. 1900년대 초 이 성경은 미국 개신교 성경학교에서 대단히 인기가 있어서 수백만 권이 인쇄됐다. 이 성경을 인기 있게 만든 것은 성경 말씀 자체가 아니라 주석에 있었다. 로마 교황을 가리키던 손가락이 미래의 적그리스도를 향하게 하는 해석으로 변경돼 삽입되었다. 그가 예수회였을까? 정확히 알 수는 없지만 한 가지 분명한 건 전 미국에 예수회가 만든 리베라의 미래주의를 확산시킨 인물인 것은 확실하다.

그 후 1970년대에 미국의 할 린드세이 목사가 "대유성 지구의 종말"(The Late Great Planet Earth)라는 책을 출간했다. 소책자 형태로 된 이 책이 미래주의 해석을 소설 형식으로 미국 전역에 소개했다. 뉴욕 타임즈는 그 책을 수십 년 만의 최고의 베스트셀러라고 호평했고, 3천 만권 이상 팔리면서 30여 개 언어로 번역됐다.

그 다음으로 "남겨진 사람들"(Left Behind) 시리즈가 출간됐다. 1990년대에 팀 라헤이와 제리 젠킨스가 예수회였던 리베라부터 시작하여 메이트랜드, 타드, 어빙, 다비, 스코필드, 할 린드세이가 가졌던 개념을 받아들여 가장 성공적인 크리스천 소설 시리즈로 만들었다. "레프트 비하인드" 시리즈는 여러 나라 언어로 번역되었고, 뉴욕 타임즈, 월 스트리트 저널, USA 투데이의 베스트셀러 목록에 들게 되었으며 지상의 거의 모든 교파의 기독교인들에게 읽혀지고 있다. 그 결과 오늘날 거의 대부분의 개신교회가 앵무새처럼 똑같은 미래주의 예언 해석을 종알거리고 있으며, 개신교를 탄생시켰던 역사주의 해석법은 붕괴되고 말았다.

> "성경 예언을 미래주의 해석으로 가르치는 방법은 로마 카톨릭에서 왔으며 특히 그 교회의 예수회 신학자들에게 의해 이룩됐다. 그러나 그것과 다른 개신교의 역사주의적 해석법이 수세기 동안 지지를 받아 왔었다"(Rolert Coringola, Seventy Weeks : The Historical Alternative, p.6).

> "현 시대 미래주의 해석법을 옹호한 자들은 대부분 개신교인들로서 이와 같이 로마교회의 손안에서 놀아나서 교황청이 적그리스도라는 사실을 못 보는 것은 실로 안타까운 일이다"(Joseph Tanner, Daniel and the Revelation : The chart of Prophecy and Our place In It, A Study of the Historical and Futurist Interpretation, p.16).

(2) 현 기독교의 종말론 시나리오

그렇다면 개신교회를 박멸시키기 위해 창안한 리베라의 미래주의 예언해석이 현대 기독교회를 휩쓸고 있는데 그 구체적인 시나리오는 어떻게 되는가? 영화 [제3성전]은 유대인들이 성전 재건 준비를 하고 있다는 사실을 다루고 있다. 이스라엘에서의 성전 재건이 기독교인들에게 이슈가 되는 이유는 그것이 성경 예언들의 성취라고 믿기 때문이다. 리베라의 미래주의가 오늘날 세대주의라는 이름으로 가르쳐지고 있는데, 세대주의자들이 가르치는 종말론의 시나리오는 대략 이렇다.

앞으로 7년 대환난이 있을 것인데 하나님을 진실하게 믿는 기독교인들은 그 전에 비밀 휴거로 환난 전에 구원받는다. 그 후에 이스라엘과 이란의 전쟁이 벌어지는데 세계 모든 국가가 이스라엘과 이란 쪽으로 갈라져 3차 세계대전이 일어나고 이 전쟁으로 인류 3분의 1이 죽는다. 그야말로 세계대전의 40배에 달하는 엄청난 전쟁이라는 것이다. 전 세계 여론은 이스라엘과 아랍 간의 무조건적인 평화를 요구하고, 이때 한 사람이 나타나 전 세계에 평화를 가져온다. 이스라엘과 아랍은 화해하지만 두 종교의 성지인 예루살렘 문제가 대두되고, 결국 타협안으로 현재 이슬람의 사원을 그대로 둠과 동시에 이스라엘을 위한 성전을 바로 북쪽에 짓는다. 그로 인해서 이스라엘 사람들도 다시 제사를 드리게 되고, 42개월(3년 반) 동안 이슬람과 공존한다. 얼마 후 그는 스스로를 '신'이라고 칭하며, 이스라엘을 배신하고 제사를 금지한다. 이 독재자가 적그리스도다. 그는 재건된 예루살렘 성전에 앉아서 자기를 하나님으로 자처하는 가증한 일을 행하고, 7재앙을 내리기 시작한다. 이에 자극을 받은 아랍과 아프리카 동맹세력이 일어나고, 러시아와 그 동조 세력들이 개입하여 대결한다. 이렇게 위기가 고

조된 상황 속에서 드디어 유대인들이 국가적으로 회심하여 그리스도께로 돌아오는데 소위 그것을 "이스라엘의 회복"이라고 한다. 요한계시록에 나오는 유대인으로 구성된 십 사만 사천은 복음 전도자로서 세상에 나가, 그리스도를 믿지 않는 이방인들을 돌이키는 대역사가 전개되는 한편, 아마겟돈 전쟁이 일어나 위기가 고조된다. 이때 예수께서 재림하셔서 전쟁을 끝내시고 다시 유대인 위주의 천년 왕국을 이 땅에 세우신다는 것이다.

성경에 기반을 두지 않은 영화 같은 이야기로 사람들의 흥미를 끄는 것에는 성공한 것처럼 보인다. 이런 시나리오의 영향으로 기독교인들은 "이스라엘에 무슨 일이 있다." 하면 귀를 기울이며 관심을 보이고 있는 것이다. 과연 이런 종말 시나리오가 성경에 예언되어 있을까? 오늘날 거의 대부분의 교회는 적그리스도가 마지막 시대에 나타나 3년 반 동안 하나님을 모독하고 성도를 박해할 어떤 독재자라고 상상하고 있다. 이런 이론은 적그리스도의 정체가 교황청이라는 사실을 감추기 위해 카톨릭 교회가 예수회를 통해 여러 신학적 노력 끝에 이루어 놓은 것이다.

오늘날 기독교회가 비밀 휴거나 7년 환난 이런 것을 자주 언급하고 있기 때문에, 많은 기독교인은 성경이 그 기간을 언급하고 있다고 생각하겠지만 성경의 단 한 구절도 7년이라는 기간을 세상 끝이나 그리스도의 재림에 관련하여 말하고 있지 않다.

사실, 초대교회 이후로 참된 그리스도인들은 재림을 한 번의 사건으로 해석해 왔다. 예수께서 두 단계로 나누어서 재림하신다거나, 의인들이 비밀 휴거 된다는 사상, 또 7년 대환난 등은 지금으로부터 약 150년 전부터 생기기 시작한 예수회의 발명품이다.

5. 베뢰아 사람들처럼

이 시대는 미혹의 시대이다. 교회를 다니면서도 멸망당할 수 있다. 정신을 똑바로 차리고 진리를 찾아야 한다. 그리스도의 재림이 가까운 마지막 시대일수록 사탄은 우는 사자처럼 영혼들을 사냥하고 있다. 대부분의 기독교회가 그렇게 믿으니까 무작정 따라가지 말고, 찾으라! 갈급한 심령으로 진리를 찾으라! 우리는 역사의 그 어느 때보다도 요한계시록에 더 관심을 쏟아야 한다. 진리를 탐구하는 과정에서 마음을 열어야 한다. 내가 알고 있는 지식과 다르다고 성경으로 확인해보지 않은 채 무조건 마음 문을 닫지 말고 베뢰아 사람들처럼 "이것이 그러한가?" 성경의 말씀을 붙잡고 씨름해야 한다. 이렇게 할 때, 우리는 더 넓고 더 완전한 진리의 광장에 이르게 될 것이다.

우리의 미래는 어떻게 될 것인가? 세상의 종말은 언제, 어떻게 올 것인가? 세상 끝에는 무슨 일이 있을 것인가? 많은 기독교인들이 지상의 마지막 싸움 전에, 적그리스도의 출현 전에 휴거로 하늘에 옮겨 가리라는 생각으로 안도감을 여기며 마지막 때의 예언에 대해 연구할 필요성을 느끼지 않는다. 그렇지 않다. 비밀 휴거라는 것은 없다. 환난은 우리 모두가 통과해야 할 사건이다. 마지막 위기가 오기 전에, 폭풍이 오기 전에, 짐승의 표가 강요되기 전에, 너무 늦기 전에 지금 진리에 목마른 심령으로 성경을 다시 펴고 간절히 찾고 찾으시기를 바란다. "너희가 전심으로 나를 찾고 찾으면 나를 만나리라"(렘 29:13)고 약속하셨다!

맺으면서

> 예수 그리스도의 계시라 이는 하나님이 그에게 주사
> 반드시 속히 될 일을 그 종들에게 보이시려고
> 그 천사를 그 종 요한에게 보내어 지시하신 것이라
> 요한은 하나님의 말씀과 예수 그리스도의 증거 곧
> 자기의 본 것을 다 증거하였느니라 이 예언의 말씀을
> 읽는 자와 듣는 자들과 그 가운데 기록한 것을 지키는
> 자들이 복이 있나니 때가 가까움이라(계 1:1~3).

우리가 요한계시록을 이해할 수 없다면 어떻게 그 말씀을 읽고, 듣고, 지킬 수가 있단 말인가? 이 말씀은 이해할 수 있는 것이며 또한 이해해야만 하는 것이다. 이 말씀은 말세를 당한 우리를 위하여 특별히 기록해 주신 것이다.

> 보라 내가 속히 오리니 이 책의 예언의
> 말씀을 지키는 자가 복이 있으리라(계 22:7).

여러분은 개신교인인가? 개신교회는 말씀연구를 통해 탄생한 하나님의 교회이다. 하나님의 말씀을 자기들의 권세를 유지하기 위해 잘못 해석하고, 가감하고, 없애 버리려고 했던 로마 천주교회를 대항해서 성경을 되찾고 말씀을 회복하기 위해 전쟁을 치르고 피를 흘리며

탄생한 교회가 개신교회다. 최소 5천만에서 1억 명, 대한민국 국민 수보다 더 많은 사람들이 이 전쟁에서 학살당했다. 성경을 소지한 죄, 집에서 무릎 꿇고 기도한 죄, 교황을 저항한 죄 때문에 감옥에 갇히고 피를 흘렸다. 적그리스도의 정체를 폭로하고 성경의 진리를 지키고자 우리 믿음의 선배들은 가죽이 벗겨지고 화형을 당해야 했다.

그런데 참 아이러니하다. 교황은 성경이 지목한 바로 그 적그리스도라고 폭로하면서 개신교회라는 것이 탄생했는데, 오늘날 개신교회는 언제 그런 적이 있었냐는 듯 교황의 한마디에 환호하고 있다. 개신교(Protestant)라는 이름의 뜻은 저항자, 항거자이다. 이름 자체가 우리의 신분을 상기시킨다. 우리의 이름을 잊어서는 안 된다.

요한계시록은 현재를 살아가는 우리 모두에게 선과 악의 대 전쟁에서 어느 편에 서야 할지를 오늘 결단하라고 요청하고 있다. 요한계시록은 이 마지막 때에 우리가 어떻게 살아야 하나님을 기쁘시게 할 수 있으며 영생을 누릴 수 있는지를 가르쳐주는 책이다.

적그리스도를 이기고 환난을 통과할 수 있는 믿음을 지금 준비하기 바란다. 타는 목마름으로 성경의 진리를 사랑하고, 세속과 교황을 저항했던 믿음의 선배들의 모습이 우리 안에 회복되기를 소망한다! 베뢰아 사람들처럼 "이것이 그러한가?" 성경의 말씀을 붙잡고 씨름해야 한다. 이렇게 할 때, 우리는 더 넓고 더 완전한 진리의 광장에 이르게 될 것이다.

기 도

어제와 오늘이 한결같고 동일하신 하나님 아버지!

이 어두운 시대에 많은 종교 개혁자들을 부르셔서
진리를 외치게 하시고 수호하게 하셔서
이 시대 우리에게까지 진리가 전수되게 하셨습니다.
흑암이 짙을수록 빛이 더욱 필요합니다.
어두울수록 빛이 더욱 밝게 빛납니다.
믿음의 선배들이 성경의 말씀을 분명히 깨닫고
목숨을 바쳤던 것처럼 우리의 우둔함을 깨우치시고
눈을 밝히사 분명한 진리를 알게 해 주시옵소서.
그들이 시작한 종교개혁, 아직 끝나지 않은 종교개혁을
우리가 완성할 수 있게 도와주시기를 간구합니다.
잘못된 가르침들이 회복되게 하시고
오해되어 있는 말씀들이 밝히 드러나 주님의 말씀을 믿고
순종하는 예수님의 증인들이 준비되게 하시옵소서.

다시 오실 우리 주님의 대로를 준비하는
백성 되기를 원하며 예수님 이름으로 기도합니다.

아멘!

요한계시록 서론 I [복습문제]

1. 요한계시록은 어떤 책인가?
① 숨겨져 있는 책이다
② 인봉된 책이다.
③ 감추인 것을 드러내는 계시이다.
④ 해석할 수 없는 불가사의한 책이다.

2. 빈칸에 들어갈 내용은?

"예수 그리스도의 계시라 이는 하나님이 그에게 주사 반드시 속히 될 일을 그 종들에게 보이시려고 그 천사를 그 종 요한에게 보내어 지시하신 것이라 요한은 하나님의 말씀과 예수 그리스도의 증거 곧 자기의 본 것을 다 증거하였느니라 이 예언의 말씀을 (   )와 (   )들과 그 가운데 기록한 것을 (   )들이 복이 있나니 (   )가 가까움이라"(계 1:1~3).

3. 종교개혁을 반대하기 위해 카톨릭이 만든 단체는?
_____

4. 예언을 해석하는 3가지 방법은?
_____
_____
_____

5. 잘못된 예언 해석 방법을 만든 이유가 아닌 것은?

① 적그리스도는 교황이라는 역사주의 예언을 삭제하기 위해

② 적그리스도를 바티칸과 연결시키기 위해

③ 개신교회를 혼란에 빠뜨리기 위해

④ 종교개혁운동을 무너뜨리기 위해

6. 현대 기독교회가 채택한 예언 해석 방법은?

   _____

7. 종교개혁 당시 개신교의 두 가지 핵심 신앙은?

   _____

8. 역사주의 예언해석 방법을 바르게 설명한 것은?

① 초대교회로부터 마지막 시대에 이르기까지 기독교 역사 속에서 성취되었고 되고 있다고 믿는 것

② 적그리스도 예언을 과거의 것으로 적용시켜 이미 성취되었다고 믿는 것

③ 적그리스도가 먼 미래에 나타날 것이라고 믿는 것

④ 사도 요한이 가르쳐준 종말론

9. 참된 프로테스탄트(개신교)와 관계없는 것은?

① 항거자, 대항자

② 적그리스도의 정체를 폭로하고 성경의 진리를 수호하는 교회
③ 종교개혁자들과 같은 믿음과 정신으로 살고 종교개혁을 완성하는 교회
④ 사랑으로 연합하여 모든 종교에는 구원이 있다고 믿는 교회

10. 미래주의 예언 해석을 발전시킨 사람이 아닌 것은?
① 에드워드 어빙
② 존 넬슨 다비
③ 알카자
④ 사이릭스 인거슨 스코필드

서론 II

한눈에 보는 요한계시록과 밧모섬 탐방

"성령과 신부가 말씀하시기를 오라 하시는도다
듣는 자도 오라 할 것이요 목마른 자도 올 것이요
또 원하는 자는 값없이 생명수를 받으라 하시더라"
[계 22:17]

서론 II

한눈에 보는 요한계시록과 밧모섬 탐방

"성령과 신부가 말씀하시기를 오라 하시는도다
듣는 자도 오라 할 것이요 목마른 자도 올 것이요
또 원하는 자는 값없이 생명수를 받으라 하시더라"(계 22:17).

이보다 더 너그러운 초청이 어디 있는가? 이 호소의 말씀은 우리에게 계시를 깨닫게 하고, 친구로 삼기 원하시는 하나님의 간절함을 잘 표현하고 있다.

1. 요한계시록의 주제
(1) 요한계시록의 중심 주제

어떤 사람들은 요한계시록을 두려운 책으로 여기는데, 그렇지 않다. 요한계시록은 하나님의 보호와 관심이라는 주제를 계속 다루고 있다. 예수님은 불완전한 교회를 상징하는 촛대 사이를 아름다운 모습으로 걸어 다니고 계신다. 그분은 "감추인 만나"로 우리를 먹이시겠다고 약속하신다. 우리를 인치시고, 보좌에 앉히시고, 생명수를 주시겠다고 약속하신다. 사랑하는 신부처럼, 친절한 친구처럼, 돌보는 부모처럼 우리와 영원토록 함께 하고 싶은 하나님의 소망을 나타내고 있는 책이 요한계시록이다.

요한계시록의 중심 주제는 짐승의 표도, 아마겟돈도 아니다. 온 인류를 구원하기 위한 하나님의 마지막 호소이며 구속사역을 완성하는 그리스도의 재림이 그 하이라이트다. 그러므로 계시록을 읽을 때 두려워하지 않기를 바란다. 하나님은 사랑이시고, 성경은 사랑의 편지며, 계시록은 사랑이 가득한 편지의 결말이다. 환한 미래를 약속하며 끝내는 사랑의 서사시다. 헨델은 그의 작품 메시아의 영감을 요한계시록 19장 6절 "할렐루야 주 우리 하나님 곧 전능하신 이가 통치하시도다"에서 얻었다.

요한계시록은 펼쳐진 책이다. 닫힌 책이라고 언급된 부분이 한 군데도 없다. 오히려 말씀하시기를, "예수 그리스도의 계시라 이는 하나님이 그에게 주사 반드시 속히 될 일을 그 종들에게 보이시려고 그 천사를 그 종 요한에게 보내어 지시하신 것이라 요한은 하나님의 말씀과 예수 그리스도의 증거 곧 자기의 본 것을 다 증거하였느니라 이 예언의 말씀을 읽는 자와 듣는 자들과 그 가운데 기록한 것을 지키는 자들이 복이 있나니 때가 가까움이라"(계 1:1~3)고 하셨다.

우리는 이 요한계시록에 최대의 관심을 가져야 한다. 신구약 66권을 통틀어서 예수 그리스도께서 그 직접적인 저자로 언급된 유일한 책이다. 그러므로 요한계시록이 아니라 1절에 기록된 대로 예수 그리스도의 계시록이라 해야 옳다. 계시록은 요한의 상상력의 산물이 아니라 하나님께서 보여주신 것이다. 요한계시록을 연구하는 이들에게 하나님은 축복을 약속하셨다. 요한계시록은 새로운 영적 경험과 부흥을 가져오게 하는 책이다. 이 책에는 마지막 시대의 세상에 선포해야 하는 영원한 복음이 간직되었고, 깨달아야 할 진리로 가득 차 있다. 그러므로 사탄은 이 책에 대해 사람들을 눈멀게 하려고 애쓰고 있다. 그래서 이 악한 자의 활동을 하나님께서 아시고 이 말씀을 읽고, 듣고, 지키는 자들은 복이 있다고 미리 말씀하신 것이다.

(2) 밧모섬 탐방

요한은 오늘날의 터키에 속한 소아시아의 남서쪽 해안으로부터 약 80km 떨어진 에게해의 작은 돌섬인 밧모섬에서 지내며 계시록을 기록했다. 그 섬은 로마가 죄수들을 유배 보냈던 일종의 강제 노동 수용소였다. 초기 그리스도교 전승이 확인하는 바에 의하면, 요한은 도미티안 황제(Domitian, AD 81~96)가 통치하는 기간에 밧모로 유배되어 채석장에서 강제 노역을 하다가 후에 네르바 황제(Nerva, 96~98)에 의해 풀려나 에베소로 돌아가는 허락을 받았다. 밧모에 있는 동안 요한은 계시를 보았고, 그것을 두루마리에 기록하여 아시아의 교회들에게 목회서신으로 보내라는 지시를 받았다.

사도 요한은 주의 날에 계시를 보았다고 기록하고 있다. 채석장에서 돌을 캐는 노동을 하는 요한이었지만, 그는 하나님을 예배하는 거룩한 주님의 날을 결단코 타협하지 않았을 것이다. 로마의 간수들은 그의 성품의 고결함을 보고 주님의 날에 특별히 쉼을 허락해 주었을 것이다. 요한은 에게해의 푸른 바다를 바라보며 "주님, 이 연약한 교회에 이리떼들이 노략질하고 있습니다. 교회의 첫사랑이 식어지고 로마의 핍박은 날로 거셉니다. 주님, 이 교회를 이렇게 내버려 두실 겁니까? 주님, 언제 다시 오시렵니까?" 이런 생각을 하고 있을 때, 갑자기 바다 물결이 요동치며 일곱 금 촛대가 솟아오르고 그 교회를 돌보시는 예수님의 모습을 보게 된다.

오래전에 밧모섬을 다녀올 기회가 있었다. 터키 에베소의 쿠사다시 항구에서 에게해를 건너 밧모섬으로 들어간다. 성지 순례하는 분들은 대부분 여행사와 함께 다니기 때문에 밧모섬에 가서 요한이 계시를 보았다는 동굴이나 사도 요한 수도원 정도를 보게 되는데 나는 동굴을 잠깐 살펴본 후에, 혼자 서너 시간 밧모섬 자체를 탐방해 보았다. 해변을 따라 걷기도 하고, 바위산 정상에 올라가 보기도 하면서 사도 요한이 걸었고, 일했고, 계시를 보았을 만한 곳들을 살펴보았다.

· 터키 밀레도에서 남서쪽으로 약56km 떨어져 있음
· 쿠사다시 항구에서 약100km 떨어진 에게해의 작은 섬
· 터키 본토와 가까이 있지만 그리스 영토임

저는 지금 터키의 쿠사다시항을 출항해서 그리스의 밧모 섬으로 이동 중입니다. 유대 관원들이 그리스도의 복음을 근절시키고자 사도 요한을 로마에 넘겨주게 되었고 로마의 도미티안 황제는 그를 끓는 기름 가마 속에 집어넣었지만 세 히브리인들을 풀무불 속에서 건져내셨던 것처럼 하나님께서는 그를 끓는 기름 가마 속에서 살려주시게 됩니다. 그리하여 도미티안 황제는 그를 밧모 섬으로 유배를 보내게 됩니다.

바로 여러분께서 보고 계시는 이 바다가 사도 요한이 밧모로 가기 위해 건너던 에게 해(The Aegean Sea)입니다. 이 바다는 사도 요한 뿐만 아니라 사도 바울이 헬라와 이방인들에게 생명을 주는 그리스도의 복음을 전하기 위해서 여러 차례 건넜던 바로 그 바다입니다.

지금 보이는 저 곳이 밧모섬입니다.

절벽과 바위 밖에 없는 밧모섬.

사도 요한은 이곳에서 돌을 채취하는 종신형을 받았다고 하지요.

여기는 밧모섬입니다. 사도 요한이 저 바위에 앉아
일곱 금촛대를 거니시는 주님을 보았을까요?

사도 요한이 바라봤을 수평선 너머에는 지금 크루즈호가
자리를 잡고 있어서 많은 세월의 변화를 느끼게 합니다.

저 나무들은 2천년의 모진 바람들을 맞아 왔는지 많이 휘어져 있습니다.

채석장 일을 하는 유배지답게 산은 대부분 바위와 돌들로 이루어져 있습니다. 요한은 어느 바위를 캐며 힘든 노동을 했는지 모르겠습니다.

사도 요한이 걸었을만한 길을 한번 따라가 보도록 하겠습니다.

요한은 천연계 가운데서 바람소리를 들으며 하나님 음성을 들었을 것이고 출렁이는 파도와 푸른 바다를 보면서 하나님의 깊은 사랑을 다시 한 번 생각하곤 했을 것입니다. 요한은 이곳에서 오히려 에베소에 있었을 때나 다른 어떤 곳에서 보다도 주님과 개인적인 시간들을 참으로 많이 보냈을 것입니다.

해가 일찍 져서 저는 밧모섬 사도 요한이 다녔을 만한 거리들을 혼자서 그냥 찾아다니고 있습니다. 요한이 예수님과 함께 동행하며 주님과 교제를 나눴던 장소가 어딜까요?

 "손계문 목사 요한계시록 강해 2부"를 검색하시면 밧모섬 영상을 시청하실 수 있습니다.

2. 요한계시록의 기록 목적

요한계시록은 편지 형태로 기록되었다. 어떤 편지든 그것을 이해하는 일차적인 원리는 그 편지가 누구에 의해 기록되어, 누구에게 보내졌으며, 그리고 왜 그 편지를 쓰게 됐는지를 파악하는 것이다. 첫 독자들, 즉 그 편지를 처음 받았던 사람들에 관해 알면 알수록 우리는 계시록을 쓴 이유와 그 계시의 중요성을 더 잘 이해할 수 있다.

요한계시록이 일차적으로 로마의 지배를 받고 있는 아시아의 일곱 교회를 위하여 기록되었다는 점은 의심의 여지가 없다. "요한은 아시아에 있는 일곱 교회에 편지하노니…"(계 1:4). 예수께서도 "가로되 너 보는 것을 책에 써서 에베소, 서머나, 버가모, 두아디라, 사데, 빌라델비아, 라오디게아 일곱 교회에 보내라"(계 1:11)고 수신자들을 분명히 밝히셨다.

(1) 초기 교회의 문제들

1세기 마지막으로 접어드는 이때의 교회는 안으로는 영적 쇠퇴와 배도로, 밖으로는 여러 이단의 침입과 로마의 핍박으로 풍전등화의 위기 가운데 처해 있었다. 당시 일곱 교회들이 당면한 외적인 문제들은 **첫째,** 그리스도인들은 사회활동에 참여하지 않았기 때문에 이방인의 반대와 고소에 직면해 있었다. 로마인들은 황제를 숭배하지 않은 자는 누구든지 무신론자로 취급했기에 그리스도인들은 무신론자로 내몰렸다. 또한 성찬과 관련하여 사람을 잡아먹는다고 고소되었는데, 그러한 만찬에서 그리스도인들은 인간의 살을 먹고 그 피를 마신다고 음해 되었다. 또 예배드릴 때 그들의 자녀를 희생 제물로 드린다는 소문도 널리

퍼졌다. 그 결과 그리스도인들은 사회에서 살 수 없는 고립된 존재가 되어가고 있었다. 교회가 직면한 두 번째 문제는 박해였다. 로마제국의 황제숭배는 심각한 위협이었다. 계시록 2:13절은 버가모 교회의 안디바가 신앙 때문에 순교를 당했다고 기록하고 있다. 세 번째 문제는 그리스도인 유대인들과의 갈등으로 고통받고 있었다. 그리스도교는 사실 유대교의 분파로 시작되었다. 사도행전은 초기 교회 역사에서 유대교로부터 분리되는 그리스도교의 모습을 잘 보여주고 있다. 결별은 AD 70년 로마에 의한 예루살렘 멸망으로 가속화되었다. AD 70년 전쟁 이후, 그리스도인들은 로마인들과의 싸움에서 유대인들과 합세해 싸우기를 거절했다는 이유로 회당에서 환영받지 못했다. 예루살렘 멸망 직후, 유대인들은 회당 예배를 마감할 때 낭송하던 17가지 축도에 열여덟 번째를 추가했는데, 사실 그것은 축도라기보다 그리스도와 그리스도인들에 대한 저주였다. 오늘날 일부 기독교 교단들도 유대교처럼 정통성을 주장하는 교회관을 가지고 있는 곳들이 있는데, 그들의 테두리 안에 있지 않은 단체들에 저주를 쏟고 있다. 이렇게 역사는 반복된다.

(2) 시대적 배경

그러나 핍박은 기쁨으로 감당할 수 있다. 교회가 당면한 내적인 문제들은 외적인 문제들보다 그들을 더 괴롭혔다. 교회는 심각한 내분을 겪고 있었다. 신실한 신자들도 있었지만 교회지도자를 포함하여 요한을 적대시하는 부류도 많았다. 버가모, 두아디라의 경우 대부분의 신자들은 배도 상태에 빠졌고, 사데의 경우는 몇 명 만이 신앙을 지키고 있었다(계 3:4). 빌라델비아의 경우는 겨우 적은 능력만 있었고(계 3:8), 라오디게아는 온 교회가 배도 상태에 빠졌는지 선한 것이라곤 전혀 찾아볼 수 없었다.

로마제국 내의 그리스도인들은 그들이 살고 있었던 도시의 일원이었고, 따라서 그들은 모든 시민의 의무에 참여하도록 요구받았다. 무엇보다 그들은 시민으로서 이방신전에서의 종교축제에 반드시 참여해야 했다. 참여하지 않은 자들은 모욕과 사회적 고립, 경제적 제재를 당했다. 이런 이방축제들은 술 취함과 부도덕한 행위로 끝을 맺었고, 신전 매춘은 고대 이교의 한 부분이었기에 땅을 비옥하게 하고 사회를 번영하게 한다는 목적으로 신전 창녀들과 관계를 맺어야 했다. 아시아의 교회들은 이교 축제에 참여하는 문제로 양분되어 있었다. 어떤 그리스도인들은 그러한 요구에 단호하게 맞섰지만, 어떤 무리들은 사회에서의 영향력과 사업의 이득, 상업적 번영을 위해 타협을 지지했다. 요한은 이런 사람들을 여러 이름으로 지칭한다. 에베소 교회에서 그들은 니골라당으로(2:6), 버가모 교회에서는 발람당으로(2:14), 두아디라 교회에서는 이세벨의 추종자(2:20)로 언급했다. 이 세 그룹은 모두 요한을 반대하고, 타협을 옹호했으며, 음행을 조장하고 이교축제에 참가하게 했다.

거기에 영지주의라는 가르침까지 교회 안에 들어왔는데, 영지주의는 쉽게 말하면 예수님을 폄하하는 신학이다.

영지주의

① 영과 육을 분리하는 이원론: 영적인 신은 물질인 세상을 창조할 수 없고 사람이 될 수도 없다며 성육신을 부인한다. 구약의 창조주 여호와 하나님을 열등신으로 생각하고 지식(Gnosis=그노시스)을 통하여 구원을 이루려는 사상이다.

② 영혼은 육체에 갇혀 있기 때문에 여기서 해방되려면 지식(Gnosis)이 필요하다고 주장하며 여기서 그노시스주의(영지주의)라는 말이 생겼다.

③ 사람은 하나님 앞에 직접 나아갈 수 없기에 천사를 중보자로 숭배한다.

④ 육을 악한 것으로 여겼기 때문에 두 극단이 발생했다.
  ⓐ 금욕주의
  ⓑ 쾌락주의(육이 무슨 일을 하든지 영을 더럽히지 못한다는 이원론으로 타락 조장)

(3) 계시록을 주신 이유

이렇듯 교회는 힘겨운 싸움을 하고 있었다. 요한 당대의 그리스도 인들은 자신들의 정체성과 교회의 순결과 나아가 생존 자체에 관하여 고민하지 않을 수 없었다. 그들이 처한 암담한 환경은 하나님께서 여전히 활동하며 다스리고 계시는지, 교회의 미래는 어떻게 될 것인지에 대한 의문을 불러일으켰다. 이러한 교회에 하나님은 밧모섬에 있는 요한을 찾아오셔서 교회와 인류의 미래에 대한 대 계시를 보여주셨다.

요한계시록의 내용은 그리스도의 승천 때부터 재림 때까지 기독교 역사를 총망라한다. 종말의 때, 마지막 시대에 관한 내용뿐 아니라 역사 전체를 통해 우리에게 통찰력을 가질 수 있도록 깨우쳐 주고 그래서 마지막 시대를 준비할 수 있게 해 주고 있다. 그러므로 요한계시록은 당시의 그리스도인들에게 보낸 편지였지만, 여전히 오늘날 우리에게도 말하고 있다. 요한계시록은 교회에서 읽혀지도록 의도된 책이다. 당시 교회가 요한의 편지를 받았을 때, "오 안돼! 이 편지를 읽으면 저주를 받는다. 잘못 읽으면 이단에 빠진다" 그러면서 감춰뒀을까? 교회는 요한의 편지를 읽고 충만한 기쁨과 은혜를 얻었으며, 암담한 상황에서도 용기를 갖고, 하나님께서 끝까지 함께 하실 것이라는 확실한 보증으로 미래의 일을 기대하며 감사의 찬송을 돌렸을 것이다. 그렇다면 우리는 어떻게 해야 할까? 이 편지를 읽을 것인가? 덮을 것인가? 성경 예언은 미래에 대한 단순한 호기심을 만족시키기 위해 주어진 것이 아니다. **과거에 이루신 하나님의 섭리, 오늘을 살아야 하는 우리의 신앙, 미래의 사건들을 위한 우리의 준비**를 통해 하나님께서 성취하려는 목적, 예언을 주신 목적, 계시록을 기록하게 한 그 목적에 합당한 결과가 드러나야 한다.

3. 요한계시록의 상징
(1) 상징으로 기록된 이유

    요한계시록은 왜 어려운 상징으로 기록돼 있을까? 초기 로마의 핍박을 시작으로 중세 종교 암흑시대를 거쳐 근대 르네상스 혁명과 오늘날에 이르기까지 기독교 역사 전체의 사건들을 다루고 있는데, 이 예언들을 누구나 쉽게 알 수 있었다면 권력자들이 성경을 자기들의 입맛대로 바꾸어 버렸거나 아니면 없애 버렸을 것이다. 그러기에 지나온 역사에 무슨 일이 있었으며 앞으로 어떤 일이 있을 것인지 우리에게 알려주시기 위해 상징으로 기록해 주신 것이다. 그렇다면 그 상징들을 어떻게 해석해야 하는가? 성경을 진지하게 탐구하는 사람에게 하나님은 비밀을 알려주셨다. 성경은 성경 자체가 해석을 하고 있다. 예를 들자면, 계시록에 등장하는 짐승들은 계시록과 짝을 이루는 다니엘서에서 말하기를 "짐승은 곧 나라"(단 7:23)라고 해석하고 있다. 하나님의 비밀은 하나님의 말씀으로만 풀어야 안전하다. 어떤 특별한 사람에게 계시를 보여줘서 풀게 했다는 얘기를 듣거든 그곳을 신뢰하지 않기를 바란다. 요한은 자신이 본 계시들을 기록하면서 상징들을 거의 구약에서 끌어왔다. 따라서 구약을 이해해야 계시록을 풀 수 있다. 요한계시록의 404절 중에서 278절은 직간접적으로 구약이 인용되었다. 그러므로 구약의 여기저기 흩어져 있는 퍼즐들을 모자이크해 펼쳐 놓은 것이 요한계시록이다.

교회역사가인 윌리엄 밀리건은 "구약에서 끌어오지 않은 상징이 단 하나라도 있는지, 또는 구약에서 끌어오지 않은 자료로 만들어진 단 하나의 완전한 문장이 있을지 의심스러울 정도이다"(William Milligan, Lectures on the Apocalypes, London: Macmillan, 1892, 72)라고 말한다.

이처럼 요한계시록에서 성경의 모든 책들이 만나고 끝난다.

(2) 상징의 출처

그러므로 구약의 배경에 비추어 상징들을 이해하는 것이 안전하다. 그렇지 않으면 요한계시록이 아니라 "내가 계시록"이 탄생한다. 내가 생각하고 느끼는 대로 해석해서 오늘날 이렇게 혼잡한 것이다. 구약에 대한 이해 없이 요한계시록을 연구하는 사람은 계시록을 해석하기가 불가능하다는 것을 알게 될 것이다. 그래서 구약이 요한계시록의 상징들을 푸는 열쇠이다. 예를 들어 계시록 4장과 5장의 묵시는 신명기 17장과 열왕기하 11장 이스라엘 왕들의 대관식에 기초돼 있으며, 레위기 26장의 언약에 관한 내용이 일곱 인의 묵시적 배경이 되고, 유리바다 위에 서서 모세와 어린양의 승리를 노래하는 144,000인은 출애굽기 15장의 경험이며, 계시록 16장은 이사야 44장과 예레미야 50장에서 등장한 페르시아 왕 고레스와 그의 군대의 바벨론 점령 역사에 어떻게 연결돼 있는지 보여준다. 나팔, 무저갱에서 나온 메뚜기, 소돔과

애굽, 시온 산, 유프라테스, 아마겟돈 전쟁 이러한 모든 것들은 이스라엘의 역사에서 빌려온 것이다.

요한계시록의 예언들은 창조, 홍수, 출애굽, 하나님과 다윗 왕과의 언약, 바벨론 포로생활 등 구약의 가장 위대하고도 중요한 사건들에 기초돼 있다. 이 사건들은 하나님의 미래 구원활동은 하나님의 과거 구원활동과 매우 흡사할 것이라는 이해 위에 독자들의 믿음이 구축되도록 의도되었다. 과거에 자기 백성을 위하여 놀라운 일을 행하신 바로 그 능하고 미쁘신 하나님께서는 현재도 동일한 일을 행하고 계시는데, 그분은 자기 백성의 미래와 관련하여 주신 약속들을 분명히 지키는 하나님이시다. 과거에 늘 함께하셨던 동일한 하나님이 미래에도 역시 자기 백성들과 함께하실 것을 알려주고 있는 책이 요한계시록이다.

4. 아름다운 문학적 구조 카이아즘(Chiasm)
(1) 요한계시록을 이해하는 열쇠

요한계시록을 이해하는 열쇠는 카이아즘(Chiasm, 교차대구법)이다. 카이아즘이란 히브리인들이 사용하는 문학적 구조를 가리키는 말인데, 오늘날 이렇게 많은 해석이 난무하는 이유가 바로 이 요한계시록의 카이아즘 문학적 구조를 무시했기 때문이다.

오늘날 문학적 개요는 A(서론)-B(본론)-C(결론) 이런 패턴에 기초하지만, 카이아즘의 개요는 "ABBA" 즉 A는 B고 B는 A다. 다시 말해 뒷문장의 어순을 앞문장의 어순과 반대로 배열하는 방식인데, 예를 들어 "하나님은 선하시다. 주님은 자비하시다."라는 표현은 동의어적 평행구인데, 이것을 카이아즘으로 표현하면, "하나님은 선하시다. 자비하시다 주님은" 이렇게 된다. 자 그렇다면 이 카이아즘이 요한계시록에 어떻게 반영됐을까?

요한계시록을 100번을 읽는다 해도 카이아즘을 모른다면, 대단히 산만한 책이란 인상을 주기 십상이다. 하지만 요한계시록은 그 문학적 구조가 실로 대단히 아름답게 잘 구성된 책이다. 이 카이아즘을 알면 요한계시록을 해석할 수 있는 열쇠 하나를 획득하는 것이다. 뿐만 아니라 "요한계시록 예언 중에 성취된 것은 무엇이고, 안 된 것은 무엇인가?" 하는 질문에 대한 답도 보너스로 얻게 된다.

(2) 표로 보는 카이아즘

먼저 간단히 서론과 결론부분부터 살펴보자. 계시록 1장과 마지막 장인 22장이 놀랍도록 유사하다는 사실을 발견할 수 있을 것이다.

『교차대구적 구조』

서언	평행구절	결언
1:1	"그 종들에게 보이시려고"	22:6
1:1	"반드시 속히 될 일"	22:6
1:1	예수께서 그의 천사들을 보내심	22:6, 16
1:3	"지키는 자들이 복이 있나니"	22:7
1:3	"이 예언의 말씀"	22:7
1:3	"때가 가까움이라"	22:10
1:4	"일곱 교회"	22:16
1:8	"알파와 오메가"	22:13

이런 식으로 모든 장이 연결돼 있는 것을 알면 그 문학적 구조에 감탄을 금치 못할 것이다. 요한계시록 전반부는 일곱 교회에 보내는 편지를 기록하고 있고, 후반부는 새 예루살렘교회를 묘사하고 있다. 전반부에서는 하나님의 교회가 일곱 도시에 흩어져 시련과 박해를 당하지만, 후반부에서는 하나님의 교회가 하나의 도시 곧 영화로운 새 예루살렘과 하나 되어 다시 자리를 잡고 있다. 전반부에서는 교회들이 이 땅에서 죄와 더불어 싸움을 싸우고 있고, 후반부에서는 교회가 평화를 누리고 있다. 이 사실을 표로 확인해 보자.

『일곱교회 & 새 예루살렘』

일곱 교회 (1:10~3:22)	새 예루살렘 (21:9~22:9)
그리스도께서 여러 도시에서 싸우는 교회들을 권고하심	그리스도께서 평화 중에 한 도성에 모인 교회들에게 보상하심
① 일곱 등대 사이에 다니심 2:1	① 그리스도는 영원한 등불 21:23
② 생명나무 2:7	② 생명나무 22:2
③ 열린 문 3:8	③ 결코 닫히지 않는 문 21:25
④ 보좌에 앉으심 3:21	④ 하나님과 어린양의 보좌 22:1,3
⑤ 새 예루살렘 3:12	⑤ 새 예루살렘 21:10
⑥ 내가 속히 오리라 3:11	⑥ 내가 속히 오리라 22:7

1장부터 3장의 일곱교회를 지나 4장에 들어서면 일곱 인이 나온다. 새 예루살렘을 언급했던 21장 앞부분과 19장, 20장에는 천년기 사건들이 등장한다. 여기에서도 놀랍게 짝을 이루고 있는 카이아즘을 확인할 수 있다.

일곱인에서는 박해받던 영혼들이 하나님께 심판을 호소하는 장면이 펼쳐지고, 천년기에는 부활한 순교자들이 악인들을 심판하는 모습이 그려진다. 일곱인 장면에서는 왕들과 장군들이 죽여 달라고 아우성을 치고, 천년기 때는 예수님의 재림으로 말미암아 죽게 되는 모습이 나타난다.

『일곱인 & 천년기』

일곱 인 (4:1~8:1)	천 년 기 (19:11~21:8)
그리스도께서 고통당하는 자기 백성을 보호하심	그리스도께서 부활한 백성을 보좌에 앉힘
① 하늘이 열림 4:1	① 하늘이 열림 19:11
② 흰말 탄 자 뒤에 여러 색깔의 말이 따름 6:2~8	② 흰말 탄 자 뒤에 흰말 들을 탄 자들이 따름 19:11~16
③ 제단 아래 영혼들이 심판을 요함 6:9~10	③ 순교자들의 영혼들이 부활해서 재판석 앉음 20:4~6
④ 흰옷 6:11, 7:9~14	④ 흰옷 19:14
⑤ 왕과 장군들이 죽음을 바람 6:15,16	⑤ 왕, 대장 등이 죽임을 당함 19:17~21

얼마나 놀라운가! 요한계시록은 그냥 쓰여진 책이 아니라 하나님의 치밀한 계획과 구도 속에서 인류에게 전달된 엄청난 선물이다.

이제 요한계시록의 중앙 부분으로 들어가 보자. 카이아즘의 가장 분명한 모양을 만나게 될 것이다. 8장부터 11장의 일곱 나팔과 15, 16장의 일곱 재앙은 동일한 대상에 동일한 순서로 심판이 끼쳐지고 있다.

『일곱나팔 & 마지막 일곱 재앙』

일곱 나팔 (8:2~11:18)	마지막 일곱 재앙 (15:1~16:21)
혹심한 심판으로 세상에 경고	극심한 심판으로 세상을 벌하심
① 땅 8:7	① 땅 16:2
② 바다 8:8,9	② 바다 16:3
③ 강, 샘 근원 8:10,11	③ 강, 샘 ,근원 16:4
④ 해, 달, 별 8:12	④ 해 16:8,9
⑤ 흑암, 무저갱, 메뚜기 9:1~11	⑤ 짐승의 보좌에 흑암이 임함 16:10,11
⑥ 유브라데 강 9:13~21	⑥ 유브라데 강 16:12,16
⑦ 큰 음성: 그리스도의 나라가 되었다 11:15~18	⑦ 큰 음성: 다 되었다 16:17~21

일곱 나팔은 악한 사람들에게 돌이켜 회개하라는 심판의 경고이고, 일곱 재앙은 회개하지 않은 악한 사람들을 심판하는 내용이다.

일곱 나팔이 끝나고 진행되는 다음 장면은 하나님의 백성과 사탄의 세력 간의 전쟁이 벌어지는 일에 초점이 모아진다. 일곱 재앙 이후에는 바벨론이 멸망하는 모습이 그려진다. 이게 어떤 구조로 되어 있는지 표로 살펴보자.

『선과 악의 전쟁 & 바벨론의 멸망』

선과 악의 전쟁 (11:19~14:20)	바벨론의 멸망 (17:1~19:10)
참 어머니와 그 자녀들의 시련	거짓 어머니의 추락
① 흰옷을 입은 참 어머니 12:1,2	① 자주 옷을 입은 거짓 어머니 17:4
② 그 자녀들이 계명을 지킴 12:17	② 그녀의 자녀들은 음녀 17:5
③ 광야의 여인 12:14	③ 광야의 여인 17:3
④ 머리 일곱, 열 뿔 달린 짐승 12:3, 13:1	④ 머리 일곱 개와 뿔 열개 가진 짐승 17:3
⑤ 바벨론이 무너졌도다. 14:8	⑤ 무너진 바벨론 18:2
⑥ 예수의 증거 12:17	⑥ 예수의 증거 19:10

흰옷을 입은 여인 곧 하나님의 계명을 지키는 자녀들의 진정한 어머니가 등장하는가 하면, 자주 옷을 입은 여인인 음녀의 어머니가 등장한다. 이 두 여인 모두 일정 기간을 광야에서 보낸다. 두 여인 모두 일곱 머리와 열 뿔이 달린 짐승을 상대해야 한다. 그리고 각 부분에서 "무너졌도다 무너졌도다 큰 성 바벨론이여!"라는 신비적인 외침을 듣는다. 이런 외침은 요한계시록 어디에도 다시 나타나지 않는다.

지금까지 나누어서 소개한 이 표들을 하나로 합쳐보자. 요한계시록의 카이아즘 교차대구법의 문학적 구조가 얼마나 신비롭게 펼쳐져 있는지 놀랄 것이다.

『요한계시록 가이아즘 교차대구법의 문학적 구조』

일곱 교회 [1:10-3:22]	일곱 인 [4:1-8:1]	일곱 나팔 [8:2-11:18]	대 쟁투 [11:19-14:20]	마지막 일곱재앙 [15:1-16:21]	바벨론의 멸망 [17:1-19:10]	천년기 [19:11-21:8]	새 예루살렘 [21:9-22:9]
새로는 교회 권고	자기 백성을 보호	죽음의 심판, 경고	참 어머니와 그 자녀들의 시련	극성한 심판으로 새심을 받으심	거짓 어머니의 추락	그리스도께서 부활한 백성을 보좌에 앉힘	그리스도께서 한 도성에 모인 교회들에게 보성하심
① 일곱 등대 사이에 다니심 [계 2:1]	① 하늘이 열림 [계 4:1]	죽음의 심판, 경고	참어머니와 그자녀들의 시련	극성한 심판으로 새심을 받으심	거짓 어머니의 추락	① 하늘이 열림 [계 19:11]	① 그리스도의 영원한 등불 [계 21:23]
② 생명나무 [계 2:7]	② 흰말 탄자 뒤에 여러 색깔이 따름 [계 6:2-8]	① 땅 [계 8:7]	① 햇옷을 입은 참어머니 [계 12:1,2]	① 땅 [계 16:2]	① 자주 옷을 입은 거짓어머니 [계 17:4]	② 흰말 탄자 뒤에 흰말 탄자들이 따름 [계 19:11-16]	② 생명나무 [계 22:2]
③ 열린 문 [계 3:8]	③ 제단 아래 영혼들이 심판을 요함 [계 6:9-10]	② 바다 [계 8:8,9]	② 그자녀들이 계명을 지킴 [계 12:17]	② 바다 [계 16:3]	② 그녀의 자녀들 음녀 [계 17:5]	③ 순교자들의 영혼들이 부활해서 재보에서 앉음 [계 20:4-6]	③ 결코 닫히지 않는 문 [계 21:25]
④ 보좌에 앉으심 [계 3:21]	④ 흰옷 [계 6:11, 7:9]	③ 강들과 샘 근원 [계 8:10,11]	③ 광야의 여인 [계 12:14]	③ 강들과 샘 근원 [계 16:4]	③ 광야의 여인 [계 17:3]	④ 흰옷 [계 19:14]	④ 하나님과 어린양의 보좌 [계 22:1,3]
⑤ 새 예루살렘 [계 3:12]	⑤ 왕과 장군들이 죽음을 바람 [계 6:15,16]	④ 해, 달, 별 [계 8:12]	④ 머리 일곱, 뿔 열 달린 짐승 [계 12:3, 13:1]	④ 해 [계 16:8,9]	④ 머리 일곱 개에 뿔 열개 가진 짐승 [계 17:3]	⑤ 왕, 대장들이 죽임을 당함 [계 19:17-21]	⑤ 새 예루살렘 [계 21:10]
⑥ 내가 속히 오리라 [계 3:11]		⑤ 흑암, 무저갱 메뚜기 [계 9:1-11]	⑤ 바벨론이 무너졌도다 [계 14:8]	⑤ 짐승의 보좌에 흑암이 임함 [계 16:10,11]	⑤ 무너진 바벨론 [계 18:2]		⑥ 내가 속히 오리라 [계 22:7]
		⑥ 유브라데 강 [계 9:13-21]	⑥ 예수의 증거 [계 12:17]	⑥ 유브라데 강 [계 16:12,16]	⑥ 예수의 증거 [계 19:10]		
		⑦ 큰 음성: 그리스도의 나라가 되었다 [계 11:15-18]		⑦ 큰 음성: 다 되었다 [계 16:17-21]			

(3) 한 눈에 보는 요한계시록

요한계시록은 하나님의 지성과 사랑으로 저술된 내적 예술성을 간직한 책이다. 이 카이아즘 구조를 살펴보면, "요한계시록 예언 중에 어느 부분이 아직 성취되지 않았는가?" 하는 질문에 대한 해답이 풀리기 시작한다. 교차대구의 구조에 의하면 후반부 전체가 아직도 미래에 속한다. 일곱 재앙과 영적 바벨론의 멸망은 미래사건이다. 재림과 천년기 간도 미래이고, 새 예루살렘의 도래도 미래사건이다. 요한계시록 전반부는 초대교회부터 현재까지의 전 기독교 시대의 역사와 관련이 있다. 이처럼 요한계시록은 두 개의 주요 묶음으로 나누어진다. 하나는 마지막 사건들을 취급하고 있고, 다른 하나는 기독교시대에 걸친 하나님의 백성들의 경험을 다루고 있다. 전반부는 역사적 부분이고, 후반부는 종말적 부분이다. 한 가지 특이한 점은 전반부인 역사적인 부분은 2천년의 시간이 걸렸지만 종말적인 부분은 짧은 기간에 예수님의 재림까지 이른다. 갑자기 이뤄지는 사건들이다.

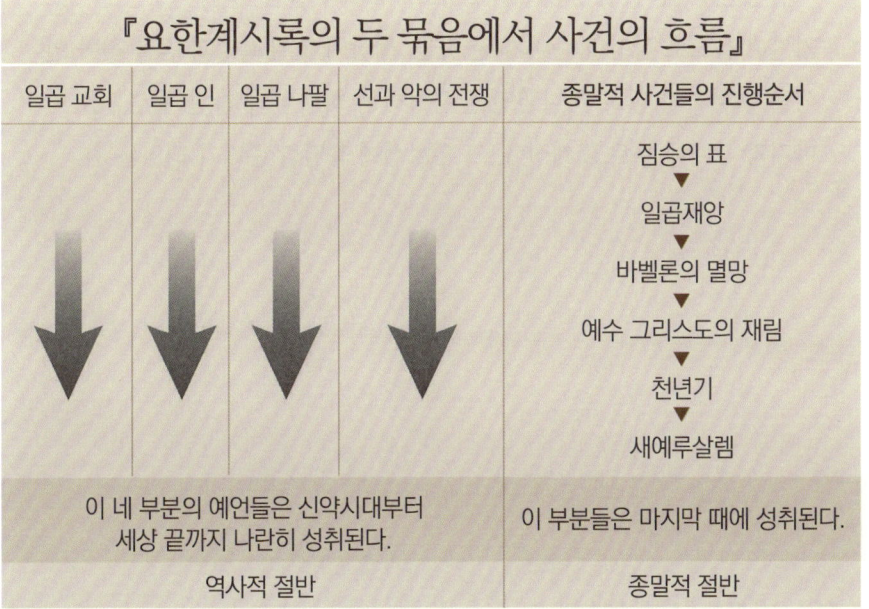

이 아름다운 책을 열면 큰일 나는 것 마냥 덮어 놓는 것은 하나님이 원하시는 바가 아니다. 마지막 시대 선과 악, 하나님과 사탄, 하나님의 참된 백성들과 사탄의 세력 간의 전쟁에서 사탄이 취하고 있는 전략 중에 하나가 바로 요한계시록에 무지하게 만드는 것이다. 인봉할 책이었다면 애초에 주실 이유가 없다. 요한계시록을 단순한 지적 호기심으로 연구하지 않고 그 안에 숨어있는 하나님의 계획과 뜻을 알기 위해 기도하며 펼치기를 바란다.

이 시대는 미혹의 시대이며 모두 깨어 있어야 한다. 이 시대는 기만의 시대이며 평생의 믿음이 거짓된 것일 수도 있다. 요한계시록 연구는 단순히 성경의 어느 책을 공부하는 차원의 것이 아니다. 이 종말적인 시대에 하나님께서는 우리에게 계시록을 통해 빛을 비춰주고 계시기 때문에 마지막 시대를 사는 우리는 반드시 요한계시록을 알아야 한다.

누가 빛을 받고 광명 가운데로 나올 것인가? **깨끗하고 순결한 자들, 하나님만을 삶의 우선순위로 모시고, 주님의 말씀이라면 어떤 손해도 기쁜 마음으로 감당할 준비가 된 자들, 세상의 헛된 욕망과 꿈을 좇아 인생을 허비하지 않고 하나님만을 사랑하는 하나님의 참된 백성들을** 이 마지막 시대에 부르고 계신다. 그 부르심에 응답할 준비가 되었는가!

기 도

지금도 살아서 교회를 돌보고 계신 하나님 아버지!

어려움 가운데 있었던 교회에 하나님의 계획을 알리시고
소망을 주셨던 것처럼 우리도 계시록을 통해 하나님의
일하심을 보기 원합니다. 우리의 우둔함을 깨우쳐 주셔서
계시록에서 보여주신 주님의 사랑의 호소를 듣게 하시고,
주님의 도움을 깨닫게 하셔서 하나님의
말씀에 따라 살게 해 주시옵소서.

예언이 성취되어 역사가 된 것처럼,
앞으로 있을 예언 또한 성취될 것을 믿습니다.
왕의 대로를 평탄케 하는 주님의 백성들이 준비되어
예수님의 재림을 살아서 맞이하게 되는
놀라운 축복이 저희들에게 성취되기를 원하며
예수님 이름으로 기도합니다.

아멘!

요한계시록 서론 II [복습문제]

1\. 요한계시록을 상징으로 주신 이유는?

① 위험한 책이므로 풀지 못하게 하려고

② 계시를 받은 사람만 풀 수 있게 하려고

③ 로마의 권력자들로부터 성경을 보호하기 위해서

④ 유대인들만 해석하도록 하기 위해서

2\. 요한이 포로가 되어 유배당할 때의 로마 황제는?

① 도미티안

② 네르바

③ 콘스탄티누스

④ 네로

3\. 계시록 기록 당시 교회가 당면한 외적인 문제가 아닌 것은?

① 황제 숭배를 포함한 사회 활동을 할 수 없게 고립되어 있었음

② 순교를 포함한 박해

③ 유대교와의 갈등

④ 짐승의 표 환난에 대한 두려움

4. 계시록을 주신 목적이 아닌 것은?

① 하나님은 교회의 어려움과 문제를 알고 계시며 돌보시고 계신다는 것을 나타내심

② 핍박과 이교의 가르침으로 혼란해진 교회와 함께 하신다는 것을 나타내심으로 용기를 주심

③ 암담한 상황에서도 하나님께서 끝까지 함께 하실 것이라는 확실한 보증으로 주심

④ 무서운 책이니 인봉하고 닫아두라고 주심

5. 계시록에 나오는 상징의 출처는 어디인가?

① 신약

② 내가 계시록

③ 구약

④ 외경

6. 계시록을 해석하는 방법은?

① 기도하고 계시를 받아서

② 성경으로 해석

③ 특별한 사람이 해석해 놓은 것을 보고 배움

④ 내 마음에 생각나는 대로

7. 계시록에 사용된 문학적 구조는?

　　　　　　　　　　　　　　

8. 영지주의에 대한 설명으로 틀린 것은?

① 영과 육을 분리하는 이원론

② 창조주 여호와를 열등한 신으로 여김

③ 사람의 아들로 오신 예수님을 하나님의 아들로 인정

④ 육체에서 해방되려면 지식이 필요

9. 영지주의로 발생한 두 극단은 어떤 종류가 있는가?

　　　　　　　　　　　　　　

10. 요한 당시 그리스도인을 괴롭히던 단체가 아닌 것은?

① 에베소 교회의 니골라당(2:6)

② 버가모 교회의 발람당(2:14)

③ 두아디라 교회의 이세벨의 추종자(2:20)

④ 라오디게아 교회의 예수회(Jesuit)

요한계시록 안에 나타나신 그리스도

"예수 그리스도의 계시라 이는 하나님이 그에게 주사
반드시 속히 될 일을 그 종들에게 보이시려고
그 천사를 그 종 요한에게 보내어 지시하신 것이라"
[계 1:1]

요한계시록 1장

[계시록 1:1-20]

[1] 예수 그리스도의 계시라 이는 하나님이 그에게 주사 반드시 속히 될 일을 그 종들에게 보이시려고 그 천사를 그 종 요한에게 보내어 지시하신 것이라

[2] 요한은 하나님의 말씀과 예수 그리스도의 증거 곧 자기의 본 것을 다 증거하였느니라

[3] 이 예언의 말씀을 읽는 자와 듣는 자들과 그 가운데 기록한 것을 지키는 자들이 복이 있나니 때가 가까움이라

[4] 요한은 아시아에 있는 일곱 교회에 편지하노니 이제도 계시고 전에도 계시고 장차 오실 이와 그 보좌 앞에 일곱 영과

[5] 또 충성된 증인으로 죽은 자들 가운데서 먼저 나시고 땅의 임금들의 머리가 되신 예수 그리스도로 말미암아 은혜와 평강이 너희에게 있기를 원하노라 우리를 사랑하사 그의 피로 우리 죄에서 우리를 해방하시고

[6] 그 아버지 하나님을 위하여 우리를 나라와 제사장으로 삼으신 그에게 영광과 능력이 세세토록 있기를 원하노라 아멘

[7] 볼지어다 구름을 타고 오시리라 각인의 눈이 그를 보겠고 그를 찌른 자들도 볼 터이요 땅에 있는 모든 족속이 그를 인하여 애곡하리니 그러하리라 아멘

[8] 주 하나님이 가라사대 나는 알파와 오메가라 이제도 있고 전에도 있었고 장차 올 자요 전능한 자라 하시더라

[9] 나 요한은 너희 형제요 예수의 환난과 나라와 참음에 동참

하는 자라 하나님의 말씀과 예수의 증거를 인하여 밧모라 하는 섬에 있었더니

[10] 주의 날에 내가 성령에 감동하여 내 뒤에서 나는 나팔 소리 같은 큰 음성을 들으니

[11] 가로되 너 보는 것을 책에 써서 에베소, 서머나, 버가모, 두아디라, 사데, 빌라델비아, 라오디게아 일곱 교회에 보내라 하시기로

[12] 몸을 돌이켜 나더러 말한 음성을 알아 보려고 하여 돌이킬 때에 일곱 금 촛대를 보았는데

[13] 촛대 사이에 인자 같은 이가 발에 끌리는 옷을 입고 가슴에 금띠를 띠고

[14] 그 머리와 털의 희기가 흰 양털 같고 눈 같으며 그의 눈은 불꽃 같고

[15] 그의 발은 풀무에 단련한 빛난 주석 같고 그의 음성은 많은 물소리와 같으며

[16] 그 오른손에 일곱 별이 있고 그 입에서 좌우에 날선 검이 나오고 그 얼굴은 해가 힘있게 비취는 것 같더라

[17] 내가 볼 때에 그 발 앞에 엎드려 죽은 자 같이 되매 그가 오른손을 내게 얹고 가라사대 두려워 말라 나는 처음이요 나중이니

[18] 곧 산 자라 내가 전에 죽었었노라 볼지어다 이제 세세토록 살아 있어 사망과 음부의 열쇠를 가졌노니

[19] 그러므로 네 본 것과 이제 있는 일과 장차 될 일을 기록하라

[20] 네 본 것은 내 오른손에 일곱 별의 비밀과 일곱 금 촛대라 일곱 별은 일곱 교회의 사자요 일곱 촛대는 일곱 교회니라

인도네시아 쓰나미

2004년 12월 인도네시아에 지진으로 생겨난 엄청난 해일이 순식간에 동남아 해안을 강타하여 20만 명 이상의 사람들이 사망했다. 사실 이 재해가 세계적인 뉴스로 알려지기 전까지는 쓰나미라는 단어를 흔하게 들어보던 시대가 아니었다. 인간이 얼마나 무력한지를 한눈에 보여주는 재해였다.

일본 쓰나미

　2011년 3월 11일 오후 2시 45분경 일본 동북부 지방의 인근 바다에서 규모 9.0의 대지진과 쓰나미로 인한 사망자는 실종자 포함하여 대략 21,911명이었다. 게다가 엄청난 쓰나미가 후쿠시마 원전을 덮쳐 수소 폭발했고 방사능이 대거 유출되었기 때문에 그로 인한 피해는 아직도 진행 중이다. 지금도 무섭고 끔찍한 모습이 아닐 수 없다.

네팔 지진

2015년 4월 25일 에베레스트산이 있는 네팔에 규모 7.8의 대지진이 강타했다. 이로 인해 8,700여 명의 사망자와 810만 명의 이재민이 발생했다. 여러 유네스코 세계유산이 파괴되었고, 에베레스트산은 3cm 정도 이동했다고 한다.

계시록 1장

요한계시록 안에 나타나신 그리스도

1. 펼쳐 보이신 예언서

문제는 이렇게 무서운 비극이 일어날 것을 미리 안 사람은 아무도 없었다는 사실이다. 그 수많은 점쟁이들은 다 어디로 갔는가? 세상의 운명을 미리 알고 있다고 호언장담하던 수만 명의 예언자들과 점성술사들은 그 사건들이 일어나기 전에 무엇을 했는가? 그 사건들을 미리 예언했더라면 세계적 영웅이 되고 돈과 명예를 한번에 얻었을 텐데 왜 그 사건을 예언하지 못했을까? 이유는 분명하다. 이 모든 것이 우리에게 알려주는 한 가지 분명한 사실은 사람은 결단코 미래를 예언할 수 없다는 것이다.

(1) 미래에 대한 두려움

그렇다면 우리는 미래에 대해 전혀 알 수 없는가? 세상의 운명이 앞으로 어떻게 될 것인지, 지구라는 별은 도대체 어디를 향하여 달려가고 있는지, 그 마지막은 어디인지, 내 장래는 어떻게 될 것인지에 대하여 우리는 정말 알 수 없는 것인가? 내 운명이나 이 세상의 미래가 어느 날 어이없이 무너져 버릴지도 모르는데 우리는 정말 아무것도 알 수 없는 것인가?

대답은 절망적이다. 어렴풋이 위험이 다가오고 있다는 것은 느끼지만 정확한 것은 아무것도 알 수 없다는 것이 문제다. 무엇인가 불길한 미래가 다가오고 있는데 그것이 언제 어디서 어떤 형태로 우리에게 갑작스럽게 올지를 몰라 전전긍긍하고 있는 것이 오늘날 우리들의 모습인 것이다. 그러나 희망이 전혀 없는 것은 아니다. 하나님의 말씀인 성경에서 그 해답을 찾을 수 있기 때문이다. 성경에는 약 1,000번의 예언이 나오는데 대부분의 예언들이 이미 한 치의 오차도 없이 이루어졌다. 그러므로 나머지 종말에 관한 예언들도 반드시 이루어질 것을 믿게 된다.

(2) 미래는 알 수 없는가?

미래는 오직 하나님만 아신다. 그리고 하나님께서는 그 미래를 성경의 예언서를 통하여 우리에게 펼쳐 보이셨다. 성경에는 대표적인 두 권의 예언서가 있는데 구약에서는 '**다니엘서**'이고, 신약에서는 '**요한계시록**'이다. 다니엘서는 바벨론으로부터 페르시아, 헬라와 로마제국을 거쳐 현재의 세계 질서가 재편되는 과정 그리고 마침내는 지구의 종말이 와서 하나님의 나라가 세워지는 세계 역사의 대 파노라마를 예언하고 있다.

신약 성경의 요한계시록은 그리스도께서 이 땅에 사람의 아들(人子)로 오신 이후부터 인류 역사에 나타난 하나님과 사탄 사이의 우주 전쟁 그리고 하나님의 백성과 사탄의 세력 간의 대전쟁의 사건들 특별히 인류 역사의 마지막에 나타날 사건들을 정확하게 예언하고 있다. 우리는 요한계시록을 연구함으로써 지금 우리가 어느 시대에 살고 있으며, 다가오는 미래 또한 알 수 있고 이 마지막 순간에 하나님의 참 백성이 되기 위하여 우리가 어느 편을 선택해야 하며 어떻게 살아야 할 것인가를 배울 수 있다.

2. 요한계시록 안에 나타나신 그리스도

요한계시록은 독특한 표상들과 상징적인 언어 때문에 이해하기 어렵다는 평가에도 불구하고 각 시대를 통하여 하나님의 말씀을 연구하는 신실한 백성들에게 많은 위로와 용기와 희망의 원천이 되어왔다. 그러나 아직도 많은 교회들에게 요한계시록은 여전히 해석할 수 없는 신비의 책으로 남아있다. 하지만 하나님께서는 해석할 수 없는 책을 성경으로 허락하지 않으셨다. 모든 성경은 성령의 영감으로 기록되었으며 하나님의 뜻을 밝히 깨달아 앎으로 위로를 받도록 하기 위하여 기록된 것이다. 그러므로 우리는 요한계시록을 부지런히 공부하여 마지막 선악간의 대 전쟁에 대한 배경과 그 결과를 미리 알고 준비해야 될 것이다. 오늘날을 일컬어 "불확실하다"는 그 사실만이 확실한 시대라고 일컫는다. 세상은 더 편리하고 더 빠르고 더 가까워졌지만, 더 바쁘고 더 위험하고 살기엔 더 힘들어졌다. 많은 사실들이 명확하게 규명되고 있음에도 불구하고 더욱 모호해지고 알 수 없는 시대에 살고 있다. 하나님께서는 모든 세대에, 길을 찾는 모든 이들에게 "내 발에 등이요, 내 길에 빛"(시 119:105)을 주셨다. 특별히 "말세에 고통하는 때"(딤후 3:1)가 이를 때에, "어두운 데 비취는 등불"(벧후 1:19)을 주셨으니 곧 요한계시록이다.

(1) 계시록의 각 장에 나타나신 예수 그리스도

요한은 이 편지를 예수 그리스도의 계시라고 천명하며 시작한다.

"예수 그리스도의 계시라 이는 하나님이 그에게 주사 반드시 속히 될 일을 그 종들에게 보이시려고 그 천사를 그 종 요한에게 보내어 지시하신 것이라"(계 1:1).

성경의 마지막 책인 요한계시록, 이 책은 다가올 사건들인 아마겟돈 전쟁, 기근, 박해, 심판 이런 것들에 대한 단순한 계시가 아님을 이해해야 한다. 이 책은 **"예수 그리스도의 계시"**라고 분명히 밝히고 있다. 예수님이 주신 계시라는 의미 외에 예수 그리스도에 대한 계시라고 해도 틀리지 않다. 아니 오히려 예수 그리스도에 대한 계시라고 해야 할 만큼 다른 성경에서는 발견할 수 없는 그리스도의 모습이 곳곳에서 보여진다.

■ 요한계시록 안에 나타나신 그리스도

[1장] 흠 없는 완전한 희생제물 이시며 교회를 위해 봉사하시는 대제사장으로서의 그리스도

[2장] 긍휼의 마음이 가득한 교회의 훈계자로서의 그리스도

[3장] 사람과 더불어 그의 보좌를 나누고자 하시는 창조주로서의 그리스도

[4,5장] 죽임을 당한 어린양으로서의 그리스도

[6장] 승리하고 또 승리하기 위하여 앞서 가시는 교회의 지도자로서의 그리스도

[7장] 피로 씻은 무리 가운데 있는 어린양으로서의 그리스도

[8,9장] 성도의 기도를 받는 분으로서의 그리스도

[10장] "남은 때가 없으리라"고 알리는 메신저로서의 그리스도

[11장] 이 세상을 다스리는 그리스도

[12장] 사망을 정복하고 그 보좌에 오르실
약속된 이로서의 그리스도

[13장] 참된 경배자들의 이름이 들어 있는
어린양의 생명책에 저자(著者)로서의 그리스도

[14장] 세상에 그의 마지막 메시지를 전하는
시온산의 어린양으로서의 그리스도

[15,16장] 찬송을 받으시나 그의 심판은
배도한 왕국들을 멸하는 어린양으로서의 그리스도

[17,18장] 영적 바벨론에서
그의 백성을 불러내시는 어린양으로서의 그리스도

[19장] 혼인잔치의 신랑이요 만왕의 왕 만주의 주이신 그리스도

[20장] 악마를 결박하고 종말로는 파멸시키시는
천사로서의 그리스도

[21장] 땅을 재창조하시고 모든 눈물을
그 눈에서 씻기시는 자로서의 그리스도

[22장] 최후 상급을 가지고 계시며 재판장으로서의 그리스도

요한계시록은 그리스도를 역사의 알파와 오메가 즉 "시작과 끝"(21:6; 22:13)이요, "처음과 나중"(1:17; 2:8; 22:13)이라고 가리킨다. 예수님은 요한계시록의 내용 자체이다. 이 책에서 그리스도를 삭제해 보라. 그러면 무섭고 기괴한 사건들로 구성된 헐리우드(Hollywood) 영화의 한 장면이나, 또는 아무 소망도 없는 무서운 미래를 제시하는 계시록이 될 것이다. 성경의 마지막 책은 예수 그리스도의 복음, 완전한 의미의 복음인 "좋은 소식"을 그 속에 담고 있다. 또한 하나님의 백성에게 "속히 될 일"을 보여주기 위해 기록했다. 종말이 오기 전에 반드시 일어나야 하는 사건들은 결코 우발적이 아님을 보여준다. 요한계시록은 십자가와 재림 사이에 반드시 일어나야만 하는 일들이 왜 일어나야 하는지, 그리고 어떻게 일어날 것이지 설명해 주고 있다. 요한계시록의 목적은 미래에 대한 우리의 호기심을 만족시켜주는 것이 아니라 미래를 붙들고 계시는 하나님을 우리에게 확실히 보여주기 위함이다. 괴상하고 겁나는 이 사건들은 "세상 끝날까지 항상 함께 있으리라"는 그리스도의 약속을 우리 마음에 감동적으로 알려주기 위하여 기록되었다. 요한계시록 어느 곳에서도 하나님이 신실한 자를 삶의 시련으로부터 빼낼 것이라고 약속하지 않는다. 오히려 이 책은 그리스도께서 삶의 시련 속에서 자기 백성들과 동행하실 것을 보증한다. 그리스도는 항상 그들과 함께 하시며, 세상 끝날까지 그리하실 것이다.

믿는 자들에게는 그리스도의 재림의 때가 가까웠다(1:3). 그러나 사탄에게는 그의 때가 얼마 남지 않았다(12:10~12). 그의 때가 짧다는 현실은 그로 하여금 이전 어느 때보다 더욱 결사적으로 하나님의 목적을 방해하는 일에 매진하게 했다. 우리는 예수께서 오늘일지 내일일지 그 오실 날을 알지 못한다. 그분의 오심을 위한 준비의 시간과 기회는 미래에 있다기보다는 오히려 언제나 현재에 있다. 예수님의 강림은 곧 있을 사건이며 우리는 그 임박성을 깨달으라는 촉구를 받고 있다.

(2) 계시록에 나타난 일곱가지 복

> "이 예언의 말씀을 읽는 자와 듣는 자들과 그 가운데 기록한 것을 지키는 자들이 복이 있나니 때가 가까움이라"(계 1:3).

"복이 있나니" 이 복은 단순히 세속적 의미의 복을 말하는 것이 아니다. 하나님께서 약속하신 구원을 오랫동안 기다렸던, 이제 그 성취를 경험하게 되는 사람들의 최고의 행복을 말한다. 계시록에는 7가지의 복이 등장하는데, 그 중 첫 번째 복이다.

> "읽는 자와 듣는 자들과 그 가운데 기록한 것을 지키는 자들이 복이 있나니"(계 1:3)

- "지금 이후로 주 안에서 죽는 자들은 복이 있도다"(계 14:13)
- "자기 옷을 지켜… 자기의 부끄러움을 보이지 아니하는 자가 복이 있도다"(계 16:15)
- "어린양의 혼인 잔치에 청함을 입은 자들이 복이 있도다"(계 19:9)
- "첫째 부활에 참예하는 자들은 복이 있고 거룩하도다"(계 20:6)

- "이 책의 예언의 말씀을 지키는 자가 복이 있으리라"(계 22:7)
- "그 두루마기를 빠는 자들은(KJV, 그의 계명들을 행하는 자들은) 복이 있으니"(계 22:14)

우리는 지난 시간에 요한계시록 전체를 구성하고 있는 카이아즘 구조를 살펴보았는데, 여기 7가지 복도 카이아즘 구조로 돼 있다.

```
A. 1:3 – 지키는 자들 복
   B. 14:13 – 죽음 복
      C. 16:15 – 옷 지키는 자 복
      C. 19:9 – 혼인 잔치
   B. 20:6 – 부활 복
A. 22:7 – 지키는 자들 복
D. 22:14 – 옷을 빠는 자 복
```

성경의 마지막 책에 칠 복이 언급되어 있는 것은 우연이 아닐 것이다. 7이라는 숫자는 완전과 충만을 나타내는 수이다. 칠 복은 축복의 충만이 모든 그리스도인들에게 약속되어 있음을 시사한다. 이 복은 읽고 듣기만 하는 것으로는 받을 수 없다. 지키는 자들, 그리스도의 말씀에 순종하는 자들에게 주어진 축복이다. 이 책은 교회에서 읽혀지고 준수하도록 하기 위해 하나님의 백성에게 보내진 것이다. 하나님의 말씀과 예수님의 증거를 진지하게 받아들이는 교회는 진실로 행복하다.

왜냐하면 때가 가깝기 때문이다. 요한계시록에서 말한 최후의 사건과 종말에 관한 묘사 등은 참으로 두려운 것이다. 그러나 예수 그리스도께서는 세상 끝날까지 하나님의 백성과 함께 하시며, 언제나 그렇게 함께 하실 것이라는 사실 또한 끊임없이 상기시킨다.

(3) 다섯 부분으로 나눈 계시록

요한계시록은 총 22장인데 크게 다섯 부분으로 되어있다. 14장을 중심으로 해서 1장부터 13장까지는 역사적 기록이고 15장부터 22장까지는 종말론적 기록이다.

A. 하나님의 백성과 사탄의 세력의 전쟁(1~11)
① 일곱 교회(1~3장)
② 일곱 인(4~7장)
③ 일곱 나팔(8~11장)

B. 사탄의 세력의 배경(12~13장)
① 사탄의 정체(12장)
② 짐승의 정체(13장)

C. 인류를 향한 마지막 호소(14장)
① 144,000의 승리
② 영원한 복음

B. 사탄의 세력의 종말(15~20장)
① 일곱 재앙(15~16장)
② 음녀의 멸망(17장)
③ 바벨론의 멸망(18장)
④ 짐승의 멸망(19장)
⑤ 사탄의 멸망(20장)

A. 하나님과 사탄의 전쟁의 끝(21~22장)
① 새 예루살렘
② 새 하늘과 새 땅

요한계시록의 **첫 번째 부분(1장~11장)**에서는 하나님과 사탄 사이의 전쟁이 일곱 교회(1장~3장), 일곱 인(4장~7장), 일곱 나팔(8장~11장)과 함께 묘사되고 있다.

두 번째 부분(12~13장)에서는 악의 세력의 정체가 폭로된다. 12장에서는 모든 악한 세력의 근원인 사탄의 정체와 그 활동을 드러내 보여주고 있고, 13장에서는 사탄의 하수인 노릇을 하는 짐승들의 정체를 폭로하고 있다.

세 번째 부분(14장)에서는 모든 "땅에 거하는 자들, 곧 여러 나라와 족속과 방언과 백성"들에게 마지막 호소가 발해지고 있다. 그러므로 14장에 소개된 영원한 복음이 요한계시록의 중심이다. 요한계시록의 중심부는 짐승들의 활동도 아니고 짐승들의 멸망도 아니다. 온 인류를 구원하기 위한 하나님의 마지막 호소인 것이다.

네 번째 부분(15장~20장)은 악한 세력의 정체를 설명한 두 번째 부분과 대칭이 되는 부분으로 악한 세력의 멸망을 다루고 있다. 하나님의 최후의 호소를 거절한 사람들에게 마지막 일곱 재앙이 내린다(15장~16장). 그런 다음 사탄의 하수인이었던 음녀가 멸망 당하고(17장), 바벨론이 망하고(18장), 짐승이 잡히고(19장), 마침내 사탄이 결박 당하여 영원히 멸망 당하게 된다(20장).

다섯째 부분(21장~22장)은 지난 6천 년간 이 지구상에서 벌어져 왔던 하나님과 사탄 사이의 우주전쟁의 끝이다. 모든 악의 세력들은 간 곳 없고 새 하늘과 새 땅이 펼쳐진다. 마침내 어린양과 그의 백성들이 승리한 것이며, 장엄한 구원의 이야기는 감사와 기쁨으로 끝난다.

(4) 계시록 각 장의 주제

{역사적 부분}

서론(1장): 이 책을 연구하는 자들에 대한 보상
　　[제1장] 교회를 돌보시는 일곱 촛대 사이에 서 있는 그리스도

일곱 교회에 보낸 편지(2~3장):
기독교회 역사를 일곱 교회 시대로 구분해 계시
　　[제2장] 에베소, 서머나, 버가모, 두아디라 교회에 보낸 편지
　　[제3장] 사데, 빌라델비아, 라오디게아 교회에 보낸 편지

일곱 인(4~7장):
기독교회의 역사를 일곱 인의 시대로 구분해 계시

  [제4장] 하늘의 보좌에 좌정하신 왕이신 그리스도
  [제5장] 일곱 인으로 인봉된 두루마리
  [제6장] 두루마리의 개봉(여섯 인을 떼심)
  [제7장] 살아계신 하나님의 인을 받은 성도들과 큰 무리들
  [제8장] 1절, 일곱째 인을 떼심

일곱 나팔(8~11장):
기독교회의 역사를 일곱 나팔의 시대로 구분해 계시

  [제8장] 첫째~넷째 나팔
  [제9장] 다섯째와 여섯째 나팔
  [제10장] 작은 책(다니엘서)의 등장
  [제11장] 일곱째 나팔, 마지막 시대 성경의 회복

하늘에 반대하는 세력들(12~13장)

  [제12장] 사탄과 하늘의 전쟁, 붉은 용과 교회의 전쟁
  [제13장] 두 짐승의 등장, 짐승의 표 강요

{요한계시록의 중심}

하나님의 최후 호소(14장)

  [제14장] 짐승의 표를 받지 않고
  하나님의 표를 받은 교회와 그들이 전할 복음

{종말적인 부분}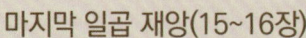

마지막 일곱 재앙(15~16장)

    [제15장] 마지막 일곱 재앙을 가진 일곱 천사의 등장
    [제16장] 일곱 재앙을 지구에 쏟음

흑암의 권세자들의 운명(17~20장)

    [제17장] 음녀와 붉은 빛 짐승
    [제18장] 바벨론에서 나오라는 마지막 호소와 바벨론의 멸망
    [제19장] 하늘군대의 승리와 예수 그리스도의 재림,
       어린양과 혼인잔치
    [제20장] 사탄이 천 년간 무저갱에 갇힘

회복된 지구(21~22장)

    [제21장] 새 하늘과 새 땅, 새 예루살렘
    [제22장] 맺음말, 예수 그리스도의 재림을 기다리는 간절한 소망

    요한계시록에는 그리스도의 영광의 파노라마 곧 그리스도께서 하나님 아버지와 함께 보좌에 오르시는 모습, 그리스도께서 친히 자기 교회를 다스리고 계시는 장면, 승리의 영광 가운데 그리스도께서 재림하시는 광경이 그려져 있다. 요한계시록은 인류의 과거와 현재와 미래를 열어 보인다. 이 계시록은 세상 끝 날에 사는 우리가 반드시 알아야 할 성경의 매우 소중한 책이다.

3. 성경의 결론 요한계시록

성경에는 미래를 알려주는 두 개의 예언서가 있는데, 신약에 요한계시록이 있다면 구약에는 다니엘서가 있다. 다니엘서가 기록된 후 600여 년이 지나서야 요한계시록이 기록되었다. 그러나 두 책은 서로 연결되어 있는 한 책이나 마찬가지다. 다니엘서가 바벨론 시대부터 그리스도 재림 때까지의 세계 역사의 흥망성쇠와 마지막 때에 생길 일을 기록하고 그 예언을 마지막까지 인봉하고 간수하라(단 12:4)고 한 반면 요한계시록에서는 "이 책의 예언의 말씀을 인봉하지 말라 때가 가까우니라"(계 22:10)고 했다. 즉 다니엘서에 인봉된 종말에 관한 모든 예언은 요한계시록에 이르러 남김없이 개봉되고 공개된다. 다니엘서와 요한계시록은 6,000년 동안에 벌어진 인류를 멸망시키려는 사탄의 음모와 어떻게든 인간을 구원하려는 하나님의 역사에서 결국은 하나님이 승리하시는 모습을 우리에게 파노라마처럼 보여주고 있다.

성경의 제일 마지막 책을 사람들이 흔히 묵시록 혹은 요한계시록이라고 부른다. 그러나 이는 성경 번역자나 출판자들에 의하여 주어진 이름이지 성경상 바른 이름은 아니다. 1:1에서 **예수 그리스도의 계시**"라고 했다. 이는 이 책이 그리스도를 계시했으며 또한 그리스도께서 친히 계시하신 책이기 때문이다. 이것이 사실임을 증명하는 것은 이 책 첫 장에 "볼찌어다 구름을 타고 오시리라"(계 1:7)는 선언으로부터 시작되어 마지막에 "내가 진실로 속히 오리라"(계 22:20)는 약속으로 끝마쳤다. 또한 이 책을 성경의 "책 중에 책"이라 부를 수 있는데, 이 책이 모든 성경을 결론짓기 때문이다. 창세기는 성경의 서론이라면 요한계시록은 결론이 될 수 있다. 창세기 첫 두 장 1장과 2장에는 첫째 아담의 실패로 인하여 잃어버린 에덴에 대한 기록이 있고, 요한계시록 마지막 두 장 21장과 22장에는 둘째 아담인 예수 그리스도께서 십자가의 승리로 성취한 에덴의 회복에 대한 묘사로 끝난다. 그리하여 창세기와 요한계시록 사이에는 길고도 긴 캄캄한 죄의 역사가 끼어 있다.

구약성경은 초림하실 그리스도에 대한 약속과 예언이었고, 신약성경의 4복음은 오신 예수님의 지상 생애와 사역에 대한 펼침이었고, 사도행전 및 사도들의 편지는 승천하신 그리스도가 다시 오실 것이라는 약속이었다. 그리하여 창세기부터 시작한 이 모든 계시들의 종합과 완성을 요한계시록에서 볼 수 있게 된다. 성경의 모든 책들이 요한계시록 안에서 서로 만나게 되며 완결케 되어 이 계시록을 연구하는 이마다 성경 각 부분을 더 깊이 깨닫게 된다. 또한 모든 성경의 책들을 하나로 요약한 것이 요한계시록이라 할 수 있다. 그러므로 예수 그리스도를 통하여 나타내신 하나님의 사랑과 그리스도께서 이룩하신 구속 사역, 성경 전체의 주제와 사상을 온전히 이해하려면 이 요한계시록 연구를 소홀히 여기고서는 될 수 없다. 이 책을 읽고 그대로 지켜야 할 것의 중요성을 책 자체가 이렇게 말씀했다.

> "이 예언의 말씀을 읽는 자와 듣는 자들과 그 가운데 기록한 것을 지키는 자들이 복이 있나니 때가 가까움이니라"(계 1:3).

이 책은 너무 신비롭고 깊어서 이해할 수 없으니 읽거나 알아볼 필요가 없다 하여 무관심하거나 버리는 교회들이 있다. 그러나 성경 자체가 우리에게 부지런히 읽고 연구하여 지키기를 요구한다. 그 이유는 그리스도가 만왕의 왕, 만주의 주로 이 땅에 재림하실 날이 가까웠기 때문이라고 이유를 밝히고 있다. 그러므로 우리는 부지런히 이 책을 읽고 연구하여 그 안에 있는 빛을 따라 지키는 것이 참된 그리스도인의 의무이다. 그야말로 이 책은 예수 그리스도의 계시이다. 예수 그리스도께서 다시 오실 시간이 다 되었다. 주님 맞을 거룩한 신부로 준비되기 위해 성경의 예언들을 연구하자.

기 도

재난과 사건 가운데서 여전히
교회를 붙들고 계시는 하나님 아버지!

끊임없이 일어나는 여러 사건들 가운데서
불안과 두려움에 떨지 않도록 계시록을 통해서
우리 발에 빛을 비춰 주시니 감사합니다.
성령의 지혜를 주셔서 계시록에서 보여주신 예수님의 모습을
올바로 이해하게 하시고 그 결과로 두려움 대신
소망을 갖고 초조함 대신 믿음을 갖는 우리 모두가
되게 해 주시옵소서. 하나님의 입에서 나온 말씀은 단 하나라도
허지로 돌아가지 않으며, 하나님의 예언은 단 하나라도
틀리지 않는다는 것을 입증해 주실 때에 우리 모두
아멘으로 화답하는 자리에 있기를 원합니다.

다시 오시겠다는 예언을 반드시 성취시킬
예수님 이름으로 기도합니다.

아멘!

요한계시록 1장 [복습문제]

1. 성경의 대표적인 두 예언서는?

   _____

2. 계시록 전체에서 가장 많이 설명되고 묘사된 분은?
   ① 사도 요한
   ② 다니엘
   ③ 예수 그리스도
   ④ 사도 바울

3. 계시록의 중심 장은 몇 장인가?

   _____

4. 성경의 책 중에 책이며 모든 성경을 결론짓는 책은?
   ① 다니엘
   ② 요한계시록
   ③ 창세기
   ④ 바울 서신

5. 우리가 기다리고 준비해야 하는 계시록의 가장 중요한 사건이요 예언은?

① 예수님의 초림

② 예수님의 십자가

③ 예수님의 부활

④ 예수님의 재림

6. 요한계시록 1장의 주제는?

_____

7. 요한계시록 13장의 주제는?

_____

8. 요한계시록 14장의 주제는?

_____

9. 요한계시록 18장의 주제는?

_____

10. 요한계시록 21장의 주제는?

_____

2장

일곱교회: 에베소
(아른트와 슈페너가
현대 기독교에 말하다)

"그러므로 어디서 떨어진 것을 생각하고 회개하여
처음 행위를 가지라 만일 그리하지 아니하고 회개치 아니하면
내가 네게 임하여 네 촛대를 그 자리에서 옮기리라"
[계 2:5]

요한계시록 2장

[계시록 2:1~7]

[1] 에베소 교회의 사자에게 편지하기를 오른손에 일곱 별을 붙잡고 일곱 금 촛대 사이에 다니시는 이가 가라사대

[2] 내가 네 행위와 수고와 네 인내를 알고 또 악한 자들을 용납지 아니한 것과 자칭 사도라 하되 아닌 자들을 시험하여 그 거짓된 것을 네가 드러낸 것과

[3] 또 네가 참고 내 이름을 위하여 견디고 게으르지 아니한 것을 아노라

[4] 그러나 너를 책망할 것이 있나니 너의 처음 사랑을 버렸느니라

[5] 그러므로 어디서 떨어진 것을 생각하고 회개하여 처음 행위를 가지라 만일 그리하지 아니하고 회개치 아니하면 내가 네게 임하여 네 촛대를 그 자리에서 옮기리라

[6] 오직 네게 이것이 있으니 네가 니골라 당의 행위를 미워하는도다 나도 이것을 미워하노라

[7] 귀 있는 자는 성령이 교회들에게 하시는 말씀을 들을지어다 이기는 그에게는 내가 하나님의 낙원에 있는 생명나무의 과실을 주어 먹게 하리라

계시록 2장

일곱교회: 에베소
아른트와 슈페너가 현대 기독교에 말하다

일곱 편지가 전달된 교회들은 지리적인 순서로 연결돼 있다. 밧모섬에서 가장 가까운 에베소를 시작으로 둥그렇게 시계방향을 따라 북쪽으로 서머나, 버가모, 두아디라, 사데, 빌라델비아를 지나 마침내 라오디게아 방향으로 이동한다.

교회에 보낸 편지는 이 길을 따라 전달되었다. 로마제국의 우체국은 체신 업무를 위해 정기적으로 이 도시들을 순회했는데, 일곱 도시를 연결하는 편리한 도로가 있었으므로 일곱 교회를 여행하는 것은 크게 어려운 일이 아니었다.

1. 에베소(Ephesus)의 뜻과 시대

에베소의 이름은 "바람직한(Desirable)"이라는 뜻을 가지고 있는데, 사도 시대의 선교적 열성과 교리적 정통성, 그리고 도덕적 순결로 특징 지워져 "첫 사랑의 교회"로 불릴 만큼 바람직한 교회였다.

교회 역사가인 필립 샤프(Philip Schaff)는 기독교 역사를 ① 사도 시대 ② 환난과 핍박의 시대 ③ 교회와 국가의 타협시대 ④ 중세 시대 ⑤ 종교개혁 시대 ⑥ 개신교 정통주의 시대 ⑦ 세계선교 시대로 일곱 개의 중요한 기간으로 나눈다.[1]

『일곱 시대로 구분된 기독교 역사』

에베소	서머나	버가모	두아디라	사데	빌라델비아	라오디게아
사도시대	박해시대	세속의 시대	중세시대	종교개혁시대	개신교부흥	마지막시대
1세기	2~3세기	4~5세기	6~14세기	15~18세기	19세기	현재
31~100	100~313	313~538	538~1517	1517~1798	1798~1844	1844~재림

기독교역사를 일곱 시대로 아주 잘 구분해 놓은 것인데, 여기에 일곱 교회가 딱 들어맞게 된다. 요한계시록이 미래에 일어날 일을 미리 보여주신 책이기 때문에 일곱 교회들은 그 시대뿐 아니라 요한의 시대부터 세상 끝날까지 일어날 각 시대 교회들의 특성을 예언적으로 보여주고 있다.

이처럼 에베소는 31년부터 100년까지 1세기의 초대교회를 대표하고, 서머나는 100년부터 313년까지 2~3세기의 박해받는 교회, 버가모는 313년부터 538년까지 4~5세기의 타협하는 교회, 두아디라는 538년부터 1517년까지의 중세교회, 사데는 1798년까지 15~18세기에 이르는 종교개혁의 시대, 빌라델비아는 1844년까지 18세기 말과 19세기의 재림운동과 세계선교 시대, 그리고 라오디게아는 마지막 때의 교회를 예언적인 관점에서 말씀해주고 있다. 각 교회를 구분하는 시대적 연대는 사도시대부터 세상 종말 때까지 일곱 단계의 구분을 위해서 필요하긴 하지만 일 년의 오차도 없는 절대적인 연대로 생각할 필요는 없다. 하지만 각 시대를 마감하고 새롭게 시작할 수 있도록 특징짓는 특별한 사건들이 해당 연도에 일어나기 때문에 이 연도에 정확성을 부여할 수는 없지만 시대별로 구분 짓기에는 유용하리라고 본다.

◆ 로마 황제 콘스탄티누스의 밀라노 칙령(Edict of Milan)

간단히 살펴보자면 서머나 교회시대는 313년 끝나게 되는데, 313년에 무슨 일이 있었는가? 200여년동안 계속되어 온 기독교회에 대한 박해가 로마 황제 콘스탄티누스의 밀라노 칙령(Edict of Milan)으로 드디어 박해의 시대가 끝나고 기독교에 자유가 온다. 뿐만 아니라 콘스탄티누스는 박탈한 그리스도인의 재산을 돌려주고, 성직자들에게 군대면제와 각종 세금 면제의 혜택을 부여해 주게 된다. 두아디라 교회가 시작된 538년은 교황의 권력이 확립되어 어두운 중세 암흑시대가 펼쳐지게 되고, 사데교회의 1517년은 루터의 종교개혁으로 새로운 시대가 펼쳐지게 된다. 이처럼 기독교 역사의 새로운 전기마다 특별한 사건들이 있었기에, 년대를 정하는 것이 큰 무리는 아니다.

2. 에베소 교회(AD 31~100)

에베소	서머나	버가모	두아디라	사데	빌라델비아	라오디게아
사도시대	박해시대	세속의 시대	중세시대	종교개혁시대	개신교부흥	마지막시대
1세기	2~3세기	4~5세기	6~14세기	15~18세기	19세기	현재
31~100	100~313	313~538	538~1517	1517~1798	1798~1844	1844~재림

> "에베소 교회의 사자에게 편지하기를 오른손에 일곱 별을 붙잡고 일곱 금 촛대 사이에 다니시는 이가 가라사대"(계 2:1).

(1) 에베소 교회의 지리적 위치와 시대적 배경

일곱 별과 일곱 촛대는 일곱 교회를 대표한다. 역사적으로는 사도시대 즉 그리스도의 승천 이후부터 마지막 사도 요한이 죽을 때까지 시대의 교회에 대한 메시지다.

에베소는 밧모섬에서 약 96km 떨어진 곳에 위치해 있고, 대순환로의 출발지이다. 한때는 로마제국 아시아도의 도청소재지가 될 정도로, 아시아 속주 중 가장 크고 으뜸가는 도시였다. 대도시 에베소는 정치, 상업 및 이교의 중심지로서 "아시아의 빛" "아시아의 첫째 도시"로 불렸다. 에베소는 국제적인 무역 항구였으며 선박으로 꽉 찼고 거리는 각 나라에서 온 사람들로 붐비는 상업의 중심지였다. 모든 아시아에서 온 물건들이 이곳에 모였다가 유럽으로 실려 갔으며 유럽의 물건들도 이곳에서 아시아로 팔려나갔다.

에베소는 현재 그 터가 폐허가 되어 성지순례의 유적지 정도로 남아있는데, 잘 보존된 원형 극장은 24,500개의 좌석을 구비하고 있고, 두란노 서원 자리로 알려진 셀수스 도서관, 화려한 기념 건물과 광장, 대규모의 목욕탕과 수세식 화장실 등은 고대 에베소가 얼마나 번영하던 도시였는지를 말해주고 있다.

에베소는 유방이 많은 다산(多産)의 여신의 고향으로, 헬라인들은 아데미(Artemis)라 부르고 로마인들은 다이애나(Diana)라 불렀다. 아데미 신전은 에베소 시민들의 자부심이었다. 그 신전은 120여 년에 걸쳐 건축하여 BC 480년경에 완성되었다. 사도행전에 보면 "온 아시아와 천하"(행 19:27)가 광신적으로 그 여신을 숭배했다.

금, 은 세공업자들이 아데미 여신상을 만들어서 파는 장사가 크게 성황했다. 바울은 "에베소 시가 큰 아데미와 제우스에게서 내려온 우상의 신전지기가 된 줄을 누가 알지 못하겠느냐"(행 19:35)고 할 정도로 에베소 시민들은 아데미 신전에 대단한 자부심을 가지고 있었다. 그런데 바울 때문에 은 세공업자들이 타격을 받자, 상인들이 소요를 일으키게 되는 이야기를 우리는 잘 알고 있다(행 19장 참조).

▲ 아데미 신전 상상도:
세계7대 불가사의 중의 하나로 길이 137m, 너비 69m, 높이 18m에 127개의 기둥을 가지고 있었다.

이 신전은 백색의 대리석을 깎아 18m 높이의 기둥 127개를 이오니아식으로 세웠고, 금테를 둘렀으며 길이가 137m나 되었다. 늪지대에 거대한 구조물로 세워졌기 때문에 이것은 고대세계의 7대 불가사의 중 하나였는데, AD 262년 고트족의 침입으로 그만 불에 타고 말았다. 신전 안에는 아데미 신상이 세워져 있었고, 신전의 내부사당은 모든 레반트로부터 온 엄청난 양의 귀중품을 안전하게 보관하는 장소였다.[2] 만일 어떤 범죄자가 체포되기 전에 그 신전의 경내에 도달할 수만 있으면 그는 안전했다. 그 면죄의 범위는 성전 사방으로 화살을 날린 지점까지 확대되었고, 자연히 그 신전은 최대의 범죄자 집합소가 되었다.

사도행전의 기록에 보면 에베소는 미신적 관습과 마술로 유명했다(행 19:19). 여기서 로마 카톨릭의 마리아가 숭배를 받는 근원을 알 수 있다. "신들의 어머니"로 불린 아데미(다이애나)는 태양신인 아폴로(Apollo)의 누이이며, 로마가 가장 숭배한 주피터(Jupiter)의 딸로 경배를 받았다. AD 431년 에베소에서 열린 종교회의에서, "신들의 어머니"란 명칭을 마리아에게 적용시켜 그때부터 그녀를 "신의 어머니"라고 추앙하게 되었다. 그러므로 아데미 여신의 고향인 에베소에서 아데미(다이애나)는 마리아로 이름을 바꿔서 지금까지 숭배를 받고 있는 것이다.

(2) 에베소 교회의 설립

에베소 교회는 어떻게 세워졌는가? AD 52년 바울이 두 번째 선교 여행을 하는 중에 고린도에서 브리스길라와 아굴라를 만나서 그들과 함께 예루살렘으로 가는 길에 잠시 동안 에베소를 방문했었다(행 18:18~21). 바로 그때가 복음이 에베소에 전해진 계기가 되었는데, 바울은 브리스길라와 아굴라를 에베소에 남겨두고 혼자 떠나갔고, 거기에 남은 그들은 젊은 설교자 아볼로를 얻었는데, 그는 성경에 능통한 탁월한 설교자였다. 그래서 브리스길라와 아굴라는 아볼로와 열심히 전도해서 그 결과 에베소 교회가 세워지게 되었다(행 18:23~28).

사도 바울이 3차전도 여행(AD 53~58) 중 AD 57년경 에베소에 들려 약 3년간 머물며 일한 곳이기도 하다(행 20:31). 여기에서 바울은 소아시아 지방으로부터 모여든 사람들에게 복음을 전하여 골로새, 라오디게아, 히에라볼리 등에 교회를 세우는데 일조했다(행 19:10,26). 이 선교사역의 결과 에베소 교회는 예루살렘과 안디옥에 이어 제3의 기독교 중심도시가 되었다. 바울이 예루살렘으로 떠나면서 "삼 년이나 밤낮 쉬지 않고 눈물로 각 사람에게 훈계"하던 일을 기억하라고 눈물로 절규하던 그의 고별설교 그리고 마지막 떠날 때 "다 크게 울며 바울의 목을 안고 입을 맞추었"던 모습을 통해 그들의 사랑의 마음을 알 수 있다(행 20:17~28).

바울이 1차 투옥 중(AD 60~62) 62년경 로마 감옥에서 에베소서를 써서 보냈다. 그가 석방된 후 AD 64년경에 에베소를 다시 방문하고 "믿음으로 낳은 아들 디모데"를 그곳에 남겨 사역하도록 했다(딤전 1:3). 전승에 의하면 디모데는 이곳에서 첫 감독으로 일하다가 아데미 여신의 제일(祭日)에 순교 당했다고 한다.

에베소의 악명에도 불구하고 헌신적인 성도들 때문에 교회는 빠르게 성장했다. AD 67년 사도 바울이 순교 당하고, 68년경 예루살렘에 있었던 그리스도교의 본부가 해체되었다. 그래서 이레내우스와 역사가 유세비우스(Eusebius, c. AD 263~339)의 전승에 의하면 68년경 사도 요한은 예수님의 어머니 마리아를 모시고(요 19:27), 에베소에 와서 봉양했으며 디모데를 이어 에베소 교회의 지도자가 되었다. 그후 밧모섬에 유배를 갔다가 도미티안 황제가 죽고 네르바 황제 때 풀려나 다시 에베소에 돌아와 트라야누스(Trajanus, AD 98~117) 황제 때까지 여생을 보내며 사랑이 넘친 목회를 한 곳이다. 요한이 너무 노쇠하여 신자들이 그를 부축해서 교회에 모셔 놓으면 "소자들아 우리가 서로 사랑하자" 마지막 임종 전에 사랑의 설교를 하고 잠들었다고 한다.

(3) 에베소 교회에 대한 칭찬

> "내가 네 행위와 수고와 네 인내를 알고 또 악한 자들을 용납지 아니한 것과 자칭 사도라 하되 아닌 자들을 시험하여 그 거짓된 것을 네가 드러낸 것과 또 네가 참고 내 이름을 위하여 견디고 게으르지 아니한 것을 아노라"(계 2:2,3).

믿음에는 실제적인 행위가 있어야 한다. 행함이 없는 믿음은 죽은 믿음이라고 했다. 사랑에는 거기에 따르는 수고가 있어야 한다. 소망에는 인내가 따르게 마련이다. 사도시대의 교회에는 "행위와 수고와 인내", 믿음, 소망, 사랑이 가득하게 출발했다. 에베소 교회는 그리스도의 복음을 받아들인 대가로 많은 수고와 노력과 희생을 치러야 했다. 지리적인 위치 때문에 어느 교회보다도 말썽꾼들과 거짓 교사들이 많아 어려움을 겪었다. 그 중 니골라당이 등장하게 된다.

(4) 니골라 당과 그의 행위란 무엇인가?

> "오직 네게 이것이 있으니 네가 니골라 당의 행위를 미워하는도다 나도 이것을 미워하노라"(계 2:6).

니골라당의 정체는 누구며, 무엇인가? 사도 요한의 제자인 폴리캅(Polycarpos, AD 60~155) 그리고 그의 제자인 이레내우스(Irenaeus, AD 140~203)의 기록에 의하면 사도행전 6장에 나오는 초대교회의 일곱집사 중 한명으로 말하고 있다. "온 무리가 이 말을 기뻐하여 믿음과 성령이 충만한 사람 스데반과 또 빌립과 브로고로와 니가노르와 디몬과 바메나와 유대교에 입교한 안디옥 사람 니골라를 택하여"(행 6:5). 니골라당은 안디옥의 니콜라오스(Nicolaos)를 따르는 무리를 일컬었는데, 그들은 믿음과 행위의 순결성과 순수성을 파괴하는 위협적인 존재였다. 에베소 교회에 무리를 일으켰던 니골라당은 버가모 교회에까지 침투하여 지지자를 얻었다. 버가모 교회에 보낸 편지에 보면 니골라당은 "발람의 교훈을 따르는"(계 2:14,15)자들로 언급된 이단 그룹과 연결돼 있다. 니콜라오스라는 헬라어는 "백성을 정복하는 자"라는 의미고, 발람(Balaam)이라는 히브리어는 "백성의 파멸"을 의미한다. 그러므로 니콜라오스는 히브리어인 발람의 헬라어 번역이라 할 수 있다.

니골라당과 발람의 교훈은 동일한 죄악을 퍼트리고 있었다. 민수기 31:16절에 의하면, 발람은 이스라엘 백성 사이에서 우상숭배와 음행을 선동한 자였다(민 25:1~6). 모압 왕 발락은 이스라엘 군대에 대항하여 싸울 수 없음을 깨달았을 때 혹시나 하나님께서 이스라엘을 버릴지도 모르며 자신이 이스라엘을 정복할 수 있으리라는 희망으로, 이스라엘을 저주하기 위하여 선지자 발람을 고용했다. 그러나 이스라엘을 저주하는 대신, 발람의 입에서는 축복만이 흘러나왔다. 이스라엘을 저주할 수 없다는 것을 깨닫고 선지자 발람은 이스라엘 백성을 유혹하여 죄짓게 하려고 성적 부도덕과 모압 신들에게 바쳐진 음식을 먹는 이교 축제들을 이용하도록 발락에게 권했다.

마찬가지로 소아시아에 살았던 그리스도인들은 시민의 의무 중 하나로 이방 신전의 축제에 참여해야 했다. 축제에 참여를 거부할 경우, 모욕과 사회적 격리와 경제제재라는 고통이 따랐다. 아시아의 그리스도인들은 이교 축제와 관련하여 두 가지 문제에 직면했다.

첫째는 우상에게 바쳐진 음식을 먹는 일이었다. 일반적으로 이교 축제에 참여하는 자들은 기본적으로 수호신에게 바쳐진 고기가 주를 이룬 음식을 먹었다. 그리고 축제는 종종 온갖 부도덕한 행위로 끝났다. 이교 축제와 관련된 두 번째 문제는 신전매춘으로서, 당연한 이교의 관습이었다. 사회에서 경제적, 정치적, 사회적 지위를 원한다면 누구든지 이러한 종교적 요구들을 받아들여야 했다. 아시아의 그리스도인들은 이런 문제를 취급함에 있어 확연히 나뉘어졌다. 이교 축제에 참여한다는 것은 믿음을 타협한다는 의미였다. 그래서 우상에게 바쳐진 음식과 모든 시민들의 의무였던 신전 매춘을 금지한 예루살렘 회의의 결정(행 15:20)을 순종하여 따른 사람들이 있었는가 하면, 다른 한편으로는 타협을 지지한 사람들도 있었다. 그런 방종을 허용하는 가르침과 음행은 버가모의 발람 당과 두아디라 교회의 악한 여인 "이세벨"의 전형적인 특징이었다. 이세벨도 그리스도인들로 하여금 부도덕을 행하게 하고 우상들에게 바쳐진 음식을 먹게 했다(계 2:14,20).

"니골라당" "발람의 교훈을 따르는 자들" "이세벨" 등은 타협을 조장하는 세 거짓 교사들을 가리킨다. 그리하여 그들은 아시아의 여러 교회에 많은 해를 끼쳤고, 그리스도인의 자유를 그리스도인의 방종으로 전락시켰다. 니골라당이 에베소 교회를 어지럽히기 전에, 사도 바울은 에베소 교회에 미리 경고했었다.

> "내가 떠난 후에 흉악한 이리가 너희에게 들어와서 그 양떼를 아끼지 아니하며 또한 너희 중에서도 제자들을 끌어 자기를 좇게 하려고 어그러진 말을 하는 사람들이 일어날 줄을 내가 아노니"(행 20:29,30).

니골라당은 초대교회에 지식을 추구하는 영지주의의 한 이단 종파였는데, 니골라당 때문에 에베소, 버가모, 두아디라 세 교회가 어려움을 당했다. 니골라당의 주장 중에 한 가지는, "은혜와 복음의 시대가 도래하여 복음이 십계명을 폐했기 때문에 더 이상 계명에 얽매일 필요가 없다." 즉 십계명 폐지론을 주장했다. 요한은 이런 주장에 대해, "저를 아노라 하고 그의 계명을 지키지 아니하는 자는 거짓말하는 자요 진리가 그 속에 있지 아니하되"(요일 2:4)라고 했다. 계명을 우습게 여기는 사람들을 "거짓말장이"라고 강력하게 표현했다.

예수께서도 산상설교에서 "나더러 주여 주여 하는 자마다 천국에 다 들어갈 것이 아니요 다만 하늘에 계신 내 아버지의 뜻대로 행하는 자라야 들어가리라"(마 7:21)고 하셨다. 이런 말을 들으면 정신을 가다듬게 된다. 특별히 오늘날 많은 신자들과 교회가 "오직 믿음, 믿음" 하면서, "십계명을 다 지키는 사람이 어딨느냐? 한둘쯤은 지키지 않아도 된다."고 말하는 모습을 보면 더욱 그렇다. 그런데 오늘날 현대기독교회에 니골라당의 교훈이 단상에서 설교되고 있다. 신학교에서 가르쳐지고 있다. 이 얼마나 기독교의 신앙을 깨뜨리는 위험한 주장인가! 에베소 교회는 진리에 굳게 서서 십계명을 옹호하며 그들과 결코 타협하지 않고 그런 주장을 단호하게 물리쳤다. 주님께서 이것을 칭찬하셨다.

니골라당은 자칭 그리스도인이라 하면서 우상의 제물을 먹는 것을 개의치 아니하고 음란한 생활을 하는 것도 묵인했으며(2:20,21), 발람의 세속적 교훈(2:14,15)과 이세벨의 거짓 교훈을 추종하기를 결코 주저하지 않았다. 세상의 환경에 적당하게 타협하여 살도록 권하는 니골라당의 가르침은 교회의 정체성을 파괴시키는 아주 위협적인 것이었다. 기독교가 세상을 변화시켜야지 세상이 기독교를 변화시켜야 되겠는가!

(5) 에베소 교회를 향한 책망

> "그러나 너를 책망할 것이 있나니
> 너의 처음 사랑을 버렸느니라"(계 2:4).

에베소 교회는 사도 바울의 권면을 귀담아 들었고, 거짓 교사들을 단호히 처리했으며, 믿음과 행위를 잘 보존했다. 하나님을 순수하게 사랑하고 헌신했으며, 그 주위에 아시아의 일곱 교회들을 세우고 어머니 교회가 되었다. 하지만 열정적이고, 인내심이 있고, 교리적으로 건전했던 에베소 교회에 뭔가 잘못된 것이 있었는데, 그것은 바로 사랑이 식은 것이었다. 에베소 교회가 처음 생길 때, 교회는 믿음과 소망과 사랑이 넘쳐흘렀다. 그러나 요한이 밧모섬에서 계시록을 쓸 무렵인 96년경에는 상황이 달라져 있었다. 교회가 생긴 후 40여 년이 지나면서, 복음을 처음 받아들인 신자들이 지녔던 감격과 기쁨이 서서히 떠나가고 세대가 바뀌면서 무아적인 봉사와 희생정신은 식어졌다. 젊은 이들은 자주 반복되는 진리들에 싫증을 내게 되었다. 뭔가 새롭고 놀라운 것을 갈망하고, 그래서 마음을 즐겁게 해주는 새로운 교리들을 소개하고자 애썼다. 무르익은 사랑 대신 냉랭한 형식주의가 스며들었고, 선교정신 대신 논쟁의 정신이 팽배했다.

에베소 교회가 어떤 교회였는가? 바울과 관련한 기록을 보면, "이를 인하여 주 예수 안에서 너희 믿음과 모든 성도를 향한 사랑을 나도 듣고"(엡 1:15). "다 크게 울며 바울의 목을 안고 입을 맞추고 다시 그 얼굴을 보지 못하리라 한 말을 인하여 더욱 근심하고 배에까지 그를 전송하니라"(행 20:37,38). 성도를 향한 사랑이 소문이 날 정도로 뜨거운 교회였다. 그런데 열정은 사라졌고, 신자들은 하나님과의 만남을 종교적 의무로 전락시키고, 형식에 메여 교회를 출석하기 시작했다. 세월이 흐르면서 이 화려하고 세속적인 상업도시에 세워진 교회는 그 처음 사랑과 열성을 잃어버렸다. 우리들도 세월이 흐를수록 처음 하나님을 믿을 때의 순수함과 열성을 잊고 사랑이 식을 수가 있다. 그렇게 타성에 젖어서 사랑을 잃어버린 신앙은 힘과 생기가 없는 신앙이 되어 버린다. 비록 교리에 충실하고 날카롭게 이단을 가려낼 수 있다 하더라도 사랑을 잃어버린 신앙은 죽어가는 신앙이 아니겠는가!

첫사랑의 에베소 교회 시대에 핍박과 고난으로 많은 순교자들이 나왔지만 그들의 사랑은 식을 줄 몰랐다. 그러나 사도들이 하나 둘씩 그들을 떠나고 예수님의 재림도 기대한 것과 달리 속히 오지 않자, 교회 여기저기에서 이단들이 고개를 들기 시작했다. 교회는 급속도로 냉랭하게 되었고, 타협과 무관심에 빠졌으며, 율법적이고 사랑이 없는 종교가 되어버렸다. 에베소 신자들은 거짓 가르침을 용납하지 않았다. 그러나 이단을 다루고 교리적으로 건전치 못한 자들을 징계함에 있어 그들은, 가혹하고, 비판적이며, 흠잡기를 좋아했다. 교리적 순수함은 유지했지만 거짓 가르침을 조사하고 논쟁하는 과정에서 형제를 의심하고 동료신자들의 정통성을 점검하느라 교회는 사랑이라는 복음의 특성을 팽개치며 율법주의가 되어 버렸다.

건전한 교리의 중요성은 부인할 수 없다. 그러나 아무리 좋은 것이라 할지라도 사랑이 없으면 무가치하다. 에베소 신자들은 건전한 교리와 열정적인 수고를 매우 강조했다. 좋은 결정이었으나 그들을 특징지었던 그리스도와 동료 신자들에 대한 진실하고 열정적인 사랑에서 멀어져 갔다. 교회가 정통을 고수하느라 사랑을 나타내기를 포기하는 것은 아주 치명적인 것이다. 교회 안에 사랑을 대체할 수 있는 것은 아무

것도 없다(요일 2:7~12). 교리적 순수함을 유지하려는 노력은 칭찬할 만한 일이지만 그것을 위해 사랑을 포기하는 것은 결코 바람직한 일이 아니다. 그리스도인 공동체의 특징은 사랑이 되어야 하며, 교리의 순수성을 보전하면서 사랑이 넘치는 방법을 강구했어야 했다. 이 점에 있어서 그리스도는 처음 사랑을 버렸다고 책망하신 것이다. 이 심각성에 대해 찰스 스펄전(Charles Spurgeon)은 이렇게 생생하게 설교했다.

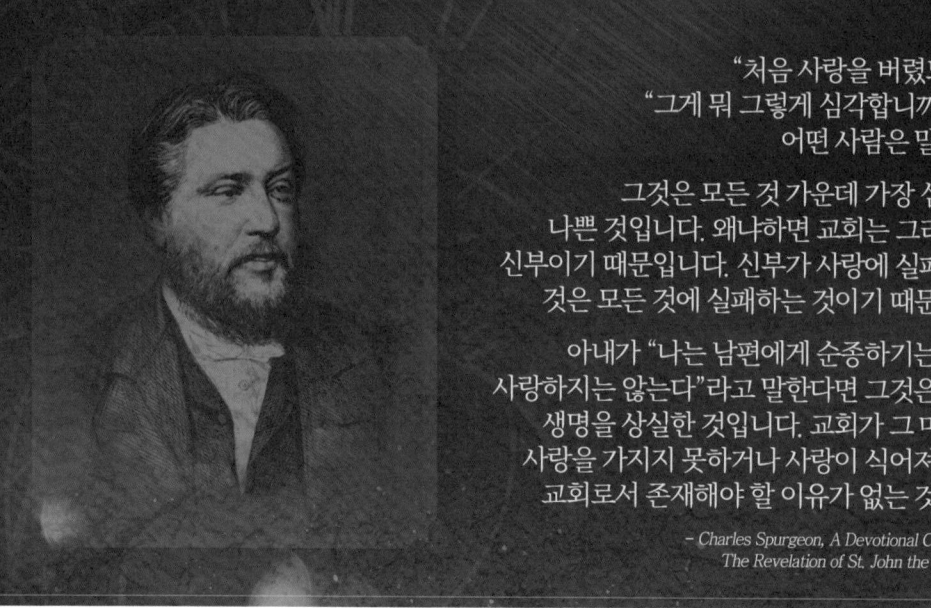

"처음 사랑을 버렸느니라!"
"그게 뭐 그렇게 심각합니까?" 라고 어떤 사람은 말합니다.

그것은 모든 것 가운데 가장 심각하게 나쁜 것입니다. 왜냐하면 교회는 그리스도의 신부이기 때문입니다. 신부가 사랑에 실패한다는 것은 모든 것에 실패하는 것이기 때문입니다.

아내가 "나는 남편에게 순종하기는 하지만 사랑하지는 않는다"라고 말한다면 그것은 결혼의 생명을 상실한 것입니다. 교회가 그 마음속에 사랑을 가지지 못하거나 사랑이 식어져 간다면 교회로서 존재해야 할 이유가 없는 것입니다.

- Charles Spurgeon, A Devotional Commentary, The Revelation of St. John the Divine, P.29

우리의 형편은 어떤가? 처음 복음을 듣고 진리를 깨달았을 때의 형언할 수 없던 감격과 헤아릴 수 없던 기쁨, 그때의 단순한 신앙과 열심은 지금 어디 갔는가? 처음 하나님의 사역에 부름 받던 때, 나 같은 자를 불러주신 하나님의 은혜에 겸허한 마음으로 내 시간과 내 모든 열정을 주님만을 위해 바치기로 했던 그 헌신은 어디 갔는가? 천신만고 끝에 대학에 합격하여 처음 입학하던 때의 가슴 벅찬 감사, 중병이나 죽을 고비를 가까스로 넘기고 구사일생으로 살아난 뒤 눈물 흘리며 재헌신을 다짐하던 그 간절한 기도, 뜻밖의 은혜를 입고 너무 감격하여 어쩔 줄 모르며 어린 아이처럼 부르던 찬송, 오랜 소원이 이루어져 갓 결혼하고 새 가정을 꾸몄을 때의 애틋한 마음, 그 때의 그 신앙, 그 사랑, 그 열심, 그 감사, 그 헌신, 그 감격이 지금은 다 어디 갔는가? 내가 바로 그 "처음 사랑을 버린" 에베소 교회의 신자가 아닌가? 하나님께 대한 사랑만이 아니라 피차에 대한 사랑도 상실했다. 나! 나! 나만을 소중히 여기고 있으며 가장 높아지기 위해 애쓰고 있지는 않은가!

(6) 에베소 교회를 향한 세 가지 처방

예수께서 이런 에베소 교회에 세 가지 처방을 하신다.

> "그러므로 어디서 떨어진 것을 생각하고
> 회개하여 처음 행위를 가지라…"(계 2:5).

기억하라! 회개하라! 첫사랑을 가지라!

● 첫째 "기억하라"

과거의 아름답고 바람직했던 상태를 기억할 때 비로소 지금의 처지에 대해 슬퍼하고 돌이켜야 하겠다는 생각을 가지게 된다. 타향에서 돼지를 치던 탕자도 아버지 집에서 살던 행복했던 옛날을 기억하고 "스스로 돌이켜" 아버지에게 갈 수 있었다. 하나님께서 우리를 어떻게 인도해 오셨고, 어떻게 은혜를 베풀어 여기까지 오게 했는가? 우리는 절대 과거를 잊어서는 안 된다. 망각이 선물이긴 하지만 하나님의 역사를 잊어버리는 것만큼 우리가 두려워해야 할 일은 없다. 우리는 계속적으로 기억해야 한다. 기억한다고 하는 것은 단순히 과거를 회상하는 것을 말하는 것이 아니다. 마음에 품어 과거를 새롭게 하며, 그것을 현재에 적용하는 것을 의미한다.

● 둘째 "회개하라"

나를 향한 하나님의 인도를 기억하면, 거기에서 내가 얼마나 멀리 떨어졌는지를 알게 되고 돌이키게 된다. 단번에 마음과 생각을 고치고 그 길에서 돌아서라는 뜻이다. 회개는 삶의 전 방향을 전격적으로 바꾸는 것을 말한다. 그것은 현재의 상황을 단호하게 깨뜨리는 것이다. 지금 그대로 머물러 앉아있어서는 안 된다.

● 셋째, "처음 행위를 가지라"

기억하고 회개하면 사랑을 가지게 된다. 회개의 증거는 하나님 사랑과 동료 신자들에 대한 사랑으로 꼴지어진 헌신으로 돌아가는 것이다. 처음 사랑을 꽃피웠던 행위로 다시 돌아가라는 말이다. 사랑이 떠난 가정은 무덤이 되고 결국 가정법원에서 이혼으로 끝나는 현실에 이를 수밖에 없다. "회개하여 처음 행위를 가지라"는 호소의 말씀은 오늘날 우리에게도 주신 말씀이다. 우리가 처음 그리스도인이 되었을 때의 순수했던 믿음과 열성을 생각해 보자. 지금이 오히려 처음 믿을 때보다 못하다는 말을 자주 들을 수 있는데 이것은 큰 문제다. 어디서 떨어졌는가를 깊이 생각해 보아야 한다. 참된 신앙이란 날이 가면 갈수록 더욱 신선해지고 더욱 감격스러워지는 상태를 말한다.

그리스도인은 사랑해야 하고, 또 다른 한편으로는 순종해야 한다. 복음의 사랑적 측면을 지나치게 강조함으로 순종적 측면을 쉽사리 간과할 수 있다. 반대로 그리스도인으로서 해야 할 의무와 건전한 교리의 보존에 초점을 맞춤으로 종종 이단을 폭로하고 그것을 대항하여 싸우면서 그리스도인은 너무나 자주 피차에 대한 사랑을 잃어버리고 율법주의에 빠져버린다. 그리스도에게 초점을 맞춤이 없이 의무를 강조하고, 교리를 옹호하는 것은 무용하며, 복음에 기초되지 않은 종교는 아무런 가치가 없다. 그것은 생명이 없는 죽은 종교다. 참 종교는 그리스도 중심의 종교인데, 한 편은 그리스도에 대한 사랑으로, 또 다른 한 편은 피차에 대한 사랑으로 특징지어진 수직적, 수평적 관계에 기초돼 있다.

3. 아른트(Johann Arndt, 1555~1621)와 슈페너(Philipp Jakob Spener, 1635~1705)의 대책

(1) 종교 개혁 후 시대적 배경

우리는 여기서 종교개혁의 후발 주자였던 아른트와 슈페너가 "처음 사랑을 잃어버린" 교회를 살리기 위해 어떤 노력을 했는지 생각해 보도록 하자. 에베소 교회와 같은 시대가 기독교역사 중에 있었다. 처음 종교개혁을 일으켰을 때 사람들은 첫사랑에 뜨거웠고 배불렀다. 니골라당인 로마 카톨릭에 대항하여 개혁을 부르짖고 교회를 수호하기 위해 많은 이들이 순교했다. 그런데 개혁이 그만 기나긴 교리전쟁으로 치닫고 말았다. 루터의 종교개혁의 시발점은, 카톨릭이 성경을 잘못

해석해서 사람의 선행이 구원을 이룰 수 있다는 교리를 기반으로, 베드로 성당을 건축하는 자금을 마련하기 위해 면죄부라는 것을 팔았는데, 면죄부를 사는 것이 선행으로 간주되었고 그것을 사고, 건축헌금을 내면 선행으로 인정받아서 천국 갈 수 있다는 논리를 펼쳤다.

오늘날 우리가 볼 때는 말도 안 되는 것이지만, 그 결과로 바티칸에 있는 베드로 성당이 완성되었다. 베드로 성당은 구원을 얻고 싶어하는 민중들을 속이고 돈을 내도록 해서 만들어진 건축물이다. 이렇게 사람들을 속이고 면죄부를 팔면서 카톨릭의 부정부패가 더욱 극심해져 가는 것을 보고 루터는 개혁의 포문을 열게 된다. 종교개혁 이후 카톨릭과 개신교의 100년 전쟁시대로 접어들게 되는데 이 전쟁은 학술적, 신학적 담론이 아니라 칼을 들고 죽이는 실제 전쟁이었다. 100년 전쟁 후, 루터의 종교개혁 100주년 행사가 마치자마자 1618년부터 1648년까지 또 독일에서 개신교와 카톨릭의 30년 종교전쟁 시대를 맞이하게 된다. 처음에는 개신교를 지지하는 영주들과 카톨릭을 지지하는 영주들의 전쟁이었다. 그러다가 카톨릭을 지지하는 왕과 귀족들 간의 전쟁이 되었는데, 카톨릭이 우세하게 되자 독일 영토를 차지하고 싶었던 개신교인 덴마크 왕 크리스티안 4세가 영국과 네덜란드로부터 군자금을 얻어 종교를 이유로 독일을 침입했는데 전쟁에서 지게 되고, 그래서 그 다음 해에는 스웨덴왕 구스타브 2세가 개신교를 옹호하면서 프랑스의 후원을 받아 다시 독일에 침입했다. 스웨덴이 밀리자 프랑스가 전면에 나서서 연합침공을 하게 되고 그렇게 30년을 전쟁해도 많은 사람만 희생되고 죽으면서 서로 간에 아무 소득이 없자 전쟁을 그치게 된다.

1517년 루터 종교개혁 이후 130년 동안 유럽이 종교문제 때문에 전쟁을 했다. 130년 동안 군대 징집을 했다. 당연히 남자들의 수가 감소했고 살아남았다 할지라도 장애를 입었다. 지금도 남편 없이 혼자 된 여인이 자녀를 키우기가 쉽지 않은데, 남편 잃고 고아와 과부가 되어 생계가 막막하게 된 여성들은 몸을 팔 수밖에 없는 비참한 형편에 이르게 된다. 또 그 당시는 농경사회인데, 130년 동안의 긴 전쟁 때문에 농사를 지을 수 있는 장정들은 전쟁터로 끌려가고 부녀자들이 어렵게 농사 지으면 상대편이 와서 빼앗아 가는 것이 반복되면서 사회는 기아와 가난으로 무너지게 되었다. 이런 식으로 독일의 기반은 완전히 무너졌고 이것이 회복되는데 300년 정도가 걸려서, 19세기 중반 비스마르크에 의해 독일이 통일되기 전까지 한때는 신성로마제국이라는 명성이 부끄럽게 유럽에서 가장 가난한 나라가 된다.

(2) 교회의 상황

이런 상황에 사람들이 교회에 왔다. 남편을 잃었고, 부모 잃고, 먹고 살길이 없고, 사는 것이 막막했다. 또 언제 전쟁이 나서 죽을지 모른다. 그런 상황에서 하나님의 위로를 기대하고 교회 왔는데, 목사들과 신학자들은 이런 상황을 방관하고 학문적이고 이론적인 신학논쟁만 하고 있었다. 온갖 관심은 루터의 신학을 어떻게 체계화할 것인가? 어떻게 학문적 가치와 교리적 정당성을 세울 수 있을까 여기에만 몰두하고 있었다. 물론 카톨릭과 분리된 개신교의 정체성 확립을 위해 신학적 연구가 필요하지만, 교회의 설교가 회중과 교감하는 것이 아니라 신학적 연구가 중심이 된 학문적 설교이다 보니 설교인지, 학술 논문 발표인지 구분이 안 되는 지경에 이르렀다. 교리적 정통성 확립을 위해 학문적인 연구를 해야 하는 것은 당연하지만, 신자들의 삶에 전혀 교감이 없는 문제로 설교단이 채워지게 된다. 예를 들어, "루터가 아프다고 말했을 때, 이 아프다는 것은 몸이 아픈 것이냐, 마음이 아픈 것이냐, 정신이 아픈 것이냐, 그렇다면 몸과 마음이 분리될 수 있는 것이냐, 이 아픔의 어원적 정의는 무엇이냐, 라틴어로는 어떻게 이해됐고, 헬라어와 히브리어에서의 정의는 무엇이냐, 사실 이것은 슬픔을 대신한 감정의 표현이지 실제 육체의 고통을 말하는 것이 아니다, 그렇다면 슬픔과 아픔은 본질이고 고통은 육체적 한계성에 국한되는 것이냐, 또한 천사는 감정이 있느냐 그렇다면 아픔도 느끼는가, 영적 존재인 천사가 느끼는 아픔은 정신적 감정적인 것에 국한 되는 것인가..." 이렇게 끝이 없는 인간론, 천사론, 무슨 론, 무슨 론 하면서 떠들고만 있는 것이다. 뿐만 아니라 루터파와 개혁파간의 첨예한 신학논쟁! 이러니 자연히 경건이 쇠퇴하고, 열정이 사라지고, 처음 사랑이 식어버리게 된 것이다. 그저 무늬만 기독교인, 일주일에 하루 예배만 드리러 들락날락 거리는 신앙이지, 신자나 불신자나 차이가 없는 시대가 되어버린 것이다. 이런 상황에서 '이것이 기독교인가? 성경에서 말하는 예수님의 가르침이 이런 것인가?' 하는 문제의식을 느낀 사람들이 생기기 시작한다.

(3) 요한 아른트의 경건주의 운동

그래서 요한 아른트가 [진정한 기독교]라는 책을 저술하고 독일에서 경건주의 운동을 시작하게 된다. 아른트의 저서는 독일뿐만 아니라 17세기부터 19세기까지 경건주의자들에게 대단한 영향을 미쳤고, 개신교에서 성경 외에 두 번째로 많이 보급되어 읽힐 만큼 사랑을 받았다. 당시 교회에서는 성경을 읽고 찬송하고 기도한 후에, 폐회할 때는 아른트의 글을 읽고 헤어질 정도로 영향을 끼쳤다. 영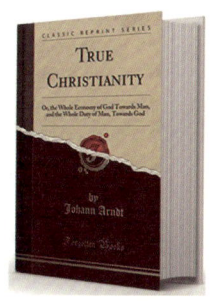
국의 요한 웨슬리에게 영향을 끼쳤고, 미국의 신앙
대부흥의 모태가 바로 아른트의 사상이었다. [진정
한 기독교]라고 한 말의 의미는, 현재 광범위하게
퍼져 있는 학문적이고, 교리적이며, 신학적인 것에
심취되어 메말라 있는 지금 있는 기독교는 가짜라
는 것이다. 그렇다면 진짜 기독교라는 것은 무엇인가? 원래 기독교는
하나님에 대한 사랑과 이웃에 대한 사랑을 핵심으로 갖고 있다는 것이
다. 아른트는 신자들이나 목회자들 할 것 없이 윤리적 타락과 불경건
에 통탄했고, 단지 입술로만 그리스도를 고백하고 실제로는 마음에도
없는 신앙고백, 행동으로 나타나지 않는 고백을 반대했다. 그러면서
"**죄로 상실된 하나님의 형상이 인간의 영혼 안에 재현되는 것을 최고
의 가치**"로 삼고 개혁운동을 일으키게 된다. 다시 한번 강조하지만, 그
의 모토는 "**죄로 상실된 하나님의 형상이 인간의 영혼 안에 재현되는
것을 최고의 가치**"로 삼았다. 즉 "하나님의 형상이 우리의 성품으로 재
현되어야 한다."는 것이다. 어떻게 재현시키는가? 당시 신학은 철학적
이고 사변적이었다. 사랑에 대해 열심히 정의는 내렸는데, 문제는 사
랑을 실천하지는 않는 교회였다. 사랑은 머리로 하는 것이 아니다. 생
각만 하고 이론으로 정립만 하는 것이 아니라 사랑은 가슴으로 하고,
행동으로 나타나야 하는 것이다. 아른트는 "**현재 기독교는 기독교가
아니다. 기독교는 사랑이어야 하는데 그 사랑은 가슴과 행동으로 하는
것이다. 그리고 사랑하는 성품을 교회에서 배우도록 양육해야 한다.**"
라며 "**거룩**"운동을 일으키게 된다. 그냥 신자 개인이 사랑하며 살아야
한다는 것뿐만 아니라 교회가 신자들을 거룩한 삶의 방향으로 가르치

고 양육해야 한다고 호소했다.

아른트는 "삶을 바꾸지 않는다면 진정한 기독교는 영원히 사라질 것"이라고 했다. 그러면서, "자기를 부인함, 자신의 의지를 죽임, 세상을 사랑하는 것으로부터 마음을 정결케 함, 겸손, 침착함, 은혜의 맛을 봄, 영혼이 하나님과 하나가 됨"을 방법으로 소개했다. 당시 대다수의 기독교인들의 믿음은 삶을 변화시키는 능력이나 열매를 맺게 하는 힘 있는 신앙과는 거리가 멀었다. 그래서 아른트는 이렇게 호소했다.

"교회에 남아 있는 것이라고는 복음이라는 타이틀과 명목상의 기독교일 뿐이다. 의의 열매는 어디에 있는가? 진정한 기독교인을 만들 수 있는 살아서 움직이는 믿음의 증거는 어디에 있는가? 진정한 회개가 있는가? 형제애는 어디에 있는가? 만일 우리가 삶을 바꾸지 않는다면 결과적으로 진정한 기독교는 우리 가운데서 영원히 사라져버릴 것이다."4

- Johann Arndt

* Carter Lindberg ed., The Pietist Theologians, 이은재 역, 『경건주의 신학과 신학자들』 (서울: 기독교문서선교회, 2009), 73-74.

이 아른트의 호소를 오늘 우리에게 다시 반복하고 싶다.

"만일 우리가 삶을 바꾸지 않는다면 결과적으로
진정한 기독교는 영원히 사라져버리고 말 것입니다."

루터가 기독교 교리에 있어서 개혁자라고 한다면 요한 아른트는 기독교 삶에 있어서 개혁자였다. 그러나 개혁자의 길은 항상 외롭다. [진정한 기독교] 1권을 출판하자 기득권에 있는 일부 목회자들로부터 비판을 받았고 결국 목회직을 사직하게 된다. 그들의 비판이 무엇이었을까? "오직 믿음으로만 의롭게 되지 않느냐?" "그것이 종교개혁의 모티브 아니냐?" "왜 행함을 강조해서 구원의 확신을 떨어뜨리느냐?" "그것은 율법주의다."

오늘날 이런 외침을 우리는 똑같이 듣고 있지 않는가? 그런데 오직 믿음으로만 의롭게 된다는 종교개혁의 메시지는 죄로 인한 고통을 선행과 성지순례, 면죄부를 통해 구원을 찾으려 했던 카톨릭의 지배 아래 놓여있던 사람들을 향한 것이었다. 그때 성화에 대해서 얘기하면, 천주교의 선행과 개신교의 성화를 구분할 수가 없기 때문에 일단은 의롭게 해 주시는 "칭의"의 가르침이 회복되어야 하는 시대였기 때문에 오직 믿음을 강조한 것이 오늘날 전혀 엉뚱하게 해석되고 있는 것은 참으로 안타깝다.

아른트는 카톨릭의 선행을 통해 구원을 얻으려는 가르침에 대해서는 분명히 반대했다. 그러나 "**오직 믿음**"으로 의롭게 된 자들, 칭의를 받은 자들은 새로운 삶, 거듭난 삶인 성화로 옮겨가야 한다고 주장했다. 칭의 다음에 성화의 과정이 필요하다고 했다. "**하나님의 은혜로 구원받은 자들은 그 구원의 기쁨 속에서 말씀을 내 삶에 적용하여 나와 이웃의 삶을 풍성하게 해야 할 책임과 의무가 있다.**"고 했다. 우리는 작은 예수로서, 살아계신 하나님의 성전으로서 역할을 감당해야 하는 것이다. 예수님을 닮아간다는 것은 의무가 아니라 또 하나의 권리이다.

권리가 무엇인가? 사전은 이렇게 정의한다.

> 의무: 사람으로서 마땅히 해야만 하는 일.
> 권리: 어떤 일을 하거나 누릴 수 있는 힘이나 자격.

믿음으로 의롭다 칭함을 받은 사람들은 이제 거룩한 삶을 누릴 수 있는 권리가 주어진다. 예수께서 우리를 의롭다 칭해주신 것처럼, 성령께서 거룩한 삶 가운데 살 수 있도록 우리를 이끌어 주시는 것이 성화다. 그런데 오늘날 큰 문제는 루터가 종교개혁 초기에 저술한 글들 때문에, 믿음 이외에는 아무것도 요구하시지 않는다고 아이들조차 배우고 있다. 루터가 훌륭한 일을 했지만, 개혁은 그것으로 완성된 것이 아니다. 교회는 여전히 개혁되어야 했고, 신학은 여전히 진리의 광맥을 캐야 했다. 그래서 아른트는 거룩운동을 일으키게 됐다. 그런데 오늘날 현대 기독교는 종교개혁 초창기로 전부 역주행하고 있다.

여러분은 아른트의 지적을 보면서 무슨 생각이 드는가? 오늘날 교회의 모습이 심각한 수술이 필요했던, 1600년대 독일 교회의 모습 같지 않은가? 아른트는 기독교의 중심은 사랑이고 그 사랑을 키워내는 것이 교회가 해야 할 일이라고 했다. 그것이 교회의 존재 이유라고 했다. **"우리 안에 있는 하나님의 형상을 재현하고 키워내는 것이 기독교"**라고 주장했고, 이것이 잠들어 있는 독일 목회자들에게 큰 도전을 주게 된다. "맞아! 우리가 완전히 사변적인 논쟁에만 치중했어. 지금 기독교의 종교개혁은 실패했거나 일탈했는데, 루터가 완성하지 못한 종교개혁을 다시 완성해야 해!" 하면서 사람들이 일어나기 시작한다.

(4) 경건주의의 아버지 슈페너

아르트에게 영향을 받은 사람이 "제2의 종교개혁자, 경건주의의 아버지"라고 불린 **필립 야콥 슈페너**이다. 슈페너는 사소하고 불필요한 신학적 논쟁을 버리고 거듭남에 근거한 윤리적 실천의 중요성을 강조하며 거룩운동을 일으켰다. 슈페너가 아르트의 책을 읽으면서 '아 이게 기독교구나!' 하는 생각을 하게 된다. 이후 아르트의 [진정한 기독교]가 재판되면서 출판사는 슈페너에게 서문을 부탁했는데, 사람들이 서문만 읽고도 가슴이 뜨거워지는 경험을 하면서 그 서문이 일약 군중의 관심을 집중시키게 된다.

그래서 [경건한 열망 Pia Desideria, 1675]이라는 슈페너의 서문을 얇은 책으로 출판하게 된다. 이 책이 루터의 95개조 반박문만큼 유럽 사회에 큰 충격을 가져오게 되는데, 이 책에서 슈페너는 독일교회의 문제점을 냉철하게 지적해 낸다.

Philipp Spener

"지금 교회가 망하고 있는데, 망하고 있는 이유는 신자들의 거룩함이 사라지고, 온통 교리와 신학적 논쟁에 모든 교회가 빠져있다. 그러다 보니 삶을 잃어버리고 경건도 잃어버리고 영성도 잃어버린 것이다."

이렇게 문제를 지적하고, 그렇다면 어떻게 이 문제를 극복할 것인가? 그래서 이 문제를 해결하기 위한 대안 6가지를 제시하게 된다. 이 대안이 우리에게도 필요한 제시라고 생각한다. 그중 네 가지만 요약하면 이렇다.

● 첫째, 성경을 더 많이 읽어야 한다.

어쩌면 너무 당연한 것인데, 그렇다면 우리는 성경을 얼마나 읽는가? 루터가 한 여러 훌륭한 일 중에 제일 중요한 업적 중 하나는, 독일어로 성경을 번역한 것이다. 성경을 가지고만 있어도 죽이는 시대에, 그것을 번역해서 보급했다. 그렇게 목숨 걸고 민중에게 돌려줬는데 아무도 안 읽는다면, 종교개혁을 한 이유가 없어져 버린 것이다. 루터는 성경을 읽고 교회를 개혁했다. 그 개혁의 정신이 계속 이어지려면 성경을 읽고 개혁을 완성해야 하는데, 루터 초상화만 보고 앉아있고 루터가 준 성경은 읽지 않다 보니 다시 중세 카톨릭의 스콜라철학처럼 사변적인 신학으로 퇴보해 버린 것이다. 그래서 성경을 읽으라는 것이다.

● 두 번째, 신자들 개인이 영적 제사장임을 깨달아야 한다.

루터가 강조한 것 중에 하나가 바로 만인 제사장 아닌가? 이 말은 그저 수동적으로만 교회 다니지 말고, "목사님이 말씀하셨으되" 하면서 자신의 영생을 목사들에게 맡기지 말고, 신자 개개인이 영적 제사장이라는 사실을 깨닫고 말씀을 스스로 찾아 먹어야 한다는 것이다.

이것이야말로 정말 오늘날 기독교회에 필요한 가르침 아닌가? 목회자가 우리의 구원을 책임져 주지 않기 때문이다.

● 세 번째, 지식에 그치지 말고 행동과 실천으로 이어져야 한다.

이것이 슈페너의 키스톤(Keystone)이다. 사람들이 성경 100독 했다고 자랑하고, 일류대학 출신이고, 정통신학을 공부했다고 내세우지만 행동과 삶에 영향을 끼치지 못한다면 그것이 무슨 의미가 있을까? 성경을 많이 알고 이론이 아무리 좋으면 무슨 소용이 있는가? 그것이 적용될 수 없으면 의미가 없다. 진정한 기독교가 되려면 사변적이거나 교리적으로 만족하지 말고 삶으로 그것을 증거해 내야 한다는 것이 슈페너의 강력한 도전이었다.

● 네 번째, 신학 논쟁을 삼가고 사랑으로 관용하라

그 당시 신학자들이나 목사들은 습관적으로 신학과 교리를 가지고 정통이냐, 이단이냐를 따지며 신학논쟁에 빠져 있었다. 서로 자기들이 옳다 하고, 상대방이 틀렸다고 하면서 이론과 지식의 싸움이 결국 감정싸움으로 번지고, 사랑을 잃어버리므로 딱딱한 교리만 남아있는 상태가 돼 버린 것이다. 물론 현저한 이단에 대하여 논쟁해야 하고 전쟁도 해야 한다. 그렇게 교회를 지켜야 하고 진리도 고수해야 한다. 하지만 정말 지켜야 하는 진리의 말씀이 아닌 것들로 신학논쟁을 할 때가 더 많은 것 같다. 그래서 슈페너는 그것이 우리를 분열시키도록 허락하지 말고 사랑으로 용납하는 법을 배우라고 호소했다. 이것이 슈페너의 "처음 사랑을 잃어버린" 기독교를 향한 대안이었다. 이것을 제시만 한 것이 아니라 설교만으로는 사람이 변하기엔 부족하다는 것을 깨닫고 "경건의 모임"(Collegia Pietatis)이라는 그룹을 만든다.

경건의 모임: "Haugean Pietist Conventicle", Painting by Adolph Tidemand

교회 안 가고 집에 혼자 앉아서 인터넷으로 설교만 듣는 것으로 사람이 변화되기 어렵다는 것이다. 이 사람 저 사람 설교를 골라 먹는 재미가 좋긴 하지만 그렇게 해서는 성장하지 않는다. 교회에서 사랑의 공동체를 이루어야 한다. 그런 공동체를 찾아 다닐 것이 아니라 나부터 그 공동체를 만들어야 한다. 뿐만 아니라 당시에는 교회 가서 예배 참석만으로 '내가 기독교인이 됐다' 라고 생각하면서 신앙생활의 전부를 이룬 것처럼 착각했다.

지금도 그렇지 않은가? 그러나 일주일에 한 번 설교 듣는 것만으로 사람이 변하지 않는다. 그래서 예배 외에 그리스도의 사랑을 실천하는 모임을 만들고, 성경을 함께 읽고 나누는 오늘날 QT같은 모임을 만들고, 또한 성경이 단순히 지식이 아니라 하나님께서 우리의 삶을 인도해 주시는 삶의 지침서로 성경을 대하며 읽도록 안내했다. 그래서 예배 외에 여러 경건한 모임을 만들어서 운영하게 된다. 이러한 슈페너의 영향으로 오늘날 교회에서 성경공부, 기도회, 각종 소그룹 활동이 생겨나게 되었다. 대중적 설교만으로는 변화되기 어려우므로 작은 그룹들, 셀 모임이 있어야 한다는 것이다. 즉 "교회 안의 작은 교회"(에클레시올라 인 에클레시아)를 만들라는 것이다. 그 훈련이 경건시간이 되고, 사랑을 실천하며, 거룩함에 이르는 양육이 돼야 한다는 것이다.

그리고 슈페너는 시골에 은둔해 있는 동역자들을 불러서 도시에 파견한다. 지리산 꼭대기에서 살고 있으면 본인은 세속에 물들지 않겠지만 교회를 변화시킬 수 없기 때문이다. 시골생활은 많은 유익을 주기는 하지만 시골에 살면서 도시로 나와 복음을 전해야 영적으로 본인도 살고 다른 사람도 살릴 수 있다. 시골에서 수양만 하는 것이 경건이 아니다. 우리는 경건을 '수도생활'로 오해하는 경우가 많다.

아른트는 경건주의의 개척자요, 슈페너는 경건주의의 아버지로서 오늘날 우리 시대에 필요한 책망과 권면 그리고 해결방법까지 제시해 주었다. 그래서 슈페너의 경건주의 운동은 종교개혁을 완성하려는 운동이었고, 초대교회의 삶을 본받으려는 운동으로 평가받고 있다. 오늘날 현대 기독교회가 에베소 교회와 같이 되지 않으려면, 두 사람의 호소를 귀담아 들어야 하지 않겠는가!

4. 에베소 교회에 대한 경고

> "…만일 그리하지 아니하고 회개치 아니하면 내가
> 네게 임하여 네 촛대를 그 자리에서 옮기리라"(계 2:5).

촛대를 옮긴다. 이 말씀은 세 가지 명령, **기억하라**(Remember), **회개하라**(Repent), **회복하라**(Recover)에 순종하지 않았을 경우에 이르러 온 결과이다. 위협이 아니라 빛의 근원이신 그리스도와 사랑의 연합을 회복하지 못하면 오는 자연적인 결과이다. 예수님은 지금 촛대 사이를 거니시는 분, 즉 교회를 돌보시는 분으로 묘사돼 있다. 따라서 여기서 촛대는 세상에 하나님의 빛을 전하는 교회의 역할을 상징한다(계 11:4). 그런데 촛대를 옮기는 것은 교회가 그리스도의 증인으로서 더 이상 교회의 역할을 하지 못하게 되는 것을 의미한다. 교회가 교회로서 존재하기를 그치는 것이다.

고대 이스라엘이 세상에 하나님의 빛을 증거하는 증인으로 부름을 받았지만, 증인의 사명을 포기했을 때 빛을 전달하는 역할을 그들에게서 거두시고 교회로 옮기셨다. 이제는 이스라엘이 아니라 교회가 세상에 그리스도의 빛이 되도록 부르심을 받았다(마 5:14~16, 빌 2:15). 그러나 만일 교회가 빛을 발하지 아니하면 이스라엘이 그 역할을 빼앗긴 것처럼 교회도 그것을 잃어버릴 것이다.

> "너희는 세상의 소금이니 소금이 만일 그 맛을 잃으면
> 무엇으로 짜게 하리요 후에는 아무 쓸데없어 다만 밖에
> 버리워 사람에게 밟힐 뿐이니라" (마 5:13).

에베소 교회도 하나님의 사랑과 구속을 증거하는 증인의 사명을 받았다. 그러나 그 교회는 정통을 고수하기 위해 애를 쓰고 이단들과 완강하게 대항하다가 사랑을 포기하고 말았다. 그것은 증인의 역할, 촛대의 역할, 소금의 역할을 포기하는 것과 다를 바 없는 것이다. 교리논쟁에만 휩싸여 사랑을 포기하는 교회는 더 이상 교회로 존재할 가치를 잃어버리는 것이다.

그런데 이러한 에베소 교회의 모습이 현시대 기독교회의 경험 가운데서 반복되고 있지 않은가? 에베소 교회에 보내는 서신은, 에베소에만 보내는 것이 아니다.

오늘날 우리에게도 동일하게 그 편지가 도착했다. 봉투를 뜯고 내용을 읽어보니 "**어디서 떨어진 것을 생각하고 회개하여 처음 행위를 가지라 만일 그리하지 아니하고 회개치 아니하면 내가 네게 임하여 네 촛대를 그 자리에서 옮기리라**"는 말씀이 기록돼 있다. 오늘날 현대기독교회는 지금 어떤 상태에 있을까? 아직 기억하고, 회개하고, 회복할 기회가 있는 것일까? 아니면 촛대가 이미 옮겨져 버렸을까? 교회가 세상을 비추는 빛으로서 역할을 감당하고 있지 않다면, 교회는 더 이상 교회가 아니다. 한 때 "아시아의 빛"으로 불리웠던 찬란한 에베소가 지금은 바다에서 10km나 물러난 황량한 늪지에 불과한데, 에베소의 모습이 이렇게 상세히 묘사돼 있다. 에베소는 현재 사람의 그림자도 찾아볼 수 없을 정도로 황폐한 곳에 지나지 않는다. 한때 교역으로 유명했던 대중심지의 거대한 시장에는 지금 울타리도 두르지 않고 누가 돌아보지도 않은 채 잡초만 무성한 버려진 밭으로 밖에는 보여지지 않는다. 제1의 도시로서의 면모를 뽐내던 도시 위에는 정적과 늪지의 독한 냄새 그리고 죽음이 드리워져 있었다.[5]

회개하여 처음 행위를 가지지 못한 채 그리스도와 인연이 끊어져 사랑과 빛의 촛대가 떠나가 버린 개인과 교회와 세상의 결과가 어떠함을 말없이 웅변해주고 있는 역사의 현장이다.

5. 적용과 호소

이 에베소 교회에 주어진 예언은 그 당시의 교회뿐만 아니라, 현시대를 살고 있는 우리 그리스도인들에게도 많은 교훈을 주고 있다. 우리의 영적인 상태를 살펴볼 때, 혹 "네가 처음 사랑을 버렸구나"하는 책망을 받을 상태에 있지는 않는가? 우리의 마음속에 진정으로 예수님을 사랑해서, 참된 회개와 굴복과 그리고 사랑이 동기가 되어 행하는 순종이 나타나고 있는가? 내 삶의 어떤 부분을 세상과 타협하고 있지는 않은가?

사랑이 없는 종교활동, 이것은 예수님 당시의 유대인들의 멸망의 원인이었으며 또 오늘날의 많은 기독교인들의 멸망의 원인이 될 것이다. 하나님에 대한 사랑 때문이 아니라 자신을 사랑하는 마음이 종교활동의 동기가 되고 있다. 예수님의 사랑이 없이 행해지는 모든 종교생활과 행위들, 금식이나 기도, 엄숙하고 화려한 예배, 열렬한 집회, 외형적인 겸손, 남의 이목을 끄는 희생적인 활동, 이 모든 것은 무의미한 것들이며 하나님 앞에 가증한 것들이다. 우리 자신의 행위로는 결코 구원을 살 수 없다. 사랑으로 역사하는 믿음이 없는 신앙생활은 아무 것도 아니다. 신자들 사이에 성품과 생애의 변화가 그렇게도 드문 이유는, 하나님과의 사랑이 지속되지 않기 때문이다. 과거에 하나님을 만나는 경험을 했다 할지라도, 그 사랑의 경험을 지속시키지 못하고 잃어버리므로, 마음속에 그리스도의 사랑이 내재하실 때 저절로 이루어지는 생애의 변화나 성품의 열매가 맺히는 장성한 믿음의 분량까지 이르지 못하는 것이다. 예수님의 사랑 안에서 자아가 완전히 포기될 때에만, 주님께서 우리를 새로운 피조물로 만드실 수 있다. 그리스도의 사랑이 우리에게 새 생명을 불어넣을 것이다. 하나님을 사랑하고 우리의 믿음의 주요 온전케 하시는 이를 바라보는 사람에게서 그리스도의 사랑의 성품이 나타날 것이다.

 "너희가 서로 사랑하면 이로써 모든 사람이 너희가 내 제자인 줄 알리라"(요 13:35).

 "이같이 너희 빛을 사람 앞에 비취게 하여 저희로 너희 착한 행실을 보고 하늘에 계신 너희 아버지께 영광을 돌리게 하라"(마 5:16).

기 도

은혜로우신 하나님 아버지!

에베소를 향한 하나님의 안타까운 호소가
오늘 우리 귓가에 다시 울려 퍼지고 있습니다.
주의 말씀을 기억하여 우리가 회개하고
처음 사랑을 회복하여 참된 그리스도인 신자로
살아갈 수 있도록 힘을 더하여 주시옵소서!

주님 사랑하기를 게을리하므로
교회에 사랑이 식고 세상에 빛과 소금이 되지 못하므로
밟히는 일이 없도록 우리를 인도하여 주시옵소서!
그 어떠한 고난이나 위협도 우리를 그리스도의 사랑에서
끊을 수 없음을 믿고 순종하는 우리 모두가 되기를
간절히 원하며 예수님 이름으로 기도합니다.

아멘!

요한계시록 2장 [복습문제]

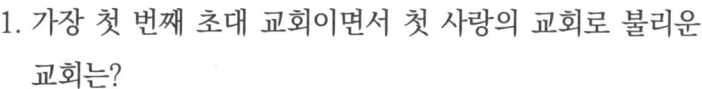

1. 가장 첫 번째 초대 교회이면서 첫 사랑의 교회로 불리운 교회는? _____

2. 에베소 교회의 지리적 위치와 시대적 배경으로 틀린 것은?

① 대도시 에베소는 정치, 상업 및 이교의 중심지로서 "아시아의 빛" "아시아의 첫째 도시"로 불렸다.

② 에베소는 유방이 많은 다산(多産)의 여신, 헬라인들은 아데미(Artemis)라 부르고 로마인들은 다이애나(Diana)라 부르는 여신의 고향이었다.

③ 에베소 교회의 신도들은 이교 축제에 참여하지 않으므로 많은 경제적, 사회적 불이익과 모욕을 감당해야 했다.

④ 처음엔 냉랭한 형식주의의 교회였으나 나중에는 사랑으로 충만한 교회가 되었다.

3. 에베소 교회를 설립하기 위해 힘을 합해 복음 사역을 한 인물이 아닌 것은?

① 사도 바울

② 아볼로

③ 사도 베드로

④ 브리스길라와 아굴라

4. 카톨릭의 마리아 숭배의 근원과 관계있는 것은?

① AD 431년 에베소에서 열린 종교회의에서, "신들의 어머니"란 명칭을 마리아에게 적용시켜 그때부터 그녀를 "신의 어머니"라고 추앙하게 됨.

② 성령으로 잉태하였기 때문에 마리아를 숭배하게 됨.

③ 예수님이 십자가 위에서 요한에게 마리아를 부탁했기 때문에 숭배하게 됨.

④ 부모를 공경해야 되니까.

5. 에베소 교회의 문제, 책망과 관련 없는 것은?

① 무르익은 사랑 대신 냉랭한 형식주의가 스며들었고, 선교정신 대신 논쟁의 정신이 팽배했다.

② 교리에 충실하고 날카롭게 이단을 가려내었으나 사랑은 잃어버렸다.

③ 교리적 순수함은 유지했지만 거짓 가르침을 조사하고 논쟁하는 과정에서 형제를 의심하고 동료신자들의 정통성을 점검하느라 교회는 율법주의가 되어 버렸다.

④ 책망과 권면을 잘 받아들여서 회복되었고 많은 지역들에 복음을 전하는 기지가 된다.

6. 에베소 교회의 니골라당과 관련 없는 것은?

① 영지주의의 한 이단 종파로 니골라당의 주장 중에 한 가지는, 은혜와 복음의 시대가 도래하여 십계명을 폐했기 때문에 더 이상 계명에 얽매일 필요가 없다는 십계명 폐지론이다.

② 7개의 초대 교회에 모두 침투하여 교회를 분열시켰다.

③ 니골라당은 자칭 그리스도인이라 하면서 우상의 제물을 먹는 것을 개의치 아니하고 음란한 생활을 하는 것도 묵인했으며(2:20,21), 발람의 세속적 교훈(2:14,15)과 이세벨의 거짓 교훈을 추종했다.

④ 세상의 환경에 적당하게 타협하여 살도록 권하는 니골라당의 가르침은 교회의 정체성을 파괴시키는 아주 위협적인 것이었다.

7. 에베소 교회에 주신 세 가지 권면과 관계없는 것은?

① 기억하라

② 회개하라

③ 처음 행위를 가지라(=회복하라)

④ 순종하라

8. 아른트의 경건주의 운동의 모토이자 그의 책 [경건한 기독교]의 핵심 사상과 관계 없는 것은?

① 이론과 생각으로 사랑이 충만하면 실제 생활에서도 사랑이 충만해진다.

② 죄로 상실된 하나님의 형상이 인간의 영혼 안에 재현되는 것을 최고의 가치로 삼았다.

③ 신자 개인이 사랑하며 살아야 한다는 것뿐만 아니라 교회가 신자들을 거룩한 삶의 방향으로 가르치고 양육해야 한다고 호소했다.

④ 기독교는 하나님에 대한 사랑과 이웃에 대한 사랑을 핵심으로 갖고 있다.

9. 아른트에게 영향을 받은 "제2의 종교개혁자, 경건주의의 아버지"라고 불린 인물은? _____

10. 종교개혁의 정신에 해당하는 것은?
① 종교개혁은 완성되었다.
② 종교개혁은 계속 진행되어야 한다.
③ 교회는 하나님의 전이므로 더욱 크고 화려하게 건축해야 한다.
④ 신자들이 이단에 빠질 수 있기 때문에 성경을 읽으면 안 된다.

2장

일곱교회: 서머나
(그리스도인이 된다는 것은?)

"귀 있는 자는 성령이 교회들에게 하시는
말씀을 들을지어다 이기는 자는 둘째 사망의
해를 받지 아니하리라"
[계 2:11]

성경의 예언들

[요한계시록 5부]
그리스도인이 된다는 것은

서머나교회

말씀 손계문 목사

요한계시록 2장

[계시록 2:8~11]

[8] 서머나 교회의 사자에게 편지하기를 처음이요 나중이요 죽었다가 살아나신 이가 가라사대
[9] 내가 네 환난과 궁핍을 아노니 실상은 네가 부요한 자니라 자칭 유대인이라 하는 자들의 훼방도 아노니 실상은 유대인이 아니요 사단의 회라
[10] 네가 장차 받을 고난을 두려워 말라 볼지어다 마귀가 장차 너희 가운데서 몇 사람을 옥에 던져 시험을 받게 하리니 너희가 십 일 동안 환난을 받으리라 네가 죽도록 충성하라 그리하면 내가 생명의 면류관을 네게 주리라
[11] 귀 있는 자는 성령이 교회들에게 하시는 말씀을 들을지어다 이기는 자는 둘째 사망의 해를 받지 아니하리라

계시록 2장

일곱교회: 서머나
그리스도인이 된다는 것은?

일곱교회 중에서 두 번째인 서머나 교회는 환난과 궁핍 속에서도 믿음의 절개를 지키면서 하나님께 충성하므로 그리스도인이 된다는 것이 무엇인지 보여주는 교회이다. 이런 믿음의 선배들의 모습을 보면서 오늘 우리는 어떤 신앙을 가져야 하는지를 나눠보고자 한다.

1. 이름의 뜻과 시대

서머나는 일곱도시 중 유일하게 현재까지 존재하여 터키의 3대 도시 중 하나로서 이즈미르(Izmir)란 도시명으로 불리고 있다. 에베소에서 북쪽으로 약 64km 떨어진 지점에 위치하고 있으므로 서울에서 포천 거리 정도이다.

에베소	서머나	버가모	두아디라	사데	빌라델비아	라오디게아
사도시대	박해시대	세속의 시대	중세시대	종교개혁시대	개신교부흥	마지막시대
1세기	2~3세기	4~5세기	6~14세기	15~18세기	19세기	현재
31~100	100~313	313~538	538~1517	1517~1798	1798~1844	1844~재림

교회 역사에서는 사도시대 다음인 100년부터 콘스탄티누스(Constantinus Ⅰ, 306~337) 황제가 종교의 자유를 합법적으로 공인한 밀라노 칙령(The Edict of Milan)을 발표한 313년까지, 200여 년간 혹독한 핍박을 치른 시대를 서머나 교회의 시대로 말하고 있다. 서머나(Smyrna)는 몰약(Myrrh)과 같은 뜻이다. 마치 몰약이 짓눌려 부서질수록 더욱 짙은 향기를 피우듯이 서머나 교회는 심한 핍박과 고난을 당할수록 온 세상에 그리스도를 위해 순교의 향기를 퍼뜨렸다.

일곱교회 가운데 서머나와 빌라델비아 교회는 책망이 없다. 나무랄 것 없이 완전해서가 아니라 서머나 교회가 처해있는 어려운 상황과 힘에 겹게 치르고 있는 극심한 핍박을 고려한 배려인 것 같다. 서머나 교회시대인 2,3세기 동안 핍박과 평화를 번갈아 겪으면서 교회 안에는 많은 문제점들이 생겨났다. 서머나 교회의 이런 모습은 계시록 6장 "둘째 인"에서 살펴보도록 하겠다.

2. 발신자의 신원

> "서머나 교회의 사자에게 편지하기를 처음이요 나중이요 죽었다가 살아나신 이가 가라사대"(계 2:8).

계시록이 쓰일 당시 요한의 제자인 폴리캅(Polycarp, AD 60~155)은 40년 이상 서머나 교회의 감독으로 시무하여 "서머나 교회의 사자"(2:8)는 바로 그를 가리켰을 것이다. 폴리캅은 155년 2월 23일에 신자 11명과 함께 화형을 당했다.

나이가 많았던 폴리캅은 자신을 체포하러 온 병사들을 위해 식사를 준비해주고, 군인들이 식사를 하고 있는 동안 로마 제국에 거주하는 모든 그리스도인들을 위하여 한 사람, 한 사람 이름을 부르며 기도했다. 다음날 총독은 폴리캅에게 깊은 감동을 받고 살리려고 여러 제안을 했지만, 폴리캅은 이렇게 대답했다.

"내가 그분을 섬겨온 지 팔십육년이요. 그 동안 그분은 내게 털끝만큼도 섭섭케 하지 않았소이다. 그런데 어떻게 내가 나를 구원하신 나의 왕을 저주할 수 있으리요?"

결국 폴리캅은 화형을 당하게 되었는데, 불 속에서 움직이지 못하도록 기둥에 못을 박으려 하자 차분한 어조로 말했다.

"나를 이대로 두시오. 주님께서 나에게 이 불길 속에서도 움직이지 아니하고 남아있을 힘을 주실 것이요"

그리고는 이렇게 기도한다.

"오! 주님, 전능하신 하나님, 우리는 예수 그리스도를 통하여 당신께 대한 온전한 지식을 받았나이다. 주께서 이날 이 시간 저를 값있게 여기사 영원한 생명의 부활에 이르도록 당신의 순교자들의 숫자에 참여하고 그리스도의 잔에 동참할 수 있게 하여 주심을 감사합니다."[1]

그리스도인들에 대해 가장 극렬한 적개심을 나타내는 이들은 로마가 아니라 유대인들이었다. 그들이 선두에 나서 땔감을 준비했는데, 그 날은 안식일이었다. 유대인들은 타다 남은 순교자들의 시체를 그리스도인들이 가져가지 못하게 막기도 했다.

3. 책망과 견책

 "내가 네 환난과 궁핍을 아노니 실상은 네가 부요한 자니라 자칭 유대인이라 하는 자들의 훼방도 아노니 실상은 유대인이 아니요 사단의 회라"(계 2:9).

서머나 교회에 책망은 없으며 그들의 환난과 궁핍을 더욱 극심하게 만든 사단의 회에 대해 말하고 있다. 서머나 교회는 **"환난과 궁핍"**(계 2:9)의 삶을 살고 있었다. 궁핍이란 헬라어로 두 가지 단어가 있는데, **"페니아"**(Penia)는 단지 넉넉하지 못한 상태의 가난이고, 여기서 사용된 **"프토케이아"**(πτωχεία)는 아무것도 없는 거지신세, 구걸하는 생활을 말한다. 다시 말해 정말 찢어지게 가난했다. 서머나 신자들이 왜 이리 환난과 빈곤 속에서 살았을까?

두 가지 이유가 있는데 **첫째는**, 서머나 도시 사람들은 로마에 대한 충절이 아주 각별하였다. 비록 로마가 불리하여 수세에 몰릴 경우에라도 신의를 지켜 충성을 다했으며 추위에 떠는 로마 군인들을 위해 자기들의 옷을 벗어 보낼 정도였다. 로마의 정치가 키케로(Cicero, BC 106~43)는 서머나를 가리켜 **"우리의 가장 신실하고 가장 오랜 동맹국 가운데 하나"**라고 칭송했다. 그리하여 서머나는 AD 26년 티베리우스(Tiberius) 황제의 신전을 건립하는 특권을 얻고, 황제 숭배가 처음으로 시행된 도시 중의 하나가 되었다. 당시에 황제 숭배는 의무적이었고 거절하면 각종 경제 제재와 죽음의 위협을 받았다. 모든 사람이 황제 숭배를 영광으로 생각하고 충성을 바치고 있는데, 황제에게 경배를 하지 않는 그리스도인들을 사회질서를 어기는 자들로 낙인 찍어서

Tiberius(BC 42~AD 37)

사고팔고 매매를 하지 못하게 했다. 또한 토지나 집을 비롯해 모든 재산을 몰수당하고 하루아침에 아무것도 없는 거지신세가 되거나, 황제에게 경배하지 않는 사람은 몇이든지 다 죽이게 하는 무자비한 박해를 받았다. 우리는 이 시대의 상황에서 앞으로의 교훈을 보게 된다. 계시록 13장에는 세상 권력을 잡고 있는 짐승(황제)에게 경배하지 않으면 죽이게 한다는 예언이 우리 앞에 있다(참조, 계 13:15).

서머나 그리스도인들의 삶을 비참하게 만든 **두 번째 이유**는, 유대인들이 그리스도인들을 매우 적대하여 참으로 열심히 로마 법정에 고소했다. 예수께서 이 땅에 계실 때 유대인들이 얼마나 괴롭혔는가! 그것은 사도시대에도 반복된다. 예수님 승천 후 사도행전에 보면 유대인들이 당시 관원들을 동원하여 그리스도인들을 박해한 일이 여러 번 나온다. 안디옥에서(행 13:50), 이고니온에서(행 14:2,5), 루스드라에서(행 14:19), 데살로니가에서(행 17:5) 여러 지방에서 그랬다. 그리고 그리스도인들에 대한 유대인의 증오와 적개심은 날이 갈수록 심해져서, 세계 도처에서 그리스도인에 대한 훼방과 선동, 송사와 핍박에 앞장선 것은 언제나 유대인이었다. 로마의 핍박보다 유대인의 핍박이 더 힘들었다. 그들은 "벼룩의 간을 빼먹는다"는 말이 어울릴 정도로 가난한 그리스도인들을 약탈까지 했다.

유대인들의 악의 찬 고소를 다섯 가지로 정리해 보면,

- **첫째,**

  성만찬을 곡해하여 그리스도인은 식인종이라는 비방을 받았다. 예수께서 "내 살을 먹고 내 피를 마시라"고 한 말씀을 의도적으로 곡해한 것이다(요 6장).

- **둘째,**

  자주 모여 떡을 함께 나눴는데, 사랑의 애찬을 부도덕하며 음탕한 모임으로 비방했다.

- **셋째,**

  "내 이름을 위하여 집이나 형제나 자매나 부모나 자식이나 전토를 버린 자마다 여러 배를 받고 또 영생을 상속하리라"(마 19:29)는 말씀을 그리스도인들은 가정을 파괴하고 가족 관계를 악화시킨다고 비방했다.

- **넷째,**

  황제를 주라고 부르기를 거부하므로 잠재적 테러리스트라고 고소했다.

- **다섯째,**

  세상이 불로 멸망당할 것이라는 예언을 근거로 방화범들이라고 고소했다.

그들은 이방인들을 부추겨서 그리스도인들을 대항하도록 선동하고, 그리스도인들을 핍박하기 위하여 로마 관리들을 자극했다. 세계 역사에서 가장 미움 받고 핍박 받은 대상이 유대인인데, 그 유대인에게 가장 미움 받고 핍박 받은 대상은 그리스도인들이었다. 오죽하면 이러한 근거 없는 비난을 퍼붓는 유대인들을 일컬어 그리스도께서는 "사탄의 회당"이라고 하셨겠는가! 그들이 회당에 모여 하는 일이라고는 그리스도인에 대해 음모를 꾸미고, 그리스도인들을 참소하는 일만 했다. 이곳의 "회"는 헬라어 "시나고그"(συναγωγή)로 신약성경에서 유대인의 회당을 그렇게 불렀다. 당시 교부 테르툴리아누스는 유대인의 회 '시나고그'를 "박해의 샘"이라고 했다.[2] 회당에서 끊임없이 박해가 흘러나온다는 뜻이다.

   마지막 시대에도 서머나 교회시대처럼 큰 환난이 있을 것이다. 서머나 교회의 성도들을 죽이는 일은 로마가 했지만, 그들을 죽도록 고소하고 비방한 무리는 여호와 하나님을 믿는다고 하는 유대인이었다. 마지막 시대에도 그러할 것이다. 세상 사람들이 괴롭히는 것이 아니라 같은 하나님을 섬긴다고 하는 사람들에 의해서 고소당하고 핍박을 받을 것이다. 우리는 아예 종교가 다르면 크게 신경을 쓰지 않는다. 그런데, 내가 믿는 교리와 조금 다르면 어떻게 하는가? "저 사람 이단입니다. 잘못됐습니다. 죽여야 합니다." 마지막 시대 환난은 이런 환난이다. 그런데 문제는 비 진리를 가지고 있는 사람들이 오히려 참된 진리를 가진 남은 무리들을 핍박하고 잡아주는데 앞장서게 될 것이다. 그들은 하나님을 위해서 그런 일을 한다고 강변하지만 사실은 "사탄의 일"을 하는 것이다.

   그렇다면 누가 참 진리를 믿고 전하는 사람들을 잡아주게 될까? 두려운 것은 오늘 우리가 믿음에 굳게 서 있지 않고, 자기를 사랑하고, 이기심에 따라 행동하면 바로 내가 "사탄의 시나고그"가 될 수 있다는 사실을 깨달아야 한다. 두려운 일이다. 박해하는 자가 될지, 박해받는 자가 될지 우리는 미래에 대해 장담할 수 없다. 그래서 오늘 주님 앞에 나가서 "주여 저를 긍휼히 여기셔서, 주님의 진리 가운데로 인도하시고, 주님의 사람으로 오늘 준비되게 해 주십시오"라고 기도해야 한다.

당시에 그리스도인이 된다는 것은 실제로 극도의 가난과 굶주림, 추방되거나 투옥, 고문 또는 짐승의 밥이거나 불에 태워 죽임을 당하는 것을 의미했다. 그래서 그 당시에 그리스도인이 된다는 것은 둘 중의 하나를 의미한다. 하나는 바보이거나, 아니면 진짜이거나. 아무것도 모르고 속아서 왔거나, 아니면 모든 것을 각오한 진짜 그리스도인만 있던 시대이다. 주님은 "너희의 고난과 가난을 내가 안다"라고 말씀하셨다. 그분은 서머나 교회의 환난과 궁핍을 훤히 알고 계셨다. 우리 주님은 우리가 어떤 고난과 어떤 형편에 있는지 아신다. 서머나 교회 성도처럼 신앙 때문에 고난받고 있는가? 가정에서 남편과 아내에게, 부모에게 가족과 친지들에게, 직장에서 사회에서 고난받고 있는가? 주님께서 말씀하신다. "내가 너의 환난과 궁핍을 안다." 주님께서 우리를 아신다는 사실은 우리에게 얼마나 큰 소망과 용기를 주는가! "그리스도의 고난이 우리에게 넘친 것 같이 우리의 위로도 그리스도로 말미암아 넘"친다(고후 1:5).

그들이 가진 것이라고는 아무것도 없었다. 그야말로 뼈에 사무치는 가난과 배척을 겪고 있었다. 그러나 물질적으로는 가난하였고 외로웠을지라도, 그들은 은혜와 믿음에는 부요했다. 진정한 의미에서 영원히 부요한 사람들이었다. 반대로 라오디게아 교회는 어떠한가? 육신과 물질에는 풍요하지만 영적으로는 빈 깡통인 비참하도록 가난한 라오디게아 교회와 뚜렷이 대조된다(계3:17). 그래서 어쩌면 환난과 궁핍은 하나님의 은혜의 방편인 것 같다. 서머나 교회는 은혜와 믿음에 부요함으로써 영적인 부자였음은 물론, 세상에 속한 일시적인 재물을 그리스도를 위해 바치고, 포기함으로써 자신들의 부를 "하늘에 쌓아 둔" 진정한 부자가 된 것이다.

유세비우스는 폴리캅과 서머나 교회 신자들의 순교장면에 대해 이렇게 기록했다.

"누가 순교자들이 보여준 바 자기들의 주님께 대한 사랑과 함께 그들의 고상함과 인내를 찬탄하지 않을 수 있겠는가? 그들은 채찍으로 맞아서 찢기고 몸의 골격과 근육이 드러나고 심지어는 바로 그 내부의 정맥과 동맥의 혈관까지 드러나도록 찢겨 주위에 둘러선 사람들까지도 가엾어 하고 슬퍼했지만 그들은 아직도 참을성 있게 견뎌냈다. 그들은

> 그와 같이 높은 인내를 가지고 아무도 한숨이나 신음이 무심결에라도 새어 나오지 않게 했다. 이리하여 그리스도의 거룩한 순교자들은 주님께서 그들 곁에 서 계시면서 그들과 교통하고 계심을 우리에게 증거해 주었다. 그리고 그들은 그리스도의 은혜를 바라봄으로써 이 세상의 온갖 괴로움을 가볍게 여기고 고통을 당함으로써 영원한 형벌에서 자신들을 구원하였다."[3] - Eusebius of Caesarea

참으로 그들은 "잠시 받는 환난의 경한 것이 지극히 크고 영원한 영광의 중한 것을 우리에게 이루게 함"을 순교로 증명하였으며, "보이는 것은 잠깐이요 보이지 않는 것은 영원함"을 우리에게 가르쳐주었다(고후 4:17,18).

4. 권면과 경고

📖 "네가 장차 받을 고난을 두려워말라…"(계 2:10).

예수께서 너희가 고난을 받지 않을 것이라고 약속하지 않으셨다. 오히려 고난과 핍박은 주님을 따르는 자들의 운명이 될 것이라고 예언하셨다(마 23:34~36). 그리고 "세상에서는 너희가 환난을 당하나 담대하라 내가 세상을 이기었노라"(요 16:33)고 격려하셨다. 사도 바울도 "우리가 하나님 나라에 들어가려면 많은 환난을 겪어야 할 것이라"(행 14:22)고 각오시켰다.

예수님의 경험처럼 교회도 그 탄생과 함께 핍박의 역사를 기록해 왔다. 하지만 1세기까지는 네로(Nero, 54~58) 황제나 도미티안(Domician, 81~96) 황제의 즉흥적이거나 비조직적인 일시적인 성격이었는데, 서머나 교회 시대인 2세기부터의 핍박은 광범위하고 조직적인 것이었다. 200년 이상의 기간 동안 기독교 박해에 가담하지 않은 황제가 거의 없을 정도였다.

▶ 트라야누스(Traianus, 98~117)

① 국법을 적용하여 공식적으로 핍박한 최초의 황제.

② 교회를 불법단체로 규정, 회집을 법으로 금지하고 믿음을 포기하지 않으면 형을 집행.

③ 사도 야고보를 이어 예루살렘의 감독이 된 시므온(Symeon)이 AD 107년, 120세의 고령으로 고문을 받은 후 못 박혀 순교.

④ 안디옥 교회의 감독이었던 이그나시우스(Ignatius)는 AD 115년, 원형극장에서 맹수에게 던져져 순교.

▶ 안토니누스 피우스
(Antoninus Pius, 138~161)

① 지진 등 천재지변의 원인을 그리스도인들에게 돌림.

② 교부 져스틴 마터(Justin Martyr, 103~165)가 그리스도인을 옹호하는 변증서를 올림.

③ AD 155년 서머나의 감독 폴리캅 화형.

▶ **마르쿠스 아우렐리우스**(Marcus Aurelius, 161~180)

① 생각해 낼 수 있는 가장 혹독한 고문 방법들을 고안하여 고문을 체계화함. 문명이 발달할수록 고문술도 발달한다는 말이 있다. 오늘날 행해지는 대부분의 고문방법이 로마로부터 물려받은 것들이다.

② 전염병, 지진, 홍수, 기근 등 천재지변과 함께 게르만(German) 민족의 침범이 그리스도인들을 관대히 다루었기 때문에 로마의 신들이 진노했다고 간주하여 핍박을 고조.

③ 남녀노소 할 것 없이 고문대에 끌고 가 악한 행습을 했다는 거짓 자백을 강요. 어린 소녀 블란디나(Blandina)는 고문으로 피투성이가 된 후에도 신앙을 고백하다가 맹수에게 던져졌으나 맹수들이 공격하지 않아, 다시 불로 고문당한 뒤 결국 그물에 싸여 황소에게 받혀 순교.

④ 그리스도교를 변증하던 교부 져스틴 마터의 상소문을 거들떠보지도 않고 166년 져스틴 마터도 순교.

▶ 셉티미우스 세베루스(Lucius Septimius Severus, 193~211)

① AD 202년 칙령을 내려 그리스도교로 개종하는 것을 법으로 금지.

② 202년 오리겐의 아버지 레오니더스(Leonidas)가 알렉산드리아에서 순교.

③ 203년 카르타고의 대 핍박, 여인들 원형경기장에서 순교.

▶ 막시미누스 트락스
(Gaius Julius Verus Maximinus Thrax, 235~238)

① 50~60명을 한 구덩이에 생매장.

② 로마 감독 폰티아누스(Pontianus)와 반대진영 지도자 히폴리투스(Hippolytus)의 순교. 두 지도자는 심한 이견으로 원수처럼 지내던 사이였다.

그러나 핍박 중에 우연히 만나게 되어 서로 용서한 후 히폴리투스는 자신이 죽기 전에, 분리되어 나온 자기의 추종자들에게 본래의 교회로 되돌아가 연합하라고 편지했다.

▶ 데키우스
(Gaius Messius Quintus Trajanus Decius, 249~251)

① AD 250년 로마 건국 1,000년 축제기념으로, 한 제국에 한 종교라는 정책을 표방하고 그리스도인은 물론 그리스도교 자체를 멸절시키기 위해 지금까지보다 가장 혹독한 핍박.

② 로마의 신들에게 제사하는 사람에게 증명서 발급.

③ 그리스도인들이 불법적 증명서 구매.

신앙 양심상 황제 숭배는 할 수 없고, 그렇다고 아이들과 가족들까지 다 죽음에 내몰 수도 없고, 그래서 황제를 숭배했다는 증명서를 돈을 주고 사서 위기를 넘기는 일이 생기기 시작했다. 이런 일들 때문에 교회는 누가 참 신자냐 하는 여러 분쟁이 있게 된다.

▶ **발레리아누스**

(Publius Licinius Valerianus Augustus, 253~260)

① 258년 로마 감독 식스투스(Sixtus)는 카타콤에서 성만찬 의식을 집전하다가 체포되어 처형.

② 257년 툴루스의 감독 사투르니우스(Saturnius), 258년 카르타고의 감독 키프리안(Cyprian) 순교.

▶ **디오클레시아누스** (Valerius Diocletianus, 284~305)

"네가 장차 받을 고난을 두려워 말라 볼지어다 마귀가 장차 너희 가운데서 몇 사람을 옥에 던져 시험을 받게 하리니 너희가 십 일 동안 환난을 받으리라"(계 2:10). 서머나 교회가 고난을 받는데, 십일 동안 받겠다고 예언되었다. 이곳의 10일이 실제적인 10일이라기보다는 문맥에서도 예언상의 기간을 가리키고 있기 때문에 1일은 1년이라는 예언해석의 원칙에 따라 10년으로 보는 것이 무난하다(민 14:34; 겔 4:6).

그렇다면 역사상 10년 동안의 극심한 환난이 그리스도인에게 임한 때가 과연 있었는가? 유세비우스는 로마황제 디오클레시아누스 때의 핍박에 대해 이렇게 기록하고 있다.

> "이 시기에 디오클레시안이 시작하여 10년 동안 계속된 박해가 절정에 이르렀다. … 10년 동안 박해가 계속되는 동안에 박해자들 사이에는 음모와 내란이 그치지 않았다. 하나님의 선하심으로… 10년이 되는 해에는 완전히 종식되었다."[4]

디오클레시아누스 황제는 허물어져가는 로마를 다시 강성하게 만들고, 효과적인 통치를 위해 제국을 동서로 나누고 각각 정황제(Augustus)와 부황제(Caesar)를 두어 로마는 사실상 네 명의 황제로 나눠 다스리게 했다. 자신은 동방의 정황제가 되고 사위 갈레리우스(Calerius)를 부황제로 삼았다. 서방에서는 동료 막시미안(Maximian)을 정황제로 삼고 콘스탄티누스의 아버지 콘스탄티우스(Constantius)를 부황제로 임명했다. 이러한 시기에, 새벽이 오기전이 가장 어둡다고 했던가, AD 303년부터 313년까지 10년간 교회사상 최대요, 최악의 핍박을 시작하는데, 약 5천 명을 순교시킨다. 이 박해의 참혹함을 교회사가 테오도레트(Theodoret)가 생생하게 묘사했는데, 박해가 끝나고 몇 년 후에 니케아 공의회(AD 325)가 소집되어 각국의 감독들이 모였을 때, 어떤 사람들은 눈이 뽑혀 온 사람, 또는 팔이나 다리가 없이 여러 가지 끔찍한 불구가 된 몸으로 왔다고 기록하고 있다.[5]

동방의 부황제였던 갈레리우스는 군대 내에 있는 그리스도인을 색출하고자 모든 군인들은 로마의 신들에게 제사하라는 명령을 내렸다. 297년과 298년의 핍박은 군대 안의 신자들에게 집중되었다. 그 겨울밤 아르메니아 사바스텐의 40명의 그리스도인 군사를 처형하는 날이었다. 군대 대장은 그리스도인 군사들을 꽁꽁 얼어 있는 강물을 깨고 그 안에 들어가 얼어 죽게 만들었다. 물 밖에서는 모닥불을 피워놓고 누구든지 예수를 부인하고 황제를 숭배하면 살려주겠노라며 으름장을 놓고 있었다. 물속에 있는 군사들은 전신이 마비되는 통증 속에 둥글게 서로 어깨동무를 하며 이렇게 노래한다.

> "우리는 그리스도의 40명의 군사! 주님을 위해 죽고, 주님을 위해 사네!" 입도 마비되고 정신도 마비되어 점점 노랫소리는 희미해져 갈 때 견디다 못한 한 군인이 물밖으로 나가고 만다. 그때 멈췄던 노래는 다시 울려퍼진다. "우리는 그리스도의 39명의 군사! 주님을 위해 죽고, 주님을 위해 사네!" 이 광경을 보고 있던 로마군대 대장은 그들과 함께 하는 그리스도의 사랑을 뜨겁게 느끼며 군인이 빠져나온 그 자리에 대신 들어가게 된다. 그러자 노래는 다시 시작된다. "우리는 그리스도의 40명의 군사! 주님을 위해 죽고, 주님을 위해 사네!"

이러한 핍박은 그치지 않고 계속됐다. 303년 니코메디아 왕궁에서 불이 나자 즉시 혐의는 그리스도인들에게 돌려지고 그 해 1차, 2차, 3차, 4차 포고령이 반포된다. 유세비우스는 네 번의 포고령을 이렇게 정리하고 있다.[6]

- **제1차**

  모든 교회당을 완전히 부수어 없애고, 성경을 불태워버릴 것이며, 관직에 있는 자가 그리스도인이면 직위를 해제하고 하급인들은 자유를 박탈할 것.

- **제2차**

  감독, 장로, 집사 등 모든 지도자들을 투옥하고 어떠한 강제적 수단을 써서라도 로마의 신들에게 제사 드리게 할 것.

- **제3차**

  제사하는 날에는 감옥의 문을 열고 신들에게 제사하는 자들을 석방하고 거절하는 자들은 잔인한 고문 후에 처형할 것.

- **제4차**

  로마제국의 모든 시민들은
  로마의 신에게만 절하고 제사하게 할 것.

즉 이 "십일"은 서머나 시대의 교회가 겪은 200년간의 핍박에 종지부를 찍은 303년부터 313년까지 10년간의 가장 혹심했던 환난을 가리킨다. 이렇게 끔찍하게 핍박했는데, 그렇다면 무슨 일로 313년에 그리스도교에 대한 박해가 멈췄는가? 드디어 콘스탄티누스가 등장해 끝나지 않을 것 같았던 그리스도교에 대한 박해를 멈추게 했다. 어떻게 이런 일이 일어났을까! 로마의 상황을 잠시 설명했듯이, 로마는 동로마와 서로마로 나누어져 있었고, 거기에 2명의 황제씩 총 4명의 황제 체제로 유지되고 있었다. 외세의 침입을 막기 위해 처음에는 좋은 방안이었겠지만,

시간이 지나면 어떻게 되는가? 한 명의 황제자리를 놓고 전쟁을 하게 되는데, 서로마에서는 콘스탄티누스와 막센티우스(Maxentius)가 전쟁을 하게 되고, 동로마에서는 막시미누스 2세와 리키니우스가 전쟁을 하게 되어 동로마는 리키니우스가 황제의 자리에 앉게 된다.

서로마 황제권 다툼에서는 콘스탄티누스가 계속 열세를 보이며 이길 승산이 없게 된다. 그러던 312년 10월 28일 밀비안 다리(The Milvian Bridge)를 두고 물러설 수 없는 최후의 전투에서 이김으로 서방의 유일한 황제가 되었는데, 그는 어떻게 승리할 수 있었을까? 이 결정적인 전투가 있기 전 황제에게 어떤 환상이 임했는데, 하늘에 나타난 빛나는 광채의 십자가와 함께 "이 표시로 승리하리라"는 글귀가 나타났다.

"The Vision of the Cross" by Circle of Raphael, 1520~1524

그래서 라틴어로 라바룸(λαβαρυμ)이라고 하는 그리스도(ΧΡΙΣΤΟΣ, Χριστός)의 헬라어 첫 두 글자, 카이(Χ)와 로(Ρ)를 합성한 문양을 방패, 깃발 등에 새기고 전쟁에 나가 승리하게 된다. 후에 콘스탄티누스는 기독교로 개종하게 되는데, 그 진실성 여부는 버가모 시대와 셋째 인을 다룰 때 더 나누도록 하겠다.

이제 서로마의 유일한 황제가 된 콘스탄티누스는 동로마의 황제 리키니우스와 313년 3월 밀란에서 만나 세계 역사상 최초로 그리스도교를 포함한 모든 종교의 자유를 공인하는 "밀라노 칙령"을 반포하게 된다. 이것은 기독교에만 자유를 준 것이 아니라, 모든 종교에 대한 자유를 준 법안이다. 지난 250여년 동안 그리스도교가 혹독한 박해를 받아 왔기 때문에, 이 결정은 교회에 엄청난 사건이 되었다. 유배 갔던 교회 지도자들은 속속 귀환했고, 몰수되었던 재산들은 즉시 되돌려졌으며, 파괴되었던 교회 건물들은 재건되었다. 그리고 392년에 그리스도교는 로마제국의 국교가 되고, 세상의 모욕과 저주의 대상이던 성직자들은 이제 선망을 받으며 권좌에 올라 오히려 기독교가 다른 종교를 핍박하는 기상천외한 시대가 막을 올리게 된다. 이 라바룸 표시를 현재 로마 카톨릭에서 아직까지 사용하고 있는데, 로마는 멸망한 것이 아니라 옷만 바꿔 입은 채 카톨릭을 통해 오늘도 살아있다는 증거 중의 하나이다.

5. 약속

> "… 네가 죽도록 충성하라 그리하면
> 내가 생명의 면류관을 네게 주리라"(계 2:10).

충성의 헬라어 피스토스(πιστός)는 "신실하기를 계속하다" "지속적으로 신뢰한다"는 의미다. 죽는 한이 있더라도 하나님을 신뢰하라는 것이다. 일찍이 욥은 "그 분이 나를 죽이실지라도 나는 그 분을 신뢰하리라. 나는 그 분 앞에서 내 자신의 길을 지속하리라"(KJV, 욥 13:15)고 했다. 서머나 교회의 신자들은 히브리서의 표현처럼, "악형을 받되 구차히 면하지 아니하였으며 희롱과 채찍질뿐 아니라 결박과 옥에 갇히는 시험도 받았으며 돌로 치는 것과 톱으로 켜는 것과 시험과 칼에 죽는 것을 당하고 양과 염소의 가죽을 입고 유리하여 궁핍과 환난과 학대를 받았"(히 11:35~37)다. 몰약처럼 쓰디쓴 핍박이 잇달아 일어나고 종내는 죽음으로 나아갔지만 부서지고 깨어진 몰약에서는 사랑과 충성의 향기가 터져 나와 여러 세기에 걸쳐 세상을 그리스도의 향기로 가득 채웠다.

예수께서 자신을 "처음이요 나중이요 죽었다가 살아나신 이"로 소개하셨다. 자신에 대한 이런 소개는 계속적으로 무서운 핍박과 고난을 경험하고 있는 교회에게 너무나 필요한 말씀이다. 그들이 비록 순교를 당한다 할지라도 죽었다가 다시 살아나신 주님이 계시므로 결국 부활할 것이라는 소망을 주셨다. 예수님은 그들에게 부활에 대한 약속을 주셨다. "죽도록 충성하라 그리하면 내가 생명의 면류관을 네게 주리라" 이 확실한 보증은 죽음보다 강한 믿음을 넉넉히 제공해 주지 않는가!

📖 "시험을 참는 자는 복이 있도다 이것이 옳다 인정하심을 받은 후에 주께서 자기를 사랑하는 자들에게 약속하신 생명의 면류관을 얻을 것임이니라"(약 1:12).

교회사의 아버지로 불리는 유세비우스(Eusebius, AD 263~339)는

"우리는 데바이스에서 하루 동안 큰 무리를 목도했는데 어떤 사람들은 목베임을 당했고 어떤 사람들은 불로 고문을 당했다. 그리하여 살육하는 칼날은 무디어졌고, 약해지고, 부러졌으며 바로 집행자 자신들까지도 지쳐서 서로를 쉬게 하여 주기까지 했다."고 기록하고 있다.[7]

당시의 교부 테르툴리아누스는 그리스도교를 옹호하기 위해 로마의 정치가들에게 이렇게 변증서를 보냈다.

"우리를 죽이시오. 우리를 고문하시오. 우리를 부수어 먼지가 되게 하시오. … 당신들에 의하여 우리가 더욱 자주 베어 넘어지면 넘어질수록 우리의 숫자는 더욱 더 불어날 것이요. 그리스도인의 피는 씨앗인 것이요(The blood of Christians is seed!)."[8]

이러한 경험은 다시 중세기 동안 반복되었으며, 예수께서 재림하시기 직전에 또 다시 반복될 것이다. 오늘날 우리에게도 환난과 궁핍은 그치지 않는다. 사탄과 그의 무리들은 여러 가지 방법으로 하나님의

백성을 괴롭히고 있다. 어떤 사람들은 견디기 어려운 시험에 빠지기도 한다. 그러나 우리가 죽도록 충성하고 하나님을 끝까지 신뢰하면, 주님이 나를 죽이실지라도 주님을 신뢰하며 주의 길을 지속하면, "**그리하면 내가 생명의 면류관을 네게 주리라**" 이 약속은 우리 것이다! 우리가 하나님께 충성을 다하면 언제나 승리는 우리 것이다!

> "귀 있는 자는 성령이 교회들에게 하시는 말씀을 들을지어다 이기는 자는 둘째 사망의 해를 받지 아니하리라"(계 2:11)

둘째 사망이라는 용어는 계시록에 네 번 나오고(2:11; 20:6,14; 21:8) 신약 다른 곳에서는 나오지 않는다. 첫째 사망은 모든 사람이 예외 없이 당해야 하는 사망이며, 둘째 사망은 예수께서 재림하시고 천년이 지나 사탄과 그의 악한 천사들 그리고 악인들을 심판할 때 있을 영원한 사망이다(20:14; 21:8). 둘째 사망에 대한 문제는 계시록 20장에서 다루도록 하겠다. 이러한 약속들은 이기는 자들과 죽도록 충성하는 자들에게 주어진 것이다. 이것들은 죄를 이긴 그리스도인들, 악을 행하느니 차라리 죽기를 마음먹은 그리스도인들을 위한 것이다. 간음을 행하느니, 하나님의 이름을 망령되이 부르느니, 안식일을 범하느니 차라리 죽기를 결심한 그리스도인들을 위한 것이다.

오늘날 교회에 왜 박해가 사라졌을까? 사도 바울은 "**무릇 그리스도 예수 안에서 경건하게 살고자 하는 자는 핍박을 받으리라**"(딤후 3:12)고 했는데, 그러면 박해의 불이 꺼진 이유는 무엇 때문일까? 그 유일한 이유는 교회가 세속과 타협하여 별로 반대를 받을 일이 없기 때문이다. 오늘날의 종교는 그리스도와 사도들과 초대교회 신자들이 생활하던 당시처럼 순결하고 거룩한 성격의 것이 아니다. 기독교가 세상에서 인기가 있는 이유는, 교회가 죄와 타협하고 있기 때문에 그렇다. 기독교가 세상에서 인기가 있는 이유는, 하나님의 말씀을 너무나도 무시하고 있기 때문에 그렇다. 기독교가 세상에서 인기가 있는 이유는, 잘못된 구원의 확신으로 경건이 사라졌기 때문에 그렇다. 초대교회의 신앙과 능력이 되살아날 때에 박해의 정신은 다시 나타날 것이며, 핍박의 불길은 다시 타오를 것이다. 지금은 우리 개인의 신앙, 우리 교회의 신앙, 한국교회와 세계기독교의 신앙과 신학을 철저히 점검해야 할 때다. 기독교는 세상에서 인기가 없어야 한다. 기독교를 선택하는 것은 바보이든지, 아니면 정말 그리스도인이든지 둘 중 하나가 되어야 한다. 그저 마지막 날의 형벌을 피하기 위해서 선택하는 종교가 되어서는 안 된다. 그저 복을 받으려고 선택하는 종교가 되어서는 안 된다. 그런 신앙으로는 마지막 환난을 승리할 수 없다.

　우리는 예수께서 곧 재림하시는 영광스러운 시대에 살고 있다. 하지만 계시록 13장에 보면 재림 전에 하나님의 충실한 백성들에게 환난이 올 것이다. 서머나 교회가 환난과 궁핍을 받은 두 가지 이유가 무엇이었는가? 첫째는 국가적인 핍박이었다. 마찬가지로 마지막 시대에 국가는 평화로운 사회질서를 위해, 하나의 질서를 강요하게 될 것이다. 짐승의 우상에게 경배하지 않는 그리스도인들을 사회질서를 어기는 자들로 낙인 찍어서 사고파는 매매를 못하게 하고, 토지나 집 모든 재산을 몰수하고, 짐승에게 경배하지 않는 사람은 몇이든지 다 죽이게 하는 무자비한 박해를 하게 될 것이다. 그때에는 하나님의 계명과 말씀에 순종하는 일을 자신의 생명보다 더 중요하게 여기는 충성된 백성들이 짐승의 표를 거절하고 순교를 당할 것이다.

두 번째 이유는 무엇이었는가? 이방인이 아니라 유대인이 그들을 죽음에 내몰았다. 마지막 환난 때에도 그럴 것이다. 슬프지만 나와 가장 가까이에 있는, 상상하기 싫지만 나의 가족, 나의 교우, 나의 이웃 그들이 하나님의 참 백성들을 죽음에 내어줄 것이다. 그러나 그때에 하나님의 충실한 자녀들은 서머나 교회에 주어졌던 약속의 말씀, "**네가 죽도록 충성하라 그리하면 생명의 면류관을 네게 주리라**"는 말씀을 기억하고 용기를 얻을 것이다. 만일, 우리가 지금 생애에 닥치는 작은 시련에 용기를 잃고 하나님께 대한 충성심과 믿음과 사랑을 잃어버린다면, 앞으로 닥치는 큰 환난에는 어떻게 견디겠는가? 우리가 진짜인지 가짜인지는 환난과 궁핍에서 드러난다. 지금 하나님과 깊은 교제를 나누고, 하나님을 맛보아 알고, 하나님의 사랑을 체험하고, 하나님이 어떤 분이신지 개인적으로 잘 알아야 환난의 때에 굳게 설 수 있을 것이다. 지금 그리스도 안에서 새롭게 태어나는 진정한 회심을 경험해야 마지막 때에 하나님과 진리를 위하여 죽도록 충성하는 사람이 될 수 있을 것이다. 마치 몰약이 짓눌려 부서질수록 더욱 짙은 향기를 피우듯이 서머나 교회는 심한 핍박과 고난을 당할수록 온 세상에 그리스도의 향기를 더욱 널리 퍼뜨렸다. 마지막 시대, 곧 우리에게 몰약처럼 향기를 풍기라는 시련이 올 것이다. 그때 순교자들의 믿음이 우리의 믿음이 되길 기도하자! 영혼을 피로 더럽히느니 차라리 궁핍과 비난과 친구를 잃어버리는 것을 택하자! 하나님의 법을 불명예스럽게 하거나 범하는 일을 하느니 차라리 죽음을 택하자! 환난이 밀려올지라도 참고 기도하며 하나님께 충성을 다하는 사람은 비록 세상에서는 고통을 당하고 혹은 죽임을 당할지라도 마침내 생명의 면류관을 얻을 것이다.

기 도

우리를 사랑하시는 하나님 아버지!
우리 앞에 있는 환난을 대비하기 위하여
서머나 교회를 통해 우리에게
보여주시니 감사합니다.

아버지, 우리는 비록 약하지만
서머나 교회 신자들이 주님께 죽도록
충성하여 생명의 면류관을 약속 받은 것처럼,
오늘 우리의 신앙이 주님께서 나를 죽이실지라도
나는 주님을 신뢰하리라는 믿음을 가지고
주님께 온전한 충성을 다할 수 있도록 도와주시옵소서!
우리의 모습 속에 그리스도의 향기가 충만히
짙게 배어져서 우리에게 오는 많은 사람들이
그 향기를 맡을 수 있도록 인도하여 주시옵소서!
다시 오심을 약속하신 우리 구주
예수 그리스도의 이름으로 기도합니다.

아멘!

요한계시록 2장 [복습문제]

1. 서머나 교회와 관련이 없는 것은?

① 서머나(Smyrna)는 몰약(Myrrh)과 같은 뜻이다.

② 심한 핍박과 고난을 당할수록 온 세상에 그리스도를 위해 순교의 향기를 퍼뜨렸다.

③ 책망이 없는 교회였다.

④ 종교의 자유가 있는 교회였다.

2. 서머나 교회가 환난과 궁핍을 당한 주요 이유는?

① 황제 숭배를 거절했기 때문에

② 큰 흉년이 들어서

③ 순교자가 많아서

④ 하나님께 복을 받지 못했기 때문에

3. 그리스도인들에 대한 유대인의 악의와 관계없는 것은?

① 순교자의 피를 보고 많은 유대인이 회개했다.

② 성만찬을 곡해하여 그리스도인은 식인종이라는 비방을 받았다.

③ 자주 모여 떡을 함께 나눴는데, 사랑의 애찬을 음탕한 모임으로 비방했다.

④ 황제를 주라고 부르기를 거부하므로 잠재적 테러리스트라고 고소했다.

4. 서머나 교회 시대에 신자가 된다는 의미와 관계없는 것은?

① 가난과 굶주림, 추방과 투옥, 고문 또는 짐승의 밥이거나 불에 태워 죽임을 당하는 것을 의미했다.

② 하늘을 소망하며 세상을 포기한 진짜 그리스도인의 시대이다.

③ 세금을 면제해주고 인기 있는 주류 종교였다.

④ 환난과 궁핍을 경험하는 고난의 종교였다.

5. 서머나 시대 200년 역사상 10년 동안의 극심한 박해로 많은 그리스도인을 죽인 로마 황제는?

① 네로

② 디오클레시아누스

③ 데키우스

④ 콘스탄티누스

6. 기독교인들에 대한 잔인한 박해가 끝나고 종교의 자유를 인정한 로마 황제는?

① 막시미안

② 막시미누스 2세

③ 콘스탄티누스

④ 리키니우스

7. 서머나 교회의 박해를 끝내고 종교의 자유를 준 칙령은 무엇이며, 몇 년도에 있었는가? _____

8. 오늘날 교회에 핍박과 박해가 사라진 이유는 무엇인가?

① 교회가 세금을 잘 내서

② 교회가 세속과 타협하여 별로 반대를 받을 일이 없기 때문에

③ 정치에 참여를 잘 해서

④ 기독교가 주류 종교이기 때문에

9. 서머나 교회 시대의 순교와 관련 없는 것은?

① 그들이 비록 순교를 당한다 할지라도 죽었다가 다시 살아나신 주님이 계시므로 결국 부활할 것이라는 소망을 주셨다.

② 죽이면 죽일수록 그리스도인의 피는 씨앗이 되어 더욱 많은 그리스도인을 만들었다.

③ 환난이 밀려올지라도 참고 기도하며 하나님께 충성을 다하는 사람은 비록 세상에서는 고통을 당하고 혹은 죽임을 당할지라도 마침내 생명의 면류관을 얻을 것이다.

④ 두려움과 불안 때문에 많은 그리스도인들이 배도했고 하나님께 욕을 돌렸다.

10. 서머나 교회의 핍박과 유사한, 미래에 반복될 짐승의 표의 환난과 관계없는 것은 무엇인가?

① 국가는 평화로운 사회질서를 위해, 하나의 질서를 강요하게 될 것이다.

② 짐승에게 경배하지 않는 사람은 몇이든지 다 죽이게 하는 무자비한 박해를 하게 될 것이다.

③ 하나님의 계명과 말씀에 순종하는 일을 자신의 생명보다 더 중요하게 여기는 충성된 백성들이 짐승의 표를 거절하고 순교를 당할 것이다.

④ 하나님의 권능으로 모든 환난을 피하고, 궁핍에서 면제될 것이다.

2장

일곱교회: 버가모
(발람과 발락의 유혹에서 벗어나라)

"귀 있는 자는 성령이 교회들에게 하시는
말씀을 들을지어다 이기는 그에게는 내가
감추었던 만나를 주고 또 흰 돌을 줄 터인데
그 돌 위에 새 이름을 기록한 것이 있나니
받는 자 밖에는 그 이름을 알 사람이 없느니라"

[계 2:17]

[요한계시록 6부, 버가모]
돈과 여자의 유혹에서 벗어나라

요한계시록 2장

[계시록 2:12~17]

[12] 버가모 교회의 사자에게 편지하기를 좌우에 날선 검을 가진 이가 가라사대

[13] 네가 어디 사는 것을 내가 아노니 거기는 사단의 위가 있는 데라 네가 내 이름을 굳게 잡아서 내 충성된 증인 안디바가 너희 가운데 곧 사단의 거하는 곳에서 죽임을 당할 때에도 나를 믿는 믿음을 저버리지 아니하였도다

[14] 그러나 네게 두어 가지 책망할 것이 있나니 거기 네게 발람의 교훈을 지키는 자들이 있도다 발람이 발락을 가르쳐 이스라엘 앞에 올무를 놓아 우상의 제물을 먹게 하였고 또 행음하게 하였느니라

[15] 이와 같이 네게도 니골라당의 교훈을 지키는 자들이 있도다

[16] 그러므로 회개하라 그리하지 아니하면 내가 네게 속히 임하여 내 입의 검으로 그들과 싸우리라

[17] 귀 있는 자는 성령이 교회들에게 하시는 말씀을 들을지어다 이기는 그에게는 내가 감추었던 만나를 주고 또 흰 돌을 줄 터인데 그 돌 위에 새 이름을 기록한 것이 있나니 받는 자 밖에는 그 이름을 알 사람이 없느니라

계시록 2장

일곱교회: 버가모
발람과 발락의 유혹에서 벗어나라

에베소	서머나	버가모	두아디라	사데	빌라델비아	라오디게아
사도시대	박해시대	세속의 시대	중세시대	종교개혁시대	개신교부흥	마지막시대
1세기	2~3세기	4~5세기	6~14세기	15~18세기	19세기	현재
31~100	100~313	313~538	538~1517	1517~1798	1798~1844	1844~재림

1. 이름의 뜻과 시대적 배경

일곱 교회 중에서 세 번째 교회인 버가모 교회, "성채", "높이 들려진"이라는 뜻의 이름을 가지고 있는 버가모는, 계시록이 쓰여지던 당시에는 로마의 소아시아 도청 소재지였던 곳으로 로마의 총독이 주재하여 황제의 명령이 전 아시아로 전달되는 정치의 중심지였고, 또한 로마의 대법원이 있어서 아시아 각 도의 죄수들이 버가모로 호송되어 칼날같이 엄격한 로마법에 재판을 받고 처형되던 곳이었다. 그리고 종교가 국가에 의해 좌우되던 시대라 국교의 중심지이기도 했다. 이러한 사회적 배경으로 서머나 시대의 말년인 313년에 로마제국의 공인된 종교가 된 기독교는 버가모 시대인 392년에는 로마의 국교로 "높이 들려"진다. 또 이러한 교회사의 배경으로 버가모 교회 시대는 313년부터 시작해서 로마교회가 중세기의 교권을 실제로 장악하여 지상권을 행사하게 된 538년까지로 잡는다. 이 기간 동안 교회는 에베소 교회의 순결은 물론, 서머나 교회의 충성을 모두 팽개쳐 버리고 세상과 국가에 적합한 교회가 되기 위해 좁은 길의 투쟁 대신 큰길을 선택해 배도한 세속의 교회가 된다. 이 시대를 "교황청 확립시대"로 부르며 계 2:13절의 말씀대로 "네가 어디 사는 것을 내가 아노니 거기는 사탄의 권좌가 있는" 시대였다.

2. 종교적 배경

버가모는 에베소와 같은 상업의 중심지는 아니었지만 고대의 종교를 망라한 이교의 중심지였다. 이런 배경 때문에 그리스도께서는 버가모를 "사탄의 권좌"가 있는 곳으로 지적하셨다(2:13). 버가모가 어떻게 사탄의 권좌가 되었는가?

① 버가모는 헬라 신들을 숭배하는 일에 앞장섰다. BC 240년경 버가모 왕국에 침입해 왔던 켈트족(고울, Gauls)을 격퇴하여 위기를 모면했는데, 이 때의 승리를 기념하기 위해 제우  스(Zeus)에게 바치는 엄청나게 큰 제단을 세웠다. 버가모 도시 언덕 위에는 아테네(Athene)신전이 있는데, 제우스에게 바치는 제단은 아테네 신전 앞에 우뚝 솟은 바위 위에 12미터 높이로 쌓았다. 그것은 마치 제우스의 보좌처럼 보였는데, 온종일 제우스신에게 바치는 제사 연기로 자욱해 있었다.

② 버가모는 오늘날 의학의 신으로 불리고 있는 "아스클레피오스"(Asclepios) 숭배와 밀접해 있었다. 아스클레피오스의 상징은 뱀인데, 이 상징은 오늘날도 의료의 상징이 되어 병원, 구급차 등에 그려져 있는 것을 보게 된다.  그러나 성경에서 뱀은 사탄을 상징하는 것이기 때문에, 뱀을 상징으로 삼는 종교는 사탄의 종교라고 부를 수 있을 것이다(계 12:7~9). 아스클레피오스 신전은 고대에 있어서 사실상 병원 같은 구실을 했는데 아스클레피오스를 부르는 가장 일반적인 명칭이 "구세주 아스클레피오스"였다는 점이다. 그리스도인들에게 있어서 구주라는 칭호는 예수 그리스도 이외의 아무에게도 결코 용납할 수 없는 것이었다.

③ 버가모는 포도주의 신인 "바커스"(Bacchus), 사랑의 여신인 "비너스"(Venus) 숭배로도 유명하여 종교를 빙자한 이교의 온갖 부도덕이 성행했다. "로마가 서쪽에서 사탄 활동의 중심이었듯이 버가모는 동쪽에서 사탄의 권좌가 되었다."[1]

④ 버가모는 고대 바벨론의 신비종교가 서식한 지역이기도 했다. 페르시아의 고레스(Cyrus) 대왕이 바벨론을 함락했을 때, 갈대아 종교의 제사장들이 버가모로 도망쳐서 바벨론의 종교의식과 행습을 계승하면서 정착했다. 이들의 영향을 받은 버가모 왕들은 고대 바벨론의 풍습을 따라 왕이면서 종교의 대제사장이 되었다. 약 100년후에 로마

의 줄리우스(Julius)와 아우구스투스(Augustus) 등의 로마 황제들은 이 명칭과 직분을 그대로 자신들에게 적용시켜 황제가 됨과 동시에 로마 종교의 대사제 즉 "폰티펙스 막시무스"(Pontifex Maximus)가 되었다. 그런데 이교의 대제사장을 가리키는 이 명칭과 직분은 콘스탄티누스 황제가 그리스도교로 개종한 뒤에도 그대로 자신에게 적용시켰다. 그러다가 375년에 즉위한 그라시안(Gratian) 황제가 이 명칭을 버렸는데, 이때 로마 교회의 감독이 황제가 버린 이 칭호를 재빨리 자신에게 적용시켜 오늘날까지도 로마 교황을 가리키는 공식적인 명칭이 이교의 대제사장 명칭이었던 "폰티펙스 막시무스"가 된 것이다.

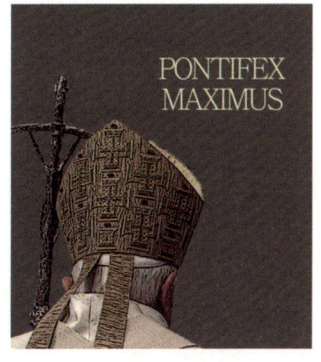

이리하여 역사적으로도 분명하게 버가모는 고대 바벨론의 신비적인 거짓 종교를 로마 제국에 연결시켜주는 다리 역할을 했으며, 다시 이교 로마를 교황 로마로 연결해줌으로써 실상 버가모는 두 개의 바벨론 즉 고대 바벨론과 현대 바벨론인 교황청을 연결시켜 준 역사적인 인터체인지가 되었다는 놀라운 사실이다. 이것이 버가모 시대에 해당하는 313년부터 538년 사이에 이루어진 교회역사이다. "사탄의 권좌"가 버가모에 있다는 말씀의 의미가 뚜렷해진다.

3. 칭찬과 권면

 "네가 어디에 사는 것을 내가 아노니 거기는 사탄의 권좌가 있는 데라 네가 내 이름을 굳게 잡아서 내 충성된 증인 안디바가 너희 가운데 곧 사탄이 사는 곳에서 죽임을 당할 때에도 나를 믿는 믿음을 저버리지 아니하였도다"(개정, 계 2:13).

(1) 어려운 상황에서 고수하는 신앙

버가모가 아시아의 정치적 중심지였기 때문에 국가와 종교가 일치해 있던 당시의 상황에 따른 당연한 결과로 황제숭배의 중심지가 되었다. 법령에 따라 적어도 1년에 한번씩 로마의 시민들은 예외없이 황제의 신전을 참배하여 가이사에게 분향하고 "가이사는 주님이시다"(Caesar is Lord)라는 신앙고백을 해야만 했다. 이렇게 행한 사람들에게는 증명서가 발급되었고, 이 증명서가 없는 사람들은 관직 및 자유권 박탈, 시민활동 제한, 재산몰수, 추방, 투옥, 고문 마침내는 죽음에까지 이르게 되었다. 따라서 버가모에 사는 신자들은 언제 자신들의 목에 칼날이 떨어질 줄 모르는 위기 아래서 죽음을 각오하고 살아야 했다. "사탄의 권좌"가 있는 곳이었던 이런 상황에서도 충성을 다하다가 목숨을 잃은 사람들이 2:13절에 기록된 "내 충성된 증인 안디바"인 것이다.

(2) 역경 가운데 정착한 생활

사탄의 세력이 팽배하고 생명의 위험이 가득한 곳에 두려움 없이 뿌리를 박고, 굳세게 살아가는 소수의 충성된 하나님의 증인 안디바의 모습을 볼 수 있다. 세상은 그리스도인들이 마음 놓고 평안히 뿌리박고 오래 살 곳이 아니다. 하지만 그렇다고 언제까지나 더 나은 곳, 더 편한 곳, 더 살기 좋은 곳을 찾아 전전긍긍할 수도 없다. 좋건 나쁘건 원하든 원하지 않든 세상의 어느 곳에 있든지 하나님께서 각자에게 지정해 주신 곳에서 그리스도를 증거해야 하는 것이 충성된 증인 안디바의 신앙이다. 그런 의미에서 그리스도인의 생애는 도피가 아니라 정복인 것이다.

이렇게 세상에서는 나그네이면서도 이 땅 어딘가에는 정착해 살아야 하는 그리스도인의 생활 태도가 2세기 이름이 알려지지 않은 어느 그리스도인에 의해 이렇게 고백되고 있다.

"그리스도인은 그들의 조국에 살면서도 나그네처럼 살았으며, 모든 이국이 저들에게는 조국이었고, 모든 조국이 저들에게는 이국이기도 했다."

그들이 이렇게 역경 가운데서라도 뿌리를 내리고 정착할 수 있었던 비결은 바로 그리스도의 이름을 굳게 잡고 그리스도를 믿는 믿음을 저버리지 아니하였기 때문이었다(2:13).

(3) 충성된 증인의 신앙, 안디바

눈을 들어 쳐다보면 우람한 아테네 신전과 제우스의 위엄있는 제단이 도시를 위압하고, 시내에는 로마의 총독부가 들어앉아 권세의 칼날을 번뜩이며, 도처에서 신들에게 제사하고 병 고치러 오는 이교도들이

북적거리는 버가모에서 그리스도인이 된다는 것은 여간 어려운 일이 아니었다. 게다가 언제 선포되고 시행될지 모르는 총독의 황제 숭배령은 그곳 그리스도인들의 목숨을 항상 위협하기 때문에 그리스도를 위한 증인이 된다는 것은 더욱 어려웠다. 그런데 바로 이런 때, 이런 장소에서 그리스도의 신실한 증인으로 죽기까지 충성한 안디바가 있었다. 안디바(Antipas)라는 이름은 신약에서 이곳에만 나오는데 대략 두 가지의 견해가 있다.

A. 테르툴리아누스(Tertullianus, 약 155년~230년)의 전승에 의하면 안디바는 버가모 교회의 감독으로 도미티안 황제 때 황제 숭배를 거절하여 벌겋게 되기까지 계속 뜨거워지는 놋쇠 가마속에서 태워 죽임을 당했다고 전해진다.[2]

> B. 안디바의 다른 뜻은 "~을 반대하여"라는 뜻의 "안티"(Anti)와 "모든"이라는 뜻의 "파스"(Pas)가 합성되어 "모든 것을 반대하여"(Against all)가 되는데, 당시 버가모에서 행해지고 있는 황제숭배 등 종교적인 온갖 퇴폐와 부도덕한 이교의 여러 관습을 반대하다가 순교 당한 당대의 수많은 그리스도인들을 상징하기도 한다.³

예수께서 이 안디바를 "나의 충성된 증인"이라고 부르셨는데, 여기에는 의미심장한 뜻이 있다. "증인"은 헬라어로 "말튀스"(μάρτυς)인데 영어로는 "말터"(Martyr), 즉 "순교자"라는 뜻이다. 곧 초대교회에서는 그리스도를 증거하는 증인이 된다는 것은 그리스도를 위해 순교자가 된다는 것을 의미했다. 그들은 그리스도인이 되자마자 자신들이 받아들인 믿음을 위해 죽음을 각오해야 했다. 헬라어의 "증인"인 "말튀스"의 종교적인 뜻은 "법정에서 자신의 신앙에 대해 공개적으로 증거하고 그 형벌을 받는 사람"을 뜻하고 있다.⁴ 다시 말해 예수의 증인이 된다는 것은 예수님을 위해 법정에서 증언하고 그 대가로 순교를 당한다는 뜻이다. 우리는 "예수의 증인"이라는 말을 자주 사용한다. 정말 예수의 증인이 될 수 있는 믿음을 가지고 있는가?

예수께서 우리에게 먼저 증인이 되어주셨다. 계시록 1장에서 자신을 **"충성된 증인"**이라고 소개하셨다(1:5). 그리스도는 인류를 구원하시려는 자신의 사명을 위해 이미 죽기까지 복종하심으로 충성된 증인이 되시고, 이를 확증하시기 위해 스스로 목숨을 버리셨다. 이제 우리가 예수의 증인이 될 차례다. 죽기까지 복종하고 충성된 증인이 될 믿음을 지금 우리는 가져야 한다.

예수께서 제자들에게 "나를 따라 오려거든 자기를 부인하고 자기 십자가를 지고 나를 따르라"고 말씀하신다. 이것은 예수님을 따르는 제자가 되려면 "죽음을 각오하고 예수를 따르라"는 말씀이다. 십자가를 진다는 것은 죽는다는 것을 의미했다. 이것이 없이는 어느 누구도 그리스도의 제자가 되지 못한다는 것이다. 죽음을 각오하고 예수님을 따를 때 우리는 승리할 수 있다.

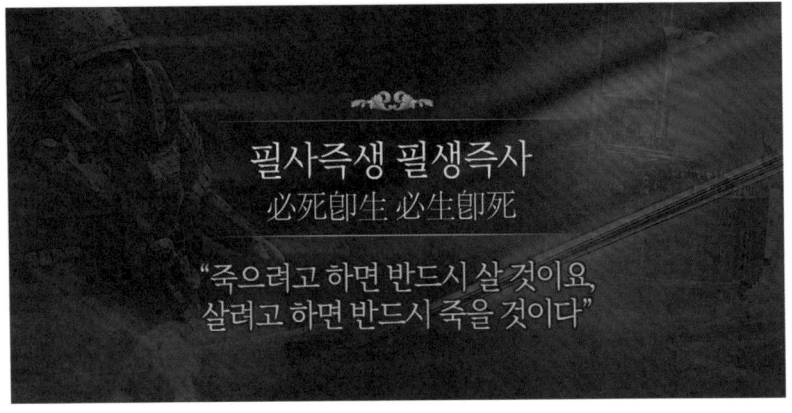

명량해전이 있기 전 사기가 떨어진 군사들에게, **필사즉생 필생즉사 (必死卽生 必生卽死)** "죽으려고 하면 반드시 살 것이요, 살려고 하면 반드시 죽을 것이다"라고 했다. 그래서 12척의 배로 133대의 함선을 물리쳤다. 목숨을 걸 때 승리가 오는 것이다.

예수께서 안디바를 충성된 증인이라고 부르셨다. 증인은 순교의 각오로 주님을 따르는 사람이다. 이러한 정신으로 그리스도인 삶을 살아갈 때, 불가능해 보이는 상황에서 승리의 노래를 부를 수 있게 되는 것이다. 예수께서 너희가 나를 따라오려거든 자기 목숨을 부인하고 나를 따르라고 하셨다. 하지만 무작정 죽는 것이 중요한 것이 아니라 인간이 하나밖에 없는 자기 목숨을 버릴 수 있으려면, 예수님처럼 다시 살 수 있다는 확고한 믿음이 있어야 한다. 따라서 "죽음을 각오하고 예수를 따르라"는 말씀은 우리에게 영원한 부활이 있다는 주님의 약속이다. 부활이 있기 때문에, 목숨을 걸어보라는 것이다. 그냥 대충 하지 말고, 어설프게 흉내만 내지 말고, "나를 믿는 자는 죽어도 살겠고 영원히 죽지 아니하리니 이것을 네가 믿느냐"(요 11:25,26). 그렇게 살아보라는 것이다. 하나님의 이 약속을 힘입어 우리는 이 땅에서 안디바로 살아야 한다. 그러면 어떤 고난을 당할지라도 생명의 면류관은 우리의 것이다. 그것이 하나님의 약속이다.

4. 책망과 견책

버가모 교회는 이렇게 안디바의 충성된 신앙을 가진 증인들이 다소 있기는 했지만 교회의 전반적인 추세는 점차 악화되어 갔다. 에베소 교회가 미워하고 배격한 이단과 배교의 풍조가 버가모 교회에서는 용납되어 이미 세속화와 타락이 시작한 것이다.

(1) 세속화되는 교회 – 발람의 교훈

"그러나 네게 두어 가지 책망할 것이 있나니 거기 네게 발람의 교훈을 지키는 자들이 있도다 발람이 발락을 가르쳐 이스라엘 앞에 올무를 놓아 우상의 제물을 먹게 하였고 또 행음하게 하였느니라"(계 2:14).

① 구약시대의 발람의 계교(민 22~24장)

모압 왕 발락은 자기보다 훨씬 강대한 아모리 족속의 왕들이 이스라엘을 무력으로 정복하려다가 오히려 그들에게 패배하였음을 알고 이스라엘에 대한 전략을 변경하였다. 그는 타락한 선지자 발람을 뇌물과 명예로 매수하여 이스라엘에게 저주가 이르게 하려고 했다.

발람은 한때 하나님의 선지자였으나 세상의 재물과 명예 그리고 왕의 호의에 유혹되어 이스라엘의 대적인 모압왕에게 올무 놓는 법을 가르쳐주었다. 이스라엘 백성과 싸울 때, 다른 신의 힘을 빌려 복술이나 무력으로 정면에서 맞서 싸울 것이 아니라 음탕한 우상잔치에 초청하여 함께 먹고 마시며 모압의 여인들과 간음하게 함으로써 그들을 타락시키려는 계략이었다. 이 제안은 즉시 실행되었으며 당장에 큰 성공을 거두어 이스라엘 백성은 올무에 빠져 파멸적인 우상숭배에 휘말려 들어갔고 그 결과 전염병으로 24,000명이 죽임을 당했다(민 25:1~9, 고전 10:7,8).

② 버가모 시대의 발람의 계교

그런데 구약의 이스라엘 백성의 역사에서 발람의 계교로 저질러진 일이 바로 버가모 시대(313~538년)의 교회역사에서 그대로 재연되었다. 서머나 시대(100~313년) 동안 사탄은 로마제국을 통하여 하나님의 백성들을 혹독한 핍박으로 정복하려 했으나 완전히 실패로 돌아갔다. 이에 버가모 시대에 이르러 사탄은 발람의 계교를 써서 돌연히 유화정책으로 바꾼 뒤, 그리스도인들에게 온갖 호의를 베풀고 번영과 명예를 미끼로 교회를 단번에 세속화의 소용돌이 속에 몰아넣었다. 교회는 이교의 감화에 휩싸여 우상 숭배에 참여하고, 세상과 간음하여 정치와 종교가 하나되는 자리로 나아가게 되었다(계 2:14; 약 4:4).

이교도들은 그리스도교 신앙의 전부가 아닌 일부를 받아들이면서 교회 안에 들어왔고, 교회는 원칙을 타협하고 번영의 길을 찾게 되었다. 이제 교회는 두려운 위험에 처하게 되었다. 차라리 투옥이나 고문, 화형 등은 이런 계교에 비하면 오히려 축복이었다.

③ 콘스탄티누스 황제의 그리스도교 개종

그렇다면 AD 313년 그리스도교를 공인함으로써 버가모 시대를 시작한 콘스탄티누스는 참으로 그리스도교의 은인이요 신뢰할 만한 종교 지도자였는가? 콘스탄티누스 황제는 참으로 개종하였는가? 역사가들은 이구동성으로 황제의 개종이 신앙적이라기보다는 정책적이었다고 증언

© Giannfrancesco Penni, "Baptism of Constantine", 1520~24

한다. 그리스도교는 AD 300년을 전후한 디오클레시안 황제 때 이르러서는 이미 아무도 정복할 수 없고 제지할 수 없는 세력임이 입증되었다. 한 명의 순교자의 피는 열명의 신자를 생산해 냈다. 그러므로 그리스도교의 궁극적 승리는 콘스탄티누스 황제 없이도 당연한 귀결이었던 것이다. 바로 이러한 때, 로마제국을 재통일하려는 콘스탄티누스 황제에 의해 정책적으로 기독교가 선택된 것이다. 물론 그가 신비한 체험을 하기는 했다. 312년 10월 28일 막센티우스와의 밀비안 다리 전투 전에, 공중에 광채나는 십자가의 환상과 꿈에서 그리스도의 이름으로 승리의 약속을 받은 일이 있었다. 하지만 그것이 하나님께로서 온 것인지 어떻게 확증할 수 있는가? 바울은 "이것이 이상한 일이 아니라 사탄도 자기를 광명의 천사로 가장하나니 그러므로 사탄의 일꾼들도 자기를 의의 일꾼으로 가장"(고후 11:14,15)한다고 했지 않은가! 콘스탄티누스 황제는 "**감독들의 머리**"(Bishop of Bishops)라고 자처하면서도 죽을 때까지, 이교의 대제사장 칭호인 "**폰티펙스 막시무스**"를 즐겨 썼다.

④ 발락의 선심 – 콘스탄티누스 황제의 종교정책

콘스탄티누스 황제의 개종으로 로마제국에는 여러 가지 변혁이 일어났다. 어떻게 발람의 꾀가 교회 안에 잠입하게 되었는가?

> **가.** 황제는 313년 밀라노 칙령을 반포하여 어떤 신앙이든지 상관없이 종교자유를 허용했다. 그러나 곧 기독교 외에는 다른 종교를 허락하지 않음으로써 국가와 기독교가 야합하여 타 종교를 핍박하게 된다.

나. 로마 황제는 동시에 로마 종교의 대제사장(Pontifex Maximus)이 되던 이교의 전통을 따라 콘스탄티누스는 기독교회의 머리로 군림했다. 결과적으로 교회는 국가에 묶여 하나가 되고 황제는 교회의 대소사에 직접 개입함으로써 국교의 위치에 서게 된다.

다. 황제는 교회의 지도자들과 기독교인들에게 엄청난 호의와 특전을 베풀어 기독교가 제국종교가 되고 백성들로부터 환영받는 종교로 만들었다. 모압 왕 발락이 타락한 선지자 발람을 매수하기 위해 예물과 명예를 아낌없이 제공한 것과 같다. 선심공세였다. 그 결과로 교회가 얼마나 신속히 타락과 세속화의 조류에 빠져들었는가! 기독교 성직자들에게 병역의무를 면제해 줬고, 시민의 의무 및 세금의 면제를 단행했다. 교회를 자유롭게 건축하도록 했고, 이전의 이교 신전들을 교회당으로 내주었으며, 정부 보조금이 교회에 넘쳐났다. 말할 필요도 없이 결과는 극도의 퇴폐로 치달았다. 이 특전을 거머쥐기 위해 서로 성직자가 되려고 했고, 갖가지 불미스러운 방법이 동원되기도 했다. 성직매매의 서막이 올랐고, 성직을 쟁탈하기 위해 조직폭력배를 동원하기에 이르렀다.

화려한 성전들이 건축되고 여러 가지 그림들과 우상들로 단장되었는데, 이것은 외관으로 보나 내면으로 보나 헬라와 로마의 신전과 흡사한 것이었다. 이렇게 교회의 문이 넓어지자 수많은 이교도들이 자신들의 철학과 관습과 사상을 그대로 가진 채 신자로 공언하게 되었다. 게다가 태양신 미드라(Mithras) 종교의 휘황찬란한 의식과 제도를 좋아했던 황제는 자신의 취향에 따라 교회 감독에게 친히 화려한 이교 제사장의 복장을 하사하여 입게 했다. 이것이 바로 오늘날 교황청 사제들의 복장의 시초이다. 교회가 맹렬한 핍박을 받는 동안에는 세속과 타협의 정신이 도사릴 수 없었다. 하지만 콘스탄티누스의 명목상 개종으로 이교가 정복을 당한 듯이 보였지만, 실상은 정복자가 되어 교회를 지배하게 되었다. 이교의 교리, 의식들과 미신이 그리스도를 따른다는 신자들의 신앙과 예배에 뒤섞이게 되었다.

⑤ 발람의 가르침 – 그리스도교와 이교의 연합

이렇듯 콘스탄티누스 황제의 호의와 특전이 교회에 쏟아지고 있을 무렵, 321년 3월 7일 하나의 칙령이 선포되었다. 그것이 바로 [일요일 준수 법령]이다.

> "존경할 만한 이 태양의 날에, 모든 판사들과 도시에 사는 모든 사람들 그리고 장사하는 사람들은 휴업하도록 하라. 그러나 농촌에 사는 사람들은 하늘이 마련해 주는 것들을 상실하지 않기 위하여 씨를 뿌리거나 포도나무를 재배함에 그토록 적합한 날이 없는 때가 자주 있으므로 적기를 놓쳐서는 안되기 때문에 이 날 완전히 자유롭게 농경에 종사하도록 하라"[5]

이 칙령에서 휴업하도록 강조된 날은 태양신 미드라 종교의 날이다. 황제는 시종 태양 숭배자였다. 그는 기독교로 개종 후에도 헬라와 로마의 태양신인 아폴로(Apollo)를 높이기 위해 주화를 만들었고 죽기까지 이교 태양신의 대제사장 칭호인 폰티펙스 막시무스를 썼다. 이리하여 321년, 일요일이 태양의 예배일로 전 로마제국의 공휴일이 되자 일요일 휴업은 일반화되어 마침내 기독교도 공식적으로 이교도들과 같은 날, 같은 방법으로 예배하게 되었고 그것이 오늘에 이르렀다. 이 칙령에는 일요일에 스포츠 경기는 허용함으로써 일요일을 성일로서의 개념이 아니라 공휴일로 만든 것이다.

민수기에서 발람의 가르침에 대해 이렇게 말씀한다.

"[1] 이스라엘이 싯딤에 머물러 있더니 그 백성이 모압 여자들과 음행하기를 시작하니라 [2] 그 여자들이 그 신들에게 제사할 때에 백성을 청하매 백성이 먹고 그들의 신들에게 절하므로 [3] 이스라엘이 바알브올에게 부속된지라 여호와께서 이스라엘에게 진노하시니라"(민 25:1~3).

마침내 모압의 태양신 바알브올의 종교와 이스라엘의 고유한 신앙이 버가모 시대 동안 교묘한 환경 가운데서 또다시 하나가 될 것이다. 요한계시록에서 발람의 가르침에 대해 다시 언급한다.

"거기 네게 발람의 교훈을 지키는 자들이 있도다. 발람이 발락을 가르쳐 이스라엘 앞에 올무를 놓아 우상의 제물을 먹게 하였고 또 행음하게 하였느니라"(계 2:14).

이 얼마나 간교한 발람의 계교이며, 배도한 역사의 반복인가! 이러한 상황속에서 교회의 타락한 지도자들은 십계명 가운데 넷째 계명에도 손을 대어 하나님께서 축복하시고 거룩하게 하신 날인 안식일을 폐하고, 그 대신 이교에 의해 "존경할 만한 태양의 날"로 명시된 일요일을 높이고자 시도했다. 교회가 이런 일을 하게 된 것은, 기독교인과 이교도들이 같은 날을 준수한다면 이교도들이 기독교를 받아들이기 더 쉬울 것이고, 그렇게 하면 교회의 세력이 더 증대될 것을 기대했기 때문이다.

⑥ 발람은 누구인가 – 중세 로마 카톨릭 교회

버가모 시대의 교회를 이처럼 이교와 연합시킨 발람은 누구인가?

발람은 이교도가 아니라 타락한 하나님의 선지자였다. 이제 버가모 시대의 발람이 누군지 확인하는 일은 역사에서 자명해졌다. 황제가 베푸는 온갖 부와 명예와 특권을 발락의 예물로 받으며(민 22:7,17) 하나님의 백성을 세속의 감화와 이교의 풍습으로 타락시킨 교회의 지도자들인 것이다. 이 타락한 지도자들이 어떻게 전 세계 교회를 장악하게 되었는가?

> **가.** 330년 콘스탄티누스 황제가 수도를 로마에서 동쪽의 콘스탄티노플로 옮겨가자 로마교회의 감독은 황제의 간섭없이 독자적으로 교회의 권력을 차지하게 되었다.

나. 375년 그라시안 황제가 이교 대제사장의 명칭인 "폰티펙스 막시무스"를 포기하자 로마교회의 감독은 이를 자신의 칭호로 적용시켜 지금에 이르게 된다.

다. 392년 데오도시우스 황제에 의해 기독교는 로마의 국교가 된다.

라. 451년 칼케돈 종교회의의 결정으로 로마의 감독과 그 후계자들에게 "아버지(Papa)"라는 뜻의 "교황(Pope)"을 사용하기로 했다.

마. 476년 서로마가 망한 뒤에는 교황이 서로마 황제의 위치에 앉게 된다.

바. 496년 프랑크의 국왕인 클로비스(Clovis)를 개종시킴으로써 정치적 세력의 기반을 굳혔다.

사. 533년 로마의 감독은 유스티니안 황제에 의해 "모든 교회의 머리"로 인정받고 534년에 유스티니안 법전에 그 사실이 기록되어 편찬된다.

아. 538년 유스티니안 황제의 군사적인 도움으로 로마와 이탈리아를 장악한 동고트 세력을 물리치고 교황은 마침내 실제적으로 전 세계를 다스리는 권좌에 오르게 된다. "용이 자기의 능력과 보좌와 큰 권세를 그에게"(계 13:2) 준 것이다.

이처럼 이교와 기독교의 타협은 하나님을 대적하고 하나님보다도 자기를 더 높이리라고 예언된 "불법의 사람"의 진출을 가져오는 결과를 이루었다.

(2) 배교하는 교회 – 니골라당의 교훈

> "이와 같이 네게도 니골라 당의 교훈을
> 지키는 자들이 있도다"(계 2:15).

니골라당은 에베소 교회로 표상된 사도시대에 이미 활동을 개시한 위험한 이단이다. 그런데 버가모에 와서는 발람의 교훈과 함께 더욱 큰 해악을 끼치게 된다.

니골라(Nicolas)의 헬라어(Νικολαίτης)뜻은 "정복하다"(to conquer)의 "니칸"(Nikan)과 "백성"이라는 뜻의 "라오스"(Laos)가 합성된 것으로 **백성을 정복하다**는 뜻이다.

발람(Balaam)은 히브리(בִּלְעָם) 이름으로 정복한다는 뜻의 "벨라"(Bela)와 백성을 가리키는 "하암"(Haam)의 합성어로 그 뜻 역시 **백성을 정복한다**는 뜻이다. 그러므로 니골라와 발람은 같은 속성의 이단을 가리키며, 구약의 발람이 신약의 니골라로 나타난 것이다.

니골라당과 발람이 어떻게 백성을 정복했는가? 니골라당은 예루살렘 총회에서 결정된 사항, "[20] 다만 우상의 더러운 것과 음행과 목매어 죽인 것과 피를 멀리하라고 편지하는 것이 가하니 [29] 우상의 제물과 피와 목매어 죽인 것과 음행을 멀리 할지니라"(행 15:20,29)는 말씀을 고의로 짓밟음으로써 발람의 뒤를 잇는다. 교부 이레니우스(Irenaeus)는 니골라당에 대해 이렇게 기록했다.

"그들은 아무 거리낌 없이 우상들에게 제사했던 고기를 먹으면서 그렇게 한다고 해서 부정해지는 것이 아니라고 생각한다. 그리고는 우상을 높이기 위하여 베풀어지는 이교의 축제

> 마다 가장 먼저 모여드는 사람이 된다. 그들 중에 어떤 사람들은 극도의 탐욕에 빠져 자신들을 육체의 욕심에 내어 맡긴다."

니골라당과 발람이 어떻게 백성을 정복했는가? 이 거짓 신자들은 교회 안에 들어와 이교의 철학을 내세워 우상숭배와 음행을 조장하고 도덕의 표준을 끌어내리며 교회를 세속화시키는데 앞장선 자들이었다. 이들의 핵심은 거룩한 것과 속된 것의 구분을 모두 없애고 세상과 교회를, 불신자와 신자를, 이교도와 기독교인을 영적으로 평준화하여 똑같이 만들자는 것이다.

신약성서에서는 그리스도인들을 성도(聖徒)라고 부른다. 헬라어의 "하기오스"(ἅγιος)이다. 그 뜻은 고린도후서 6:17절에서 설명된 것처럼 분리되고 따로 구별되는 것을 뜻하는 말이다. 이것이 거룩함의 본래의 뜻이다. 성전은 구별된 집이기 때문에 거룩하다. 성도는 일반사람과 다르기 때문에 거룩하다. 안식일은 다른 엿새와는 구분되어 있기 때문에 거룩하다. 하나님은 세상과는 완전히 다르시기 때문에 가장 거룩하시다. 바로 이 거룩함과 속됨을 한데 뒤섞으려 한 것이 니골라당의 뜻한 바였으며, 이 일이 성취되어 나타난 것이 버가모 시대의 세속화된 교회인 것이다(겔 22:26).

5. 권고와 경고

📖 "그러므로 회개하라 그리하지 아니하면 내가 네게 속히 임하여 내 입의 검으로 그들과 싸우리라"(계 2:16).

내 입의 검이란 심판의 집행이 말씀으로 이루어질 것을 상징하는 것이다. "주 예수께서 입의 기운으로 저를 죽이신다"(살후 2:8)고 했다. 그리스도의 말씀을 대항해서 이길 자는 아무도 없다. 그래서 이미 세속화와 배교의 길에 들어선 버가모 교회에 지체없이 회개하여, 가던 길에서 돌이키라고 명하신다. 회개하고 개혁하지 않으면 예수께서 직접 나가 싸울 것이라고 말씀하고 있다. 회개는 즉시 해야 한다. 시효를 넘긴 회개는 유다의 후회가 되고 만다.

이렇게 긴박한 상황은 구약에서 발람이 발락의 초청에 응해 이스라엘을 배도로 유인하기 위해 발락에게로 가던 길에서 "여호와의 사자가 손에 칼을 들고" 나타난 모습과 연관된다(민 22:31). 그리스도께서는 배교의 길에 들어선 교회 앞에 심판의 칼을 든 분으로 나타났다. 이곳의 칼은 "내 입의 검"

ⓒ "Balaam and his Ass" by Rembrandt, 1626

즉 심판하는 하나님의 말씀이다. 발람은 이때 회개했어야 했다. 그러나 계속 배도의 길로 갔던 발람은 결국 이스라엘의 심판의 칼날에 죽임을 당하고 말았다(민 31:8). 회개하지 않은 결과는 죽음과 파멸이다.

여기에서 한가지 더 주의해 볼 말씀이 있다. 예수께서 "내가 너와 싸우겠다" 하지 아니하시고 "그들과 싸우겠다"고 선언하신다. 교회와 싸우겠다는 뜻이 아니라 교회를 타락과 배도로 이끌어가는 잘못된 지도자들과 싸우시겠다는 뜻이다. 교회를 바로 인도해야 하는 지도자의 책임은 크고 무겁다. 백성을 잘못 인도하는 목사와 장로와 교사와 신부와 사제와 감독과 교황은 예수님에 의해 직접 심판을 받게 될 것이다. 혹시 오늘날 교회의 형편이 버가모 교회와 비슷하다고 생각되거나 이러한 조류에 책임감을 느끼는 기독교회의 목회자와 교역자들이 있다면, 우리의 교회를 발람의 꾀로부터 건져내기 위해 우리 자신이 먼저 돈과 명예와 권력의 유혹에서 승리하고 회개하기를 간절히 원한다.

6. 이기는 자에 대한 보상

> "귀 있는 자는 성령이 교회들에게 하시는 말씀을 들을지어다 이기는 그에게는 내가 감추었던 만나를 주고 또 흰 돌을 줄 터인데 그 돌 위에 새 이름을 기록한 것이 있나니 받는 자 밖에는 그 이름을 알 사람이 없느니라"(계 2:17).

(1) 감추었던 만나

이스라엘 백성이 광야에서 먹은 만나는 항아리에 넣어 지성소의 법궤 안에 십계명이 적힌 돌비와 함께 보관했었다. 그것은 광야에서 내린 만나 사건과 이스라엘 백성들이 황량한 광야생활에서 하나님의 은혜로 연명한 것을 기념하기 위해서였다. 지성소는 대제사장 외에 일반인은 절대로 접근할 수 없는 곳이었기 때문에 감추었던 만나이다. 만나의 보관은 하나님의 계명을 충성스럽게 순종하는 사람들을 하나님께서 어떠한 상황에서도 먹이시겠다는 보증이었다. 또 주님은 생명을 주는 말씀의 은혜를 우리 마음에 풍성히 내리신다.

시편 기자는 "내가 주께 범죄치 아니하려 하여 주의 말씀을 내 마음에 두었"다고 간증했다(시 119:11). 하나님의 말씀을 마음에 깊이 감추지 아니한 사람은 발람처럼 세상의 욕심에 이끌려 배도의 길에 서게 마련이다. 발람과 니골라당의 교훈을 따라 우상의 제물에 참여하는 사람은 하나님의 만나를 함께 먹을 수 없다. 우상의 잔치를 거절한 신실한 백성들에게 하나님은 "감추었던 만나"를 허락하신다. 발람의 유혹이 넘치는 이 마지막 시대에 사는 오늘날의 그리스도인들에게 예수께서 "감추었던 만나"를 권하신다. 예수께서 자신이 하늘에서 내려진 참된 생명의 양식인 하늘의 만나라고 하셨다(요 6:26~63). 이 감추인 만나는 영원한 생명을 주시기 위해 "말씀이 육신이 되신" 예수 그리스도이시다(요 1:14).

(2) 새 이름이 적힌 흰 돌

흰 돌이 계시록에 쓰여진 것은 이미 잘 알려진 당시의 관습에 근거하고 있다. 그러면 당시에는 어떤 경우에 이와 같은 흰 돌을 사용했는가?

> ① 고대법정의 재판 과정에서 배심판사들은 자신의 결정에 따라 항아리에 무죄를 뜻하는 흰 돌이나 정죄를 의미하는 검은 돌을 던져 판결하게 된다. 흰 돌이 많으면 무죄요 검은 돌이 많으면 유죄였다. 로마제국의 대법원이 설치돼 있던 버가모 사람들에게는 익숙한 관례였을 것이다. 이러한 관습을 설명하며, 배도한 버가모 시대에 살면서 세속의 온갖 유혹을 물리치고 하나님 앞에서 성도의 본분을 끝까지 지킨 당신의 백성들을 예수께서 하늘 대법정에서 의롭다고 선언하시겠다는 거룩한 약속을 하신다.

② 흰 돌은 또한 헬라나 로마의 운동경기에서 이긴 자들에게 메달처럼 수여되어 평생 명예가 되고 공공장소에 무료로 입장할 수 있는 특전을 누렸다. 특히 검투사가 목숨을 내걸고 승리자가 되면 "테세라"(Tessera)라고 부르는 이 작은 돌에 승리한 사람의 이름을 새겨 수여했다. 이것을 "승리의 돌"(The Pebble of Victory)이라고 불렀는데 이것을 소지한 사람은 국가와 사회가 베푸는 많은 특전을 누렸다. 예수께서 성도의 거룩함과 순결을 지키기 위해 세상에서 분리됨으로써 국가와 사회가 베푸는 온갖 특전을 빼앗기고 오히려 생명의 위협을 받으며 살아가는 버가모의 충성된 신자들에게 하나님 나라와 은총을 마음껏 누릴 수 있는 은혜를 약속하신다.

어떤 경우이든 "흰 돌 위에 새 이름"이 뜻하는 바는 분명하다. "흰 것"과 "새 것"은 하늘의 언어다. 성경에서 이름은 그 사람의 성품을 상징했다. 새 이름이란 성품이 달라진 새 사람을 뜻한다. 부르심을 받은 뒤 아브람은 새 이름을 받아 아브라함이 되었고, 회 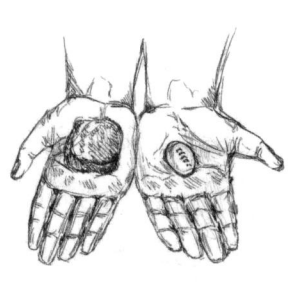 개하고 천사와 겨루어 이긴 야곱은 이스라엘이 되었다. 성품이 변화되고 영적으로 거듭나는 것은 아무도 알 수 없고 이해할 수 없는 하나님과 자신 사이의 깊고 깊은 경험이다. 견고한 돌에 새겨진 새로 태어난 사람의 이름, 육신의 본성을 이기고 거듭난 사람에게 그리스도께서 베푸시는 영광스러운 기념 메달인 새 이름이 적힌 흰 돌! 세상과 자아에 대한 오랜 싸움이 끝나고 천국에 이르면 하나님께서는 각 사람의 생애와 경험에 가장 적합한 새 이름을 친히 지어주시겠다고 약속하셨다(사 62:2; 65:15; 계 3:12). 그때 나에게 지어 주실 새 이름은 무엇일까? 그 날이 속히 오기를 우리 함께 기도하자!

7. 버가모 교회의 교훈

버가모 교회는 물밀 듯이 세속의 관습과 제도들이 교회 안에 쏟아져 들어오기 시작했고, 성직자들은 권력의 후원과 달콤한 특권들에 취해서 급속도로 타락하기 시작했다. 그래서 1260년 동안 길고도 긴 중세 암흑시대의 기틀이 마련되었다.

오늘날의 교회도 과도하게 세상권력과 밀접한 관계를 맺고 있는 것처럼 보인다. 발락과 발람의 야합처럼, 콘스탄티누스와 로마 감독의 야합처럼, 오늘날도 종교지도자들은 강력한 정치적 영향력을 자랑하고 있다. 세속적 물결과 안일함이 교회 깊숙이 침투하고 있다. 수백억 짜리 교회 건물들이 올라간다 하더라도 진리를 양보한 교회는 이미 죽은 것이다. 차라리 박해가 있고 순교자가 나올 때가 교회는 더 순결했다. 오늘날의 기독교회 형편을 보고 있노라면 타협할 줄 몰랐던 초대교회가 그리워진다. 박해를 받았으나 꺼지지 아니하고 핍박을 당했으나 더욱 타올랐던 순결한 신앙의 불꽃들! 어떤 불의와도 타협하지 않았으며, 단 한마디 하나님을 부인하는 말하기를 거절하고 찬송하며 원형 경기장으로 걸어 들어갔던 장엄한 신앙들이 아쉽다. 교회는 웅장한 공연장처럼 수억 원대의 음향시설과 조명으로 장착돼 있는데, 정작 개인의 신앙은 그처럼 부요한가? 모일 장소가 없어 동굴이나 다락방을 전전할지라도 성령 충만한 모습으로 하늘을 우러러 살던 그들의 신앙이 부럽다. 그럴 때 교회는 비로소 세상이 감당하지 못하는 강력한 하나님의 기관이 되고 세상을 향하여 빛과 소금의 역할을 다 할 수 있을 것이기 때문이다.

그리스도께서는 버가모 교회에게 "회개하라"고 권면한다. 그리하지 아니하면 그 "입의 검으로 그들과" 싸우리라고 하신다. 검이란 하나님의 말씀을 의미하므로(히 4:12), 하나님의 말씀을 따라 심판하시겠다는 엄숙한 경고의 말씀이다. 예수 그리스도를 대적해서 싸우지 말고 "회개하라"는 주님의 음성에 지금 무릎 꿇고 발람과 발락의 유혹에서 벗어나도록 하자!

기 도

거룩하신 하나님 아버지,
우리를 이 땅에서 성도로 부르신
주님의 은혜를 인하여 참으로 감사드립니다.
아버지, 우리의 삶이 세상과 구별되기를 원합니다.
세속과 구별되기를 원합니다.

오직 하나님의 거룩한 성도로서 주의 말씀에 따라 신앙하는
주님의 친 백성 되기를 원합니다. 우리에게 이르러 오는
온갖 발람과 발락의 유혹을 우리가 단호히 저항하고
타협하지 아니하며 하나님의 말씀대로 굳게 설 수 있는
믿음을 이 시간 우리에게 허락하여 주시옵소서!

예수님 이름으로 간절히 기도드립니다.

아멘!

요한계시록 2장 [복습문제]

1. 버가모 교회의 역사적 활동 시대는 언제부터 언제인가?

　　_____

2. 버가모 교회의 시대적 배경과 관련이 없는 것은?

① 황제의 명령이 전 아시아로 전달되는 정치의 중심지였다.

② 로마의 대법원이 있어서 엄격한 로마법에 의해 재판을 받고 처형되던 곳이었다.

③ 기간은 313년부터 시작해서 로마교회가 중세기의 교권을 실제로 장악하여 지상권을 행사하게 된 538년까지로 잡는다.

④ 핍박으로 순결을 유지하던 교회이다.

3. 버가모 교회의 종교적 배경과 관련이 없는 것은?

① 고대 세계의 종교를 망라한 이교의 중심지로, 버가모를 "사탄의 권좌"가 있는 곳으로 지적했다.

② 뱀으로 상징된 의학의 신 "아스클레피오스"(Asclepios)를 부르는 명칭이 "구세주 아스클레피오스"였다.

③ 버가모는 두 개의 바벨론 즉 고대 바벨론과 현대 바벨론인 교황청을 연결시켜 준 다리 역할을 했다.

④ 인간의 철학과 이원론 사상을 중요하게 생각했다.

4. 버가모 교회에 주신 칭찬과 권면에 대한 설명이 아닌 것은?

① 안디바는 이교 제사장의 명칭 중 하나이다.
② 안디바는 황제숭배 등 이교의 여러 관습을 반대하다가 순교당한 당대의 수많은 그리스도인들을 상징한다.
③ 증인은 헬라어로 "말튀스"인데 영어로는 "말터"(Martyr), 즉 "순교자"라는 뜻이다.
④ 그리스도를 증거하는 증인이 된다는 것은 그리스도를 위해 순교자가 된다는 것을 의미한다.

5. 버가모 시대의 발람의 계교와 관련이 없는 것은?

① 혹독한 핍박으로 교회가 정복되지 않자 유화정책으로 바꾼 뒤 교회를 세속화시켰다.
② 이교도들은 그리스도교 원칙의 일부만을 받아들이고 교회에 들어와 원칙을 타협하고 번영의 길을 찾게 되었다.
③ 발람의 노력으로 교회는 번영하면서 더욱 하나님께 충성된 증인이 되었다.
④ 로마제국을 재통일하려는 콘스탄티누스 황제에 의해 정책적으로 기독교가 선택되었다.

6. 발락의 역할을 한 콘스탄티누스 황제의 종교 정책과 관련이 없는 것은?

① 313년 밀라노 칙령을 반포하여 어떤 신앙이든지 상관없이 종교자유를 허용했다.

② 로마 교회는 안식일을 거룩히 지켰다.
③ 교회에 많은 특전을 베푼 결과 타락과 세속화의 조류에 빠져 들었다.
④ 이교의 전통을 따라 황제는 로마 종교의 대제사장(Pontifex Maximus)이 되어 국교의 위치에 서게 된다.

7. 그리스도교와 이교의 연합에 대한 설명 중 관련이 없는 것은?
① AD 321년 3월 7일에 [일요일 준수 법령]이 내려졌다.
② 십계명의 넷째 계명을 폐하고 "존경할 만한 태양의 날"로 명시된 일요일을 높이게 되었다.
③ 농업에 종사하는 사람들은 일요일 준수 법령에서 제외되었다.
④ 일요일을 가족과 함께 쉬었기에 그리스도인들이 환영했다.

8. 이기는 자에게 주시는 선물 두가지는 무엇인가?
　　　　　　　　　　　　　　　　　　　　

9. 버가모 시대의 발람과 그 결과에 대해 틀린 설명은?
① 이교와 기독교의 타협은 "불법의 사람"의 진출을 가져오는 결과를 이루었다.
② 황제가 베푸는 온갖 부와 특권을 예물로 받으며 하나님의 백성을 세속과 이교의 풍습으로 타락시켰다.
③ 거짓 종교 지도자들이 각종 기적들을 행함으로 교회를 어지럽게 만들었다.

④ 이교의 철학이 교회에 들어와 거룩한 것과 속된 것의 구분을 모두 없애고 세상과 교회를, 불신자와 신자를, 이교도와 기독교인을 영적으로 평준화시켰다.

10. 버가모 교회에 주신 권고와 경고에 대한 설명이 아닌 것은?

① 회개하고 돌이켜 첫사랑을 회복하라.
② 회개하지 않으면 하나님의 입에서 나오는 검으로 그들과 싸우리라.
③ 회개는 즉시해야 한다.
④ 회개하고 개혁하지 않으면 예수님이 직접 나가서 싸울 것이다.

2장

일곱교회: 두아디라
(교황청과 이세벨을 저항하라)

"...너희에게 있는 것을 내가 올 때까지 굳게 잡으라
이기는 자와 끝까지 내 일을 지키는 그에게
만국을 다스리는 권세를 주리니"
[계 2:25,26]

성경의 예언들

[요한계시록 7부]
이세벨을 저항하는 촛불을 들고
두아디라 교회

말씀 손계문 목사

[계시록 2:18~29]

[18] 두아디라 교회의 사자에게 편지하기를 그 눈이 불꽃 같고 그 발이 빛난 주석과 같은 하나님의 아들이 가라사대
[19] 내가 네 사업과 사랑과 믿음과 섬김과 인내를 아노니 네 나중 행위가 처음 것보다 많도다
[20] 그러나 네게 책망할 일이 있노라 자칭 선지자라 하는 여자 이세벨을 네가 용납함이니 그가 내 종들을 가르쳐 꾀어 행음하게 하고 우상의 제물을 먹게 하는도다
[21] 또 내가 그에게 회개할 기회를 주었으되 그 음행을 회개하고자 아니하는도다
[22] 볼지어다 내가 그를 침상에 던질 터이요 또 그로 더불어 간음하는 자들도 만일 그의 행위를 회개치 아니하면 큰 환난 가운데 던지고
[23] 또 내가 사망으로 그의 자녀를 죽이리니 모든 교회가 나는 사람의 뜻과 마음을 살피는 자인 줄 알지라 내가 너희 각 사람의 행위대로 갚아주리라
[24] 두아디라에 남아 있어 이 교훈을 받지 아니하고 소위 사단의 깊은 것을 알지 못하는 너

희에게 말하노니 다른 짐으로 너희에게 지울 것이 없노라

[25] 다만 너희에게 있는 것을 내가 올 때까지 굳게 잡으라

[26] 이기는 자와 끝까지 내 일을 지키는 그에게 만국을 다스리는 권세를 주리니

[27] 그가 철장을 가지고 저희를 다스려 질그릇 깨뜨리는 것과 같이 하리라 나도 내 아버지께 받은 것이 그러하니라

[28] 내가 또 그에게 새벽 별을 주리라

[29] 귀있는 자는 성령이 교회들에게 하시는 말씀을 들을지어다

계시록 2장

일곱교회: 두아디라
교황청과 이세벨을 저항하라

에베소	서머나	버가모	두아디라	사데	빌라델비아	라오디게아
사도시대	박해시대	세속의 시대	중세시대	종교개혁시대	개신교부흥	마지막시대
1세기	2~3세기	4~5세기	6~14세기	15~18세기	19세기	현재
31~100	100~313	313~538	538~1517	1517~1798	1798~1844	1844~재림

1. 시대적 배경

일곱교회 가운데서 가장 작은 교회이면서 제일 긴 편지를 받고 있는 두아디라는 사도행전에서 소개된 바와 같이 염색업을 비롯해서(행 16:14) 주석 제련 등 각종 제조업이 발달했다. 하지만 도시는 대부분 가난하고 초라한 노동자들로 고달픈 생계를 유지하며 생활을 하고 있었다. 그래서인지 두아디라 이름의 뜻은 "수고의 향기"로 알려지고 있다. 두아디라 시대는 하나님의 백성들이 믿음으로 말미암는 구원의 기쁨과 평안을 상실하고 행함으로 이루어지는 구원을 표방한 중세 로마 교황청의 온갖 시달림 속에서 살아야 했던 기나긴 중세의 천년간을 가리키기에 적합하다. 4, 5세기 버가모 시대 동안 꾸준히 성장해 온 교황청이 538년 마침내 권력을 장악한 이후 1517년 10월 31일 루터에 의해 타격을 입고 세력의 기반이 무너지기 시작한 때까지를 종교 암흑시대인 두아디라 시대로 구분한다. 역사가는 이 시대에 대하여 이렇게 평가한다.

 "버가모 다음에는 두아디라 시대가 오는데, 이 시대는 부패한 사제직을 위해서는 자줏빛 예복과 영광의 시대이지만, 진리를 위해서는 암흑의 시대이며, 교회의 권력이 세상을 주름잡던 시대이다. 로마교회가 그리스도의 자리를 빼앗고 들어선 때요, 예수의 증인들이 옥에 던져지고 화형주에 달리고 종교재판에 회부되던 시대이다. 루터와 종교개혁의 시대에 이르기까지 거짓 여선지자가 보좌에 올랐던 시대이다."[1]

두아디라 시대를 그토록 패역하고 배도하게 만든 "자칭 선지자라 하는 여자 이세벨을 용납한" 중세시대의 교회는 정치와 종교를 망라해서 권력을 휘두른 로마 카톨릭 교회이다. 이 시대를 견뎌야 했던 12세기 왈덴스인들, 13세기 옥캄(William Occam), 14세기 위클리프(John Wyclif)와 얀 후스(John Hus) 등 개혁을 위한 선구자들의 희생으로 드디어 종교개혁의 촛불들이 하나씩 점화된 시대이다.

2. 역사와 고고학적 배경

두아디라는 지금까지 에베소 → 서머나 → 버가모로 북상하던 로마의 대로를 벗어나 방향을 남쪽으로 돌려 버가모에서 40km 남동쪽에 내려와 있다. 두아디라 위쪽에는 도청소재지 버가모가 있고 아래쪽에는 사데, 빌라델비아, 라오디게아를 연결시켜주는 길목에 있었다.

계시록이 쓰여지던 당시의 두아디라는 모직, 청동 제련, 염색업 등 제조업이 활발한 산업도시로서 주민의 대부분은 노동자와 상인들이었다. 다른 도시와는 달리 두아디라는 이교 신들이나 황제 예배의 중심지가 아니었기 때문에 황제숭배에 대한 핍박은 거의 없었다. 그런데 무슨 문제가 있었느냐면 직장에서 신앙 때문에 생기는 어려움이 있었다. 노동자들이었기 때문에, 잦은 회식을 해야 했고, 이교 신들에 대한 제사와 우상에게 바친 제물을 먹어야 했으며, 회식 후에 이어지는 각종 부절제와 퇴폐적인 행위들 때문에 큰 시험이 되었다. 그리스도인들은 먹고 살기 위해서 위계질서가 분명한 직장 내에서 신앙을 포기하고 우상의 제물을 먹고 2차 3차 따라가야 하는 곤경에 빠지게 된 것이다. 참으로 "밥상이 올무"가 된 것이다. 오늘날 그리스도인들도 회식자리의 술잔과 이어지는 2차 3차에 맞추려니 몸과 마음이 괴롭다. 분위기를 맞추자니 양심은 괴롭고 피하려고 하니 회사생활이 어렵다. 두아디라 신자들에게도 동일한 어려움이 있었던 것이다. 그러나 하나님께서는 주님의 의를 구하는 사람을 결코 모른 체하지 않으신다는 것을 신뢰하고 이제는 단호하게 말씀대로 살기를 결단하자. 지금 이러한 일에서 주님의 뜻을 선택하는 용기와 믿음이 있어야 계시록 13장에 예언된 짐승의 표를 받지 않게 되는 것이다. 지금 결단하지 못하면 그때에도 결단하지 못하게 된다.

3. 교회의 역사

사도 바울이 제2차 전도여행 기간 중(AD 49~52) 마케도니아인 환상을 보고 유럽으로 건너가 빌립보에서 처음 만난 사람이 바로 두아디라의 자주 옷 장사인 루디아였다(행 16:12~14). 알려지기는 루디아가 고향에 돌아가 두아디라 교회가 세워진 것으로 전해진다. 루디아는 자주 옷 장수였는데 두아디라는 빨간색과 자주색 염색으로 이름났던 도시이다. 지금도 빨간색 옷감이 두아디라에서 나오고 있다. 흥미롭게도 두아디라의 유명한 이 자주색과 빨간색은 로마 교황과 고위 사제들의 예복 색깔이 되었다. 두아디라 시대인 중세의 천 년간 자줏빛 옷을 입은 교황청에 의해 다스려졌다는 사실은, 계시록 17장에 교황청을 상징하는 음녀가 "자줏빛과 붉은빛 옷을 입고"(17:4) 나타났다는 데서 확인 할 수 있다.

4. 발신자의 신원

 "두아디라 교회의 사자에게 편지하기를 그 눈이 불꽃 같고 그 발이 빛난 주석과 같은 하나님의 아들이 가라사대"(계 2:18).

(1) 진상을 살피시는 불꽃 같은 눈

염색업과 함께 두아디라 산업의 쌍벽을 이루고 있던 청동 제련업에 친숙했던 두아디라 사람들에게는 생생하고 인상 깊은 표현이다. 고열의 용광로가 뿜어내는 금속의 불꽃은 대낮도 밝혔으며 눈을 바로 뜨지 못하게 했다. 부패한 교권이 자줏빛 영광을 두른 채 암흑시대를 펼치지만 예수께서는 용광로의 불꽃 같은 눈으로 이 암흑을 꿰뚫어 보신다. 골수와 폐부를 꿰뚫어 그 불의와 죄악을 보시고, 이 어두운 시대 동안 잔인한 교황청에 의해 감옥과 화형, 산중 토굴과 종교재판소에서 이단의 누명을 쓰고 죽어간 성도들을 한 사람 한 사람 살피셨으며, 짙은 흑암 속에서 벌어지고 있는 일들의 진상을 하나도 빼놓지 않으시고 불꽃 튀는 눈으로 통찰하신다. 예수 그리스도의 이름으로 저질러지는 타락한 교황청의 불의도 보시고 예수 그리스도의 이름으로 고난당하고 수고하며 목숨까지 빼앗기는 성도의 믿음도 낱낱이 보신다(렘 11:20; 히 4:12,13).

지금 하나님께서 우리를 보시는 눈은 어떤 눈이실까? 무죄한 자를 괴롭게 하고 있는가? 애매히 다른 사람을 어렵게 만들고 있는가? 은근슬쩍 죄와 타협하고 있는가? 모든 것을 꿰뚫어 보시는 하나님의 눈이 불꽃처럼 타오르고 있다. 반면에 신앙 때문에 어려움을 당하고 있는가? 불꽃처럼 따뜻한 하나님의 눈이 우리의 모든 수고를 하나도 놓치지 않고 보고 계신다.

(2) 하나님의 아들이신 그리스도

예수님이 "하나님의 아들"(The Son of God)의 명칭으로 불리우신 곳은 일곱 교회는 물론 계시록 전체에서도 이곳뿐이다. 그것은 의미심장하다. 두아디라 시대인 중세기 동안 하나님의 아들의 지위와 칭호는 음란한 여선지자 이세벨에 의해 찬탈당하고 횡령되었다. 초대 교황 그레고리 1세(Gregory Ⅰ, 590~604)는 자신을 "지상에 있는 그리스도의 대리자(Vicar of Christ on Earth)"라고 부르기를 서슴지 않았고, 사도 바울이 데살로니가에 보낸 편지에 예언된 사람으로 등장했다.

ⓒ Gregory Ⅰ, 590~604

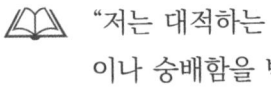 "저는 대적하는 자라 범사에 일컫는 하나님이나 숭배함을 받는 자 위에 뛰어나 자존하여 하나님 성전에 앉아 자기를 보여 하나님이라 하느니라"(살후 2:4).

배도한 교회의 머리는 교황이지, 그리스도가 아니었다. 이렇게 참람한 두아디라 교회를 향해 예수께서는 지금 자신이 하나님의 유일하신 아들이라고 선언하신다.

5. 칭찬과 권면

 "내가 네게 사업과 사랑과 믿음과 섬김과 인내를 아노니 네 나중 행위가 처음 것보다 많도다"(계 2:19).

(1) 암흑을 밝히는 사랑의 수고

두아디라 사람들은 그 도시의 산업적인 성격 때문에 다른 도시에 사는 사람보다 더 많이 수고하고 인내하며 섬겨야 했다. 사랑이 없으면 수고할 수가 없고 소망이 없으면 인내할 수가 없다. 또한 진정한 믿음이 있어야 역경 중에서라도 꿋꿋이 섬길 수가 있는 것이다. 두아디라 시대는 중세의 짙은 암흑시대였지만 그 어두움만큼이나 빛도 분명했다. 교회가 세속적인 권력에 집착하여 오만해지고 형식주의에 빠져 냉랭하며 세속에 짙게 물들어 악취가 심하게 날 때에 진흙탕 속에서 연꽃처럼 피어나 사랑과 청빈과 봉사와 복음전파의 기치를 높이 든 이들이 있었다.

A. 왈덴스인(Waldenses)

　1170년 프랑스의 리용(Lyons)에 살던 상인 왈도(Peter Waldo)에 의해 일어난 평신도 개혁운동이다. 성경 말씀에 크게 감명받은 왈도는 자신의 재산을 바쳐 라틴어 성경을 그 지방어로 번역하고 필사하여 배포하면서 개혁의 횃불을 들었다. 그들은 자신들을 "리용의 가난한 자들"(The Poor Men of Lyons)이라고 부르며 재산을 가난한 사람들에게 나눠주고 예수님의 제자들처럼 오직 복음전도에만 헌신했다(참조, 마 19:21). 그들의 주장은 이러했다.

① 로마교회의 전통을 거부하고
② 교회는 성경의 순수한 가르침으로 돌아갈 것과
③ 로마교회가 가르치는 연옥의 교리를 부정하고
④ 교회는 절대 잘못이 없다는 주장을 거절했다.
⑤ 또한 평신도에게도 복음을 설교할 권리가 있다고 주장했으며

⑥ 재산을 팔아 가난한 사람들에게 나누어주는 것은
헌신한 그리스도인들의 바른 처신이라고 가르쳤다.
⑦ 성경만이 신앙의 유일한 근거라고 주장하며
⑧ 죽은 자를 위한 기도를 반대했으며
⑨ 성찬 예식의 빵과 포도즙이 실제로
그리스도의 몸과 피가 된다는 화체설을 부인했다.
⑩ 그리고 예수님과 사도들처럼
성경상의 제칠일을 안식일로 지켰다.

하지만 로마교회로부터 심한 박해를 받고 프로방스에서는 1545년 22개 마을이 불태움을 당하고 학살된 사람은 4,000명이나 되었다. 1685년에는 이탈리아의 피드몬트에서도 박해가 일어나 14,000여명이 포로가 되었다.

B. 위클리프(John Wycliffe 1330~1384)

John Wycliffe(1330~1384)

대부분의 사람은 종교개혁의 시작을 마틴 루터가 95개 논제를 독일 비텐베르크 대학 성당 정문에 써 붙이던 1517년으로 알고 있다. 그러나 역사는 하루아침에 만들어지지 않는다. 루터 이전에 이미 역사의 주관자이신 하나님께서는 종교개혁을 위한 준비작업을 해 오셨다. 바야흐로 종교개혁의 새벽이 동터오고 있었는데, 그 종교개혁의 샛별이 바로 **위클리프**이다.

위클리프는 14세기 유럽 최고의 명문인 옥스포드 대학교의 가장 유능한 학자로 왈덴스인들의 정신을 이어받아 개혁을 이끈 인물이다. 국왕 에드워드 3세의 궁중 사제가 됨으로써 정치적 영향력도 있었던 그는 왈덴스인들의 주장을 반복했다.

> ① 그는 "교회의 유일한 머리는 그리스도이시며 교황은 적그리스도의 대리자(The Vicar of Antichrist)"라고 담대히 선언했으며,
>
> ② 화체설과 교회의 무오, 고해성사를 반대했다.
>
> ③ 연옥을 부정하고, 성자예배와 유물숭배가 성경적이 아니라고 반박했다.[2]

이토록 철저한 개혁을 부르짖으면서 교황청에 정면으로 도전한 위클리프는 누차 이단으로 정죄되어 처단이 요구되었으나 하나님의 섭리로 영국 왕실에 의해 보호를 받아 무사할 수 있었다. 위클리프의 가장 큰 업적은 옥스퍼드 학자들을 모아서 1382년 최초로 라틴어 성경(The Vulgate)을 영어로 번역하여 백성들의 눈과 귀를 열어 줌으로써 종교개혁의 문을 노크한 것이다. 또한 왈덴스인들과 같이 경건하고 헌신적인 평신도들을 택하여 예수님의 칠십인의 제자들처럼 전국을 순회하면서 성경을 가르치고 복음을 설교하면서 열광적인 환영을 받음으로 당시의 민중이 얼마나 진리의 말씀에 주려 있었는가를 보여주었다.

위클리프를 따르는 무리들은 롤라드(The Lollards)라고 불렀는데 이들은 다수의 귀족들까지 포함된 강력한 세력이었으나 위클리프가 죽은 뒤 혹독한 박해로 인해 1401년부터 처형되기 시작하여 거의 전멸되다시피 했다. 그러나 위클리프의 감화는 마침내 루터의 종교개혁을 일으키게 한다.

C. 얀 후스(Jan Hus, 1370~1415)와 제롬(Jerome, 1365~1416)

위클리프의 저서로 영향을 받고 일어난 사람이 보헤미아(Bohemia)³ 출신의 프라하 대학 총장 얀 후스였다. 개혁의 주도자였으며 보헤미아 민족의 존경받는 지도자였다. 특별히 후스는 자신이 전달하고자 하는 바를 그림을 통해 전달했는데, 예를 들면 교황은 오만하게 마

Jan Hus(1370~1415)

차를 타고 들어오는 반면 그리스도는 맨발로 걸어오는 모습이라든지, 사람들이 교황을 경외하여 그의 발에 키스하는 장면과 그리스도는 제자들의 발을 씻겨주는 모습을 대조해서 그리기도 했다. 이 그림들은 설교 이상으로 엄청난 메시지를 전달했다.

후스는 위클리프의 개혁을 이어갔고 특히 성찬 예식에서 평신도들도 포도즙을 마실 권리가 있다고 강력히 요구했다. 로마교회는 포도즙은 사제들만 마시는 것으로 제한했는데, 그 이유는 "조심성 없는 평신도들이 '하나님의 피'를 조금이라도 흘려서는 안 되기 때문"이라고 했다.⁴

면죄부에 대한 후스의 공격으로 그는 마침내 이단으로 정죄되어 도미니칸 수도원 안에 있는 토굴 감옥에서 7개월 동안 주림과 온갖 고문

으로 생명의 위협을 받았고, 이후 황제와 제후들, 추기경과 사제들이 지켜보는 대회의장에서 자신의 주장을 철회하라는 마지막 요구를 받자 이렇게 대답했다.

 "그렇게 하면 내가 무슨 면목으로 하늘을 쳐다볼 수 있겠는가? 내가 지금까지 이 순결한 복음을 설교해 온 수많은 사람들을 무슨 낯으로 볼 수 있겠는가? 아니오. 나는 지금 죽음이 작정된 나의 가련한 몸보다도 이 진리를 믿고 또 믿게 될 다른 사람의 구원을 존중히 여긴다."[5]

이 말을 남기고 화형을 당하게 된다. 화형당한 후스는 위클리프처럼 유해가 강에 뿌려졌다. 교황청은 후스가 전한 진리를 근절시킨 것으로 생각했지만, 그날 강에 뿌려진 재가 대해로 흘러가서 각 나라에 씨를 뿌리고 온 세상에 진리의 열매가 풍성하게 맺혀질 것은 미처 알지 못했다. 후스의 개혁의 소리는 메아리가 되어 각 시대를 통해 울려 퍼지고 있다. 그의 충성스러운 모본은 많은 사람들로 하여금 고문과 사형을 당하면서도 진리를 위하여 굳게 설 수 있는 용기를 주었다.

곧이어 후스의 동료이며 프라하 대학의 교수였던 제롬[6]도 붙잡혀가 심문을 받은 뒤 일년 가까이 가장 불결한 감옥에 갇히게 되었다. 주림과 병고에 지칠 대로 지쳐 마음이 약해진 그는 위클리프와 후스의 가르침을 취소한다는 사인을 하고 석방되었다. 하지만 양심의 고통을 견디지 못하여 이를 번복한 후 1416년 5월 30일 화형을 당하게 된다. 제롬은 화형을 당할 때 변절의 사인을 했던 자신의 손가락을 먼저 태워 달라고 요청하여, 손가락을 태운 뒤에 장렬하게 순교했다.

후스와 제롬이 이단자로 몰려 순교당하자 보헤미안과 모라비안(Moravians)[7]들은 후스의 개혁을 관철시키고자 일제히 봉기하게 된다. 교회의 개혁을 부르짖으며 산속에 모여 자체적으로 성찬 예식을 거행했다. 참으로 로마 교황청에 빼앗긴 성찬 예식을 위한 눈물겨운 영혼의 부르짖음이었다. 후스는 종교개혁의 밑거름이 되었으며 후스의 추종자들인 모라비안 형제들은 훗날 세계 경건운동과 선교운동에 지대한 공헌을 했다. 후스는 어려서부터 총명해 29살에 프라하대학 학장, 37살에 총장이 돼 얼마든지 기존교회와 황제와 영주 편에서 기득권을 누릴 수 있었으나 진리를 위해 자신을 '산 제물'로 바쳤다. 그는 감옥에 갇혀 끔찍한 고문을 당했으며, 고통 속에서도 신앙을 버리지 않고 자기가 굳게 믿는 바를 위해 순교자가 되었다. 얀 후스의 동상 아래엔 그가 화형당하는 순간 외쳤다는 "진실의 7명제"가 기록돼 있다.

 "진실만을 찾아라. 진실만을 들어라. 진실만을 배워라. 진실만을 사랑하라. 진실만을 말하라. 진실만을 지켜라. 죽음을 두려워 말고 진실만을 사수하라!"

우리는 어떤가? 오늘날 교회는 어떤가? 자신의 이익을 위해 진리를 쉽게 저버리고 조그만 어려움과 불편함에도 진리를 타협하는 그리스도인들에게 경종을 울리고 있지 않은가! 조금만 내 뜻대로 되지 않으면 징징거리며 어떻게든 관철시키려고 이 사람 저 사람 붙잡고 말의 저주를 늘어놓고 있지는 않은가! 오늘날 진리가 무너지고 외면당하는 시대에, 후스가 그랬던 것처럼 비록 순교를 당할지라도 진리를 수호하는 사명자로서의 역할을 잘 감당하라는 의무가 우리에게 지워져 있다. 예수 그리스도께서는 이와 같이 암흑의 세력에 에워싸여 기나긴 중세기를 악전고투하는 두아디라 교회를 향하여 동정과 깊은 이해를 가지시고 "내가 네 사업과 사랑과 믿음과 섬김과 인내를" 알고 계시다고 칭찬하시고 이어서 "네 나중 행위가 처음보다 많다"고 격려하신다. 위클리프는 불꽃을 일으켰고, 후스는 그 불꽃으로 불을 붙였으며, 루터는 그 불로 횃불을 밝혔다. 사람들은 대체로 열매에 주목하지만, 뿌리와 줄기가 없는 열매는 없다. 루터와 칼뱅의 종교개혁은 얀 후스라는 줄기 위에 열린 열매였다.

6. 책망과 견책

> "[20] 그러나 네게 책망할 일이 있노라 자칭 선지자라 하는 여자 이세벨을 네가 용납함이니 그가 내 종들을 가르쳐 꾀어 행음하게 하고 우상의 제물을 먹게 하는도다 [21] 또 내가 그에게 회개할 기회를 주었으되 그 음행을 회개하고자 아니하는도다"(계 2:20,21).

두아디라 교회가 소수의 개혁자들로 인해 칭찬을 받았지만 그런 칭찬이 교회가 저지른 심각한 잘못에 대한 변명은 될 수 없었다.

(1) 이세벨을 용납한 교회

① 구약의 이세벨
(왕상 16:31; 19:1~8; 21:5~15, 23~25; 왕하 9:22~37)

가. 이세벨은 북방 이스라엘의 7대 왕인 아합의 아내이다. 이스라엘의 6대왕인 아합의 아버지 오므리는 벤하닷이 이끄는 아람인들의 강력한 시리아를 견제하고 지중해 무역 독점권을 빼앗기 위해 이웃 페니키아와 동맹을 맺었고 이러한 동맹

의 수단으로 아합을 페니키아의 시돈 왕 엘 바알의 딸인 이세벨과 정략결혼을 시켰다. 그런데 페니키아가 어떤 나라인가? 가나안 종교의 본 고장으로 바알과 아세라, 아스다롯 등 잡다한 가나안 신들의 요람이었다.

나. 이스라엘의 왕후가 된 이세벨은 페니키아 종교의 여선지자 직분을 수행하여 마침내 아합 왕은 물론 온 이스라엘을 철저한 바알과 아세라 숭배로 몰아넣었  다. 이세벨의 가르침에 속임을 당한 이스라엘 백성은 바알을 하나님으로 의심없이 믿었기 때문에 개혁에 나선 엘리야는 "여호와가 만일 하나님이면 그를 좇고 바알이 만일 하나님이면 그를 좇을지니라"(왕상 18:21)고 호소해야 했다.

다. 이세벨의 영향력은 남편인 아합 왕보다 오히려 강력하였으며, 바알과 아세라의 선지자 850명을 자기 상에서 먹게 하는 등 최대의 후원을 베풀었으나(왕상 18:19) 하나님의 선지자들은 잡히는 대로 모두 죽이는 철저한 박멸책을 썼다(왕상 19:14).

라. 바알 숭배가 만연했던 삼년 반 동안 이스라엘 땅에는 우로가 내리지 않았다.

마. 아합과 이세벨의 결혼은 이스라엘을 국가적 멸망으로 이끌었고, 결국 왕과 이세벨은 비참한 파멸로 끝을 맺는다(왕상 22:34~38, 왕하 9:30~37).

② 신약의 이세벨

파멸의 여선지자 이세벨이 두아디라 시대에 다시 나타난다. 신약의 이세벨은 누구이며 어떤 일을 했는가? 두아디라(538~1517년) 시대에 접어들면서 교회는 세속의 권세와 동맹을 맺어 교권과 정권을 함께 장악함으로써 아합과 이세벨의 결혼관계에 들어간다. 버가모 시대가 교권과 정권의 연애 시절이었다면 두아디라 시대는 결혼생활로 비유할 수 있을 것이다.

"Baptism of Clovis at Reims, 25 December 496" Dejuinne, François-Louis (1786~1844)

가. 4세기 후반부터 게르만 민족이 로마로 밀려 들어옴으로써 로마 영토 안에 세운 가장 강력한 나라는 오늘날의 프랑스의 전신인 프랑크(Franks)인데, 프랑크의 이교도 국왕 클로비스(Clovis)가 콘스탄티누스 황제의 경우처럼 496년 강적 알마니(Alamanni)와의 전쟁에서 승리하므로 이것을 계기로 개종하게 되고 교황청의 맏딸이 된다. 하지만 클로비스의 명목적인 개종은 콘스탄티누스 시대처럼 교회가 이교의 온갖 관습에 그대로 젖는 계기가 된다.

"Coronation of Charlemagne, 1861" Friedrich Kaulbach

나. 이후 황제들의 충성맹세로 세력을 키워오던 교황청에 역사적인 날이 오는데, AD 800년 크리스마스 저녁, 교황 레오 3세가 무릎을 꿇고 기다리고 있는 프랑크의 샤를마뉴(Charlemagne)에게 왕관을 씌워줌으로써 제국의 황제로 등극하게 되고, 황제로 대표된 국가와 교황으로 대표된 교회가 정치와 종교에서 완전히 연합하여 신이 다스리는 로마제국 다시 말해 신성 로마제국(The Holy Roman Empire)이 탄생하게 된다. 아합과 이세벨의 혼인으로 이루어진 배도한 북방 이스라엘을 대표하기에 얼마나 적절한 역사적 배경인가!

다. 나아가 교황 그레고리 7세(Gregory Ⅶ, 1073~1294)는 이렇게 선언했다.

"로마교회는 오직 하나님에 의해 설립되었다. 로마 교황의 발만이 모든 군주들의 입맞춤을 받을 수 있다. 그는 황제들을 폐위시킬 수 있으며 교황 자신은 아무에게도 판단 받지 않는다. 로마교회는 무오(無誤)하며 영원히 잘못을 저지르지 않는다."[8]

> **라.** 이렇게 이루어진 신성로마제국은 교황청의 보호자가 되어서, 십자군을 일으켜 끔찍한 살육을 저지르고 알비젠스와 왈덴스인들을 핍박하고 후스와 제롬을 불사르고 초기 개혁자들을 단죄하도록 힘을 주었다. 아합과 이세벨이 하나님의 백성들과 선지자들에게 행한 대로였다. 그러나 아합 당시 바알에게 무릎 꿇지 않은 사람이 7천이나 있었듯이 중세기에도 교황청에 무릎 꿇지 않은 신실한 백성들이 있었다.

③ 자주 옷을 입은 여인 - 현대 바벨론(계 17:1~6)

계시록 17장에 나타나는 역사적인 최후의 배교세력을 상징하는 자주 옷을 입은 음녀는 두아디라 시대에 권좌에 올라 자주 옷을 입은 이세벨과 의심할 것 없이 일치된다. 계시록 17장에서는 음녀로 표현되었으며 "성도들의 피와 예수의 증인들의 피에 취해"있었고, 그 이마엔 "음녀들과 가증한 것들의 어미"라고 쓰여 있었다(계 17:5). 이 음녀는 누구인가? 두말할 것 없이 두아디라 시대의 이세벨 즉 교황청이다.

(2) 음행과 우상숭배에 넘어간 교회

이세벨은 자신이 간음하고 우상을 섬겼을 뿐만 아니라 하나님의 교회를 그렇게 하도록 가르친 세력이다.

① **간음(음행): 이교와 세속의 타협**

간음은 정당한 혼인관계를 떠나서 불륜관계를 맺는 것을 의미한다. 두아디라 경우 그들의 산업현장은 언제나 이교행사를 추종하는 회식 자리가 마련됐는데, 당연히 술과 여자가 뒤따르게 되었다. 따돌림을 당하지 않기 위해서는 당시 사회제도와 직장 분위기에 맞추어 살아야 했다. 이세벨의 교훈은 이런 경우에 신앙의 원칙을 희생하고 어울리라는 것이다. 너무 그렇게 티내지 말라는 것이다. 너무 유별나지 말라는 것이다. 신앙은 적당히 할 때 아름다운 것이라는 주장이다.

하지만 나는 당부한다. 어울리지 마라! 티내라! 유별나라! 적당히 하지 마라! 우리는 하나님의 아내, 그리스도의 신부이다. 이스라엘 백성이 하나님 외에 다른 신들을 섬길 때 그것이 곧 음행이었고(출 34:15,16; 신31:16; 시 73:27; 호 9:1), 예수 그리스도와의 관계에서 불성실할 때 그것이 음란이었다(마 12:39; 16:4; 막 8:38).

이세벨이 섬긴 바알과 아세라는 부부였기 때문에 그 예배 의식 자체가 행음이었다. 그래서 이들의 신전에는 "큐드슈"(Qudshu)라는 남창과 "케데솨"(Qedeshah)라고 불리는 매춘부들이 있었다.

두아디라 시대의 간음은 이러한 실제적 간음뿐만 아니라 교회가 이교와 불륜관계에 빠져 세속적 표준을 따르고 타락하게 된 것이다. 오늘날 교회가 두아디라 교회처럼 실제적 불륜과 영적 불륜이 혼합돼 있지는 않은 지 심각하게 돌아볼 때이다.

② **우상숭배: 신조와 교리의 타락**

초대교회 신자들이 실생활에서 겪은 가장 큰 시험 가운데 하나는 음식문제였다. 날마다 이교의 신전에 제물로 드려지는 고기는 제사장이 자기 몫을 뗀 후에 바친 사람들이 가져가서 가까운 사람끼리 잔치를 벌인다. 이런 우상의 제물잔치에 그리스도인이 갈 수 있는지 없는지, 이 문제에 대해 교회는 처음부터 태도를 분명히 하여 AD 49년에 개최된 예루살렘 총회에서 "우상의 제물과 피와 목매어 죽인 것과 음행을 멀리 할지니라"(행 15:29)고 결의했다. 우상의 이름으로 베풀어지는 잔치에 참여하고 즐기고 그 음식을 먹으면서 우상숭배에 빠지지 않을 수 없기 때문이었다. 또한 그런 고기가 시장에서 저렴한 가격에 유통되었기 때문에 논란은 그치지 않았다.

두아디라 시대에는 이러한 우상제물에 대한 문제뿐 아니라 이교의 풍습이 교회에 물밀 듯이 들어오면서 우상숭배의 악습이 그대로 교회에 소개되었다. 이교에서 숭배하던 여러 신들 대신에, 천사들과 순교자 혹은 성자로 인정된 자들이 경배되었다. 성자들의 묘지는 성역화되어 무덤 위에 교회가 세워졌고, 성자들의 뼈, 옷가지, 고문기구 등이 병자를 고치고 귀신을 쫓는 능력을 가진 것으로 믿어져 숭배의 대상이 되었다. 교회는 "귀신의 처소와 각종 더러운 영의 모이는 곳"이 된 것이다(계 18:2). 또한 로마의 여신인 비너스(Venus)와 다이아나(Diana)를 대신하여 성모 마리아가 "신의 어머니"(The Mother of God)로 숭배되었으며, 사람들은 마리아가 죽은 뒤 즉시 승천하여 하늘에서 중보자가 되었다고 믿을 뿐 아니라 심지어는 마리아의 어머니인 안나까지도 성(聖) 안나라 부르며 예배의 대상이 되었다. 따라서 천주십계에서는 둘째 계명인 "[4] 너를 위하여 새긴 우상을 만들지 말고 또 위로 하늘에 있는 것이나 아래로 땅에 있는 것이나 땅 아래 물 속에 있는 것의 아무 형상이든지 만들지 말며 [5] 그것들에게 절하지 말며 그것들을 섬기지 말라"(출 20:4,5)는 계명을 삭제해 버렸다.

7. 책망과 견책

 "[21] 또 내가 그에게 회개할 기회를 주었으되 그 음행을 회개하고자 아니 하는도다 [22] 볼지어다 내가 그를 침상에 던질터이요 또 그로 더불어 간음하는 자들도 만일 그의 행위를 회개치 아니하면 큰 환난 가운데 던지고 [23] 또 내가 사망으로 그의 자녀를 죽이리니 모든 교회가 나는 사람의 뜻과 마음을 살피는 자인 줄 알지라 내가 너희 각 사람의 행위대로 갚아주리라"(계 2:21~23).

침상은 아파서 눕는 병상을 가리킨다. 이세벨은 창문에서 떨어져 온몸이 부서져 죽었다(왕하 9:33~35). 뿐만 아니라 그와 함께 바알을 섬긴 모든 추종자들도 같은 운명에 처해졌다(왕하 10:25~28). 이러한 역사는 세상 역사의 마지막에 현대 이세벨인 음녀와 연합한 모든 나라들과 종교들과 개인들의 영원한 파멸을 예언하고 있기도 한다(계 19:17,18; 18:21). 아합과 이세벨의 자녀들은 실제로 전멸되어 가계가 끝나 버렸다(왕하 10:7). 마찬가지로 신약시대 이세벨에게도 자녀들이 있다(계 17:5). 음녀와 그 음녀의 딸들은 마지막 일곱 재앙과 최후 심판에 의해 영원히 멸절될 것이 예언돼 있다. 음녀는 교황청이고, 음녀의 딸은 교황을 따라가는 개신교회다. 이세벨의 유혹에 빠져 적당히 세속과 짝하며 살 것인가? 아니면 "내 백성아, 거기서 나와 그의 죄에 참예하지 말고 그의 받을 재앙들을 받지 말라"(계 18:4)는 음성에 지금 응답할 것인가!

하나님은 모든 사람의 마음을 살피시고 반드시 행위대로 갚으신다고 하셨다. 그리스도의 말씀을 경홀히 여기지 말고, "주님은 사랑이시니까 이 정도는 눈감아 주실거야" 라면서 자신을 속이지 말고 지금 호소하시는 성령의 음성을 듣고 죄악의 자리를 털고 일어나야 한다!

8. 인내하는 자에 대한 보상

> "이기는 자와 끝까지 내 일을 지키는 그에게 만국을 다스리는 권세를 주리니"(계 2:26).

중세기 천년 이상 권세를 장악한 교황청의 온갖 박해 아래서 생명의 위협을 받으며, 산과 광야로 쫓기던 그리스도인들이 만국을 다스릴 권세를 누린다는 것은 얼마나 용기를 주는 보증의 말씀인가! 불법과 폭력으로 빼앗아 다스린 자들을 대신하여 온유한 자가 마침내 땅의 주인이 되는 이러한 경험은 실제로 성도들이 영원토록 누릴 특권인 것이다.

"끝까지 내 일을 지키는 그에게"라는 말씀처럼 우리는 끝까지 하나님의 일을 지킬 수 있겠는가? 우리는 "믿음"이라는 말을 참 많이 하지만 그것은 단순히 이름뿐인 경우가 많다. 실제적이며, 신뢰하되 끝까지 인내하는 믿음은 드물다. 인내는 우리의 생활 모든 면에서 드러나야 할 그리스도의 성품의 특성이다. 현대인들은 너무나 조급하다. 자기 뜻대로 되지 않으면 안달을 하고 기필코, 기어이, 반드시 자기 뜻대로 하려고 한다. 그것은 주님의 성품이 아니다. 또한 우리를 반대하는 사람들에 대해서도 온유함을 가지고 인내해야 한다. 심판을 주님께 맡겨야 한다. 그리스도께서 우리에게 보여주신 인내심을 생각할 때, 우리 또한 타인들에 대해서 인내해야 하지 않겠는가? 사람들의 결점을 다른 사람들에게 폭로하고 발표하는 대신에 인내하는 노력으로 싸매주려는 마음을 가져야 한다. 아무리 억울하고 속상하더라도 무정한 마음을 갖지 말고, '**주께서 나를 시련 가운데 놓으신 것은 금을 정련하는 것처럼 나를 연단하는구나**' 하는 마음으로 끝까지 믿음을 지켜야 한다. 하나님께서는 우리를 반대하는 자들에 대해서도 큰 사랑을 나타내라고 하셨다. 우리의 감화로 한 영혼이라도 그릇된 길로 가지 않게 하기 위해서, 그들도 구원을 얻을 수 있도록 하시기 위해서이다.

우리는 전쟁터에 있다. 사탄은 우리의 영혼을 자기 것으로 만들기 위해 힘써 싸우고 있다. 호시탐탐 우리를 넘어뜨리려고 엿보고 있다. 우리의 생애는 영적인 전쟁이라는 것을 늘 인식해야 한다. 따라서 이 전쟁 중에 사탄의 성급한 성질이 우리를 지배하도록 해서는 안 된다. 현대인들은 너무나 빨리 화를 낸다. 참지를 못한다. 쉽사리 흥분하고 마음이 상한다. 그것은 우리가 그리스도 안에 있지 않다는 것을 드러내 주는 것이다. 성급한 말은 집안에 얼마나 큰 손상을 가져오는지 모른다. 대개의 경우 한 사람의 성급한 말은 다른 사람으로 하여금 같은 정신과 태도로 응수하게 만든다. 이렇게 되면 다시 대꾸와 자기 옹호의 말들이 쏟아져 나오게 되고 이러한 말들로 인해 서로가 쓰라린 상처를 갖게 된다. 우리의 말이나 행동을 제어할 힘이 우리에게는 없다. 그래서 매일 기도해야 한다. 내게 날아오는 모든 화살을 그리스도와 같은 온유와 인내로 견딜 수 있도록 마음속에 은혜의 기름을 부어 달라고 탄원해야 한다. 그리스도인들은 감정의 노예가 되어서는 안 된다. 성령으로 말미암아 다스림을 받아야 한다. 우리는 매일의 생애에서 사소한 어려움과 시험들이 올 때, 인내로써 승리해야 한다. 그러면 더 큰 난관을 견딜 수 있는 힘을 얻게 될 것이다.

"끝까지 내 일을 지키는 그에게 만국을 다스리는 권세를 주리니" 그리스도의 은혜와 하나님의 평화가 우리의 마음을 지키도록 해야 한다. 진리를 믿는다는 것은, 지식을 믿는다는 것이 아니라 온유하고 겸손하며 부드러운 마음을 지니며 인내하는 믿음을 가진다는 의미이다. 그렇다면 우리의 가정은 하늘 궁정이 될 것이다. 우리의 교회와 우리의 사회가 진리 때문에 밝게 빛날 것이다. 만국이 그리스도의 영광을 보게 될 것이다.

 "보라 인내하는 자를 우리가 복되다 하나니 너희가 욥의 인내를 들었고 주께서 주신 결말을 보았거니와 주는 가장 자비하시고 긍휼히 여기는 자시니라"(개역, 약 5:11).

 "우리는 끈기있게 끝까지 견디어 낸 사람들을 행복한 사람들이라고 생각합니다. 여러분은 욥이 끈기있게 참아낸 이야기를 들었고 주님께서 지어주신 결말을 보았습니다. 주님께서 베푸시는 연민과 자비는 참으로 풍성합니다"(공동, 약 5:11).

두아디라 시대의 충성스럽고 신실한 파수꾼들은 캄캄한 밤을 생명과 바꾼 진리로 촛불을 들었다. 인내를 가지고 끝까지 지켰다. 촛불 하나하나는 작고 힘이 없다. 훅 불면 꺼져버린다. 그런데 그 촛불이 옆 사람을 깨우고, 두 사람의 촛불이 꺼지면 다시 열 사람이 불을 붙이고, 열 사람이 꺼지면 백 사람, 그렇게 천명 만명 되면 아무리 작은 촛불이라도 그것은 힘이 되고 상징이 된다. 이 시대의 그리스도인들은 그렇게 아침 동이 터 오르기까지 밤새 촛불을 들고 기다렸다. 그리고 마침내 동이 트고 종교개혁의 대낮은 오고야 말았다.

우리가 들고 있는 진리가 거대한 횃불이 아니어도 좋다. 큰 영향력이 없어도 좋다. 작은 촛불이라도 함께 들고 있으면 서로 힘이 되고, 위로가 되고 그렇게 함께 들고 있다면 세상은 이 빛을 절대 감춰둘 수 없을 것이다. 온 세상을 진리로 밝히는 이 운동에 함께 전진하도록 하자!

기 도

사랑이신 하나님 아버지,
주님께서 우리의 손에 진리의 빛을 들려주셨습니다.
우리가 들고 있는 이 빛 하나는 연약할지라도
이 연약한 그릇에 주님의 빛을 담았습니다.
나는 혼자지만 우리에게 교회를 허락하시고
우리의 동료와 동역자와 성도들을 허락하셔서
함께 이 빛을 들 수 있도록 인도해 주시니
참으로 감사를 드립니다.
주님! 악한 바람이 이 진리의 빛을
아무리 꺼뜨리려고 해도, 이세벨이 나타나
타락함과 세속으로 이 빛을 무너뜨리려 할지라도
이 빛은 결국엔 암흑을 뚫고 온 세상을 주의 영광으로
환하게 밝힐 횃불이 될 것을 믿습니다.
우리 같은 작은 촛불 하나 하나가 꺼지지 않도록
우리를 돌보아 주시고 지켜 주시고
보호하여 주시옵소서.

우리를 사랑하시는 예수 그리스도의
이름으로 간절히 기도드립니다.

아멘!

요한계시록 2장 [복습문제]

1. 두아디라 교회의 시대적 배경과 관련이 없는 것은?

① 염색업과 청동 제련업과 같은 제조업이 발달했기 때문에 노동자들이 많았다.

② 교황권이 권력을 장악한 538년부터 루터의 종교 개혁이 일어난 1517년까지의 종교암흑시대이다.

③ 개혁을 위한 선구자들의 희생으로 드디어 종교개혁의 촛불들이 하나씩 점화된 시대이다.

④ 구약의 이세벨이 부활해 사람들을 미혹했다.

2. 일곱 교회와 계시록 전체에서 예수님이 (   )의 (   ) 이라는명칭으로 불리우신 곳은 두아디라 교회 시대이다.

3. 왈덴스인들에 대한 설명이 아닌 것은?

① 자줏빛 옷감을 팔아서 돈을 벌어 전도사역의 자금으로 썼다.

② 프랑스의 상인 왈도에 의해 일어난 평신도 개혁운동이다.

③ 라틴어 성경을 그 지방어로 번역하고 필사하여 배포했으며 제칠일 안식일을 지켰다.

④ 재산을 가난한 사람들에게 나눠주고 예수님의 제자들처럼 오직 복음전도에만 헌신했다.

4. 위클리프에 대한 설명이 아닌 것은?

① 종교개혁을 위한 준비 작업을 했던 종교개혁의 샛별이다.
② 왈덴스인들의 정신을 이어받아 개혁을 이끌었다.
③ 루터가 종교 개혁을 하는 날까지 그 세력이 번창했다.
④ 1382년 최초로 라틴어 성경(The Vulgate)을 영어로 번역하여 백성들의 눈과 귀를 열어 주었다.

5. 위클리프의 개혁과 관련이 없는 것은?

① 교회의 유일한 머리는 그리스도이시며 교황은 적그리스도의 대리자이다.
② 구원은 오직 교회를 통해서만 온다고 가르쳤다.
③ 화체설과 교회의 무오, 고해성사를 반대했다.
④ 연옥을 부정하고, 성자예배와 유물숭배가 성경적이 아니라고 반박했다.

6. 얀 후스에 대한 설명과 관련이 없는 것은?

① 그림으로 자신의 주장을 전달하여 설교 이상으로 많은 호응을 얻었다.
② 성만찬 예식에서 평신도들도 포도즙을 마실 권리가 있다고 강력히 요구했다.
③ 오랜 감옥 생활로 마음이 약해져 자신의 신념을 버렸다가 다시 철회했다.

④ 종교개혁의 밑거름이 되었으며 후스의 추종자들인 모라비안 형제들은 훗날 세계 경건운동과 선교운동에 지대한 공헌을 했다.

7. 종교개혁의 불꽃을 일으킨 (   ), 그 불꽃으로 불을 붙인 (   ), 그 불로 횃불을 밝힌 (   ).

8. 신성로마제국의 설립 배경을 옳게 설명한 두 가지는?

① AD 800년, 교황 레오 3세가 프랑크의 샤를마뉴(Charlemagne)에게 왕관을 씌워줌으로써 황제로 등극하게 되고, 황제로 대표된 국가와, 교황으로 대표된 교회가 정치와 종교에서 완전히 연합하여 신성 로마제국(The Holy Roman Empire)이 탄생하게 된다.

② 교황은 황제의 권력을 얻기 위해 아첨하고 많은 금은 보화로 환심을 산다.

③ 바알에게 무릎 꿇지 않은 7000인이 신성로마제국을 탄핵한다.

④ 교황권의 보호자가 되어서, 십자군을 일으켜 끔찍한 살육을 저지르고 알비젠스와 왈덴스인들을 핍박하고 후스와 제롬을 불사르고 초기 개혁자들을 단죄하도록 힘을 주었다.

9. 자주 옷을 입은 현대판 이세벨에 대한 설명이 아닌 것은?

① 자주색 옷감을 숭배해 염색업 하는 사람들을 귀하게 대우했다.

② 이교에서 숭배하던 여러 신들 대신에, 성자들이 숭배의 대상이 되었고, 성자들의 뼈, 옷가지, 고문기구 등이 병자를 고치고 귀신을 쫓는 능력을 가진 것으로 믿어져 숭배의 대상이 되었다.

③ 로마의 여신인 비너스(Venus)와 다이아나(Diana)를 대신하여 성모 마리아가 "신의 어머니"(The Mother of God)로 숭배되었다.

④ 천주십계에서 둘째 계명인 우상을 만들지 말며 섬기지 말라는 계명을 삭제해 버렸다.

10. 두아디라 교회의 인내하는 자에게 주시는 보상에 해당하는 것은?

① "회개하여 처음 행위를 가지라"
② "이기는 자는 둘째 사망의 해를 받지 아니하리라"
③ "감추었던 만나를 주고 또 흰 돌을 줄 터인데…"
④ "이기는 자와 끝까지 내 일을 지키는 그에게 만국을 다스리는 권세를 주리니"

3장

일곱교회: 사데
(종교개혁은 끝나지 않았다)

"그러므로 네가 어떻게 받았으며 어떻게 들었는지
생각하고 지키어 회개하라 만일 일깨지 아니하면
내가 도적 같이 이르리니 어느 시에
네게 임할는지 네가 알지 못하리라"

[계 3:3]

[계시록 3:1~6]

[1] 사데 교회의 사자에게 편지하기를 하나님의 일곱 영과 일곱 별을 가진 이가 가라사대 내가 네 행위를 아노니 네가 살았다 하는 이름은 가졌으나 죽은 자로다
[2] 너는 일깨워 그 남은 바 죽게 된 것을 굳게 하라 내 하나님 앞에 네 행위의 온전한 것을 찾지 못하였노니
[3] 그러므로 네가 어떻게 받았으며 어떻게 들었는지 생각하고 지키어 회개하라 만일 일깨지 아니하면 내가 도적 같이 이르리니 어느 시에 네게 임할는지 네가 알지 못하리라
[4] 그러나 사데에 그 옷을 더럽히지 아니한 자 몇 명이 네게 있어 흰 옷을 입고 나와 함께 다니리니 그들은 합당한 자인 연고라
[5] 이기는 자는 이와 같이 흰 옷을 입을 것이요 내가 그 이름을 생명책에서 반드시 흐리지 아니하고 그 이름을 내 아버지 앞과 그 천사들 앞에서 시인하리라
[6] 귀 있는 자는 성령이 교회들에게 하시는 말씀을 들을지어다

계시록 3장

일곱교회: 사데
종교개혁은 끝나지 않았다

에베소	서머나	버가모	두아디라	사데	빌라델비아	라오디게아
사도시대	박해시대	세속의 시대	중세시대	종교개혁시대	개신교부흥	마지막시대
1세기	2~3세기	4~5세기	6~14세기	15~18세기	19세기	현재
31~100	100~313	313~538	538~1517	1517~1798	1798~1844	1844~재림

1. 이름의 뜻과 시대적 배경

일곱교회 중에서 다섯 번째 교회인 사데(Sardis)의 뜻은 "남아 있는 것"(that which remains), "새로운 것"(something new) 등으로 알려지고 있다. 두아디라 시대인 기나긴 중세기 동안 진리의 빛은 교황청에 짓밟혀 거의 꺼져가고 있었다. 그러나 앞선 개혁자들의 희생과 수고는 종교개혁에 불이 붙을 수 있도록 그 기초를 마련하였으며, 바통을 이어받은 남은 무리들이 생기고 진리의 새벽별이 다시 떠올라 먼동이 트기 시작한다. 1517년에 일어난 루터의 종교개혁으로 말미암아 암흑기에 있던 시대가 천여 년 만에 새 아침을 맞이하게 된다. 이리하여 오랜 환난과 암흑으로부터 겨우 피하여 살아남은 사람들이 목숨을 바쳐 값비싼 대가를 치르고, 다시 찾은 신앙의 자유를 누리며, 새 아침의 찬가를 기쁨으로 노래하게 되는 시대가 열리게 된다.

두아디라와는 대조적으로 일곱 교회 가운데 가장 완벽한 난공불락의 요새인 사데에서 진리를 수호할 수 있게 된 것이다. 이와 같이 사데 교회는 종교개혁시대의 교회로 16, 17, 18세기에 걸쳐 실제로는 개신교 태동의 전체 역사를 포함하고 있는 시대가 된다. 그러나 불행하게도 이 시기는 예수 그리스도와 각 시대 교회들 모두의 기대를 크게 저버린, 참으로 유감스러운 침체와 분쟁의 시대였다. 사데 교회는 세상과 분리되어 그리스도의 통치로 돌아오는 시대요, 발람과 그의 교훈으로부터, 그리고 니골라당, 이세벨과 그의 음행으로부터 비교적 자유하게 된 시대이다. 그러나 생명 없는 무기력으로 전락해버려 19세기에 있었던 복음 선교 대운동으로 말미암아 일어난 빌라델비아 교회 시대가 오기까지 개신교가 영적으로 침체되어 있던 시대이다. 1517년 패기에 넘치고 기대에 차서 시작한 종교개혁이 또 하나의 배도와 타락으로 떨어지고 말았다. 이러한 배경 때문에 사데 시대를 "죽었으면서도 죽은 줄 모르는 교회"로 부르고 있는 것이다.

2. 역사적 배경

난공불락 요새였던 사데는 역사에서 두 차례나 치명적인 파멸을 당했는데 모두가 지형적인 장점을 믿고 방심한 까닭이다. 첫번째는 BC 549년에 페르시아의 고레스 대왕에 의한 멸망이었다. 고레스가 거느리는 군대가 성 아래 포진하고 포위를 시작했는데도 크라수스 왕과 사데인들은 성의 견고함을 믿고서 개의치 않았다. 그러던 어느 날 사데의 병사 한 명이 부주의로 투구를 아래로 떨어뜨려 이것을 주으러 벼랑 아래로 내려왔다가 올라가는 것을 페르시아 장군이 보고서는 바로 그날 밤에 그 길로 올라가 보니 보초가 한 사람도 있지 않았다. 견고한 요새 사데는 이렇게 고레스 대왕의 수중에 넘어가고 말았다.

The Siege of Sardis, Jacob Abbott

그 후 330여 년이 지난 BC 214년에 똑같은 역사가 다시 반복되었다. 알렉산더 대왕이 죽은 후 안티오커스는 사데를 보루로 삼고 있는 아캐우스(Achaeus)와 싸우고 있었다. 일 년간이나 포위가 계속되던 어느 날 한 병사가 바로 지난 번 고레스 군대가 사데를 점령했던 동일한 방법으로 절벽을 기어올라가는 길을 발견하고 올라가 보니 보초 한 명 있지 않았다. 이리하여 또 한 번 사데는 정복당하게 되었다. 이러한 잊을 수 없는 뼈저린 교훈을 남긴 역사적 배경을 가지고 있는 사데와 사데 시대(1517~1798년)의 그리스도인들을 향하여 군대 장관이신 예수께서 파수꾼들에게 주는 명령으로 "깨어 있으라"고 하신다. 그리고 "만일 일깨지 아니하면 내가 도적 같이 이르리니 어느 시에 네게 임할는지 네가 알지 못하리라"는 경고를 발하신다.

3. 개신교 역사에서 반복된 사데의 역사

사데가 그토록 난공불락의 요새였음에도 성이 정복당한 역사는 종교개혁 이후 개신교 역사에서 반복된다. 종교개혁의 선구자였던 두아디라 시대가 사데에 넘겨준 초반의 개혁은 주목할 만했다. 그러나 루터, 츠빙글리, 칼빈 등으로 대표되는 16세기 초반의 열기가 급격히 식은 뒤 17, 18세기를 지나는 동안 교회는 살아있는 교회로서의 뜨거움을 상실하고 죽은 듯한 침체에 빠져 마침내 반격에 나선 교황청에 의해 압도당함으로써 고대 사데의 역사를 반복하고 만 것이다. 그러면 개혁의 깃발을 높이 들었던 개신교회가 어떻게 교황청에 다시 역습을 당하게 되었는가? 그 역사를 살펴보도록 하자.

① 루터(Martin Luther, 1483~1546)가 1517년 10월 31일 비텐베르크(Wittenberg) 성당의 문에 면죄부(Indulgence)를 규탄하는 내용의 95개조 논제를 못박음으로써 개혁의 불은 점화됐다. 또한 그가 1521년 4월 16일 그의 신변을 염려하는 친구들의 만류에도 보름스(Diet of Worms)의 국회로 향하면서 "비록 보름스의 모든 지붕의 기왓장들보다 많은 악마들이 득실거린다 해도 나는 가리라"고 대답하면서 길을 떠났을 때, 종교개혁의 대로는 개통되었다. 그리고 4월 18일 오후 4시 신성로마제국 황제 찰스 5세의 앞과 교황의 사절, 독일의 제후들 앞에서 두려움없이 자신의 신앙을 고백한 뒤 "내가 여기에 섰습니다. 하나님이여

나를 도우소서, 아멘!"을 발했을 때, 종교개혁은 고지를 점령했다.[1]

② 루터와 거의 같은 시기 스위스에서는 츠빙글리(Ulrich Zwingli, 1484~1531)가 취리히(Zurich)를 중심으로 루터보다 오히려 철저한 개혁을 일으켜 1522년에는 천주교에서 분리된 교회를 세우게 되었다.

Ulrich Zwingli(1484~1531)

Jacques Lefèvre d'Étaples(1455~1536)

③ 이름이 잘 알려져 있지 않지만 오히려 루터나 츠빙글리보다 먼저 프랑스에서는 파리대학의 교수 르페브르(Jacques Lefèvre d'Étaples, 1455~1536)에 의해 이신칭의(以信稱義, Justification by Faith), 믿음으로 말미암는 의가 선포되었다. 또한 그의 헌신적인 제자들인 브리코넷(William Briconnet), 벨퀸(Louis de Berquin), 파렐(William Farel) 등에 의해 개혁은 신속히 전국으로 확대되었다.

④ 이렇게 혁혁했던 종교개혁의 시작은 시간이 흐르면서 좌절과 많은 혼란 속에 빠져들었다. 루터는 독일에서 일어난 농민전쟁에서 지혜롭지 못하게 처신하여 많은 사람들로부터 신망을 잃었고, 도덕적으로 해이한 가르침과 판단 때문

에 일반인들의 의심과 비평을 사게 되었다. 특히 성만찬에 대한 서로 다른 견해차이가 심했는데, 1529년 츠빙글리와 회담이 있었으나 루터는 성찬에서 마시는 피가 실제 그리스도의 피가 된다는 의견을 끝까지 고집함으로 회담은 결렬되고 종교개혁 세력은 분열이 초래되었다.²

Death of Gustavus Adolphus of Sweden at the Battle of Lutzen, 1632, Carl Wahlbom

⑤ 또한 교황을 지지하는 제후들이 규합하여 공동전선을 폄으로써 독일의 종교개혁은 위기를 맞게 되어 마침내 유럽의 여러 나라가 정치적, 종교적 명목으로 독일에서 30년 전쟁(The Thirty Years War, 1618~1648)이 발발하여 참상을 빚었다.

⑥ 스위스에서도 혼란이 일어났는데, 츠빙글리와 같은 시기에 취리히에서 일어난 개혁자들인 재침례파(Anabaptists)의 진정하고 철두철미한 개혁의 주장들이 기존 종교개혁의 주류 세력이었던 루터, 칼뱅, 츠빙글리에 의하여 이단으로 정죄되고, 이들로부터 가혹하게 핍박받음으로써 진정한 개혁

을 후퇴시키게 되었다. 이때 재침례파가 주장한 것들은 유아세례 반대, 정치와 교회의 분리, 무력사용 반대 등이었다. 이러한 성경적인 주장들이 과격한 소수집단의 신조로 취급받고 주류 세력에 의해 무차별 학대를 받음으로 오늘날 개신교에서는 카톨릭의 유산인 유아세례 등의 잘못된 관습이 여전히 통용되는 결과를 가져오게 됐다.

한번은 루터가 유대인들을 어떻게 취급했는지를 설명한 적이 있는데(아래 영상 참조), 루터를 존경하던 한 분이 루터에 대한 나의 설명에 카톨릭이 루터를 폄하하기 위해 역사를 조작한 것 아니냐는 반감을 표시하는 일이 있었다. 유명한 종교개혁자들이 훌륭한 일을 많이 했지만 그들도 연약한 한 인간이었음을 우리는 역사를 통해 배워야 한다. 어떤 사람의 훌륭한 업적을 존중하지만 그 사람을 높이지 말고 우리는 오직 성경의 진리만을 찾는 진정한 개혁자들이 되어야 한다.

 YouTube 에서 [성경의 예언들 41회, 유대인을 핍박한 기독교 & 엘리트 세계주의자들의 복수]를 검색하세요.

⑦ 이러한 시기에 츠빙글리는 카톨릭 연합군과 전쟁을 치르는 중 1531년 카펠(Kappel) 전투에서 전사함으로 종교개혁은 타격을 입게 되고, 종교개혁 지지자들 간의 분열로 약화

된 상태에서 천주교의 대대적인 공격을 받아 개신교 사상은 점점 파국에 이르게 된다.

로마교회는 반종교개혁의 일환으로 그 유명한 트렌트 공의회(The Council of Trent)가 1545년부터 1563년까지 개최되었는데, 3차례에 걸친 이 회의에서 어떠한 개신교 사상이라도 모두 이단시하여 박멸하기로 결의하고, 로마교회의 모든 전통 즉 면죄부, 성자예배, 연옥, 화체설, 유물숭배 등 모든 것은 성경처럼 하늘의 영감으로 이루어졌음을 확신하고 믿음으로 말미암는 의가 아니라 행위로 얻는 공로를 재확인했다. 이리하여 종교개혁으로 잠시 물러섰던 로마교회는 교황청의 모든 교리와 주장에는 잘못이 없다고 천명하고 나선 것이다. 그래서 오늘날까지도 이러한 교리가 그대로 남아있다. 이때부터 개신교는 천주교와 싸워서 다시는 큰 승리를 얻을 수 없게 되었을 뿐만 아니라 이미 얻은 승리도 돌려주지 않으면 안 되게 되었다.

⑧ 트렌트 종교회의에서 가장 괄목할 만한 것은 이그나시우스 로욜라(Ignatius Loyola, 1491~1556)가 예수회(Jesuit)를 설립한 것이다. 그들은 교황청의 명예회복과 세력확장을 위해 수단과 방법을 가리지 않는 결사대가 되었다. 예수회는 유럽 전역에 대학을 세워 개신교 사상에 반격을 시도했고, 지식층으로부터 개혁사상을

Ignatius Loyola(1491~1556)

말살해 갔으며, 종교재판소도 다시 개설하여 개신교 박멸을 위해 활발히 운영되었다. 이리하여 교황청은 종교개혁으로 잃었던 유럽의 지역들을 다시 회복하였으니 참으로 고대 사데 역사의 쓰라린 반복이었다. 예수회에 대하여 역사는 이렇게 기록한다.

"예수회(Jesuit)는 단순한 사제단이 아니고 어떤 종교적 신념을 따르는 것도 아니다. 그들은 각종 직업에 종사하면서 우리 사회 어디에나 흩어져 있고, 하나의 큰 목적을 성취하기 위해 광명한 천사나 흑암의 사자 등 어떤 성격의 위장도 가능하다. 그들은 로마주교의 대의를 위해 목숨을 판 사람들이다."³

⑨ 이렇게 교황청의 맹렬한 공세가 있는 동안 개신교는 17세기부터 영국을 중심으로 자유주의자들이 일어나 이신론(理神論, Deism) 즉 성경을 이성적으로만 이해하고 풀이하려는 시도가 활발했다. 개신교회 내부는 계시나 기적 등을 부인하는 종교사상에 휘말려 들어가 영적인 활력을 상실하고 "살았다 하는 죽은 이름"만을 지닌 채 교파들 간의 교리 싸움에 열을 올리며 18세기가 지나도록 세계선교에는 착수조차 하지 못하고 있었는데, 오히려 예수회는 아메리카 신대륙 뿐만 아니라 로욜라와 함께 예수회를 설립한 프란시스 사비에르(Francis Xavier,

Francis Xavier(1506~1552)

1506~1552)는 인도와 일본에까지 이르러 1년간 3천 명에게 세례를 베풀면서 그의 평생에 70만 명을 천주교인으로 만들었다. 1582년에는 다른 예수회 사제인 마테오 리치(Matteo Ricci)가 중국에 가서 아시아에 교황청의 선교기지를 구축했다. 이 경로를 통해 1785년 한국에도 천주교회가 전래된다. 종교개혁의 후손들끼리 교리싸움과 세속화에 영적 힘을 잃어가고 있을 때 그 틈을 타 천주교는 전 세계로 세력을 확장시켰던 역사의 아이러니를 되짚어보니 안타까운 일이다. 개혁자들의 시작은 괄목할 만했으나 그들은 곧 힘을 잃어버렸고 "살았다 하는 이름은 가졌으나 실상은 죽은 자들"이었으며, 개혁자들의 생생한 진리와 경건은 점점 생명없는 형식주의로 퇴보하게 되었다.

4. 칭찬과 권면
(1) 칭찬이 없는 교회

유감스럽게도 사데 교회는 칭찬은 없고 책망만 받은 교회이다. 사데 교회에 전혀 칭찬받을 만한 일이 없었다기 보다는 그들이 누린 특권과 혜택에 비해 너무나 미미한 결과에서 오는 큰 실망의 표현이기도 하다. 사데 교회는 에베소 교회의 약점과 라오디게아 교회의 책망을 함께 가진 심각한 교회였다. 에베소 교회와 사데 교회는 모두 시작은 열광적이었으나 곧 싸늘해져 버렸다. 우리가 끊임없이 깨어 경성하지 않는다면 우리는 쉽사리 사탄의 헤아릴 수 없이 많은 속임수들에 걸려 들 것이다.

(2) 순결을 지킨 소수

> "그러나 사데에 그 옷을 더럽히지 아니한 자 몇 명이 네게 있어 흰 옷을 입고 나와 함께 다니리니 그들은 합당한 자인 연고라"(계 3:4).

교황청의 신속한 대응으로 종교개혁은 암초에 부딪히고, 교회는 형식주의와 교리 논쟁으로 죽어가고 있을 무렵 17, 18세기에 합리주의와 자유주의에 대항하는 몇 명의 신앙인이 나타났다. 사데 시대 이 흰 옷 입은 자들이 누구인가?

① 루터가 종교개혁을 일으킨 지 100년도 못되어 루터교는 최초의 대의명분을 상실하고 형식주의와 교조주의(敎條主義)에 휩쓸려 신학 논쟁을 일삼으면서 죽어가고 있었다. 이때 경각심을 가지고 일어난 이들이, 에베소 교회에 대한 강의를 할 때 소개한 바 있는 요한 아른트(Johann Arndt, 1555~1621)와 필립 야콥 슈페너(Philip Spener, 1635~1705), 그리고 그의 후계자 프랑케(A.H. Francke, 1663~1727) 교수가 독일의 할레(Halle) 대학을 중심으로 17세기 경건주의(Pietism) 운동을 이끌었다. 평신도들을 적극 참여시킨 소그룹 성경연구와 기도회를 장려하고, 실생활의 경건과 그리스도의 재림을 강조하면서, 당시 신학적 이론에 중심을 둔 설교 대신 성경적인 복음이 중심이 된 설교와 실제적인 신앙을 가르치는 교육을 강조하여 죽은 듯했

던 사데 교회에 오랜만에 새 생명을 가득히 불어넣었다.

② 경건주의 운동이 가져온 가장 큰 결실은 진젠도르프(Zinzendorf, 1700~1760) 백작의 출현인데 그는 독일 귀족 출신으로 경건주의의 중심인 할레에 가서 슈페너와 프랑케 밑에서 수학하면서 깊은 거듭남
을 경험한 후에 교황청의 반종교개혁 때문에 각국에서 핍박으로 쫓겨난 개신교인들을 위한 피난처로 자신의 땅을 제공했다. 루터교의 목사이면서 보헤미아의 개혁자 후스의 계통을 잇는 진젠도르프 백작은 서로 주장이 다른 루터파와 후스파의 신자들을 진리의 말씀으로 연합시키고 "형제의 연합(Unitas Fratrum)"이라 이름 붙인 모라비아 교회(Moravian Church)를 1727년에 조직했다. 처음 시작할 때는 600명도 안된 이 작은 모라비아 교회는 온 힘을 기울여 18명의 선교사를 파견했는데 이것이 바로 현대 외방 선교회(Modern Foreign Missions)의 시작이 된 것이다. 그 후 이 교회는 150년 동안 2,170명 이상의 선교사를 파송하여 침체되었던 개신교 세계에 새 생명의 활력을 불어넣었다. 참으로 "너는 일깨워 그 남은 바 죽게 된 것을 굳게 하라"는 권고를 실천한 결과였다. 또한 모라비아 교회의 감독인 진젠도르프 백작은 보헤미아의 왈덴스인(Bohemian Waldenses)들이 제칠일 안식일을 지킨 사실을 알고 자신도 개인적으로 수년간 안식일을 지켜왔음을 고백했다.[4]

③ 모라비아 형제회가 끼친 영적 감화는 수많은 개신교 지도자들을 깨우쳐 회심시켰는데 그 중 한 사람이 감리교의 창시자인 요한 웨슬레(John Wesley, 1703~1791)이다. 영국 국교회 목사였던 웨슬레가 미국으로 가는 도중 폭풍이 몰아치는 배 위에서 죽음의 공포 앞에 떨고 있을 때 함께 탔던 모라비아인들은 죽음을 두려워하지 않고 찬송을 부르며 평안이 가득했다. 그들의 신앙에 깊은 감명을 받게 된 웨슬레는 미국에 도착하여 모라비아 교회의 지도자를 만나 영적으로 크게 깨우침을 받았다. 그러나 미국에서의 전도 활동이 실패하고, 영국으로 돌아온 웨슬레는 진정한 회심을 경험하지 못해 깊  이 고민하게 된다. 그러던 중, 모라비아 교회에 참석하여 로마서 말씀을 듣다가 말씀을 통해 역사하시는 주님을 만나고 거듭남을 체험하게 된다. 이리하여 요한 웨슬레와 그의 동생 찰스 웨슬레 그리고 조지 휫필드의 새 역사가 시작하게 된다.

루터의 종교개혁 이후 사경을 헤매던 교회들은 다시 한번 이신칭의의 기쁜 소식을 듣게 된 것이다. "사데에 그 옷을 더럽히지 않은 몇 명이" 있었던 것이다.

5. 책망과 견책

📖 "내가 네 행위를 아노니 네가 살았다 하는
이름은 가졌으나 죽은 자로다"(계 3:1).

(1) 사데 시대와 프로테스탄트라는 이름

The Diet of Spires, George Cattermole

그리스도와 같이 사는 사람에게는 그리스도의 이름이 주어져 그리스도인이 된다. 그리스도인이라는 이름은 사도시대 안디옥에서 시작됐다. 그러나 그가 만약 그리스도의 모본과 가르침을 따라 살지 않으면 그 명칭은 이미 죽은 명칭이 되고 그는 위선자가 되고 만다. 사데 시대에 붙여진 이름은 프로테스탄트(Protestantism)이다. 이 명칭은 이렇게 탄생하게 된다. 1529년에 개최된 스파이얼스 국회(Diet of Spires)에서 루터의 종교개혁에 가담한 제후와 귀족들에게 개혁사상을 전파하지 말라는 국회의 결의에 공식적으로 항의서를 제출하여 항의(Protest) 함으로써 "항의자"라는 뜻의 "프로테스탄트"로 불리기 시작했다. 그들은 이 항의서에 이렇게 선언했다.

 "성경 말씀만이 유일한 진리요, 모든 교리와 모든 생활의 확실한 규범이므로 우리를 결코 그릇되게 하거나 속이지 않을 것입니다. 이러한 기초 위에 짓는 사람은 음부의 모든 권세에 대항하여 서게 될 것이요 반면에 여기에 대적하여 세워지는 인간의 모든 헛된 것들은 하나님 앞에 무너질 것입니다. 이러한 이유로 우리에게 부과된 제한을 우리는 거절하는 바입니다."[5]

이것이 바로 프로테스탄트의 진수요 사상이다. 그러나 프로테스탄트가 교황청에 항의하기를 그쳤기 때문에 냉랭한 형식주의에 빠져 활기를 잃어갔고 종교개혁을 완성시키기에 실패하게 된 것이다. 사데 교회가 받은 책망은 오늘날 개신교회가 받아야 할 책망이다.

(2) 온전한 것이 없는 교회

16세기의 종교개혁은 완성이 아니라 계속 진행되어야 하는 운동이었다. 루터의 종교개혁은 과도기적이고 불완전했기에 시작으로 간주되어야 한다. 이런 점에서는 츠빙글리나 칼빈도 마찬가지다. 그들이 훌륭한 개혁을 이뤘지만 완전한 것은 아니었고, 그들의 가르침에도 여전히 오류가 섞여 있었다. 그러나 개혁자들의 후손은 선구자들의 신조에 맹목적으로 집착해 교단, 교파를 만들어 자신들의 영역을 구축하므로 오늘날의 개신교회가 되었다. 그리고 개혁의 선구자들이 깨달았던 것 이상의 진전된 어떤 진리도 받아들이기를 거절하고 개혁의 정신을 잃어버렸다.

6. 권고와 경고

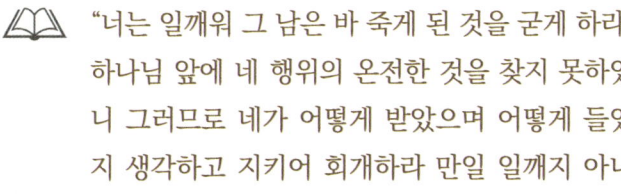 "너는 일깨워 그 남은 바 죽게 된 것을 굳게 하라 내 하나님 앞에 네 행위의 온전한 것을 찾지 못하였노니 그러므로 네가 어떻게 받았으며 어떻게 들었는지 생각하고 지키어 회개하라 만일 일깨지 아니하면 내가 도적 같이 이르리니 어느 시에 네게 임할는지 네가 알지 못하리라"(계 3:2,3).

(1) 깨어 경계를 강화하라

"일깨워"(be watchful)라는 표현은 위험을 의식하고 이를 사전에 막기 위해 주의하고 조심함을 뜻한다. 각성하여 경계하라는 뜻이다. 앞서 얘기했듯이 사데는 바로 이 점을 소홀히 한 결과가 무엇임을 그 자체의 역사로 입증해 준 도시이다. 깨어있는 것은 그리스도인의 의무이다. 특히 재림을 기다리는 신자들의 태도가 되어야 한다. 잠자는 파수꾼은 반역자로 간주된다. 전시(戰時)에 보초가 잠자는 것은 이적행위가 되어 중벌을 받게 되며 자기 진영에 파멸을 가져온다. 종교개혁에 대한 교황청의 신속한 대응인 반종교개혁에 역습을 당하여 거의 전멸 위기에 몰렸던 교훈을 기억해야 한다.

(2) 재림에 대한 예고와 예비

두아디라 시대부터 적용되기 시작한 재림에 대한 언급은(2:25) 이제 "내가 도적같이 이른"다는 구체적이고 촉박한 개념으로 말씀된다. 깨어 준비하지 않은 사람에게는 그리스도의 재림이 도적을 맞는 것과 같이 갑작스럽고 당혹스러운 사건이 된다(마 24:43; 살전 5:2,3). 재림만이 아니라 개인들에게도 회개하기에 너무 늦었고 준비하기에 이미 늦어지는 때, 각성하기에는 벌써 늦은 때가 갑작스럽게 닥쳐온다는 사실을 염두에 두어야 한다(렘 8:20; 고후 6:2; 마 27:3,4).

(3) 개혁을 계속 추진시키라

사데 교회가 받은 엄숙한 명령은 개혁을 진전시키라는 것이다. 16세기 종교개혁으로 드러난 은혜와 믿음으로 말미암는 구원, 성경 제일주의, 단순하고 경건한 신앙 생활 등 핵심적인 진리를 고수하면서 회개하고 새로운 빛을 따라 전진하라는 사령관의 재촉이시다. 16세기 루터의 개혁에 만족하고 있어서는 안 된다. 그것은 시작에 불과한 첫 단계이다. 칼빈의 가르침에만 계속 머물러 있는 것은 침체를 의미한다. 1620년 영국의 청교도들이 핍박을 피해 신대륙 아메리카로 떠날 때, 영국에 남게 된 로빈슨 목사는 고별설교에서 이렇게 간곡히 권면했다.

Embarkation of the Pilgrims, Edgar Parker after Robert Weir

"저로서는 개혁교회들의 현상에 대해 참으로 슬퍼합니다. 루터교인들은 루터가 깨달은 것 이상을 넘어갈 수가 없으며, 칼빈파의 신자들도 여러분이 보시는 바와 같이 저들이 깨닫게 된 그것에만 머물러 있습니다. 이는 슬퍼해야 할 비참한 일입니다. 비록 루터나 칼빈이 당시에는 타면서 비추는 빛들이었지만 하나님의 전반적인 가르침을 다 깨닫지는 못했습니다. 그들이 만약 오늘날 살아있다고 하면 저희가 처음에 받아들인 것처럼 그 이상의 빛을 기꺼이 받아들이게 되었을 것입니다"6

참으로 오늘날 대부분의 기독교인이 500년 전 종교개혁자들이 받은 것 이상의 빛을 거절하면서 맹목적인 교파적 신념에 집착하여 그 초보적인 개혁의 진리만 계속 고집한다면 그리스도께서 사데 시대에 했던 준엄한 책망을 듣게 될 것이다. 이러한 현실에서 청교도 목사 로빈슨은 이어서 얘기한다.

 "일찍이 여러분이 어떠한 빛이나 진리가 하나님의 말씀으로부터 여러분에게 알려지게 될 때 이를 받아들이겠다고 하나님과 더불어 서로 간에 하신 약속과 언약을 기억하십시오. 그러나 제가 여러분에게 간청하는 것은, 동시에 조심하셔서 여러분이 진리로 받는 그것을 다른 성경의 진리와 비교하고 달아보라는 것입니다. 왜냐하면 그리스도의 교회들은 아주 최근에야 그처럼 두터운 적그리스도의 암흑으로부터 나왔기 때문에 충분히 완전한 지식을 단번에 쏟아 내놓는 것이 불가능하기 때문입니다."[7]

이처럼 진리의 빛이 이르렀을 때, 내가 다니는 교회와 교단의 신조에 얽매이지 않고 성경이 참으로 그렇게 말씀하셨는지 베뢰아인처럼 상고해보는 우리 모두가 되기를 원한다.

7. 이기는 자에 대한 보상과 약속

"이기는 자는 이와 같이 흰 옷을 입을 것이요 내가 그 이름을 생명책에서 반드시 흐리지 아니하고 그 이름을 내 아버지 앞과 그 천사들 앞에서 시인하리라"(계 3:5).

(1) 흰 옷을 입을 것임

> ① 흰 옷은 하늘에 들어갈 수 있는 자격이기도 하며 그것은 범죄와 함께 에덴 동산에서 내어 쫓길 때 벗겨진 의의 두루마기를 다시 부여받는 감격스러운 회복이다(창 3:21). 흰색은 예로부터 순결을 상징해 왔다. 어린양이신 그리스도의 피로 씻어 깨끗하게 된 성도들의 옳은 행실이다(계 7:14 ; 19:8).

② 고대의 관습에 의하면 흰 옷은 고귀한 잔치의 예복이었다(마 22:12). 흰 옷을 받는 것은 하늘에서 베풀어진 어린양의 혼인잔치에 초청을 받는 영광스러운 특권이다(계 19:7~9).

③ 흰 옷은 동시에 승리의 표상이었다. 로마가 자국의 전승을 축하하는 날이면 시민들은 흰 옷을 입고 나와 거리와 광장을 메웠다. 그러한 승리의 표상으로 장차 구속받은 "큰 무리가 흰 옷을 입고 손에 종려가지를 들고 보좌 앞과 어린양 앞에 서서 큰 소리로" 승리의 노래를 부르게 될 것이다(계 7:9,10).

(2) 예수께서 그 이름을 시인하심

이 말씀은 지상에 계실 때도 강조하셨다(마 10:32,33). 그리스도를 시인하는 것은 말로 신앙을 고백하는(롬 10:10) 것뿐만 아니라, 그의 행실이 이 사실을 뒷받침해야 한다. 공언과 다른 신앙생활은 결국 그리스도를 부인하는 것이다(벧전 2:12). 우리가 그리스도를 시인하는 삶을 살 때, 그리스도께서도 하늘 심판의 자리에서 우리를 시인해 주시는 것이다.

8. 종교개혁은 끝나지 않았다

이 시대의 신앙에 있어 치명적인 사실은 신앙이 생명이 되는 역할을 그치고 말았다는 사실이다. 이 시대의 신앙은 참된 복음을 잃어버렸고, 신앙보다 자신들의 신학에 맹목적이 되어버렸으며, 내적인 경험보다 형식에서 벗어나지 못하고, 교회는 외적인 윤리조직으로 전락했다. 살아있는 사람의 경험으로 바뀌지는 신앙, 그리고 심령 속에 거룩한 능력으로 머물게 되는 신앙은 잊혀진 사실이 되고 말았다. 전류가 흐르지 않는 전등은 단지 까맣게 타버린 전선이 감긴 것에 불과한 것이다.

오늘날 우리가 사는 이 시대는 중단되어 버린 종교개혁을 완성시켜서 성경의 참 진리를 회복하고, 초대교회 당시 있었던 오순절 성령의 역사와 같은 늦은비 성령의 역사로 예수 그리스도의 재림을 준비해야 하는 시대이다. 마지막 시대를 사는 그리스도인은, 세속과 비진리가 교회 안에 밀려들어 오는 이 시대에 진리의 울타리로 신앙의 순수성을 보존하고, 예수께서 전해주신 그 순결한 복음으로의 회복을 외치는 하나의 물결, 하나의 운동이며, 마태복음 20장 포도원의 비유에서 일을 마치기 위해 맨 마지막에 부름 받은 11시 일꾼이 되어야 한다.

"교황권의 대낮은 세계의 한밤중이었다"는 역사가 제임스 앳킨 와일리(J.A. Wylie)의 표현처럼 로마 천주교회가 다스렸던 천 년의 기간은 참으로 영적인 한밤중이었다. 왈덴스인들은 천주교회의 비성서적인 교리들을 부인하고, 성경만을 삶의 지침으로 삼았다. 그들은 카톨릭의 혹독한 핍박으로 수많은 희생자를 내면서 유럽의 22개국으로 번져나갔다. 이들이 종교개혁의 씨를 뿌린 사람들이며, 그렇게 종교개혁의 밑거름이 되어, 루터는 "오직 믿음", 행위로 구원이 아니라 믿음으로 말미암아 구원에 이른다는 순수한 진리를 발견했고, 칼빈은 죄인을 구원하는 절대적인 "하나님의 주권"을 회복했다. 하지만 그의 개혁도 완전하지 못했기에, 뒤를 이은 요한 웨슬레는 칼빈의 예정론의 잘못을 지적하며 "자유의지"와 "성화", 참된 그리스도인은 삶에 변화가 이르러야 함을 강조했다. 물에 잠기는 "침례"와 청교도가 주장했던 "정치와 교회는 분리되어야 한다"는 정교분리의 원칙, 또한 재침례파 개혁의 유산인 사람이 죽는 즉시 천국과 지옥으로 가는 것이 아니라 무의식 상태(잠)에 있다가 그리스도의 재림 때 부활한다는 "부활신앙" 등이 개혁을 통해 진리의 광맥을 캐내 듯 우리 손에 들려지게 되었다. 그런데 슬프게도 종교개혁의 후손들은 자신들의 교리를 위해 다른 개혁의 후손들을 무참히 학살했다. 성경의 진리들이 교파와 교권 싸움에 묻힌 채 피를 흘리게 됐다. 카톨릭으로부터의 핍박이 아니라 같은 그리스도인 형제에게 교리적인 문제로 칼을 빼든 것이다.

지금은 마지막 시대이다. 요한계시록의 인봉이 풀어지고 예수께서 2천 년 전에 초림하셨던 것처럼 이제 다시 오시는 때에 우리는 살고 있다. 따라서 "오직 성경이 무엇을 말하는가"에 귀 기울이고 그것이 진리라면 "아멘"하며 받아들여 편견과 이기심을 떠나 성경의 진리를 회복하는 운동을 해야 한다. 기독교는 말씀의 종교이다. 종교개혁은 한마디로 '성경, 오직 성경으로 돌아가자'(Sola Scriptura)이다. 인간의 전통으로 섞어 놓은 모든 것을 제외하고 순수한 말씀으로 돌아가자는 것이 종교개혁이다.

현 기독교 안에는 많은 교파가 존재한다. 그러나 어떤 한 교리만 중요시하여 그 교파에 안주하는 것은 하나님의 뜻이 아니다. 종교개혁은 현재 진행형이다. 종교개혁자들이 시작한 진리의 개혁은 그 후예들에게 와서 중단되어 버렸다. 루터 때에 완전히 회복되지 않은 진리의 빛은 종교개혁을 통해 더 계속되어야 한다. 루터, 칼빈, 츠빙글리, 제롬 등은 카톨릭 교회를 적그리스도, 바벨론 이라고 선언하며 목숨을 걸고 종교개혁을 일으켰다. 그런데 오늘날 개신교의 모습은 어떤가? '개신교'는 'Protestantism'이다. 그러므로 '개신교'라는 이름 자체가 'Protestant'(대항자)의 의미를 포함한다. 그러나 오늘날 개신교는 그 이름을 잃어버렸다. 뼈저린 희생을 치르며 지켜온 개혁 신앙의 귀중함을 망각하고, 성서적으로 명백한 오류임을 깨닫고도 개혁의 의지를 상실한 채 신앙적 양심에 아무 부담도 느끼지 않고, 개혁을 위한 어떠한 희생도 원치 않는 오늘날 대부분의 개신교인들은 진정한 종교개혁의 후예들인가? 오늘날 누가 과연 우리 앞에 놓여 있는 진리의 맥을 이어가기 위해 일어설 것인가? 이제는 여러분이 듣고 보는 모든 것을 하나님의 말씀으로 확인해 보아야 할 엄숙한 시기이다.

　권리에는 의무가 따르는 것처럼 특권에는 책임이 따른다. 천연적인 난공불락의 요새와 가장 비옥한 땅을 할당받은 사데는 그 천혜에 합당한 역사를 이룩했어야 했다. 종교개혁 시대인 사데 교회도 마찬가지였다. 이러한 의미에서 사데 교회의 메시지는 지금의 우리 각 사람과 각 교회에 개인적으로 적용해야 할 말씀이다. 신앙의 자유가 허락된 시대에 살면서도 냉랭하고 형식적인 신앙에 집착해 버린 기독교인들, 넘쳐나는 교회와 각종 선교단체들 속에 속하여 현실의 온갖 혜택을 누리면서도 활기 없고 기계적인 신앙으로 살아가는 사무적인 기독교인들, 클릭만 하면 말씀을 접할 수 있는 이 풍성한 기회와 문명의 혜택을 누리면서도 생생한 신앙의 체험을 맛보지 못한 채 영적으로 죽어있는 신자들, 가장 큰 은혜를 입고도 가장 적게 감사하면서 교회의 필요와 요구에 아랑곳없이 실리를 찾아 각자의 길로 거침없이 나가는 허다한 수혜자들, 교회는 오래 다녔지만 영적인 성장을 멈춘 채 진부한 신앙으로 살아가는 기독교인들, 그들은 "네가 어떻게 받았으며 어떻게 들었는지 생각하고 지키어 회개하라"는 말씀을 개별적으로 적용해야 할 것이다.

짐승의 표의 환란이 임박한 때에 우리는 살고 있다. "용이 여자에게 분노하여 돌아가서 그 여자의 남은 자손 곧 하나님의 계명을 지키며 예수의 증거를 가진 자들로 더불어 싸우려고 바다 모래 위에 섰"(계 12:17)다고 성경은 기록하고 있다. 성경은 마지막 시대에 "그 여자의 남은 자손"이 출현할 것을 말씀하고 있다. 그들은 "하나님의 계명과 예수 믿음을 지키는" 성도들이다. 사탄은 온 세상을 휩쓸어 가려고 교회를 눈멀게 하고 거짓 기적과 거짓 성령운동으로 인류를 기만할 것이다. 그러나 바로 그때에 사도들이 오순절 성령을 받고 능력있게 복음을 전했던 것처럼 그 오순절 성령의 역사가 다시 재현될 것이다. 그래서 사람들은 참과 거짓을 구분해낼 것이다. 짐승의 표를 받고 사탄을 경배할 것인가? 하나님의 인을 받고 여호와를 경배할 것인가? 세상에 존재하는 모든 사람은 자신이 섬길 자를 선택하게 될 것이다(수 24:15). 예수님의 증인들이 준비될 때, 우리 주님께서는 당신의 백성들을 찾으시러 이 땅에 재림하실 것이다. 우리는 그것을 위해 존재한다! 종교개혁은 이렇게 완성될 것이고, 오순절 크신 성령의 역사는 재현될 것이다.

1620년 청교도들의 아버지 로빈슨 목사의 고별설교 중 한마디를 전하며 마친다.

"종교개혁은 끝나지 않았습니다."

기 도

우리를 사랑하셔서 인류 역사의 마지막에
살게 하신 이 놀라운 특권을 허락하신
하나님 아버지, 참으로 감사를 드립니다.
우리에게는 임무가 주어져 있습니다.
그쳤던 종교 개혁을 완성시켜야 하고
다시 오실 예수 그리스도의 재림을 준비시켜야
하는 그런 임무가 마지막 시대에 살고 있는
우리에게 주어져 있습니다.
아버지, 그러나 우리가 사데 교회 신자들처럼 살았다는
이름은 가졌는데 실상은 죽은 자들이 아닙니까?
오늘, 주님의 성령께서 우리를 소생시켜 주셔서
하나님의 개혁자들로, 하나님의 일꾼들로, 하나님의 증인으로
다시 새 생명을 갖고 일어날 수 있도록 인도하여 주시옵소서.
주님의 역사가 펼쳐지고 완결될 때에 우리가 그 역사의
들러리로 왔다가 사라져 버리는 것이 아니라 그 역사의
주인공들이 되어서 이 마지막 운동을 완성시키는
하나님의 택한 백성 되게 하여 주시옵소서.

예수님 이름으로 기도합니다.

아멘!

요한계시록 3장 [복습문제]

1. 사데 교회의 시대적 배경에 대한 설명과 관련이 없는 것은?

① 칭찬은 없고 책망만 있는 교회이다.
② 사데의 뜻은 "남아 있는 것" 등으로 알려지고 있다.
③ 난공불락의 요새였으나 고레스 대왕의 군대에 포위당하자 저절로 무너져 내렸다.
④ 종교개혁시대의 교회로 16, 17, 18세기에 걸친 시대였으나 유감스러운 침체와 분쟁의 시대였다.

2. 종교개혁자들에 대한 설명과 관련이 없는 것은?

① 루터가 1517년 면죄부를 규탄하는 내용의 95개조 논제를 발표함으로써 개혁의 불은 점화됐다.
② 스위스에서는 츠빙글리가 취리히를 중심으로 철저한 개혁을 일으켰다.
③ 프랑스에서는 레퍼브르에 의해 이신칭의, 믿음으로 말미암는 의가 선포되었다.
④ 종교개혁자들의 영향으로 전세계에 개신교 선교 부흥의 시대가 도래하게 된다.

3. 종교개혁에 대응하기 위해 천주교가 일으킨 반종교개혁과 관련이 없는 설명은?

① 유화 정책을 통해 개신교인들에게 많은 재물과 명예를 부여

해 환심을 샀다.
② 트렌트 공의회를 개최해서 개신교 사상을 이단으로 박멸하기로 결의했다.
③ 로마교회의 모든 전통 즉 면죄부, 성자예배, 연옥, 화체설, 유물숭배 등 모든 것은 성경의 교리임을 재확인했다.
④ 이그나시우스 로욜라가 예수회(Jesuit)를 설립했다.

4. 예수회에 대한 설명과 관련이 없는 것은?
① 교황청의 명예회복과 세력확장을 위해 수단과 방법을 가리지 않는 결사대가 되었다.
② 종교재판소를 개설하여 개신교 박멸을 위해 활발히 운영되었다.
③ 오랜 수련의 결과로 변신하는 능력을 가지게 되어 천사의 모습으로 사람들에게 나타나 미혹했다.
④ 프란시스 사비에르는 인도와 일본에까지 이르러 1년간 3천 명에게 세례를 베풀면서 전세계로 세력을 확장했다.

5. 천주교가 반종교개혁운동과 전도활동을 하며 그들의 세력을 확장할 때 개신교의 상태와 관련이 없는 설명은?
① 독일에서 교황을 지지하는 귀족들이 연합해 유럽이 정치적, 종교적 명목으로 30년 전쟁이 발발하였다.
② 서로의 다름을 용납하고 완전히 연합하여 유무상통 했으며 성령의 충만한 임재로 복음이 땅 끝까지 전파되었다.
③ 성경적인 가르침을 주장한 소수의 개혁자들이 주류 세력의 개혁자들에게 핍박받으므로 개혁이 후퇴하게 되었고 그 결과

로 유아세례 등의 잘못된 관습이 개신교회에 자리잡게 된다.
④ 17세기부터 영국을 중심으로 이신론 사상이 생기고 그 결과로 교회는 영적인 활력을 상실해 "살았다 하는 죽은 이름"만을 지닌 채 교파들 간의 교리 싸움에 열을 올리게 된다.

6. 사데 교회 시대에 옷을 더럽히지 아니한, 흰 옷 입은 소수의 사람들에 대한 설명과 관련이 없는 것은?

① 요한 아른트와 필립 야콥 슈페너, 프랑케 교수가 독일의 할레(Halle) 대학을 중심으로 17세기 경건주의 운동을 이끌었다.
② 평신도들을 참여시킨 소그룹 성경연구와 기도회를 장려하고, 실생활의 경건과 그리스도의 재림을 강조하면서, 성경적인 복음이 중심이 된 설교와 실제적인 신앙을 가르치는 교육을 강조하여 사데 교회에 새 생명을 불어넣었다.
③ 매일 흰 옷만 입고 다녀 흰 옷 입은 사람이라는 별명을 얻게 된다.
④ 진젠도르프 백작은 교황청의 반종교개혁 때문에 각국에서 핍박으로 쫓겨난 개신교인들을 위한 피난처를 제공했다.

7. 모라비아 교회와 관련이 없는 설명은?

① 진젠도르프 백작은 서로 주장이 다른 루터파와 후스파의 신자들을 진리의 말씀으로 연합시키고 "형제의 연합"이라는 모라비아 교회를 1727년에 조직했다.
② 전도에 대한 열정이 대단했으므로 항상 주머니가 많은 옷에 성경을 여러 권 넣고 다니면서 나눠주고 전도했다.
③ 150년 동안 2,170명 이상의 선교사를 파송하여 침체되었던

개신교 세계에 새 생명의 활력을 불어넣었다.

④ 요한 웨슬레가 모라비아 교인들에게 깊은 감명을 받고 모라비아 교회에 참석하여 로마서 말씀을 듣는 도중 회심과 거듭남을 체험하게 된다.

8. 1620년 청교도들의 아버지 로빈슨 목사의 고별설교 중, "(   )은 끝나지 않았습니다."

9. 종교개혁은 한마디로 '(   ), 오직 (   )으로 돌아가자 (Sola Scriptura)'이다.

10. 미완성으로 끝나버린 종교개혁을 이 시대에 완성하기 위한 설명과 관련이 없는 것은?

① 루터 때에 완전히 회복되지 않은 진리의 빛은 종교개혁을 통해 더 계속되어야 한다.

② 세속과 비진리가 교회 안에 밀려들어오는 이 시대에 진리의 울타리로 신앙의 순수성을 보존해야 한다.

③ 타 종교를 미워하고 더욱 항의해서 프로테스탄트의 정신을 유지해야 한다.

④ 초대교회 당시 오순절 성령의 역사로 복음이 만방에 전해진 것 같이, 이 시대에 복음 사역을 마치게 할 늦은비 성령의 필요를 느끼고 간구해야 한다.

일곱교회: 빌라델비아
(그리스도인의 가슴에 불을 던지다)

"내가 속히 임하리니 네가 가진 것을 굳게 잡아
아무나 네 면류관을 빼앗지 못하게 하라"

[계 3:11]

[요한계시록 9부] 빌라델비아 교회

그리스도인의 가슴에 불을 던지다

말씀 · 손계문 목사

요한계시록 3장

[계시록 3:7~13]

[7] 빌라델비아 교회의 사자에게 편지하기를 거룩하고 진실하사 다윗의 열쇠를 가지신 이 곧 열면 닫을 사람이 없고 닫으면 열 사람이 없는 그이가 가라사대

[8] 볼지어다 내가 네 앞에 열린 문을 두었으되 능히 닫을 사람이 없으리라 내가 네 행위를 아노니 네가 적은 능력을 가지고도 내 말을 지키며 내 이름을 배반치 아니하였도다

[9] 보라 사단의 회 곧 자칭 유대인이라 하나 그렇지 않고 거짓말하는 자들 중에서 몇을 네게 주어 저희로 와서 네 발 앞에 절하게 하고 내가 너를 사랑하는 줄을 알게 하리라

[10] 네가 나의 인내의 말씀을 지켰은즉 내가 또한 너를 지키어 시험의 때를 면하게 하리니 이는 장차 온 세상에 임하여 땅에 거하는 자들을 시험할 때라

[11] 내가 속히 임하리니 네가 가진 것을 굳게 잡아 아무나 네 면류관을 빼앗지 못하게 하라

[12] 이기는 자는 내 하나님 성전에 기둥이 되게 하리니 그가 결코 다시 나가지 아니하리라

내가 하나님의 이름과 하나님의 성 곧 하늘에서 내 하나님께로부터 내려오는 새 예루살렘의 이름과 나의 새 이름을 그이 위에 기록하리라

[13] 귀 있는 자는 성령이 교회들에게 하시는 말씀을 들을지어다

계시록 3장

일곱교회: 빌라델비아
그리스도인의 가슴에 불을 던지다

에베소	서머나	버가모	두아디라	사데	빌라델비아	라오디게아
사도시대	박해시대	세속의 시대	중세시대	종교개혁시대	개신교부흥	마지막시대
1세기	2~3세기	4~5세기	6~14세기	15~18세기	19세기	현재
31~100	100~313	313~538	538~1517	1517~1798	1798~1844	1844~재림

1. 이름의 뜻과 시대적 배경

여섯 번째 교회인 빌라델비아(Philadelphia)는 "형제의 사랑"(Brotherly Love)이라는 뜻이다. 영적인 침체에 빠져 거의 죽게 되었던 사데 시대의 마지막 무렵 가까스로 죽음의 이부자리를 박차고 일어나 18세기 후반기에 있었던 경건의 부흥과 선교적 열성을 불 붙인 소수의 개혁자들에 의해 그리스도의 교회는 다시금 부활의 새 아침과도 같은 빌라델비아 시대를 맞게 된다.

사데 시대의 교회를 냉각시켰던 싸늘한 신학과 교리 논쟁은 십자가로 맺어진 형제의 사랑과 세계 선교의 열성으로 모두 해빙되어 사도시대 이래 볼 수 없었던 부흥이 참으로 오랜만에 교회의 문을 노크했다. 인간의 맏형님 되시는 그리스도에 대한 뜨거운 사랑이 다른 형제들인 인류에 대한 사랑으로 확산되어 마침내 18세기 후반부터 19세기 전반을 휩쓸었던 세계 선교시대가 도래한 것이다.

사데 시대의 흰 옷 입은 자들이었던 경건주의자들과 모라비아 신자들 그리고 웨슬레 형제, 윗필드 등의 경건의 부흥과 세계 선교운동은 1776년의 미국의 독립과 1789년 프랑스 혁명에 크게 자극받은 시대 분위기에 따라 전 세계의 교회로 삽시간에 번져 나갔다. 세계의 구원을 위한 이러한 열망이 모든 그리스도인들의 가슴마다 전달되어 네덜란드, 독일, 아메리카 그리고 모든 개신교의 교회들에 번져나가 마침내 온 세상이 그리스도에 대한 뜨거운 사랑으로 불타고, 구세주의 놀라운 이름이 이교의 땅마다 번지도록 수고하기에 이른 것이다. 이러한 형제와 인류에 대한 사랑의 표현인 세계적인 선교운동은 열렬한 기도와 진지한 성경연구로 뒷받침되었다. 1804년 대영 성서공회가 발족되고 1816년 미국 성서공회가 발족된 것은 이상한 일이 아니다. 성경에 대한 이와 같은 관심과 연구의 결과는 곧바로 성경의 결론이요, 구속의 역사의 종결인 예수 그리스도의 재림에 관한 것으로 집약되었다. 그것이 바로 다니엘서와 요한계시록에 설명된 2300주야(단 8:14) 문제와 직결되어 마침내 1844년에 시작되는 하늘 지성소에서의 재림 전 심판에 초점이 모아진다. BC 457년 가을에 시작된 2300주야의 끝이 되는 1844년에 초 교파적이고 전 세계적인 재림운동의 대단원이 열린 것이다.

© William Miller preaching prophesy: Daniel, Revelation and 1844

이러한 배경은 빌라델비아 시대를 사데 시대의 종결로 보는 1798년부터 1844년까지로 적용시키는데 적합한 의미를 부여하고 있다. 이와 같이 일곱교회 가운데 가장 짧은 기간인 실제 빌라델비아의 역사는 일곱 교회가 위치한 도시들 가운데 가장 짧은 역사였다는 점과도 어울린다. 이렇게 가장 짧은 역사를 가진 빌라델비아 교회는 서머나 교회와 함께 책망은 없이 칭찬만 있을뿐더러 최고의 영적 상태를 유지한 교회로 특징지어져 있다. 이 시대를 "형제 사랑의 시대"라고 부르기에 이의가 있을 수 없다.

2. 지리적 배경

"빌라델비아 교회의 사자에게 편지하기를 거룩하고 진실하사 다윗의 열쇠를 가지신 이 곧 열면 닫을 사람이 없고 닫으면 열 사람이 없는 그이가 가라사대"(계 3:7).

(1) 관문이 된 도시

예수께서는 빌라델비아 신자들에게 자신을 이렇게 소개하고 있는데, 이 도시는 헬라의 문화와 언어를 소아시아 지방에 전파하기 위해 설립된 길목의 도시여서 동부 고원지대로 들어가는 관문 역할을 했다. 이러한 배경 때문에 빌라델비아 사람들은 이 길목 도시의 입구에 세워진 위엄에 찬 관문과 이 문의 열쇠를 소지하여 마음대로 여닫는 관리에 대해 특별한 개념을 가지고 있었다. 바로 이러한 관문의 도시에 사는 신자들에게 예수께서는 그 도시의 관문의 열쇠가 아니라 다윗의 열쇠를 가지신 분, 열면 닫을 사람이 없고 닫으면 열 사람이 없는 위엄있는 모습으로 소개하고 계신다.

(2) 지진의 위협에 초연한 도시

"이기는 자는 내 하나님 성전에 기둥이 되게 하리니 그가 결코 다시 나가지 아니하리라"(계 3:12).

© Christian Church, Philadelphia- 1878

빌라델비아는 화산과 지진의 위협에 항상 노출되어 있는 도시였다. AD 17년 사데와 주변의 10개 도시를 파괴시킨 대지진이 있었다. 다른 도시들은 한 차례로 끝나고 말았으나 빌라델비아는 여진이 여러 해 동안이나 계속되어 시민들은 언제나 긴장 속에서 살아야 했다. 예고

없이 지진이 닥쳐오면 가옥의 벽이 무너지고 도시의 각 부분이 폐허가 되기 때문에 시외에 초막을 짓고 살았다는 역사적 기록이 있다. 그러다가 지진이 멈추면 다시 시내로 들어가 무너진 집들을 보수하며 지냈다. 언제 일어날지 모르는 지진의 공포를 잠시도 잊지 않고 유사시에는 언제나 신속히 대피할 만반의 태세를 갖추고 초연하게 살아갔다. 이렇게 안정된 거처가 없이 살아가는 빌라델비아 신자들에게 예수께서는 "결코 다시 나가지 아니하리라"는 하늘에서의 영원한 정착을 보증하셨다. 빌라델비아 신자들에게는 더할 나위 없이 반가운 약속이었던 것이다.

3. 역사적 배경
(1) 짧은 역사 속에서 우정이 넘친 도시

빌라델비아는 일곱 도시 가운데 가장 짧은 역사를 가진 도시로 BC 159년부터 138년까지 버가모를 다스린 아탈루스 2세(Attalus II) 때에 버가모의 식민지 개척자들에 의해 세워졌다. 그가 자기 형인 유메네스(Eumenes) 왕을 참으로 사랑하고 경의를 표했기 때문에 그 자신을 "형제

Attalus II(BC 220-138)

를 사랑하는 자"라는 뜻인 빌라델포스(Philadelphos)로 불렀으며 그의 이름을 따서 빌라델비아라는 도시 이름이 붙여졌다. 빌라델비아 시대를 특징지은 사도 시대의 순수한 형제 사랑과 고상한 봉사의 정신을 잘 나타내는 이름이다.

(2) 전파의 사명을 다한 도시

군사적 목적에서가 아니라 헬라의 문명과 언어를 아시아 지방에 보급하는 기지로 세워진 이 도시는 그 사명을 만족하게 수행했다. AD 19년경에는 리디아 사람들이 모국어를 모두 잊어버리고 헬라어만 사용할 정도였다. 이것은 기독교 역사에서 빌라델비아 시대의 교회들이 짧은 기간 동안 그리스도의 복음을 성공적으로 세계에 전파하고 아울러 복음의 핵심이 되는 예수 그리스도의 재림의 소식을 온 세상에 전파한 빛나는 사명을 잘 예표하고 있다(마 24:14; 계 10:1~3).

빌라델비아는 지금 "신의 도시"(City of God)라는 뜻인 "알라 쉐어"(Allah Shair)로 불리우고 있는데 인구 15만 명의 번영한 도시이다. 놀라운 것은 거센 이교의 시달림 속에서도 지금까지 빌라델비아 주민의 상당수가 그리스도인들이며, 터키의 이슬람 신자들 속에서 그리스도교의 깃발을 나부끼고 있다.

4. 발신자의 신원

 "빌라델비아 교회의 사자에게 편지하기를 거룩하고 진실하사 다윗의 열쇠를 가지신 이 곧 열면 닫을 사람이 없고 닫으면 열 사람이 없는 그이가 가라사대"(계 3:7).

(1) 거룩하고 진실하신 분

예수 그리스도의 거룩하신 속성을 빌라델비아 시대의 사건과 연관

짓는 일은 의미심장하다. 빌라델비아 시대는 구약 성막제도에서 대속죄일에 해당하는 하늘 성소의 정결(단 8:14)이 있게 되는 2300주야의 끝인 1844년의 사건에 초점이 맞춰져 있다.

바로 이 해에 가장 거룩한 장소인 하늘 지성소에서 가장 거룩한 대제사장이신 예수 그리스도께서 가장 거룩한 제물이신 자신의 피를 가지고 그분의 백성을 죄로부터 온전히 거룩하게 하시는 지성소의 봉사 즉 재림 전 심판을 시작하신 것이다(히 7:26; 9:11~14, 24, 25; 10:10~14). 구약의 성막제도는 "장차 오는 좋은 일의 그림자로 참 형상이 아니"었다(히 10:1). 그러나 십자가 이후 승천하신 "그리스도께서는 참 것의 그림자인 손으로 만든 성소에 들어가지 아니하시고 오직 참 하늘에 들어가사 이제 우리를 위하여 하나님 앞에 나타나"셨으며(히 9:24), "염소와 송아지의 피로 아니하고 오직 자기 피로 영원한 속죄를 이루사 단번에 성소에 들어가셨"다(히 9:12). 이렇게 거룩하고 진실하신 그리스도의 신원은 빌라델비아 교회에서 거룩하신 대제사장으로서의 그리스도의 역할을 적절히 드러내 주고 있다.

(2) 문을 여닫으시는 분

다윗의 열쇠를 가지신 그리스도께서는 왕의 권세로 문을 여셨다. 예수 그리스도께서만 여닫으실 수 있는 문들이 있다.

① 무덤의 문

 "곧 산 자라 내가 전에 죽었었노라 볼지어다 이제 세세토록 살아 있어 사망과 음부의 열쇠를 가졌노니"(계 1:18).

사망의 권세를 깨뜨리고 무덤의 문을 열 수 있는 열쇠를 가지신 분은 사망의 권세를 이기시고 부활하신 그리스도뿐이시다. 우리의 구주 예수 그리스도의 손에 들린 무덤의 열쇠를 바라보며 우리는 슬픔의 눈물을 닦으면서 사랑하는 사람들을 떠나보낼 수 있다. 그리고 결국에는 우리 자신까지도 두려움 없이 무덤에 들어갈 수 있다. 왜냐하면 예수께서 그 무덤 문을 다시 여실 것이기 때문이다.

② 하늘 지성소의 문

 "이에 하늘에 있는 하나님의 성전이 열리니 성전 안에 하나님의 언약궤가 보이며 또 번개와 음성들과 뇌성과 지진과 큰 우박이 있더라"(계 11:19).

성전이 열리니 언약궤가 보였다. 언약궤는 지성소에 있다. 따라서 여기서 열린 문은 지성소의 문이다. 구약의 성막제도에서 지성소에는 대제사장만이 1년에 한번 대속죄일인 7월 10일에 들어갈 수 있었다(히 9:7, 레 16:15,34). 다니엘 8장과 9장에 자세히 설명된 2300주야 끝인 1844년에 예수께서는 마침내 하늘 성소의 둘째 칸인 지성소에서 지성소 사역을 시작하셨다. 빌라델비아 시대는 하늘 지성소 문을 열면서 끝난다. 언약궤는 다른 말로 법궤이다. 지성소의 중심은 언약의 돌비 즉 십계명이다(히 9:4).

이 법궤 안에는 아론의 싹난 지팡이, 만나, 십계명이 들어있다. 지성소의 문이 열리며 언약궤가 보였다는 것은 자유주의 사상으로 하나님의 말씀을 등한시하고 고등비평과 이성주의로 성경을 잘못 해석하고 있을 때, 하나님의 법 십계명에 사람들의 관심이 모아지게 되었다. 또한 하나님의 분명한 뜻과 말씀을 기억하게 함으로 참 신앙과 참 진리의 교리를 분명하게 밝혀주었다. 십계명이 인류에게 다시금 주의를 환기시키고 하나님의 분명한 뜻과 주님의 말씀을 기억하게 함으로 참 신앙과 신학의 길을 밝혀준 사건이다. 그러므로 대제사장이신 예수 그리스도에 의해 하늘 지성소의 문이 열렸다는 사실은 십계명의 엄연한 존재와 권위를 재천명하였다. 그리고 하나님의 말씀과 하나님의 법이 심판의 기준이고 그 기능을 회복했음을 확인시켜 주었다(약 2:8~12).

두아디라 시대로 대표된 중세기 동안 다니엘서에 이미 예언된 대로 작은 뿔로 표상된 로마 교황청에 의하여 하나님의 법은 짓밟히고 임의로 변개되었다(단 7:25). 우상을 만들거나 경배하는 것이 금지된 둘째 계명은 여러 가지 성자 숭배, 유물 숭배를 옹호한 교황청에 의해 폐지되었다. 또한 하나님께서 지구의 창조주가 되시고 피조물인 사람에 의하여 경배를 받으실 수 있는 유일한 대상이심을 밝히는 안식일을 지키라는 넷째 계명인 안식일은 인간의 날로 변경되었다. 이러한 현상은 영적으로 죽은 지경에 이른 사데 시대 동안 개선되지 못한 채 빌라델비아 시대로 넘어왔다. 빌라델비아 시대가 끝날 즈음 이 지구에 사는 백성에게 선포된 마지막 영원한 복음엔 "그가 큰 음성으로 가로되 하나님을 두려워하며 그에게 영광을 돌리라 이는 그의 심판하실 시간이 이르렀음이니 하늘과 땅과 바다와 물들의 근원을 만드신 이를 경배하라"(계 14:7)는 말씀으로 심판하실 시간과 창조주 하나님에 대한 진정한 신앙과 예배의 표현인 안식일 준수가 강조되고 있다. 또한 마지막 시대의 백성들은 "성도들의 인내가 여기 있나니 저희는 하나님의 계명과 예수 믿음을 지키는 자"들로 언급돼 있다(계 14:12).

③ 진리와 빛과 생명의 문

"[7] 그러므로 예수께서 다시 이르시되 내가 진실로 진실로 너희에게 말하노니 나는 양의 문이라 [8] 나보다 먼저 온 자는 다 절도요 강도니 양들이 듣지 아니하였느니라 [9] 내가 문이니 누구든지 나로 말미암아 들어가면 구원을 얻고 또는 들어가며 나오며 꼴을 얻으리라"(요 10:7~9).

이 문은 누구에게나 열려 있지만, 아무나 들어갈 수 있는 문이 아니다. "좁은 문으로 들어가기를 힘쓰라 내가 너희에게 이르노니 들어가기를 구하여도 못하는 자가 많으리라"(눅 13:24). 예수 그리스도만이 생명의 문이시며, 진리와 구원의 문이시다. 그분이 문을 여시고 또 들어오게 하실 수 있다. 이 문으로부터 빛이 비춰오고 있으므로 우리가 원하기만 하면 이 빛을 받을 수 있으며 이 문은 항상 열려 있기 때문에 언제든지 들어갈 수 있다. 그러나 이 문은 좁은 문이기 때문에 양손과 어깨에 세상 것을 가득 지고는 들어갈 수 없는 문이다.

5. 칭찬과 권면

"볼지어다 내가 네 앞에 열린 문을 두었으되 능히 닫을 사람이 없으리라 내가 네 행위를 아노니 네가 적은 능력을 가지고도 내 말을 지키며 내 이름을 배반치 아니하였도다"(계 3:8).

(1) 적은 힘으로 큰일을 이룬 교회

고대의 빌라델비아는 역사가 짧고 규모도 작았으나 도시가 세워진 사명을 성실히 수행하여 삽시간에 헬라 문화를 아시아에 보급했듯이 빌라델비아 교회는 사데 교회가 가까스로 전해준 생명과 부흥의 불씨로 세상을 불 붙였다. 이리하여 죽음의 도시 사데의 겨울은 지나고 영적인 죽음에서 온 교회가 깨어나 사랑과 선교가 꽃핀 빌라델비아의 새봄을 맞았다. 에베소 교회가 상실했던 처음 사랑이 다시 움돋기 시작했고, 오순절의 역사가 재연되었다. 연약한 빌라델비아 교회가 짧은 기간 동안에 이룩한 놀라운 선교의 업적은 하나님의 크신 은혜였다.

로마 교황청은 이미 세계선교를 거의 장악하기에 이르렀으나 개신교회들은 선교에 관심이 없었다. 그러다가 영국 국교에서 침례교로 개종한 구두 수선공 윌리엄 캐리(William Carey, 1766~1834)가 세계 선교의 사명에 불을 붙이면서 새로운 시대가 열렸다. 현대 선교의 아버지라

William Carey(1766~1834)

불리우는 윌리엄 캐리는 영국의 가난한 가정에서 태어나 구두를 수선하는 직공으로 일했다. 그러다가 1779년 열 아홉 살 때, 히 13장에 있는 말씀에 깊은 감동을 받게 된다.

 "[13] 그러므로 우리도 성문 밖으로 나아갑시다. 이 세상 사람들의 관심사가 어디에 있든 그들이 멸시를 하든 상관치 말고 예수께서 겪으신 수치와 고난을 함께 나누러 그분이 계신 곳으로 나아갑시다. [14] 이 세상에는 우리 고향이 없습니다. 우리는 하늘에 있는 영원한 고향만을 하루같이 기다리고 있습니다"(현대어, 히 13:13,14).

그는 이 말씀을 통해 그동안 세상과 타협하며 살던 뜨뜻미지근한 신앙을 회개하고, 그리스도와 함께 고난과 능욕을 받고자 분명한 결단을 하며 전 생애를 그리스도께 헌신하겠다고 기도했다. 그 후 구두를 수선하면서 틈틈이 라틴어, 헬라어, 히브리어를 공부했다. 그리고 신학을 공부하여 목사가 된 그는 어느 날 '쿡 선장의 마지막 항해' 라는 책을 읽고 다시 한번 그의 인생을 바꾸어 놓는 마음의 변화가 일어나게 된다. 쿡 선장은 미지의 세계를 항해하며 태평양의 알려지지 않은 섬들과

[쿡선장의 마지막 항해]

원주민들의 원시적인 삶과 문명의 혜택을 받지 못해 미개하게 살며, 사람을 잡아먹는 풍습을 지닌 부족 등에 대해 설명하고 '아무도 그들에게 기독교를 전해주려고 하지 않습니다. 거기에는 명예도 유익도 뒤따르지 않기 때문이지요.'라고 기술했다. 이 책을 읽던 캐리의 가슴은 뜨거워지고 맥박은 힘차게 고동치기 시작했다. 그는 '와서 우리를 도우라'는 마케도니아인의 외침을 들은 것이다. 그는 '내가 누구를 보내며 누가 우리를 위해 갈꼬' 하시는 주님의 음성에 '주님! 내가 여기 있사오니 나를 보내소서!'라고 결단했다. 그때부터 캐리는 세계지도에 인구, 종교 등을 표시하며 선교지도를 만들어 가기 시작했다. 그는 세계지도를 꼭 껴안으며, 세계를 품고 기도하는 기도의 종이 되었다.

이때 당시 18세기 개신교의 분위기는 예수께서 주신 대 위임명령 "[19] 너희는 가서 모든 족속으로 제자를 삼아 아버지와 아들과 성령의 이름으로 침례를 주고 [20] 내가 너희에게 분부한 모든 것을 가르쳐 지키게 하라 볼지어다 내가 세상 끝날까지 너희와 항상 함께 있으리라"(마 28:19,20)는 명령을 사도들에게만 주신 특별한 사명으로 국

한시켰다. 세계선교에 눈을 뜨게 된 캐리는, 교회 안의 무감각한 그리스도인들을 깨워야겠다는 방향을 잡았다. 어느 날 목사들의 모임에서 해외선교에 대한 그의 원대한 계획에 대해 열변을 토하자, 한 원로 목사가 일어나 "이보게 젊은이, 그만 열 내고 자리에 앉게나, 만약 하나님께서 이방인들을 개종시키려고 한다면 자네나 우리 도움 없이도 얼마든지 하실 수 있으실 걸세."라고 핀잔을 주었다. 당시 교회는 선교에 대한 지상명령은 오로지 사도들에게만 주어졌다고 믿었고, 하나님께서 기적을 일으키는 것으로 하나님 자신을 드러내셔서 복음이 전파될 것이라고 생각했다. 그러나 캐리 안에 불붙은 세계선교에 대한 비전과 성령의 불은 더욱 크게 타올랐다. 캐리는 "오직 성령이 너희에게 임하시면 너희가 권능을 받고 예루살렘과 온 유대와 사마리아와 땅 끝까지 이르러 내 증인이 되리라 하시니라"(행 1:8)는 명령이 곧 우리에게 주시는 말씀인 것을 믿었다. 1792년 봄, 그는 기존의 견해를 반박하는 "이교도 개종에 대한 크리스천의 의무에 관한 연구"(An Enquiry into the Obligation of Christians to use means for the Conversion of the Heathens)라는 책을 집필하며, 이 책을 통해 세계선교는 그리스도인이 반드시 해야 할 의무

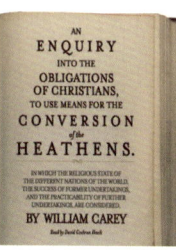

임을 역설하였고 침례교 연합회 모임에서 이렇게 설교를 한다.

"많은 사람들이 지금은 하나님의 때가 아니라고 하지만, 지금이 바로 하나님이 나와 여러분을 통해 위대한 세계선교의 역사를 이루실 때입니다. 하나님으로부터 위대한 일을 기대하십시오! 하나님을 위해 위대한

일을 시도하십시오! (Expect great things from God, attempt great things for God)!"

그의 이 설교에 감동을 받은 목사들이 당장 그 다음날에 유명한 〈침례교 선교회〉를 만들었다. 그리고 1793년 캐리가 32세 되던 해, 인도 영혼들을 향해 상한 목자의 심정을 안고 인도 선교사로 가고자 결단했다. 그러자 그 길을 가로막는 많은 장애물들이 나타났다. 아버지와 아내가 반대하고, 교회가 반대했으며 또한 인도에 입국하는 것이 쉬운 일이 아니었다. 존 뉴튼 목사는 캐리에게 이렇게 말한다.

"허가를 받지 못한다면 당신이 인도에서 해야 할 일이 없다는 하나님의 뜻으로 받아들이시오. 그러나 만일 하나님이 당신을 인도에 보내시기로 작정하셨다면 세상의 그 어느 것도 당신을 막지 못할 것이오!"

캐리가 인도에 도착했을 때, 인도는 선교할 분위기가 전혀 아니었다. 젊은 과부들은 사티(Sati)라는 제도에 따라 남편이 죽으면 함께 불에 타야 했고, 갠지스 강가에선 '갠지스강의 여신이여 영광을 받으소서!'라고 외치며 어린아이들을 악어가 많은 강에 던지는 미신의 나라였다. 또 당시 인도는 동인도 회사의 점령아래 있었고, 선교를 절대 금지하고 있었다. 캐리는 추방을 면하기 위해 내륙으로 이동했는데, 그곳은 말라리아가 창궐한 곳이었다. 결국 아내와 큰아이 2명은 이질에 걸려 한 아들을 잃게 되었고, 아내는 정신병에 걸리게 되었다. 세계선교는 결코 쉽지 않았다. 기후가 맞지 않아 힘들었고 음식 또한 입에 맞지 않았다. 캐리는 사명감으로 버티었으나 아내의 정신질환으로 선교에 대한 그의 이상적인 꿈이 깨지는 아픔을 겪어야 했다. 그러나 당시 캐리는 그의 일기장에 이렇게 적었다.

 "하나님은 부요하신 분이시며 약속에 신실하신 분이십니다. 내가 이 하나님을 바라보았을 때, 나의 모든 근심을 내어 맡길 수 있었습니다. 내가 설령 이곳에서 생명을 잃어버린다 할지라도 나에게 이 고귀한 사명이 맡겨진 사실만으로도 기뻐하고 또 기뻐하겠습니다."

그렇게 뱅갈에서 7년을 선교했지만 결실은 없었다. 단 한 명의 이교도인도 그리스도를 받아들이지 않았다. 인도는 철저한 신분계급 사회로 이루어져 있는데, 카스트 계급은 명예를 잃을까 두려워하여 복음을 받지 않았고, 가난한 자들은 채권자들로부터 받을 복수를 두려워했기 때문에 복음을 받을 수 없었으며, 또 우상숭배로 그들의 눈은 너무나 어두워져 있기도 했다. 7년 동안 모든 에너지와 시간을 복음 전도에 쏟아 부었으나 한 명의 회심자도 얻을 수 없었기 때문에 인간적인 시각으로는 실패라고 생각할 수 있다. 투철한 사명감이 아니라면 포기했을 것이다.

우리가 하나님의 일을 시작했다 할지라도 당장 눈에 보이는 결과는 없을 수 있다. 그렇기 때문에 우리는 믿음으로 인내하고 기다리는 법을 배워야 한다. 왜냐하면 하나님은 하나님의 시간에 하나님의 방법대로 성취시킬 것이기 때문이다. 윌리엄 캐리도 7년 동안 단 한 명의 영혼도 얻지 못했다. 어떤 일이 우리의 계획대로 잘 진행되지 않는다 할지라도, 가족들이 이 진리를 받아들이지 않는다 할지라도, 주님께서는 우리의 눈물과 기도를 모른 체하지 않으신다. 하나님은 여전히 그분의 일을 쉬지 않으시며 최선을 다하고 계신다. 우리가 해야 할 것은 포기하지 않고 기도하는 것이다.

◆ 일본 세미나 기간 중

우리는 2013년에 일본에 선교센터를 세웠다. 일본 땅에 일본인들이 직접 복음을 전해야 하기 때문에 교육하고 가르치기를 계속하고 있다. 그동안 통역자들도 몇 번이 바뀌었고, 많은 어려움과 문제가 있었다. 하지만 우리가 이 땅에 사는 한 문제는 항상 있을 것이기 때문에 이 땅에서의 어려움은 더 이상 문제가 아니다. 그 위기를 대처하는 우리의 태도에 따라 그것이 문제가 되기도 하고 도약의 기회가 되기도 한다. 여러 어려움이 있었으나 하나님께서는 당신의 역사를 진행해 오셔서, 현재 많은 일본의 영혼들이 하나님의 말씀대로 살겠다고 진리 앞으로 나오는 역사가 일어나고 있다. 어떤 일을 계획하고 진행할 때, 그것이 하나님의 뜻이라면 하나님은 반드시 주님의 일을 이루고야 마신다.

1793년에 인도에 와서 7년 동안 아무 결실이 없던 윌리엄 캐리를 돕기 위해 1800년 영국에서 새로운 선교사가 왔다. 온전한 마음으로 하나님의 사역에 드려진 윌리엄 와드(William Ward)와 놀랄 정도로 근면하고 성실한 죠수아 마쉬맨
(Joshua Marshman)이다. 이들은 평생 캐리와 동역했다. 이들과 함께 캘커타(Calcutta) 가까이 있는 세람포르(Serampore, Serampur)로 이주  했는데, 이곳에서 최초의 개종자가 탄생했고 한 명의 개종자가 생긴 이후 이어서 13명이 침례를 받고, 그후 5년 뒤엔 1,000명이 넘는 개종자가 침례를 받게 되는 승리의 역사가 일어난다.

캐리, 와드, 마쉬맨 이 세 사람은 세람포의 3인(Serampo Trio)으로 불리면서, 1819년 세람포 대학(Serampore College)을 세워 교회 지도자들과 복음전도자를 양성했고, 1821년까지 126개의 학교를 설립했다. 동역자들의 협력으로 캐리는 하나님의 위대한 일을 완성할 수

있었다. 캐리는 서구문화를 인도에 이식하려고 하지 않고 현지인 목사에 의해 토착교회를 세우는 것과 그들의 언어로 된 성경을 제공하는 일에 자신의 일생을 바쳐 헌신했다. 이것이 선교의 기본 마인드이다. 실패하는 선교단체의 가장 큰 이유 중 하나가 기꺼이 그들과 함께 섞이려 하지 않고, 본인들이 더 많이 알고 있다는 우월의식을 가지고 접근하기 때문에 실패한다.

윌리엄 캐리는 인도의 주 언어인 뱅갈어로 성경을 번역하고, 인도 지방마다 언어가 달랐는데 그 지방언어로도 성경을 번역했다. 또한 성경을 출판하기 위해 영국에서 인쇄기를 도입하고 기술자를 불러 조판을 완성했으며 인쇄를 앞두고 있었다. 이제까지의 수고와 고생을 모두 보상받는 것 같은 그의 기쁨은 말할 수 없이 컸다. 그런데 1812년 3월 12일, 그가 지방 순회전도를 나간 사이에 집에 불이 나서 인쇄기와 번역한 성경원고가 모두 타서 없어지게 되었다. 20년 동안 수고한 결과물이 하루 아침에 잿더미가 되었다. 컴퓨터로 밤새 작업한 문서를 저장하지 않고 날려 버렸을 때의 기분도 참담한데 하물며 20년 동안 작업해 놓은 것이 하루 아침에 다 소실되었을 때 그 허망함이 얼마나 클지는 가히 상상하기 어렵다. 하지만 윌리엄 캐리는 불탄 잿더미 위에서 동료 선교사들과 함께 모여 "우리가 알거니와 하나님을 사랑하는 자 곧 그 뜻대로 부르심을 입은 자들에게는 모든 것이 합력하여 선을 이루느니라"(롬 8:28)는 말씀을 낭독하며 **"하나님, 감사합니다. 하나님께서 제 원고가 부족함을 아시고, 완전하게 다시 번역하라고 없애신 것이라 믿습니다. 이제 다시 시작하겠습니다."**라고 고백했다.

그 소식이 영국에 전해지자 영국 젊은이들 사이에 각성이 일어나고 그 결과 3천 명이나 되는 선교사 지원자가 나왔다. 그 중에서 500명의 선교사와 전문가가 인도로 와서 윌리엄 캐리가 20년 동안 했던 일을 단 2년만에 모두 복구시켰다. 하나님은 인도에 더 많은 당신의 일꾼을 두기 원하셨는데, 그 일을 이루기 위해서는 캐리의 믿음과 하나님을 향한 신뢰가 필요한 것이었다. 캐리에게는 큰 믿음의 시련이었지만 그것을 승리하자 500명의 선교사가 인도에 오게 되는 기적이 일어난 것이다. 그대에게 지금 어떤 어려움이 있는가? 사방이 막힌 듯하고 주변에는 온통 방해하는 세력들만 가득한가? 우리도 이 사역을 하면서 시련이 많았다. 아픔이 있었고 오해와 정죄와 조롱을 당해야만 했다. 하지만 잠잠히 하나님만 바라며 주님께 모든 것을 맡겼을 때, 주님께서는 더 큰 문을 여셨다. 우리가 믿음으로 시련을 승리할 때 하나님께서는 더 큰 은혜를 베푸실 것이다.

윌리엄 캐리는 구두 수선공이었고, 같이 사역했던 워드는 인쇄공이었으며, 마쉬맨은 직조공이었다. 이들의 동역으로 뱅갈어 성경뿐 아니라 24종류로 번역된 인도어 성경을 출판하게 되었고 중국어, 버마어, 말레이어 등 44개의 언어로 번역 출판했다. 천한 집안에서 천하게 자란 기계공들이 이방인들 가운데서 복음을 전파하고, 성경을 번역하여 확산시키는 일에 도구로 쓰였던 것이며, 이들은 세상 어느 곳에서 시도되거나 성취되었던 것보다 더 많은 일들을 이루어 냈다. 그래서 많은 사람들이 이렇게 질문하곤 했다. "이런 사람들이 어떻게 그토록 많은 종류의 언어로 성경을 번역을 할 수 있습니까?" 기억하자! 하나님께서는 강하고 잘난 사람이 아니라 겸손한 사람을 통해 일하시므로 더 큰 영광을 받으신다!

윌리엄 캐리가 훌륭했지만 혼자 일하지 않았다. 캐리 주변엔 하나님께 자신을 완전히 바친 신실하고 성실한 동역자들이 있었기에 가능한 일이었다! 캐리는 가난한 환경에서 정규교육 조차도 제대로 배우지 못하였지만, 하나님의 손에 붙들리고 성령의 뜨거운 감동에 순종하였을 때 "위대한 선교 업적과 현대 선교의 아버지"가 될 수 있었다. 그들의 주변 환경을 어렵게 만들고, 가족의 아픔이 있고 또한 캐리와 동역자들 역시 자신의 한계를 바라보면서 안주하려는 사탄의 유혹과 공격이 격렬하게 있었을 것이다. 그럼에도 이백만이 넘는 이스라엘 군대를 이끌고 불 기둥과 구름 기둥을 따라 이집트에서 나온 모세처럼, 가나안 땅의 거민을 보고 뒤로 물러서지 않았던 갈렙과 여호수아처럼, 포로의 신세이면서 예루살렘 재건을 위해 일했던 느헤미야처럼 이들은 멈추지 않고 하나님으로부터의 위대한 일을 기대했고, 하나님을 위해 위대한 일을 시도했다.

캐리가 인도에 끼친 영향은 단순히 복음만 전한 것이 아니라 언어학적, 교육적인 공로뿐만 아니라 사회를 개혁하고 남편의 장례식에서 아내를 태워 죽이는 사티제도와 유아 살해의 관습을 폐지하였다. 캐리는 세상을 볼 때, 예수님의 시각으로 보았다. 버려진 사람들을 보고, 그리스도가 필요한 사람들을 봤다. 그리고 항상 세계지도를 가슴에 품고 다니며 하나님의 복음이 전파되기를 기도하며 살았다. 그는 세 차례나 살해당할 뻔했고 인도 정부로부터 온갖 방해와 박해를 받았으며, 20년의 수고가 물거품이 돼 버리는 경험 가운데에서도 꿋꿋이 복음을 전했다. 나중에 버마(현 미얀마) 선교사로 일한 아도니람 져드슨이 윌리엄 캐리를 만나서 어떻게 어려운 역경을 딛고 다시 일어설 수 있었는지 물어보았을 때 캐리는 정원 한편 구석으로 져드슨을 데리고 가서 이렇게 말했다고 한다.

"여기가 바로 나의 예배 장소이자 기도와 묵상의 자리입니다. 이 자리가 없었다면 나는 계속해서 닥쳐오는 고난을 이기지 못했을 것입니다. 나는 매일 아침 이 자리에 와서 하나님께 기도합니다. 그리고 저녁이 되면 다시 이 자리로 오지요."

윌리엄 캐리는 소명감과 사명감이 충만하여 인도에 갔지만, 한 자녀는 말라리아로 죽고 부인은 정신이 미쳐서 12년 동안 집에서 감금 생활을 하다가 사망했다. 현대 선교의 아버지라 불리는 캐리의 이면에는 처절한 십자가 고난이 숨겨져 있었다. 그러나 그는 그런 고난의 십자가를 선택했고 물러서지 않았다. 윌리엄 캐리의 살아남은 아들은 아버지의 뒤를 이어 미개척지인 버마의 선교사가 되었다.

미국에서 해외선교를 처음으로 시작한 선구자는 〈건초더미 기도운동〉 맴버들이었는데, 이들은 윌리엄즈 대학의 5명의 학생들로 윌리엄 캐리가 쓴 "이교도 개종에 대한 크리스천의 의무에 관한 연구"라는 소책자를 읽고 기도 운동을 시작하게 된 것이다. 즉 미국선교운동의 기원은 건초더미 기도운동이고 건초더미 기도운동을 촉발시킨 것은 윌리엄 캐리의 소책자였다.

윌리엄 캐리는 1834년 73세의 나이로 인도 땅에 묻혔다. 18세기 아무도 시도해보지 않은 세계선교의 문을 열었고 한 알의 밀알이 된 그의 삶을 통해 19세기 세계선교의 문을 활짝 열었다. 그는 늘 자신의 모토가 된 얘기를 반복했다.

"하나님으로부터 위대한 일을 기대하라! 하나님을 위해 위대한 일을 시도하라! Expect great things from God, attempt great things for God!"

그는 임종의 자리에서 친구에게 이렇게 말했다.

"내가 죽었을 때, 캐리에 대해서는 아무 말도 하지를 말게. 캐리의 구주에 대해서 이야기하게."

그리고 그의 묘비에 이렇게 새겨줄 것을 부탁했다.

"가엾고 불쌍하고 무력한 벌레 같은 인간, 이제당신의 친절한 팔에 안기나이다."

(2) 작은 힘으로 약속에 성실한 교회

세계선교의 꽃을 피웠던 빌라델비아 시대의 또 하나의 특징은 그리스도의 재림에 대한 확신과 전파였다. 이 시대를 전후하여 이루어진 말세의 징조들이 있었는데, 1755년 11월 1일 리스본 대지진, 1780년 5월 19일 암흑일, 1833년 11월 13일 소나기처럼 쏟아지는 유성이다. 이러한 일들은 재림에 대한 새로운 각성과 관심을 불러 일으켜 세계 각처에서는 예수님이 곧 재림하신다는 메시지가 크게 외쳐졌다.

© Leonid meteor shower 1833

사데 시대의 교회에게 "내가 도적같이 이르겠"(계 3:3)다고 말씀하신 그리스도께서는 이제 그 재림이 시간적으로 촉박했음을 빌라델비아 교회에 말씀하셨다. 그래서 빌라델비아 교회는 그리스도의 재림이 임박했음을 세계적으로 선포한 시기였다. 그런데 빌라델비아 시대가 지나갔는데도 예수님은 아직 오시지 않고 있다. 예수님의 재림의 약속은 허황된 기대인가?

- "잠시 잠간 후면 오실 이가 오시리니 지체하지 아니하시리라"(개역한글,히 10:37).
- "이제 아주 조금만 있으면, 오실 분이 오실 것이요, 지체하지 않으실 것이다"(표준어,히 10:37).
- "그리스도께서 오실 날이 그다지 많이 지체되지는 않을 것입니다"(현대어, 히 10:37).

빌라델비아인들은 잦은 지진 때문에 대충 짐을 챙기고 언제든지 집을 빠져나가야 하는 불안 가운데서 살았다. 그런 교회에게 예수님은 "이기는 자는 내 하나님 성전에 기둥이 되게 하리니 그가 결코 다시 나가지 아니하리라"(계 3:12)고 약속하셨다. 그리스도께서 오시면 이제는 집 때문에 걱정하지 않아도 된다는 것이다. 세상에서 나그네 되어 정처없이 살아가면서 때로는 변변한 거처도 없이 이리저리 전전하는 그리스도인들에게 그리스도께서는 "너희는 마음에 근심하지 말라... 내 아버지 집에 거할 곳이 많다... 내가 다시 와서 너희를 내게로 영접하여 나 있는 곳에 너희도 있게 하"(요 14:1~3)겠다고 약속하셨다. 그리고 그 집에서 "결코 다시 나가지 아니하리라"고 말씀해 주신다. 이 세상은 우리가 안주할 곳이 아니다. 우리는 본향으로 가는 중이다. 새 예루살렘 하나님의 집에는 다시 슬픔이 없을 것이다. 다시는 사람들에게 상처받고 그 트라우마 때문에 병으로 씨름하는 그런 일이 없을 것이다. 통곡의 소리도 없으며, 남편의 불륜, 아내의 외도 때문에 깨어진 가정도 없으며, 최저임금도 받지 못하여 생계를 걱정하고, 배고픈 설움 때문에 슬피 울고 낙심하는 일도 없을 것이다. 주님은 이렇게 약속하신다.

 "내 백성은 평화로운 땅에서 안전한 주택들을 지어 놓고 걱정 없이 편안하게 살 것이다 네 땅에서 다시는 폭력 사건이 있었다는 소식이 들리지 않으며 네 영토 안에서 더 이상 파괴와 파멸이 없을 것이다. 내가 네 성벽이 되고 성문이 되어 너를 항상 보호하며 온 세상에서 찬사를 듣도록 하겠다"(현대어, 사 32:18; 60:18).

머지않아 우리 생애의 소망의 중심이신 예수 그리스도를 뵙게 될 그런 시대에 우리는 살고 있다. 윌리엄 캐리가 그리스도의 복음을 전하기 위해 힘썼던 것처럼, 이제 우리가 다시 오시는 예수 그리스도의 재림의 복된 소식을 힘써 전해야 한다. 캐리보다 더 열심히, 더 뜨겁게 세상 종말의 임박함을 외쳐야 한다. 이 땅의 삶이 수고로운가? 조금만 더 인내하라. 이 땅에서 믿음의 선한 싸움을 싸운 사람들은 하나님의 나라에서 영원토록 빛날 것이다.

기 도

은혜로우신 하나님 아버지!

우리의 마음속에 하나님을 향한 뜨거운 사랑이
회복되게 해 주시옵소서. 그리하여 주님을 위해 사는
생애가 결코 아깝지 않은 기꺼이 드리고 드리고,
바치고 바치고, 주님을 위하여 살고 살아도 전혀 부족함이 없는,
주님을 향한 뜨거운 사랑의 마음 갖게 해 주시옵소서.
그리고 주님을 향한 그 뜨거움이 형제와
이웃을 향한 뜨거움으로 전달되게 해 주시옵소서.
이웃을 사랑하고 형제를 사랑하고 그리스도를
사랑하듯이 섬기는 그 사랑의 마음이 빌라델비아 교회에
충만했던 것처럼 하나님의 복음을 가지고 그렇게 사랑하며
섬길 수 있는 우리가 되게 인도하여 주시옵소서.

다시 오심을 약속하신
예수 그리스도의 이름으로 기도합니다.

아멘!

요한계시록 3장 [복습문제]

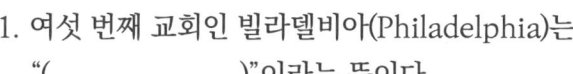

1. 여섯 번째 교회인 빌라델비아(Philadelphia)는 "(   )"이라는 뜻이다.

2. 빌라델비아의 시대적 배경과 관련이 없는 설명은?

① 영적 침체에 빠져있던 교회가 18세기 후반에 있었던 경건의 부흥과 선교적 열성을 가진 개혁자들에 의해 부흥되었다.
② 교리 논쟁에서 벗어나 형제의 사랑으로 세계 선교시대가 도래했다.
③ 대영 성서공회와 미국 성서공회가 발족되고 예수 그리스도의 재림에 대한 운동이 전 세계를 휩쓸었다.
④ 선교 운동에 대한 과잉 경쟁으로 준비되지 않은 많은 선교사들이 해외에 배출되어 경건의 부흥이 쇠퇴되었다.

3. 빌라델비아 교회에 대한 설명과 관련이 없는 것은?

① 종교개혁자들의 후손들이 교단과 교파를 만들어 자신들의 교리에 맞지 않으면 이단으로 정죄하고 핍박했다.
② 2300주야의 예언에 의해 초교파적이요 전 세계적인 재림운동이 일어났다.
③ 형제 사랑의 시대라고 부른다.
④ 서머나 교회와 함께 책망은 없이 칭찬만 있다.

4. 빌라델비아의 지리적, 역사적 배경과 관련이 없는 설명은?

① 헬라의 문화와 언어를 전파하기 위한 관문 역할을 했다.
② 이 도시의 문은 다윗의 열쇠를 가진 자만 열 수 있었다.
③ 잦은 지진으로 안전한 거처 없이 늘 긴장 속에서 살아야 했다.
④ 짧은 기간 동안 그리스도의 복음을 성공적으로 세계에 전파하고 예수 그리스도의 재림의 소식을 알리는 일을 잘 완수했다.

5. 빌라델비아 교회에 편지하시는 발신자의 신원으로 옳은 것 두 가지는?

① 고난과 고통 당하시는 수난의 그리스도
② 거룩한 지성소에서 거룩한 제물이신 자신의 피를 가지고 백성들을 신원하는 거룩한 대제사장이신 그리스도
③ 병자를 고치고 이적을 행하시는 능력의 그리스도
④ 다윗의 열쇠를 가지고 왕의 권세로 문을 여시는 그리스도

6. 다윗의 열쇠를 가지신 그리스도께서만 여닫을 수 있는 문들 중 틀린 것은?

① 사망의 권세를 이기시고 부활하셔서 무덤의 문을 여신다
② 영원히 불타는 지옥의 문
③ 하나님의 계명, 즉 언약궤가 있는 하늘 지성소의 문
④ 진리와 빛과 생명의 문

7. 하늘 지성소에 대한 설명 중 틀린 것은?

① 언약궤가 보인 것은 중세기에 로마 교황청에 의해 짓밟히고 변경된 하나님의 법이 회복되어야 함을 나타낸 것이다.
② 다니엘 8장과 9장에 자세히 설명된 2300주야 끝인 1844년에 예수께서는 마침내 하늘 성소의 둘째 칸인 지성소에서 지성소 사역을 시작하셨다.
③ 구약시대의 지성소에 있던 십계명 돌판을 하늘 지성소에 옮겨 놓았다.
④ 빌라델비아 시대가 끝날 즈음 이 지구에 사는 백성에게 선포된 영원한 복음엔 심판하실 시간과 창조주 하나님에 대한 진정한 예배의 방법이 제시되었다.

8. 윌리엄 캐리가 인도 사회에 끼친 영향이 아닌 것은?
① 성경을 뱅갈어로 번역했을 뿐 아니라 출판해서 널리 보급했다.
② 남편의 장례식에서 아내를 태워 죽이는 사티제도와 유아 살해의 관습을 폐지하였다.
③ 많은 학교를 세워 교육하고 사회를 개혁했다.
④ 대영제국의 호의로 많은 후원을 받으면서 선교사가 꿈의 직장으로 인식되도록 했다.

9. 윌리엄 캐리가 했던 유명한 말을 완성하세요.

 "하나님으로부터 위대한 일을 (   )하라!
  하나님을 위해 위대한 일을 (   )하라!"

10. 빌라델비아 교회에 주신 칭찬과 권면 중 옳은 것은?

① "볼지어다 내가 네 앞에 열린 문을 두었으되 능히 닫을 사람이 없으리라 내가 네 행위를 아노니 네가 적은 능력을 가지고도 내 말을 지키며 내 이름을 배반치 아니하였도다"

② "회개하라 만일 일깨지 아니하면 내가 도적같이 이르리니"

③ "귀 있는 자는 성령이 교회들에게 하시는 말씀을 들을지어다 이기는 자는 둘째 사망의 해를 받지 아니하리라"

④ "회개하라 그리하지 아니하면 내가 네게 속히 임하여 내 입의 검으로 그들과 싸우리라"

일곱교회: 라오디게아 1부
(자신에 대해 속은 교회)

"내가 너를 권하노니 내게서 불로 연단한 금을 사서
부요하게 하고 흰 옷을 사서 입어 벌거벗은 수치를
보이지 않게 하고 안약을 사서 눈에 발라 보게 하라"

[계 3:18]

요한계시록 3장

[계시록 3:14~22]

[14] 라오디게아 교회의 사자에게 편지하기를 아멘이시요 충성되고 참된 증인이시요 하나님의 창조의 근본이신 이가 가라사대
[15] 내가 네 행위를 아노니 네가 차지도 아니하고 더웁지도 아니하도다 네가 차든지 더웁든지 하기를 원하노라
[16] 네가 이같이 미지근하여 더웁지도 아니하고 차지도 아니하니 내 입에서 너를 토하여 내치리라
[17] 네가 말하기를 나는 부자라 부요하여 부족한 것이 없다 하나 네 곤고한 것과 가련한 것과 가난한 것과 눈 먼 것과 벌거벗은 것을 알지 못하도다
[18] 내가 너를 권하노니 내게서 불로 연단한 금을 사서 부요하게 하고 흰 옷을 사서 입어 벌거벗은 수치를 보이지 않게 하고 안약을 사서 눈에 발라 보게 하라
[19] 무릇 내가 사랑하는 자를 책망하여 징계하노니 그러므로 네가 열심을 내라 회개하라
[20] 볼지어다 내가 문 밖에 서서 두드리노니 누구든지 내 음성을 듣고 문을 열면 내가 그에

게로 들어가 그로 더불어 먹고 그는 나로 더불어 먹으리라
[21] 이기는 그에게는 내가 내 보좌에 함께 앉게 하여 주기를 내가 이기고 아버지 보좌에 함께 앉은 것과 같이 하리라
[22] 귀 있는 자는 성령이 교회들에게 하시는 말씀을 들을지어다

계시록 3장

일곱교회: 라오디게아 1부
자신에 대해 속은 교회

에베소	서머나	버가모	두아디라	사데	빌라델비아	라오디게아
사도시대	박해시대	세속의 시대	중세시대	종교개혁시대	개신교부흥	마지막시대
1세기	2~3세기	4~5세기	6~14세기	15~18세기	19세기	현재
31~100	100~313	313~538	538~1517	1517~1798	1798~1844	1844~재림

1. 이름의 뜻과 시대적 배경

일곱교회 가운데 마지막 교회인 라오디게아의 뜻은 "백성을 심판함"(judging the people) 또는 "심판 받은 백성"(adjudged people)이다. 빌라델비아 시대가 마쳐짐과 동시에 열려진 하늘 지성소의 문을 통해 들어가신 예수께서 대제사장으로 백성들의 죄를 속죄하시고 재림 전에 심판을 진행하고 있는 시기이다. 사도 바울의 선언대로 예수께서 이미 작정된 **"심판의 날"**(행 17:31)에 **"죄와 상관없이 자기를 바라는 자들에게 두번째 나타나시"**(히 9:28)겠다는 재림의 때, 즉 인류 역사에서의 마지막 교회이다.

당시 라오디게아가 누렸던 경제, 산업, 유흥, 교통 등의 여러 입지 조건이나 주민들의 마음가짐과 생활이 현대 기독교를 대표하기에 너무나 적절하다. 미지근하고 교만하며 속 빈 공언만 늘어 놓으나 거짓 평화에 젖어 있는 라오디게아 교회는 자신들을 그리스도인이라고 생각하고 있지만 사실은 그렇지 못한 상태이다. 오늘날 어느 누군들 이 시대의 교회의 모습을 보면서 우리는 라오디게아 시대의 교회가 아니라고 말할 수 있겠는가? '나는 부자라 부요하여 부족한 것이 없다'고 말하고 있는 것이 우리 시대 교회의 모습이 아닌가? 이 시대의 이런 특성 때문에 라오디게아 교회는 "미지근한 시대" 또는 "예수님을 메슥거리게 만든 교회시대"이다.

2. 지리적, 문화적 배경
(1) 부유한 도시

라오디게아는 토지가 비옥했으며 발달된 도로를 통해 상업, 농업 등 산업의 중심지가 되어 당시 세계에서 가장 부유한 도시 가운데 하나였다. 돈이 많았으므로 금융과 은행업이 발달하여 동방 지역의 외환업무까지 취급했는데, 로마의 정치가 키케로도 이곳에서 그의 신용장을 현금으로 바꾸었다고 한다. 라오디게아 시민들은 재정적으로 여유로웠기 때문에 AD 60년 대지진으로 도시가 파괴되었을 때, 로마 정부가 복구비를 지원하겠다고 해도 거절하고 자력으로 재건했을 정도로 자존심이 강했고 부에 대한 자만심이 하늘을 찌를 듯했다. 돈을 좋아하고 계산적이며 가진 것이 많기 때문에 자만하는 현대 기독교의 신자들을 적절히 대표하고 있다.

궁한 줄 모르는 은행가와 상인 같은 라오디게아 교회를 향하여 예수께서는 이렇게 말씀하시며 통렬히 꾸짖으셨다.

 "네가 말하기를 나는 부자라 부요하여 부족한 것이 없다 하나 네 곤고한 것과 가련한 것과 가난한 것과 눈 먼 것과 벌거벗은 것을 알지 못하도다"(계 3:17).

참으로 라오디게아인들은 아쉬운 것이 없을 만큼 넉넉했기 때문에 하나님까지 필요하지 않게 되었다. 풍부한 물질문명의 혜택에 빠져 진정한 신앙을 잃어가는 현대 기독교인들의 모습을 라오디게아를 통해서 보게 된다.

(2) 유흥과 휴양의 도시

계시록이 쓰이던 당시 라오디게아에 흐르는 리쿠스 강의 계곡은 참으로 아름다운 곳이었다. 라오디게아에서 10km쯤 떨어진 히에라볼리(파묵갈레, 골 4:13)의 온천들은 풍부한 광물질이 포함되어 있었는데, 계곡을 따라 흘러 라오디게아로 들어온다. 히에라볼리 온천의 뜨거운 물은 10km 가까운 계곡을 흐르는 동안 미지근해진 채 라오디게아에 이르게 된다. 광물질이 짙게 용해된 이 미지근한 물은 목욕에는 좋을지 모르지만 마시면 누구나 비위가 거슬려 즉시 구토를 일으키게 되었다. 이런 현상은 라오디게아 신자들의 미지근한 신앙상태와 흡사하여 예수께서는 "네가 이 같이 미지근하여 더웁지도 아니하고 차지도 아니하니 내 입에서 너를 토하여 내치리라"고 역겨워하신다. 이와 같이 리쿠스 계곡을 따라 발달된 여러 온천들과 휴양지에는 각처에서 병을 고치러 오는 사람들과 관광을 위해 모여드는 사람들로 붐볐다. 이토록 편리하고 번영한 도시에서 라오디게아인들은 잘 먹고 잘 입고 잘 살면서 돈벌이에 관심을 갖고 은행예금을 늘리게 된다. 그렇게 번 돈으로 관광과 유흥을 즐기고 스포츠에 관심을 쏟으며 편리한 교통을 이용하여 이리저리 왕래하면서 분주하게 살아갔다. 여러 곳에 마음을 빼앗기고 세상 일에 많은 시간을 소비하며 바쁘게 살아가느라 자신의 신앙이나 하나님을 생각할 겨를도 없이 영적으로 주리고 메말라져 가는 그들은 현대 기독교인들의 영적인 현실과 얼마나 흡사한가?

3. 역사적 배경
(1) 폐허의 역사, 교만의 종말

결국 라오디게아는 이슬람 세력인 오토만 투르크에 의해 점령당하고 현재는 폐허가 된 채 이웃도시를 짓는 채석장으로 쓰여져 그토록 자만스럽던 도시의 무상한 종말을 실감나게 하고 있다.

 "교만은 패망의 선봉이요 거만한 마음은
넘어짐의 앞잡이니라"(잠 16:18).

(2) 종교적 배경 – 의학의 신과 안약의 도시

라오디게아에는 유명한 의학교가 있었고 유명한 의사들도 많았다. 이 의대는 특히 눈에 바르는 안약과 귀에 바르는 연고 제조로 유명했고, 안약은 전 세계로 수출되고 있었다. 이렇게 유능한 의사와 안약으로 이름난 라오디게아 신자들은 스스로 가장 눈과 귀가 밝은 줄 알았기 때문에 하나님 앞에서 영적인 소경이 된 줄도 몰랐다. 이렇게 영적인 시력을 상실한 가련한 라오디게아 신자들을 향하여 예수께서는 영혼의 안과 의사가 되셔서 "네 눈먼 것을 알지 못"한다고 진단하신 뒤 "내게서 안약을 사서 눈에 발라 보게 하라"고 처방하신다. 들을 것 많고, 볼 것 많으며, 아는 것 많은 세상에 살면서 스스로 지혜와 총명이 있는 줄로 자만하고 있는 현대의 기독교인들에게 더욱 절실한 처방이 아닌가!

4. 교회의 역사

라오디게아 교회는 사도 바울이 에베소에서 3년 정도 머무는 동안 그곳에 복음이 전파된 결과로 세워지게 된다(행 19:10). 바울이 직접 라오디게아를 방문한 적은 없는 것 같지만(골 1:2), 골로새서에 보면 라오디게아 교회에 편지를 보낸 내용이 나온다(참조, 골 4:13~16).

이곳에서 여러 차례의 종교회의가 열렸는데, 364년에는 32명의 감독이 참석한 그 유명한 라오디게아 종교회의(Council of Laodicea)가 개최되었다. 이 회의의 의제 가운데 하나는 성경의 정경 목록 작성이었는데 흥미있는 일은 이 목록에서 요한계시록을 제외해 버렸다는 것이다. 요한계시록에 쓰여진 라오디게아의 책망에 대한 반감이었는지도 모르겠다. 또한 364년 라오디게아 회의에서 기독교회는 큰 결정 하나를 하게 된다.

© Council of Nicaea 325

321년 콘스탄티누스 황제가 태양의 날인 선데이(Sunday) 일요일을 공휴일로 정하는 법령을 내렸다. 그러다가 325년 니케아 종교회의에서 일요일(Sunday)을 부활절로 성수하자고 결의하게 되고, 약 20년 후 343년 사르디카 회의에서 일요일은 부활의 날이니 주님의 날(Lord's Day)로 부르자고 해서 오늘날 주일이라고 불려지게 됐다. 그 후 또 20년 뒤 드디어 364년 라오디게아 종교회의에서 일요일을 준수하는 것을 공식적으로 인준할 뿐만 아니라, "안식일에는 일을 해야 하며 주일인 일요일엔 일하지 말라. 그리고 유대인처럼 안식일을 지키면 그리스도로부터 저주를 받을 것"이라는 종교법을 선언하게 된다. 200년 이상 계속된 핍박에 **"죽도록 충성"**(계2:10)함으로써 그리스도 교회는 승리했지만, 종교의 자유와 호의를 베풀면서 타협을 시도한 콘스탄티누스 황제의 정책에 의해서는 하나님의 계명을 타협하게 된다.

📖 "너희는 어찌하여 너희 유전으로 하나님의 계명을 범하느뇨 이 백성이 입술로는 나를 존경하되 마음은 내게서 멀도다. 사람의 계명으로 교훈 삼아 가르치니 나를 헛되이 경배 하는도다" (마 15:3,8,9).

📖 "만일 누구든지 이것들 외에 더하면 하나님이 이 책에 기록된 재앙들을 그에게 더하실 터이요 만일 누구든지 이 책의 예언의 말씀에서 제하여 버리면 하나님이 이 책에 기록된 생명나무와 및 거룩한 성에 참예함을 제하여 버리시리라"(계 22:18,19).

5. 발신자의 신원

📖 "라오디게아 교회의 사자에게 편지하기를 아멘이시요 충성되고 참된 증인이시요 하나님의 창조의 근본이신 이가 가라사대"(계 3:14).

(1) 아멘이신 분(The Amen)

아멘은 히브리어인데, **"진실된"**, **"참으로 그러한"**의 뜻이다. 전 세계 모든 나라, 모든 성경에서 그 뜻을 번역하지 않고 **"아멘"**이라고 그대로 사용하고 있다. 아멘이 이름으로 쓰여진 곳은 이곳뿐이고 여기에서 예수 그리스도를 **"아멘"**이라 한 것은 **"진실하신 분"**이심을 가장 힘있게 강조한 표현이다. 예수 그리스도는 자신이 진리이시기 때문에 그분의 말씀과 하시는 일은 참 일뿐만 아니라 반드시 그분의 뜻을 이루신다. 그리스도는 자신의 말씀에 자신이 진실한 보증이 되신다. 라오디게아의 편지는 일곱교회에 대한 마지막 편지이므로 지금까지 전달된 모든 내용의 진실성을 최종적으로 보증하는 것이다. 그래서 이 라오디게아 편지를 거절하는 사람들에게는 전해줄 다른 편지가 없다. 아멘은 다시 없을 것이다. 모든 책망, 모든 격려, 약속할 수 있는 모든 보상과 허락은 이미 주어졌다. 이제 일곱교회에 보내는 편지를 받는 사람들이 믿든 믿지 않든, 행하든 행하지 않든 그대로 집행된다는 사실을 이토록 강한 표현으로 천명하신 것이다.

(2) 창조의 근본이신 분

예수께서 창조주 하나님이심을 강조하는 말씀이다. 아리우스(Arius)나 여호와의 증인의 주장처럼 예수께서 최초로 지음 받은 피조물이 아니라 오히려 모든 것의 창조를 시작하신 분이시요(Beginner), 모든 것을 있게 하신 창시자이시요(Author), 동시에 모든 것을 존재하게 하신 창조의 근원(Originating Source)이심을 강조하고 있다. 19세기부터 시작한 진화론, 유물론, 고등비평 등 무신론과 불신사상이 팽배한 라오디게아 시대의 사조에 대해 하나님께서 자신의 존재를 옹호하시는 말씀이시다.

6. 칭찬과 권면

유감스럽게도 라오디게아 교회는 한마디의 칭찬도 없는 유일한 교회이다. 칭찬받을 일은 하나도 없는데 칭찬받기를 좋아하는 오늘날 신자들의 상태를 볼 때, 우리는 라오디게아 시대의 비극을 보게 된다. 칭찬을 하셔야 할 예수께서는 거의 절망적인 책망만을 계속하시는데, 책망투성이의 교인은 칭찬받기만을 좋아하고 있으니 이를 어쩌면 좋겠는가!

예수님의 이 책망을 들어야 하는 사람은 그리스도인이라고 공언하는 오늘날의 모든 기독교인들이다. 이 편지는 예리하게 날 선 칼처럼 모든 교회, 모든 신자들에게 전해져야 한다. 또한 특별히 이 마지막 시대를 살고 있는 하나님의 백성들은 더욱 귀담아 들어야 한다. 우리는 이 시대를 사는 특권과 책임에 합당하게 살고 있는가? 대다수의 신자들이 미지근한 공언자들이다. 교인이라는 이름은 가졌는데 열성은 없다. 진리를 사랑한다고 공언은 하지만 헌신에는 결여돼 있다. 많은 기독교인들이 믿음을 버리고 불신자가 되기를 선택하지는 않지만 그렇다고 자신에 대하여 죽고 신앙의 원칙에 따라 살지도 않는다. 하나님의 일을 하는 소중한 특권을 누리면서도 밥벌이로 일하고, 복음을 전한다고 하면서도 손해 보려고 하지 않는 이기주의가 있을 수 있다.

7. 책망과 견책

> "내가 네 행위를 아노니 네가 차지도 아니하고 더웁지도 아니하도다 네가 차든지 더웁든지 하기를 원하노라 네가 이같이 미지근하여 더웁지도 아니하

고 차지도 아니하니 내 입에서 너를 토하여 내치리
라 네가 말하기를 나는 부자라 부요하여 부족한 것
이 없다 하나 네 곤고한 것과 가련한 것과 가난한
것과 눈 먼 것과 벌거벗은 것을 알지 못하도다"(계
3:15~17).

(1) 미지근한 신앙 상태

미지근한 신자란 어떤 신자인가? 하나님께서 주시는 은사를 맛보
았다. 은혜 안에 거하기도 했다. 그런데 이 은혜는 그에게 아주 미미한
불꽃에 불과해서 금세 꺼지고 말았다. 세리들과 창기들은 "차가운" 상
태였고, 사도들은 "뜨거운" 사람들이었으나 서기관들과 바리새인들은
"미지근한" 상태였다. 우리가 차갑다면 회심할 수 있는 희망이 어느 정
도 있겠지만, 그리스도의 의로움 대신 자신의 의를 걸친 사람들은 속
임을 당했는데, 자신이 속았다는 사실을 발견하기가 대단히 어렵고 자
기의 의를 벗어 던지기가 너무나 어렵다. 그래서 차라리 회심하지 않
은 죄인이 오히려 그런 사람보다 더 유리한 입장에 서 있는 것이다.

미지근한 교회는, 그리스도의 이름을 아주 던져 버리기에는 너무
종교적이며 그렇다고 그리스도를 위해 견고한 입장을 취하기에는 너
무 세상적이다. 겉치레는 대단하지만 진정한 그리스도교의 정신은 거
의 없다. 행위는 풍성하지만 믿음은 결핍되고 공언은 흔하지만 이에
따르는 영적인 생활은 거의 없고, 신앙과 세속을 적당히 섞어 놓았다.
미지근한 것은 단순히 미지근할 뿐만 아니라, 예수 그리스도의 속을
메스껍게 만드는 신앙이다.

(2) 차든지 덥든지

예수께서는 "차든지 덥든지 하기를 원하노라!"고 말씀하셨다. 더운 상태란 하나님의 은혜에 계속 접촉되어 마음은 거룩한 사랑으로 뜨거워지고 행동은 남을 위한 삶으로 특징지어진 상태를 의미한다. 차가운 상태란 지금까지 은혜의 능력에 접촉된 적이 없는 사람의 상태로서 이러한 사람에게 하나님의 역사하심이 이르게 되면 그는 열렬하고 열성 있는 그리스도인이 될 수도 있기 때문에 희망이 있는 사람의 경우다. 그에게는 아직 복음이 전파된 적도 없고 따라서 실패된 적도 없는 사람이다. 다시 말해, 영적인 생명에 접촉된 바 없는 거듭나지 않은 이방인들이다. 아직 열을 받아 본 적이 없기 때문에 차다는 표현을 사용했다.

그렇다면 왜 미지근한 기독교인이 이방인보다 더 잘못됐는가? 미지근한 신자들은 차라리 주님의 이름을 거론하지 않는 것이 주님을 더 기쁘게 할 것이다. 그들은 믿지 않는 사람들에게 장애물이 되고, 하나님을 조롱하게 만든다. 오늘날 기독교를 개독교로 만든 것이 세상 사람들인가? 자신은 문제가 없다고 생각하는 기독교인들이다. 입술로는 하나님께 가깝지만 마음은 하나님에게서 먼 신자들이다.

(3) 구토 직전의 교회

"내 입에서 너를 토하여 내치리라!" 예수께서는 라오디게아 교회에 단도직입적인 입장을 밝히셨다. **"토하여 내치리라"** 는 표현은 회개여부에 따라 내칠 수도 있고 아닐 수도 있으나 결정은 분명하며 곧 시행될 것임을 강력하게 암시한다. 예수께서 메슥거리도록 싫어하시고 나무라는 것은 무관심한 태도이다. 현대 기독교인들은 세상을 살아가는 데 너무 바쁘므로 예수께 무관심한 경우가 많다. 신앙에는 중립이 없다. 하나님께서는 우리가 우상으로 삼고, 소중히 여기는 그 무엇들, 사랑하는 그 무엇들을 버리도록 하기 위해 시련을 허락하신다. 만약 누구든지 진리에 순종함으로써 정결하게 되지 못하고 그들의 이기심과 자만과 악한 감정을 정복하지 못한다면 "**그들이 우상과 연합하였으니 버려두라**"는 선고를 하실 수밖에 없으시다. 혹시 오늘날 교회와 신자의 모습이 구토직전의 상태는 아닌가? 신자들은 이러한 책망의 소리를 듣기 싫어할 것이다. 그러나 교회의 운명이 달려있고, 우리의 영생이 달려있는 문제이다. 우리는 회개해야 하며 말씀에 순종하므로 순결한 신자가 돼야 한다.

(4) 치유가 곤란한 증상

 "네가 말하기를 나는 부자라 부요하여 부족한 것이 없다 하나 네 곤고한 것과 가련한 것과 가난한 것과 눈 먼 것과 벌거벗은 것을 알지 못하도다 내가 너를 권하노니 내게서 불로 연단한 금을 사서 부요하게 하고 흰 옷을 사서 입어 벌거벗은 수치를 보이지 않게 하고 안약을 사서 눈에 발라 보게 하라"(계 3:17,18).

영혼의 의사이신 예수께서 신자들의 영적 상태를 진단해 보시더니 이렇게 진단 결과를 낱낱이 말씀하셨다. 아직 완전히 죽지는 않았다. 얕게나마 생명이 붙어있어 치유하면 회생할 수는 있으나 자기 자신의 병세를 알지 못하기에 치료를 거절하는 딱한 교회의 형편이다.

사탄은 어떻게든 우리의 영적인 호흡을 끊어버리고 영원한 암흑으로 데려가기 위해 노력하고 있다. 선과 악의 전쟁은 실제이다. 사탄과 그의 악한 천사들은 하나님의 백성들을 압박하고 눈멀게 하기 위해 총력을 기울이고 있다. 라오디게아 교회의 심각성은 병 자체에 있는 것이 아니라, 병을 취급하는 태도에 있다. 환자가 자신이 병들었음을 알지 못하고 오히려 병이 있는데도 부인하면 위대한 의사의 처방과 약도 소용이 없기 때문에 결국 의사가 할 수 있는 일이 없게 된다. 세리들과 창기들이 오히려 바리새인이나 서기관들보다 더 구원에 이를 수 있었던 이유가 바로 여기에 있다. 예레미야는 이렇게 탄식했다. "길르앗에는 유향이 있지 아니한가 그곳에는 의사가 있지 아니한가 딸 내 백성이 치료를 받지 못함은 어찜인고"(렘 8:22). 약도 있고 의사도 있는데 백성이 치료받지 못하는 이유는 자신이 병든 줄 모르는 병에 걸렸기 때문이다. 자신의 곤고한 것과 가련한 것과 가난한 것과 눈 먼 것과 벌거벗은 것을 알지 못하는 것이야말로 절망적인 병이다.

(5) 자만심에 넘친 교회

라오디게아는 대지진 복구를 위한 로마제국의 보조를 거절할 만큼 경제적으로 여유가 있었고, 또 이에 따른 자만심이 넘쳐 있었다. 이와 같이 "나는 부자라 부요하여 부족한 것이 없다"는 경제적 자부심은 그리스도의 필요와 도움까지도 거절하는 영적인 교만에 비유되었다.

자기 증상을 모르는 병만큼 소망이 없고 치유가 어려운 죄는 자만과 교만이다. 이것은 모든 성장을 방해한다. 사람이 자신의 성격에 결함을 가지고 있으면서도 이것을 깨닫지 못할 때, 곧 자기 만족에 빠져서 자기의 결점을 볼 수 없는데 어떻게 정결해질 수 있겠는가? 자만과 교만만큼 하나님께 거슬리고 영혼을 위험하게 하는 것은 없다. 모든 죄들 가운데서 이것은 가장 고치기 어려운 것이다.

오늘날 교회와 선교기관들은 자금의 부족 때문이 아니라 오히려 너무 많은 자금 때문에 순결한 믿음을 잃게 된 것 같다. 신자들은 빈곤보다는 오히려 부요 때문에 단순한 헌신과 신앙의 열성을 상실했다. 쉽고 편한 것만을 찾는 교회와 선교센터나 단체들이 간절한 믿음의 기도로 하나님께 도움을 구하지 않고, 죽어가는 영혼을 위한 뜨거운 열심도 사라져가고 있다. 우리는 "하나님이시여! 오늘날 교회를 위해, 선교센터를 위해 빌 게이츠같은 재벌보다는 웨슬리처럼 경건하고 윗필드처럼 열정있는 종들을 보내주시옵소서!"라고 기도해야 한다. 교회는 무일푼일지라도 살 수 있다. 우리에게 필요한 것은 재물이 아니다. 그리스도인의 자산은 무엇인가? 그것은 그리스도만을 전적으로 의지하도록 시련을 통해 배운 경험적인 신앙뿐이다. 오늘 우리는 예수 그리스도와 살아있는 신앙의 경험, 산 체험을 가져야 한다. 돈으로는 그 경험을 살 수가 없다. 돈 많은 라오디게아 교회는 바로 이 신앙의 자산에는 거지처럼 가난했다.

우리의 이기심은 저울에 달려지고 있으며 악의 중량은 점점 무거워지고 있지 않은가? 오늘날 교회와 우리의 신앙상태는 가난하고, 비참하고, 눈멀고 벌거벗지 않았는가? 많은 신자들이 예수께로부터 오는 한 줄기의 빛도 가지고 있지 못하면서 자신들을 선한 그리스도인이라고 스스로를 아첨하고 있다. 그들은 하나님의 은혜에 의해 새롭게 되는 것이 무엇인지 모른다. 하나님과 함께 살아있는 경험이 없다.

(6) 외형과 공언뿐인 교회

우리 주변에 교회들은 편의점보다 많고, 쇼핑몰처럼 화려하고 크다. 그러나 우리는 겸손과 인내와 믿음과 사랑과 자기부정과 희생정신에 있어서는 대단히 결핍돼 있고 라오디게아 교회에 보낸 편지가 받아들여지지 않고 있다. 그리스도의 속히 오심을 고대한다고 공언하는 많은 사람들이 이 세상에 맞춰가고 있으며 하나님께서 인정하시는 것보다 사람들의 박수갈채를 더욱 열렬히 추구하고 있다. 세상 사람들이 기독교인을 알아보는 유일한 것은 그들의 공언뿐이다. 말로는 예수를 믿노라고 하지만 행위로는 부인하는 신자들이 현대 기독교인이다. 신자들의 대화 속에 그리스도가 계시는가? 거짓과 비난과 술수와 음탕함과 자기자랑과 욕설이 신자들의 입에 있는 이 참담한 현실, 지독한 이기주의에 빠져 있는 교회의 현실을 함께 가슴 아파해야 한다. 함께 탄식하고 함께 회개해야 한다. 다른 사람이 아니라, 다른 교회가 아니라 바로 나의 문제로 받아들여야 한다. "나는 괜찮고 다른 사람, 다른 교회"라고 생각하고 있는 그것이 바로 라오디게아의 질병인 것이다.

(7) 자신에 대하여 속고 있는 교회

라오디게아 교회는 그들이 가진 이름난 의학교와 유명한 의사, 그리고 세계시장을 석권한 안약으로 자긍했다. 육신의 눈은 자신들이 만든 안약을 발라 세상 사물을 잘 보았지만, 자기 자신의 속 사람을 살피는 시력인 영적 통찰력은 밤중처럼 캄캄했다. 더 큰 문제는 자신을 보지 못한 정도가 아니라 잘못 보고 있는 데서 문제가 심각해진다. 자신에 대하여 영적으로 안전한 상태에 있다고 속고 있는 것이다. 그래서 자신들은 부요하기 때문에 아무것도 필요하지 않다는 선언을 계속하고 있다.

지구 역사의 비극은 인간이 속임을 당한 데서 비롯되었다. 하와가 속았고 가인이 속았다. 노아의 홍수 때는 여덟 명을 제외한 모든 인간이 감쪽같이 속았다. 소돔의 날에는 일부 가족 외에는 모두 속았다. 예수 그리스도의 탄생 시에도 몇 명의 사람만 메시아를 알아보고 나머지는 속임을 당해 몰랐다. 예수께서 이적과 능력을 베푸시고 하늘의 말씀을 선포하시는 것을 목격하면서도 지도자와 백성이 속았다. 마지막이 될수록 사탄의 능력은 더욱 증가하여 할 수만 있으면 택한 자라도 미혹할 것이다.

우리는 어떻게 해야 속지 않을 수 있는가? 우리는 매일 성령의 지도를 받아야 한다. 그렇지 않으면 우리는 사탄의 지배를 받을 것이다. 하나님께 전적으로 헌신하지 않는 사람들은 그들이 그리스도의 일을 하고 있다고 자랑하지만 실제는 사탄의 일을 하면서 다른 사람을 괴롭게 하고 있는지도 모른다. 사탄은 성령의 지배 아래 확고히 서 있지 않은 모든 사람의 마음을 지배하고 있다. 많은 사람들이 너무 그렇게 염려하지 말라고 소리친다. 너무 그렇게 신앙을 어렵게 하지 말라고 소리친다. 나는 이 정도면 됐다고 스스로를 안심시킨다. 두려운 일이다. 어둠을 빛으로 삼고 빛을 어둠으로 삼고 있는 사람이 너무나 많다. 하나님을 대적하여 죄를 짓고 있으면서도 자신들은 옳으며 하나님께서 자기들을 받아 주셨다고 스스로를 믿게 만드는 것보다 두려운 일은 없다.

이토록 비참하리만큼 자신에 대해 눈멀고 속임을 당하게 된 이유가 무엇일까? 사탄은 여러 가지 사정으로 우리의 길을 막고 세상 재물로 농락하고 이 세상 근심과 걱정으로 번뇌하게 함으로 도둑이 밤에 오는 것처럼 시련의 날이 우리에게 이르도록 하려는 것이다. 우리의 시선을 돈벌이와 스포츠, 현대 유행에 한눈 팔게 하고 있다. 지치도록 일을 하게 만들고 영혼을 구원하는 일에 대해서는 마음을 기울일 여지가 없어지게 한다. 스포츠가 종교가 되었다. 쇼핑이 우상이 되었다. 이런 여러 가지 방법으로 사람들의 관심을 끊임없이 밖으로 유도해서 자신의 영적 상태에 대해서는 완전히 눈 멀게 만들어 버린다. 기도할 시간을 빼앗기고 말씀을 묵상할 마음이 없어진다. 자신의 영혼에 대해 깊은 관심을 가질 수 없는 사람에게 그리스도는 관심 밖의 대상이 되어 마음 문 밖에 서 계신다. 이렇게 되면 결국 라오디게아 신앙은 파산에 이르는 것이다. 우리의 주의를 끄는 수많은 욕구와 유혹들에서 돌아서야 한다. 거기에 시간을 낭비하고 목숨을 걸지만 결국 아무것도 아닌 것들이다.

(8) 영혼의 안질

우리의 눈을 멀게 하는 또 하나의 매체가 있다. 다른 어떤 것보다 능력 있는 우상이다. 강도, 살인, 방화, 폭력, 고문, 강간, 불륜, 신접 등 온갖 죄악과 퇴폐를 선물해 주는 텔레비젼!

> **[사랑받는 강도, The Beloved Robber]**
> *Patricia Sullivan Geach*
>
> "우리 집에 강도가 들었습니다. 밤중에 남몰래 창문을 넘어 숨어 들어온 것이 아니라 밝은 대낮에 버젓이 대문으로 들어왔습니다. 그

는 금, 은이나 값나가는 보석을 찾으려고 복도를 살금살금 걷지도 않았습니다. 이런 것들은 그가 찾고 있는 게 아니었으니까요.

그는 안방의 제일 좋은 자리에 버티고 앉았습니다. 그리고 그 자리에서 날마다 날마다 훔치는 일을 계속했습니다. 그는 모든 가족들에게서 그들의 가장 귀한 선물인 시간과 마음과 교제를 훔쳐 갔습니다. 하나님께서 가족들에게 나누어 주신 선물인 시간을 버젓이 마음 놓고 미안한 기색도 없이 훔쳐갔는데, 그 시간이야 말로 그 전까지는 고상한 취미와 독서, 만들기와 음악을 위해 사용하던 것이었고 집안의 일들을 위해 요긴하게 쓰던 시간들이었으며, 헌신과 묵상과 기도로 그리고 집안의 어린아이에게는 성경을 가르치는 시간들이었는데, 이 엄청난 도둑이 그 모든 걸 훔쳐가 버렸습니다. 그는 부모님에게서 자식들의 애정을 빼앗아 갔고, 자녀들에게서는 부모의 사랑을 훔쳐갔으며, 그리고는 하나님에게서는 부모와 자녀들의 마음을 모두 훔쳐가 버렸습니다.

> 그는 성경에 대한 사랑도 가져갔으며 도움이 필요한 이웃을 돌봐야겠다는 욕망도, 그리고 우리가 가진 믿음을 나누어 줘야 하는 높으신 부르심의 거룩한 책임을 위한 헌신도 이 큰 도둑이 모두 훔쳐 갔습니다. 뿐만 아니라 그는 모처럼 집을 찾아온 친구들과 친척들 이웃에게서도 훔쳐냈는데 그의 참견이 없이는 친근하고도 사귐성 있는 대화를 더 이상 나눌 수가 없게 되었답니다. 그는 자기의 영역인 집 안에 들어오는 사람은 누구를 막론하고 훔쳐냈습니다.
>
> 이 강도의 이름을 폭로했다가는 그에게 몸바친 분들의 마음을 상하게 할까 봐 해서는 안 되겠습니다만 어리숙하게 방심하다가 다음 차례로 이런 강도를 만날 분들의 유익을 위하여 한가지 단서만이라도 꼭 드려야겠습니다. 그의 이름의 첫 글자들은 TV랍니다."

사실 이제 TV는 스마트폰 때문에 그 인기가 시들어졌다. 아침에 일어날 때부터 잠자리에 들기까지 손에서 떠나지 않는다. 스마트폰으로 서로 대화하고 영화를 보며, 스마트폰으로 은행 일을 처리하고, 온갖 정보를 검색한다. 예수님 없이는 살아도 스마트폰이 없이는 살지 못하는 세상이 되었다. 우리가 그것들을 잘 다스리지 못하면 그것들이 우리를 다스릴 것이고, 우리의 운명을 지배할 것이다.

(9) 세속과 탐욕에 찬 교회

상업과 금융의 중심지로 유명했던 라오디게아는 개인의 실리만을 추구하는 영리주의에 철저했다. 자신의 이기심과 탐심을 위해서라면 어떠한 현실과도 거침없이 타협하는 교회였다. 오늘날 교회 안에 존재하고 있는 큰 죄는 탐심이다. 우리가 이 세상에서 더욱 많이 얻으면 얻을수록 세상에 대해 더욱 더 애착을 두게 되며 더 많은 것을 얻기 위해 발돋움을 하는 것이다.

(10) 동정과 연민의 대상

라오디게아 교회는 장황한 자기 자랑에도 불구하고 한마디의 칭찬도 없을 뿐만 아니라 영적으로는 "별거벗은 눈먼 거지"로 묘사되었다. 육신적으로는 가난했으나 영적으로는 부요했던 서머나 교회와는 반대로 물질에는 부요했으나 영적으로는 파산자였다. 교리적으로는 어떤 잘못도 지적 받지 않았다. 니골라당이나 이세벨 같은 이단도 없었다. 사탄의 회나 핍박도 기록되지 않았다. 라오디게아 교회의 최악의 병폐는 바로 스스로가 많은 것을 가지고 있고, 중요한 어떤 일을 하고 있으며, 그 결과에 만족하고 있다는데 문제가 있다. 하나님은 이러한 상태를 비참하게 보고 계시는데 반해, 라오디게아 교회는 자신을 만족스럽게 여기는데 그 까닭은 바로 관점의 차이에 있다. 즉 하나님은 영적인 면을, 교회는 물질적인 면을 보고 각각 달리 평가하고 있기 때문이다.

라오디게아는 물질적인 면을 주시하고 있기 때문에 별 것도 아닌 그의 업적을 헤아리려고 한다. 이 교회는 파견한 선교사들을 자랑한다. 이 교회는 많은 구제활동들을 자랑한다. 이 교회는 여러 곳의 도시들에 세운 위엄있는 예배당들을 생각한다. 이 교회는 교인 수를 헤아리고 헌금을 분석한다. 그리고 보잘것없던 초창기 생각을 하면서 자신도 모르는 자부심으로 지난 날의 성장과 발전과 성취한 바에 만족한다. 그것은 참으로 훌륭한 외관이다. 그리고서 라오디게아는 다행스러워하고 흐뭇해하는 것이다. 랍비들은 외적인 활동들이 신앙의 전부였다. 그들은 뛰어난 경건을 보이기 위해 활발한 행사들에 의존했다. 그런 위험이 오늘날에도 존재한다. 여러 활동들을 부산스럽게 많이 하고, 그 일들이 성공을 거두게 될 때 인간의 계획과 방법에 의존하는 위험이 있다. 기도를 적게 하고 믿음이 적어지는 경향이 생긴다. 활동이 우상이 돼 버린다. 그것을 바라보고 그것을 위해 달려간다.

여러분은 오늘을 어떻게 살고 있는가? 이렇게 흘러 떠내려가듯이 살아도 되는 것일까? 하나님이 살아계시고 어느 날 역사가 끝난다면, 내 운명은 어떻게 될 것인가? 우리 가정의 구원은 누가 책임질 것인가? 하나님의 아들이신 예수께서 우리를 사랑하사 **"그의 피로 우리를 죄에서 해방"** 하셨는데, 우리는 그의 고귀한 피처럼 가치 있게 살고 있는가?

우리의 교회는 어떠한가? 중요한 진리를 소유했다고 지적 동의의 수준에서만 머물고, 그 진리가 우리 영혼에 스며 들도록 하지 않으면 영적 교만과 신앙적인 완고함에 이르게 된다. 교리적인 고집불통이 돼 버리고, 부족한 것이 없을 정도로 진리의 보화가 풍성하지만 사실상 옷도 걸치지 못한 거지의 모습이 될 수 있다. 교회가 진정으로 부해지고, 치유를 받고, 옷 입힘을 받으려면 옛 생활방식을 버려야 한다. 우리의 완고함, 우리의 조급함, 우리의 사랑 없음, 우리의 형식주의가 성령의 역사로 깨어져야 한다. 오늘 우리의 가련한 모습을 주님 앞에 그대로 내어놓으며 사랑의 치유를 시작해 주시기를 간절히 기도하자!

기 도

우리를 사랑하시는 하나님 아버지,
우리에게 주시는 책망과 권면의
말씀을 인하여 감사드립니다.
혹시 나의 신앙 상태가 예수 그리스도의
속을 메슥거리게 만들어서 토하게 하고 싶은
그런 형식주의의 외투만 걸치고 있지는 않습니까?
아버지여, 우리를 치료하여 주시고 우리의 눈 먼 것과
벌거벗은 것과 가련한 것과 곤고한 이 상태를
우리가 올바로 볼 수 있도록 도와 주시옵소서!
주님께서 우리에게 호소하실 때 우리의 마음을 완고하게
하지 않고 주님의 사랑의 음성에 우리가 귀 기울일 수 있도록
도와주시고, 지금 그리스도의 예리하고 날 선 검이
우리의 심령을 쪼개 흔들어 주시옵소서!

사랑이신 예수 그리스도의 이름으로 기도합니다.

아멘!

요한계시록 3장 [복습문제]

1. 일곱교회 가운데 마지막 교회인 라오디게아의 뜻은 "(   )" 또는 "(   )"이다.

2. 라오디게아의 시대적 배경과 지리적, 문화적 배경과 관련이 없는 설명은?

① 재림 전에 심판을 진행하고 있는 시기로 인류 역사에서의 마지막 교회이다.

② 재정적으로 부유한 도시였기 때문에 아쉬운 것이 없었고 자만심이 높았다.

③ 광물질이 용해된 미지근한 온천물 때문에 관광객과 치유를 위한 병자들이 끊이지 않고 찾아오는 도시였다.

④ 상수도 시설이 발달하지 않았기 때문에 오염된 지하수를 먹고 많은 사람들이 구토하는 병을 앓고 있었다.

3. 라오디게아에서 유명하거나 발달한 것이 아닌 것은?

① 광물질이 풍부한 온천수 탓에 특히 임산부들이 많았고 매슥거리는 입덧에 효과적인 약을 제조해서 수출했다.

② 부유한 환경 탓에 금융과 은행업이 발달했다.

③ 온천으로 인해 관광업이 발달했다.

④ 유명한 의학교와 의사들이 많았고 특히 눈에 바르는 안약은 전 세계로 수출되었다.

4. 괄호 안에 들어갈 단어는?

(   )년 콘스탄티누스 황제가 태양의 날인 선데이 일요일을 공휴일로 정하는 법령을 내렸다. 325년 니케아 종교회의에서 (   )을 부활절로 성수하자고 결의하게 된다.

5. 괄호 안에 들어갈 단어는?

343년 사르디카 회의에서 일요일은 부활의 날이니 (   )로 부르기로 결의해서 오늘날 주일이라고 불려지게 됐다. 364년 (   ) 종교회의에서 일요일을 준수하는 것을 공식적으로 인준하게 되었다.

6. 라오디게아에서 열린 종교회의에 대한 설명 중 옳은 것 두 가지는?

① 특유의 부유함 때문에 다른 지역에 구제헌금을 보내도록 결정했다.
② 성경 정경 목록에서 요한계시록을 제외했다.
③ 천혜의 온천수 때문에 요양원을 설립해 많은 병자를 치료하게 되었다.
④ 공식적으로 일요일 준수를 인준했다.

7. 라오디게아 교회에 편지하시는 발신자의 신원으로 옳은 것 두 가지는?

① 아멘이신 분으로 예수 그리스도께서 "진실하신 분"이심을 가장 힘있게 강조한 표현이다.

② 위로자로서의 예수님으로 각 교회의 필요를 공급해 주셨다.

③ 창조의 근본이신 분으로 19세기부터 시작한 진화론, 유물론, 고등비평 등 무신론과 불신사상에 대해 하나님께서 자신의 존재를 옹호하시는 말씀이다.

④ 의사로서의 예수 그리스도로 죄로 병든 영혼들을 치료하기 원하시는 긍휼의 하나님을 설명한다.

8. 라오디게아 교회의 상태에 대한 설명 중 틀린 것은?

① 미지근한 신앙 상태로 토하여 내치리라는 책망을 받았다.

② 라오디게아 다음에 있을 교회에 전수할 진리를 옹호하며 전파하고 있었다.

③ 자만과 영혼의 안질로 본인들의 참된 상태를 알지 못하고 기만에 빠져 있다.

④ 칭찬은 없고 책망만 있는 절망적인 교회이다.

9. 라오디게아 교회에 주신 책망 중 차지도 않고 덥지도 않은 것에 대한 설명 중 틀린 것은?

① 온천물이 식은 상태로 뜨거우면 화상의 위험이 있으므로 반

드시 식혀서 사용하라는 경고이다.

② 더운 상태란 하나님의 은혜에 계속 접촉되어 마음은 거룩한 사랑으로 뜨거워지고 행동은 남을 위한 삶으로 특징지어진 상태를 의미한다.

③ 차가운 상태란 지금까지 은혜의 능력에 접촉된 적이 없는 사람의 상태로서 하나님의 역사하심이 이르게 되면 열렬하고 열성있는 그리스도인이 될 수도 있기 때문에 희망이 있는 사람의 경우다.

④ 미지근하다는 것은 행위는 풍성하지만 믿음은 결핍되고 공언은 흔하지만 이에 따르는 영적인 생활은 거의 없는 신앙과 세속을 적당히 섞어 놓은 상태이다.

10. 라오디게아 교회가 모르는 다섯 가지 상태와 관계없는 것은?

① 곤고한 것과 가련한 것을 모른다.

② 로마제국의 정치에 대하여 모른다.

③ 가난한 것과 눈 먼 것을 알지 못한다.

④ 벌거벗은 것을 모른다.

3장

일곱교회: 라오디게아 2부
(주 예수 대문 밖에)

"볼지어다 내가 문 밖에 서서 두드리노니
누구든지 내 음성을 듣고 문을 열면 내가 그에게로 들어가
그로 더불어 먹고 그는 나로 더불어 먹으리라"

[계 3:20]

계시록 3장

일곱교회: 라오디게아 2부
주 예수 대문 밖에

에베소	서머나	버가모	두아디라	사데	빌라델비아	라오디게아
사도시대	박해시대	세속의 시대	중세시대	종교개혁시대	개신교부흥	마지막시대
1세기	2~3세기	4~5세기	6~14세기	15~18세기	19세기	현재
31~100	100~313	313~538	538~1517	1517~1798	1798~1844	1844~재림

우리는 지난 시간에 라오디게아의 끔찍한 형편이 바로 오늘날 현대 기독교회 그리고 바로 우리의 신앙 상태임을 깨닫게 되었다. 하지만 라오디게아 교회라고 해서 희망 없이 완전히 버려진 것은 아니다. 병든 우리를 치료하시기 위해 주님은 계속 말씀하신다.

8. 권고와 초청
(1) 사랑의 권고

📖 "내가 너를 권하노니 내게서 불로 연단한 금을 사서 부요하게 하고 흰 옷을 사서 입어 벌거벗은 수치를 보이지 않게 하고 안약을 사서 눈에 발라 보게 하라 무릇 내가 사랑하는 자를 책망하여 징계하노니 그러므로 네가 열심을 내라 회개하라 볼지어다 내가 문 밖에 서서 두드리노니 누구든지 내 음성을 듣고

문을 열면 내가 그에게로 들어가 그로 더불어 먹고
그는 나로 더불어 먹으리라"(계 3:18~20).

그토록 날카롭고 냉정한 책망에도 불구하고 라오디게아 교회는 거절되거나 버림받은 교회가 아니다. 참된 증인의 권면은 미지근한 상태에 있는 사람들이 전혀 희망이 없다고 말하지 않는다. 그들의 상태는 아직도 치료할 기회가 있다. 그러므로 라오디게아 교회에 보내는 편지는 격려로 가득 차 있다.

(2) 확실한 처방과 치유
① 불로 연단한 금

불로 연단한 금은 사랑으로 역사하는 믿음이다.

> "그리스도 예수 안에서는 할례나 무할례가 효력이 없되 사랑으로써 역사하는 믿음 뿐이"니라(갈 5:6).

다시 말해 믿음과 사랑이다. 그렇다면 사랑으로 역사하는 믿음이란 무엇인가?

> "선한 일을 행하고 선한 사업에 부하고 나눠주기를 좋아하며 동정하는 자가 되게 하라"(딤전 6:18).

결국 삶이다. 장황한 이론이 아니라 그리스도의 사랑을 실천하는 삶을 살게 만드는 참된 믿음이다. 믿음은 어떤 신념이 아니다. 지적인 동의 또한 아니다. 많은 사람들이 본질이 아닌 사소한 것으로 논쟁하기를 좋아한다. 자기의 생각과 잣대로 상대방을 판단하고 고쳐주어야겠다는 마음, 기회를 봐서 지적하겠다고 벼르고 있는 마음, 그러면서 본인은 정로 위에서 올바른 신앙을 하고 있다는 착각과 자만심, 다른 사람은 한심하게만 보이고 자신의 신앙엔 관대한 사람들이 많다. 또 여러 가지 표준들을 만들어 놓고 하나씩 완수할 때마다 만족을 얻는다. 표준을 철저히 지킬수록 심리적 안도감에 빠지고, 급기야 자신의 표준을 남들에게 들이밀기 시작한다. 물론 자신의 힘으로서가 아니라 성령의 능력으로 순종한다고 말은 하지만 수많은 표준들을 만들어 다른 사람들도 그 안에 가두려 한다. 과거 유대 지도자들이 그러하지 않았는가? 그들을 정죄하면서 우리가 그런 모습을 하고 있다는 것은 알지 못한다. 믿음은 사랑으로 역사할 때만 가치가 있는 것이다. 고인물이 썩듯이 사랑도 흘러가지 않으면, 다른 사람을 위해 사용되지 않으면 아무 의미가 없다. 성경을 많이 알고, 기도도 많이 하는데, 대표 기도시키면 하늘의 언어를 술술 나열하는데 그래서 존경받는 장로님, 집사님인데 **"사랑으로 역사하는 믿음"**이 없는 경우가 얼마나 많은가!

  하나님을 사랑한다면 주님의 말씀대로 순종하는 행위를 보이고, 이웃을 사랑하며 나누는 삶을 살게 되는 **"사랑으로 역사하는 믿음"**을 가지라는 것이다. 영혼들에게 친절하고, 동정이 많고, 자기 시간을 희생하고, 이기적이지 않으며, 사랑을 베풀고, 너그러우며 이런 아름다운 성령의 열매들에는 등한히 하면서 어떤 표준만 내세우면서 "이건 해야 하고 저건 하지 말아야 하고" 이런 부분만 강조하는 신앙은 올바른 신앙이 아니다. 다른 사람들이 나를 깐깐하거나 예민하며 비판적인 사람으로 평가한다면 나를 어려워할 수밖에 없을 것이고 따라서 내 옆에는 나를 이해해주는 친구가 없을 것이다. 내 자신이 하나님의 말씀에 순종하며 사는 것은 당연한 것이지만 다른 사람에 대해서는 너그러운 마음을 가진다면 그것이 율법의 정신을 실천하는 것이 아니겠는가! 사소한 것도 그냥 넘어가지 않고 틀린 것은 틀렸다고 꼭 짚어주려는 그런 성격, 하나님을 믿으면서도 매사에 부정적인 성격 이 모든 것들을 주님 앞에 내놓고 치유받고 "**사랑으로 역사하는 믿음**"을 가질 수 있도록 기도하자!

② 정결한 흰 옷

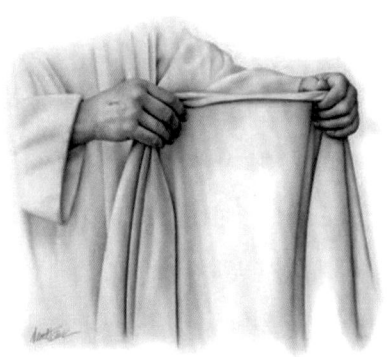

흰 옷은 그리스도께서 죄인에게 부여하시는 그리스도의 의의 옷이다. 이 옷은 기꺼이 순종하는 생애를 살기 원하는 사람이 그리스도에게서만 받을 수 있는 천국의 옷감으로 짠 옷이다. "누구든지 그리스도와 합하여 침례를 받은 자는 그리스도로 옷 입었느니라"(갈 3:27)고 했다. 죄에 대하여는 그리스도와 함께 죽었고, 이제 다시 그리스도와 함께 의롭게 사는 경험을 하는 신자는 그리스도로 옷 입게 된다. 그 경험은 어떻게 드러나는가?

 "우리가 즐거워하고 크게 기뻐하여 그에게 영광을 돌리세 어린양의 혼인 기약이 이르렀고 그 아내가 예비하였으니 그에게 허락하사 빛나고 깨끗한 세마포를 입게 하셨은즉 이 세마포는 성도들의 옳은 행실이로다 하더라"(계 19:7,8).

우리가 자신을 그리스도께 복종시키고 마음을 그분의 의지에 몰입시키며, 정신이 예수님의 정신과 하나가 되고, 생각이 주님께 사로잡힐 때에 우리는 그리스도의 생애를 살게 된다. 그것이 성도들의 옳은 행실이다. 이것이 그리스도의 의의 옷을 입는 것이다. 이 거룩한 옷, 이 구원의 옷, 이 의의 옷을 입은 사람은 이렇게 고백하게 된다.

"내가 주 안에서 크게 기뻐하겠으며 내 영혼이 내 하나님 안에서 기뻐하리니, 이는 그가 구원의 의복으로 나를 입혀 주셨고 그가 나를 의의 겉옷으로 덮어 주시어, 마치 신랑이 장식물로 자신을 꾸민 것같이, 신부가 보석으로 자신을 단장함같이 하셨음이라"(사 61:10).

아멘! 그리스도의 의의 옷을 입는 경험은 우리 삶을 기뻐 뛰게 만든다!

③ 보게 하는 안약

라오디게아인들이 완전히 눈먼 것은 아니다. 만약 그랬다면 그리스도의 어떤 처방도 필요가 없었을 것이다. 안약은 우리로 하여금 능히 선과 악을 분간하게 하고 어떠한 기만과 죄라도 탐지할 수 있는 지혜와 은혜의 성령이시다. 하나님의 성령이 어둠을 밝히 비추도록 해야 한다. 성령을 구해야 한다. 그리하면 우리의 눈에서 비늘이 벗겨질 것이고, 그렇게 되면 우리의 영적인 빈곤과 비참함을 깨닫게 될 것이다.

눈이란 예민한 양심이며 마음의 내적 빛이다. 성령의 도움으로 하나님의 말씀인 안약을 바르게 되면 양심은 쓰라리게 되는데, 이 쓰라림은 치료를 위해 반드시 필요한 것이다. 우리에게 지금 해결되지 않은 어떤 죄가 있는가? 어떤 부정함 가운데 있는가? 어떤 나태함 가운데 있는가? 어떤 영혼의 상태에 있는가? 성령께서 우리를 치료하시기 위해 양심 가운데 호소하실 때, 마음이 괴롭고 아프다. 성령께서는 시련을 통해 양심을 일깨울 수도 있고, 고난과 어려움을 통해 우리에게 소리치실 수 있다. 그럴 때 괴롭고 아프다. 하지만 그것은 우리를 치료하시는 성령의 역사이다. 세미한 음성을 들을 수 있어야 한다. 죄의 자리를 털고 일어나야 한다.

지금은 온갖 기만과 거짓이 난무한 마지막 시대이다. 교회에서 거짓이 가르쳐지고 예수님을 믿는다고 하지만 실상은 사탄을 경배하는 무서운 위험에 우리는 살고 있다. 성령의 안약을 발라 영적 분별력을 가져야 한다. 사랑의 불로 연단한 금인 순결한 믿음과, 우리의 귀하신 구세주의 피로 씻긴 흰 옷과, 죄를 탐지하고 영적인 것을 분별하는 성령의 안약을 사야 한다. 가지고 있어서 결코 우리에게 유익을 주지 않는 죄들을 하나님께 드리고 성령의 은혜를 받도록 하자!

④ 사랑의 징계

> "무릇 내가 사랑하는 자를 책망하여 징계하노니 그러므로 네가 열심을 내라 회개하라"(계 3:19).

"사랑하는 자를 책망하여 징계한다"는 표현은 성경 전체에 흐르고 있는 하나님의 심정이다. 여기에 "사랑한다"는 표현이 하나님의 사랑을 표현하는 단어인 "아가페"가 아니다. 여기서는 예외적으로 인간의 사랑의 감정을 뜻하는 "필레오"를 사용하고 있다. 라오디게아의 편지는 인간의 애인인 예수님이 사랑의 마음으로 호소하고 있는 편지다. 동정과 연민의 마음이 가득한 그 사랑의 호소를 지금 하고 계시는 것이다.

책망이 분노에 의한 것인가 혹은 사랑에 의한 것인가의 여부와 책망의 동기가 상처를 입히고 파괴시키려는 것인가 혹은 고치고 회복시키려는 것인지의 여부는 엄청난 결과의 차이를 가져온다. 예수께서 이 편지를 쓰신 이유는 공공연히 비난하거나 낙심시킬 목적으로 쓰신 것이 아니다. 이 교회가 예수께 매우 사랑스럽기 때문에 신자들을 책망하고 징계하시는 것이다.

책망이 필요한 경우 우리는 사랑으로 해야 한다. 자신의 들보를 위해 먼저 기도하고 용서받은 후 상대방을 돌이키려는 간절한 마음과 온유한 말로 책망해야 한다. 그러나 많은 경우에 자신의 감정과 분노에 의해 거친 말들을 쏟아내면서, 마치 예수님이 원하시는 것처럼 거짓으로 포장해서 자신의 감정을 내뱉고 있지는 않는가? 마치 의를 위한 것처럼, 공의를 수호하기 위한 것처럼 포장하지만 자신의 기준과 판단에 근거해서 하는 경우는 없는가? 그 일의 결과는 항상 교회에 상처를 남기고 서로 이간질이 되어 분열의 결과를 가져오는 것을 우리는 많이 경험했다. 가족과 부모 자식 간에, 성도 간에 이런 실수를 우리는 너무 많이 해 왔다. 이제는 이런 기초적인 수준의 것을 극복하여 그리스도의 아름다운 형상을 반사하는 그리스도인이 되어야 하지 않겠는가! 또한 우리는 책망과 권면을 할 때, 그 권면받는 사람의 최선의 유익을 위해 이야기해야 한다. 사랑에 의해 전해지는 말은 쉽게 받아들이게 된다. 진정한 사랑의 책망은 잘못을 범한 사람의 마음에 사랑의 반응을 일깨워준다. 왜냐하면 사랑은 언제나 사랑을 낳기 때문이다.

"하나님께서 마치 자녀들에게 말씀하시듯이 여러분에게 격려의 말씀을 주신 것을 여러분은 벌써 다 잊어버렸습니까? 하나님께서는 이렇게 말씀하셨습니다. '내 아들아, 주께서 네게 징계를 내리실 때 너는 화를 내어서는 안 된다. 주께서 네 잘못을 책망하실 때 너는 좌절해서는 안 된다. 주께서 너를 징계하시는 것은 너를 사랑하신다는 증거이기 때문이다. 주께서 너를 채찍으로 때리시는 것은 네가 하나님의 참 자녀이기 때문이다.' 하나님께서 내리는 시련을 참아내십시오. 하나님께서는 아버지로서 당연히 자녀에게 하실 일을 하고 계십니다. 아버지로서 자기 자식을 단련시키지 않는 사람이 어디 있겠습니까? 만일 여러분이 잘못을 저질렀다면 자녀가 부모에게 꾸지람을 듣듯 하나님의 질책을 받는 것도 당연합니다. 그렇지 않다면 여러분은 하나님의 자녀도 가족도 될 수 없습니다. 비록 우리를 낳아 준 아버지가 우리를 꾸짖고 야단 치는 일이 있다 해도 우리는 그를 따르고 존경합니다. 그렇다고 하면 참되게 사는 것을 가르치고자 하는 하나님의 시련을 기쁜 마음으로 받아들이는 것이 당연하지 않겠습니까? 우리를 낳아준 아버지는 우리의 앞날을 위해 그가 알고 있는 지식으로 극히 짧은 기간 동안만 우리를 훈련합니다. 그러나 하나님께서는 우리에게 가장 좋은 것을 주시고 그분의 거룩하심을 나누어 주려고 언제나 바르게 견책하시는 것입니다. 무슨 벌이든 벌받을 때는 즐겁기보다는 상처를 받습니다. 그러나 나중에 가서는 그것이 유익한 결과를 낳아 믿음이나 성격이 다 성장하고 있다는 것을 알게 됩니다. 그러므로 여러분은 느슨해진 주먹을 힘껏 쥐고 떨리는 무릎을 굳게 일으켜 세우십시오. 그러면 비록 약하고 절름거리는 사람들일지라도 넘어지거나 부상당하지 않고 오히려 튼튼하게 될 것입니다"(히 12:5~13).

"주께서 나를 벌하시기 전에는 내가 곧잘 잘못된 길로 갔으나 이제는 내가 주의 말씀을 지킵니다"(시 119:67).

지금 어떤 어려움 가운데 있는가? 그것이 어떤 어려움이든지 간에 바로 그 일을 통해 하나님께로 돌아오는 회개의 기회로 삼아야 한다.

어떤 문제이든지 간에 바로 그 일을 통해서 그리스도께로 돌아와서 마지막 백성이 되는 기회로 삼아야 한다. 우리에게는 더 이상 방황할 시간이 없다. 더 이상 위선을 떨며 살아서는 안되고, 더 이상 맥없는 신자로 살아서도 안 된다. 이런 신앙은 마지막 거센 체질의 바람이 불어올 때 다 날아가 버릴 것이다. 우리가 더러워진 성품의 옷을 빨고 어린 양의 피로 깨끗하게 해야 할 시기는 바로 지금이다. 우리가 시기심, 자기 뜻대로 하려는 고집, 교만, 정욕, 영적인 나태함을 정복해야 할 때는 지금이다. 우리가 깨어서 하나님의 말씀을 갈급한 심령으로 마셔야 할 때는 지금이다. 예수께서 말씀하신다. "오늘날 너희가 그 음성을 듣거든 너희 마음을 강퍅케 하지 말라" 깨어나라!

⑤ 자비의 초청

 "볼지어다 내가 문 밖에 서서 두드리노니 누구든지 내 음성을 듣고 문을 열면 내가 그에게로 들어가 그로 더불어 먹고 그는 나로 더불어 먹으리라"(계 3:20).

가. 문 밖에 서서

이 문은 하나님께서만 열고 닫으실 수 있는 기회의 문이나 구원의 문이 아니고 우리 마음의 문이요, 우리 의지의 문이다. 이 문은 오직 안에서만 열 수 있는 문이다. 마찬가지로 라오디게아 교회에 찾아오신 예수 그리스도는 신자의 마음 문 밖에 서 계신다. 게다가 열리지 않는 문 앞에 벌써 오셔서 지금까지 계속 두드리고 계신다는 사실이다.

그리스도께서 문 밖에 서 계시다는 이 사실이 바로 라오디게아 교회의 모든 질병과 모든 가난의 근본적인 원인인 것이다. 못 고칠 병이 없는 위대한 의사이시요, 온 우주의 왕이신 분께서도 닫힌 문 밖에 그대로 서서 끊임없이 두드리는 것 외에는 아무것도 하실 일이 없으시다. 눈 멀고 벌거벗고 가난한 그들을 위해 아무것도 하실 수가 없는 것이다. 전능하신 하나님이시지만, 구원을 억지로 줄 수 없다. 하늘에 억지로 데려갈 수가 없다.

오늘날의 많은 신자들에게 그리스도는 어떤 존재인가? 단순히 교회에 다닌다는 외적인 표시일 뿐, 실 생활에서는 그리스도와 관계없이 살고 있지 않은가? 그리스도는 그들의 관심 밖의 존재인 것이다. 라오디게아 신자들의 중심에는 그리스도께서 계신 것이 아니라 자신의 자존심이 주인이 돼 있지 않은가? 일곱 교회 중에서 다섯 교회는 모두 심각한 약점들을 가지고 있었지만 라오디게아 교회의 경우보다는 양호했다. 에베소 교회는 사랑이 없고, 버가모 교회는 하나님의 법이 없고, 두아디라 교회는 활력이 없고, 사데 교회는 생명이 없었는데 라오디게아 교회는 그리스도가 없는 최악의 형편인 것이다.

얼마나 많은 기도회와 부흥회가 거룩하고 순결한 분위기가 아닌 그리스도께서 참석하시지도 않은, 아니 참석할 수도 없는 감정적인 흥분 가운데서 드려지고 있는가! 얼마나 많은 신학자들의 논의가 그리스도와 상관이 없는 인간의 신학을 가지고 토론하고 있는가! 얼마나 많은 선교단체가 그리스도를 세상에 전파하겠다고 하면서 자신들의 계획을 진행시키고 있는가! 얼마나 많은 회의와 토론과 대화가 그리스도의 뜻을 전혀 염두에 두지 않고 사람들의 생각에 따라 결정을 관철시키고 있는가! 얼마나 많은 교회가 그리스도 없이 예배 드리고 있는가!

세상 사물에 너무나 밀착된 채 현실이라는 지하실 속에 갇혀 사는 교회와 신자들, 우리는 이 세상의 낮은 땅에 너무나 가까이 붙어서 살고 있다. 눈을 들어 위에 있는 하늘 문을 보아야 한다. 예수께서 문 밖에 서 계시다는 사실은 동시에 그리스도의 임박한 재림을 말하고 있다. 두아디라 교회에서는 "내가 도적같이 이르겠다"고 선언하셨고(3:3), 빌라델비아 교회에게는 "내가 속히 임하겠다"고 더욱 촉박하게 말씀하신 후에(3:11), 마침내 라오디게아 교회에서는 문 앞까지 당도하심으로 절박한 상황을 강조하고 있다.

그리스도인은 주님께서 문을 두드리시는 소리를 들으면 즉시 열어드릴 준비를 하고 있는 사람이어야 한다. 여러분은 문을 열어드릴 준비가 돼 있는가? 오늘날 그리스도께서 다시 오실 것이라는, 속히 오실 것이라는 사실에 대한 믿음이 식어지고 있다. "주인이 더디 오리라"는 생각이 마음에서뿐 아니라 말과 행동에서 확실하게 드러나고 있다. 세상의 죄악보다 교회 안에서의 죄악이 더 무서운 시대에 살고 있다. 참된 믿음은 두려울 정도로 사라져가고 있다. 믿음이 있어야 할 자리에 자기를 사랑함과 세속이 있는 것뿐만 아니라 믿음이 있어야 할 자리에 표준과 율법과 행위가 은밀하게 앉아 있다. 예수님만 바라보고 그분의 사랑을 실천하며 사는 참된 믿음이 너무나 결핍돼 있다.

나. 두드리노니

인간을 찾아 세상에 오셔서 고집과 편견으로 닫힌 마음 문을 오늘도 두드리시고 호소하시는 예수님! 예수께서 어떻게 마음의 문을 두드리시는가? 조용한 시간에 펼치는 하나님의 말씀을 통해서, 또한 사람과 섭리의 사건을 통해 경고와 책망과 호소의 말씀을 하시므로 우리 마음 문을 두드리신다. 예수께서 지금 은혜의 시간에 우리 마음 문을 두드리시는데, 주님의 노크에 대답하기를 거절하면 우리가 나중에 하늘 문을 두드릴 때, 우리의 노크를 듣지 않으실 것이다.

마음의 문은 손잡이가 안에 있기 때문에 우리가 열어야만 예수께서 들어오실 수 있다. 문은 열면 출입구가 되지만 닫혀 있으면 오히려 출입을 막는 장벽이 된다. 죄는 그리스도를 우리 마음에 들어오시지 못하게 가로막는 장벽이다. 사람의 마음은 자신만이 열 수 있는 문들을 가진 여러 개의 방들로 이루어져 있다. 대문은 열고 들어갔는데, 그래서 교회는 나오는데, 각 방문은 꼭꼭 걸어 잠그고 있다. 또한 많은 사람들이 마음의 문 앞에 너무나 많은 쓰레기를 쌓아 놓았기 때문에 열 수가 없다. 어떤 사람들은 나쁜 기질과 이기적인 탐욕을 가지고 있고, 또 다른 사람들은 그들의 마음 문 앞에 세상과 세속을 굴려다 놓았다. 이러한 모든 쓰레기들을 치워야 한다. 그리스도께서는 어느 사람의 문도 강제로 열고 들어가지 않으신다. 문을 부수고 들어가지도 않으신다. 예수 그리스도께서 어떻게 우리의 마음에 들어오실 수 있는가? 어떻게 하는 것이 그리스도를 마음속에 모시는 일인가?

> "너희 안에 이 마음을 품으라
> 곧 그리스도 예수의 마음이니"(빌 2:5).

그리스도인이 된다는 것은 단순히 교회를 다닌다고 말하는 것이 아니라 그리스도의 마음을 품고 모든 일에 하나님의 뜻대로 복종하는 사람이다. 우리의 심령을 그리스도에게 복종시킬 때 새로운 능력이 새 마음을 차지하게 된다. 우리가 전혀 할 수 없었던 변화가 일어난다. 우리의 내면 속에서 초자연적인 성령의 역사가 일어난다. "주님, 제 쓰레기를 치워주세요."라고 도움을 요청할 때, 주님께서는 그 일을 행하신다. 예수의 마음을 품으려면 먼저 내 마음을 주님께 복종시켜야 한다. 대문을 열 뿐만 아니라 내 방들의 열쇠를 넘겨드려야 한다. 교회만 다니는 것으로 만족할 것이 아니라 내 인생의 주인이 되셔야 한다. 우리가 주님께 키를 넘겨드리면, 주께서는 그리스도 외에는 그 어느 것도 내 마음의 보좌를 차지할 수 없도록 역사하신다. 그렇게 하려면 "주님, 오셔서 내 쓰레기를 치워주세요."라고 간구해야 한다. 내가 가지고 있는 것이 쓰레기라는 것을 인정해야 한다. 화려해 보이지만, 귀해 보이지만, 버리기엔 너무나 아깝지만, 버리면 내가 죽을 것 같지만 그것이 다 냄새 나는 오물이라는 것을 인정하고 손에서 놓아야 한다. 오늘 예수님의 이 호소에 꼭 붙잡고 있는 그것을 이제는 손에서 놓기를 결심하지 않겠는가?

다. 나와 함께 먹으리라

이곳의 "먹으리라"는 말의 헬라어 "데이프네오"(δειπνέω)는 저녁식사를 가리킨다. 아침식사는 한 조각의 빵을 주스와 함께 먹는 정도로 가볍게 하고, 점심식사는 "아리스테오"(ἀριστάω)라고 하는데 길거리나 광장에서 아주 간단히 먹는 도시락이다. 저녁식사인 "데이프네오"는 하루 중 가장 성대한 만찬이다. 사람들은 하루 일과를 끝냈으므로 오랜 시간 앉아서 충분한 이야기를 즐긴다. 서두르며 급히 먹거나 말할 겨를도 없이 먹는 그런 식사가 아니라 식구들과 또는 초대한 친구들과 친밀한 교제를 나누고 시간 가는 줄 모르며 즐기는 만찬이다. 이

것이 바로 예수께서 참석하시고 싶다고 초청을 기다리시는 식사요 이런 시간과 자리를 얻기 위해 문 밖에서 두드리고 계시는 것이다.

러시아 제국의 이반(Ivan) 황제는 백성을 살피기 위해 가끔 변장을 하고 나서기를 즐겨했다. 어느 날 밤 황제는 거지 행색을 하고 이 집 저 집을 찾아 다니며 하룻밤 쉬어가게 해 달라고 요청했다. 그러나 한결같이 거절을 당하자 황제는 자기 백성들의 무정하고 이기적인 상태에 탄식하며 낙담한 채 어느 초라한 집의 문을 두드렸다. 가난한 주인 남자는 그를 반갑게 방안으로 맞아들인 후 딱딱해진 빵 한 조각과 물 한 컵을 대접한 뒤 허름한 밀짚을 내 놓으며 "가진 것이 없어 이렇게 밖에 대접해 드리지 못해 죄송합니다. 게다가 마침 제 아내가 아이를 낳았는데 산후가 좋지 않  기 때문에 가서 좀 보살펴야 해서 말 동무가 되지 못함을 용서하십시오."라고 말했다. 다음 날 황제는 집 주인에게 몇 번이나 감사의 인사를 하고 집을 나섰다. 며칠이 지난 어느 날, 이 초라한 오막살이 문 앞에 신  하들을 거느린 황제가 번쩍이는 궁중 마차를 타고 나타났다. 놀란 주인은 떨면서 엎드려 "소인에게 무슨 죄라도 있습니까?" 황제는 친히 그를 부축하여 일으키면서 "죄가 있다면 이 나라의 황제를 영접하여 향응을 베푼 죄밖에 더 있겠소. 그대의 진정이 가득한 대접을 받으며 저 지푸라기 침대에 누워서 자고 간 사람이 바로 짐이었소. 이제 그대의 친절과 사랑에 보답하기 위해 온 것이요. 당신의 갓난 아기를 데려오시오. 이 아기의 이름을 짐의 이름으로 부르시오. 그리고 아기가 자라면 내가 맡아 교육을 시킨 후 왕궁에서 섬기게 하겠소." 그리고는 한 자루의 금화를 주면서 "이것으로 그대의

부인을 보살피시고, 또 뭐 필요한 것이 있거든 저 방 구석에서 자고 갔던 떠돌이 거렁뱅이를 잊지 말고 부르시오"

생활은 가난했지만 황제를 영접한 이 부요한 마음은, 우주의 황제이신 예수 그리스도를 영접할 마음을 갖지 않고 부유함으로 자만했던 라오디게아 신자들에 대한 책망이 아닐 수 없다. 예수께서 "내가 너에게로 들어가 너로 더불어 먹고 너는 나로 더불어 먹으리라!" 이 얼마나 놀라운 하나님의 사랑인가! 우리의 미지근함과 죄에도 불구하고 주님께서는 "내게로 돌아오라. 그리하면 내가 고치겠다."고 말씀하신다. 저녁식사를 함께 한다는 것은 깊은 교제와 친교의 표시이다. 그리스도와 함께 식사를 나누는 장면을 생각해보라! 그리스도와 가족이 된 사람은 서로의 경험을 나눈다. 우리의 기쁨과 슬픔, 희망과 낙망, 상처와 회복, 이익과 손실, 삶의 모든 것을 그리스도와 나눈다. 서로 사랑하고 서로 사랑받고 얼마나 아름다운 식탁인가! 우리는 그 식탁에서 우리에게 필요한 모든 힘과 지혜와 용기를 넉넉히 공급받는다. 주님과 함께 식사를 하는 이 가족적인 교제야말로 비할 데 없는 기쁨이요 특권 아니겠는가!

9. 이기는 자에 대한 보상

> "이기는 그에게는 내가 내 보좌에 함께 앉게 하여 주기를 내가 이기고 아버지 보좌에 함께 앉은 것과 같이 하리라"(계 3:21).

(1) 최악의 교회에게 최선의 약속

놀랍게도 그리스도께서는 최악의 교회인 라오디게아에게 최대요 최선의 약속을 말씀하셨다. 모든 죄 가운데 최대요 최악의 죄가 되는 자신의 의에 대한 교만이라는 죄를 정복한 자에게 가장 영광스러운 보상을 약속하고 계신 것이다. 라오디게아 신자들을 그토록 가난하고 눈멀고 벌거벗게 만든 것은 바로 교만이다. 그것은 최고의 악이요, 최대의 죄인데 바로 이 죄를 정복하는 신자들에게 그리스도는 서슴지 않으시고 최대의 선물인 주님의 보좌에 함께 앉게 하여 주겠다고 약속하신다. 이 약속은 황제가 거지를 자신의 보좌에 앉게 해 주는 것보다 더 큰, 상상할 수 없는 영광인 것이다.

(2) 죄로 인한 손실, 은혜로 인한 회복

사람이 범죄함으로 잃어버린 모든 것들을 그리스도의 은혜를 통하여 남김없이 회복하신다.

죄로 인한 손실	은혜로 인한 회복
① 죄는 우리에게서 생명나무를 빼앗아 갔다(창 3:21,23).	① 은혜는 우리에게 생명나무를 다시 찾아준다(계 2:7).
② 죄는 우리를 죽음의 선고 아래 두었다(창 2:7).	② 은혜는 우리에게 둘째 사망을 이기게 한다(계 2:11).
③ 죄는 우리를 땀 흘려 먹게 했다(창 3:19).	③ 은혜는 우리에게 하늘의 양식을 제공한다(계 2:17).
④ 죄는 우리의 통치권을 빼앗아 갔다(창 3:24).	④ 은혜는 우리에게 만국을 다스릴 권세를 약속한다(계 2:26).
⑤ 죄는 우리를 벌거벗게 했다(창 3:7).	⑤ 은혜는 우리에게 흰 옷을 입힌다(계 3:5).
⑥ 죄는 우리를 하나님 앞에서 쫓아냈다(창 3:23).	⑥ 은혜는 우리가 다시 나가지 않는다고 약속한다(계 3:12).
⑦ 죄는 우리를 흙으로 돌아가게 했다(창 3:19).	⑦ 은혜는 우리를 그리스도의 영광스러운 보좌에 앉힌다(계 3:21).

창세기는 사람의 범죄와 그 결과에 대한 슬픈 기록을 지나고 있다. 그러나 요한계시록은 이 모든 손실과 상실을 완전히 회복시키시는 하나님의 부요한 약속들을 채우고 있어서 죄의 결과와 은혜의 역사를 대조시키며 우리에게 참 소망을 주고 있다. 이토록 놀라운 은혜와 엄청난 약속들을 아낌없이 제공하신 예수 그리스도께서는 일곱 교회에 보낸 편지를 마무리하시면서 마지막으로 이렇게 말씀하신다.

 "귀 있는 자는 성령이 교회들에게(당신에게) 하시는 말씀을 들을지어다"(계 3:22).

우리는 이 영광스러운 초청 앞에서 어떤 대답을 할 것인가?

라오디게아 교회가 자신에 대해서 스스로 내린 평가와 그리스도께서 내리신 평가에는 너무나 큰 차이가 있었다. 육신적으로는 부유했기 때문에 영혼의 필요를 무시했다. 스스로 영혼이 잘 준비돼 있다고 생각했다. 우리 자신의 영혼을 기만하지 않도록 얼마나 주의해야 하겠는가! 많은 사람들이 멸망으로 가고 있으면서 자기는 천국으로 가는 중이라고 생각하고 있다. 미지근한 영적 상태는 교회가 냉랭했던 것보다 더 위험하다. 미지근한 기독교는 형식을 충분히 갖추고 복음도 잘 알고, 진리도 잘 보존하고 있다고 생각하지만 영적 지각력을 상실한 교회다. 이 교회는 심각한 박해를 받지도 않았다. 그래서 번영은 자연스럽게 교만과 영적 자만에 빠지게 했다. 부 자체는 나쁘지 않다. 재물이 많은 것이 죄인가? 그렇지 않다. 재물이 있어야 하나님의 일을 할 수 있다. 하지만 문제는 황금만능주의, 부에 대한 탐욕, 그리고 부의 소유는 그 소유자로 하여금 교만과 자기만족에 유혹되도록 이끄는 힘이 더 크기 때문에 배나 더 깨어 있어야 한다.

예수께서는 오늘 우리의 마음 문 앞에 와 계신다. 그리고 죄로 인한 손실을 은혜로 회복시켜 주시고자 두드리신다. 그리고 나와 함께 먹고 즐기자고 초대하신다. 주님을 밖에 두지 말고 주님과 한 식탁에서 사랑의 교제를 나누도록 하자. 비참한 라오디게아였지만 사랑의 치료를 받고 회복된 라오디게아는 하나님의 보좌에 앉게 하신다고 했다. 이 얼마나 상상할 수 없는 영광인가!

우리가 자주 부르는 찬송 중에 바로 라오디게아 교회 형편 가운데 살고 있는 우리에게 호소하시는 찬송이 있다.

주 예수 대문 밖에
주 예수 대문 밖에 기다려 섰으나
단단히 잠가 두니 못 들어오시네
나 주를 믿노라고 그 이름 부르나
문 밖에 세워두니 참 나의 수치라

문 두드리는 손은 못 박힌 손이요
또 가시 면류관은 그 이마 둘렸네
이처럼 기다리심 참 사랑 이로다
문 굳게 닫아 두니 한없는 내 죄라

주 예수 간곡하게 권하는 말씀이
네 죄로 죽은 나를 너 박대 할소냐
나 죄를 회개하고 곧 문을 엽니다
드셔서 좌정 하사 떠나지 마소서

이 찬송의 가사처럼 주님의 사랑의 호소에 응답하여 참된 치료를 받고, 마지막 시대인 라오디게아 시대에 주님의 참 백성, 참 일꾼이 되길 간절히 기도한다.

기 도

우리를 너무나 사랑하시는 하나님 아버지,
우리가 비록 라오디게아 교회 형편 가운데 있지만
정말 토할 것 같은 상태에 있음에도 불구하고 주님께서
우리를 져버리지 아니하고 사랑의 호소로 치유하여 주시니
참으로 감사드립니다. 아버지! 우리가 혹시 주님을 계속 문 밖에
떨며 비바람을 맞으며 꽁꽁 언 손으로 우리의 마음을 노크하고
계시도록 그렇게 내버려 두지는 않았는지요. 아버지, 이러한
죄인일지라도 우리를 치료하셔서 하나님의 영광의 보좌에서
함께 먹고 마시며 만찬을 즐기겠다고 약속하신 주님!
참으로 감사를 드립니다. 우리는 그러한 대접을 받을 자격이
전혀 없는 죄인들이지만 주님의 그 엄청나고 놀라운 사랑을 인하여
우리가 다시 한번 우리의 헌신을 고백하고 다시 한번 내 자신을
주님께 드립니다. 아버지, 우리 마음속에 있는 이 쓰레기들을
치워버릴 수 있도록 도와주시옵소서. 그리고 영원토록 주님과
함께 사랑의 만찬, 기쁨의 만찬, 위로의 만찬을 나눌 수 있도록
인도하여 주시옵소서. 우리를 너무나 사랑하셔서 오늘도 우리
마음을 노크하시는 예수 그리스도의 이름으로 기도합니다.

아멘!

요한계시록 3장 [복습문제]

1. 라오디게아 교회에 주시는 권면의 말씀을 완성하세요.

"내가 너를 권하노니 내게서 (　　　　　)을 사서 부요하게 하고 (　　　)을 사서 입어 벌거벗은 수치를 보이지 않게 하고 (　　　)을 사서 눈에 발라 보게 하라"(계 3:18)

2. 예수님의 처방 중 불로 연단한 금이 의미하는 것이 아닌 것은?

① 사랑으로 역사하는 믿음이다.
② 사랑으로 역사하는 믿음은 그리스도의 사랑을 실천하게 만드는 참된 믿음이다.
③ 하나님을 사랑한다면 그 말씀대로 순종하고, 이웃을 사랑하며 살게 되는 "사랑으로 역사하는 믿음"을 가지라는 것이다.
④ 지적인 동의와 교리의 깨달음만으로도 충분히 변화될 수 있음을 의미한다.

3. 두 번째 처방인 흰 옷이 의미하는 것이 아닌 것은?

① 이 당시는 흰 옷감이 너무 귀해 봉사활동을 많이 한 사람에게 흰 옷을 포상했다.
② 죄인을 온전히 용서하시며 죄인에게 부여하시는 그리스도의 의의 옷이다.
③ 그리스도께 온전히 순종할 때 그리스도의 생애를 살 수 있는 능력을 받게 되는데 이것이 그리스도의 의로 옷 입는 것이다.

④ 하나님의 사랑에 감동되어 말씀대로 사는 성도들의 옳은 행실이다.

4. 세 번째 처방인 안약을 사서 눈에 바르라는 것에 대한 설명 중 틀린 것은?

① 안약은 우리로 하여금 능히 선과 악을 분간하게 하고 어떠한 기만과 죄라도 탐지할 수 있는 지혜와 은혜의 성령이시다.
② 하나님의 성령에 의해 우리의 눈에서 비늘이 벗겨지게 되고 우리의 영적인 빈곤과 비참함을 깨닫게 된다.
③ 사도 바울이 안질이 심했기 때문에 불쌍히 여기신 예수님이 특별한 처방을 주셔서 라오디게아 사람들이 만든 안약이다.
④ 눈이란 예민한 양심이며 마음의 내적 빛이므로 성령의 안약을 발라 영적 분별력을 가져야 한다.

5. 예수님의 사랑이 가득한 책망의 말씀을 완성하세요.

"무릇 내가 사랑하는 자를 책망하여 (   )하노니 그러므로 네가 열심을 내라 회개하라"(계 3:19).

6. 예수님의 자비의 초청의 말씀을 완성하세요.

"볼지어다 내가 문 밖에 서서 두드리노니 누구든지 내 (   )을 듣고 문을 열면 내가 그에게로 들어가 그로 더불어 (   ) 그는 나로 더불어 먹으리라"(계 3:20).

7. 일곱 교회 중에서 다섯 교회는 모두 심각한 약점들을 가지고 있었다. 그것과 관계없는 설명은?
① 에베소 교회는 사랑이 없고, 버가모 교회는 하나님의 법이 없었다.
② 두아디라 교회는 활력이 없고, 사데 교회는 생명이 없었다.
③ 빌라델비아 교회는 형제 사랑으로 충만했다.
④ 라오디게아 교회는 그리스도가 없는 최악의 형편인 것이다

8. 라오디게아 교회 시대의 예언적 기간은 언제인가?
① 과거　　　　② 현재
③ 미래　　　　④ 중세

9. 괄호안에 들어갈 단어는 무엇인가?
"이기는 그에게는 내가 내 (　　)에 함께 앉게 하여 주기를 내가 이기고 아버지 (　　)에 함께 앉은 것과 같이 하리라"(계 3:21).

10. 라오디게아 교회에 없는 것은 무엇인가?
① 자만　　　　② 냉정
③ 생명　　　　④ 그리스도

하나님의 보좌, 네 생물과 24장로

"우리 주 하나님이여 영광과 존귀와
능력을 받으시는 것이 합당하오니
주께서 만물을 지으신지라 만물이 주의 뜻대로 있었고
또 지으심을 받았나이다 하더라"

[계 4:11]

[요한계시록 12부]
하나님의 보좌,
네 생물과 24장로

말씀 손계문 목사

[계시록 4:1~11]

[1] 이 일 후에 내가 보니 하늘에 열린 문이 있는데 내가 들은 바 처음에 내게 말하던 나팔 소리 같은 그 음성이 가로되 이리로 올라오라 이 후에 마땅히 될 일을 내가 네게 보이리라 하시더라

[2] 내가 곧 성령에 감동하였더니 보라 하늘에 보좌를 베풀었고 그 보좌 위에 앉으신 이가 있는데

[3] 앉으신 이의 모양이 벽옥과 홍보석 같고 또 무지개가 있어 보좌에 둘렸는데 그 모양이 녹보석 같더라

[4] 또 보좌에 둘려 이십사 보좌들이 있고 그 보좌들 위에 이십사 장로들이 흰 옷을 입고 머리에 금 면류관을 쓰고 앉았더라

[5] 보좌로부터 번개와 음성과 뇌성이 나고 보좌 앞에 일곱 등불 켠 것이 있으니 이는 하나님의 일곱 영이라

[6] 보좌 앞에 수정과 같은 유리 바다가 있고 보좌 가운데와 보좌 주위에 네 생물이 있는데 앞뒤에 눈이 가득하더라

[7] 그 첫째 생물은 사자 같고 그 둘째 생물은 송아지 같고 그 셋째 생물은 얼굴이 사람 같고 그 넷째 생물은 날아가는 독수리 같은데

[8] 네 생물이 각각 여섯 날개가 있고 그 안과 주위에 눈이 가득

하더라 그들이 밤낮 쉬지 않고 이르기를 거룩하다 거룩하다 거룩하다 주 하나님 곧 전능하신 이여 전에도 계셨고 이제도 계시고 장차 오실 자라 하고

[9] 그 생물들이 영광과 존귀와 감사를 보좌에 앉으사 세세토록 사시는 이에게 돌릴 때에

[10] 이십사 장로들이 보좌에 앉으신 이 앞에 엎드려 세세토록 사시는 이에게 경배하고 자기의 면류관을 보좌 앞에 던지며 가로되

[11] 우리 주 하나님이여 영광과 존귀와 능력을 받으시는 것이 합당하오니 주께서 만물을 지으신지라 만물이 주의 뜻대로 있었고 또 지으심을 받았나이다 하더라

계시록 4장

하나님의 보좌, 네 생물과 24장로

요한계시록 1장부터 3장까지 일곱 편지로 구성된 칠 중 계시의 전달을 끝내고, 두 번째 칠 중 계시인 일곱 인에 대한 내용이 4장부터 8장까지 펼쳐진다. 4장과 5장에서는 예수님이 하늘에 있는 하나님의 보좌에서 지구를 다스리는 모습이 나온다.

1. 움직이는 하나님의 보좌

하늘에는 하나님의 보좌가 있는데 한 곳에 있다가 다른 곳으로 가기도 하는 움직이는 보좌일까, 아니면 어느 지극히 거룩한 곳에 고정된 보좌일까? 궁궐 안에 왕이 앉는 자리를 용상(龍床) 또는 어좌(御座)라고 하는데, 인간의 개념으로 하나님도 그렇게 궁궐 안에 앉아 계실 것이라 생각한다. 그러나 그렇지 않다. 하나님보다 거룩한 다른 어떤 것은 없으며 따라서 하나님께서 계신 곳이 가장 거룩한 곳이다. 하나님께서는 하늘 이 끝에 계시다가 저 끝에 계시기도 하시므로 그분의 보좌도 움직이는 보좌이다. 우리 인간의 개념처럼 어떤 특정한 장소에 갇혀 계시지 않는다.

계시록 4장과 5장에 하나님의 보좌가 나오는데, 일반적으로 하나님의 보좌는 가장 거룩한 곳에 있어야 한다고 생각해서 성막의 가장 거룩한 장소인 지성소라고 오해할 수도 있는데, 계시를 보고 있는 시점은 AD 31년 그리스도께서 부활 승천하셔서 대제사장으로서 인류를 위한 중보사역을 시작하신 때이다. 계시록 5장에서는 향으로 표상된 성도들의 기도를 올리고 있다. 이러한 사역은 성막의 구조로 보면 성소 첫째 칸에서 이루어지는 사역이다. 계시록 4장과 5장에는 심판에 대한 언급이 전혀 없고, 성도들의 기도를 들으시는 장면이 나온다.

따라서 예수께서는 승천하셔서 지성소에서 이뤄지는 심판의 사역을 하신 것이 아니라 대제사장으로서 중보의 사역을 시작하셨다. 그러므로 이곳은 지성소가 아니라 하늘 성소 첫째 칸이며 이곳에서 일곱 인과 일곱 나팔의 사건들이 계시록 11장 18절까지 나오고, 11장 19절부터 예수께서 지성소로 이동하셔서 인류 역사의 마지막 사역을 시작하시고 더불어 종말 시대의 수많은 사건들이 묘사된다. 예수께서 지성소로 이동하시는 장면은 계시록 11장에서 나오기 때문에, 그전에는 성소 첫째 칸에 계셨음을 알 수 있다.

하지만 이것은 인류를 구원하시는 하나님의 사역의 구분이지, 공간적인 구분이 아니라는 것을 이해해야 한다. 만약 공간적으로 구분한다면 예수께서 하늘로 승천하셔서 움직이지도 않으시고 성소 첫째 칸에만 계셨다는 말인가? 전혀 그렇지 않다. 예수님을 성소나 지성소 공간 안에 가두려는 시도는 무리한 것이다. 언급했듯이 하나님의 보좌는 움직이는 보좌이다. 그렇기 때문에 성소, 지성소의 구분 없이 자유롭게 이동하신다. 가장 거룩한 하나님의 보좌는 지성소라는 공간에 있는 것이 아니다. 다만 사역적인 면을 고려했을 때, 계시록 4장과 5장의 배경은 성소 첫째 칸의 사역이라는 것이다. 히브리서 8장 1절에 보면 예수께서 "하나님의 보좌 우편에" 앉으셨다고 하는 장면이 나오는데, 그 하나님의 보좌가 바로 계시록 4장의 하나님의 보좌이다. 성도들은 예수님을 따라 성소 첫째 칸에도, 둘째 칸인 지성소에도 그리고 하늘 이 끝에서 저 끝까지 움직이시는 하나님의 보좌에도 믿음으로 따라 들어갈 수 있고 가야 하는 것이다.

2. 하나님의 보좌를 본 사람들

성경에는 하나님의 보좌를 보고 기록한 네 사람의 이야기가 소개된다. 사도 바울도 셋째 하늘에 다녀왔다고(고후 12:2) 했기 때문에 하나님의 보좌를 봤을 것이라고 생각되지만 그 보좌의 모습에 대해서는 기록을 남기지 않았다.

(1) 이사야

BC 740년경(BC 740/739) 북방의 대제국 아시리아가 대군을 이끌고 정벌에 나섰을 때, 유다에서는 웃시야 왕이 52년간 아시리아에 버티면서 비교적 안정적인 번영을 이룩했으나 말년에는 문둥병이 든 채 죽어가고 있었다. 그야말로 내우외환이 겹친 유다의 운명은 장차 어떻게 될 것인가? 바로 이 시대를 위해 부름받은 선지자 이사야는 하나님의 보좌를 보게 된다.

"[1] 웃시야 왕의 죽던 해에 내가 본즉 주께서 높이 들린 보좌에 앉으셨는데 그 옷자락은 성전에 가득하였고 [2] 스랍들은 모셔 섰는데 각기 여섯 날개가 있어 그 둘로는 그 얼굴을 가리었고 그 둘로는 그 발을 가리었고 그 둘로는 날며 [3] 서로 창화하여 가로되 거룩하다 거룩하다 거룩하다 만군의 여호와여 그 영광이 온 땅에 충만하도다"(사 6:1~3).

여섯 날개를 가진 스랍(Seraphim) 천사들이 하나님 보좌 주변에서 찬양하고 있는 모습이다.

(2) 에스겔

이사야 시대로부터 약 140여 년이 지난 BC 597년 유다의 여호야긴 왕과 함께 바벨론에 포로로 잡혀간 에스겔은 느브갓네살 왕이 천하를 호령하는 포로의 땅에서 하나님의 보좌를 보게 된다.

"[4] 내가 보니 북방에서부터 폭풍과 큰 구름이 오는데 그 속에서 불이 번쩍번쩍하여 빛이 그 사면에 비취며 그 불 가운데 단쇠 같은 것이 나타나 보이고 [5] 그 속에서 네 생물의 형상이 나타나는데 그 모양이 이러하니 사람의 형상이라 [6] 각각 네 얼굴과 네 날개가 있고 [7] 그 다리는 곧고 그 발바닥은 송아지 발바닥 같고 마광한 구리 같이 빛나며 [8] 그 사면 날개 밑에는 각각 사람의 손이 있더라 그 네 생물의 얼굴과 날개가 이러하니 [9] 날개는 다 서로 연하였으며 행할 때에는 돌이키지 아니하고 일제히 앞으로 곧게 행하며 [10] 그 얼굴들의 모양은 넷의 앞은 사람의 얼굴이요 넷의 우편은 사자의 얼굴이요 넷의 좌편은 소의 얼굴이요 넷의 뒤는 독수리의 얼굴이니 [11] 그 얼굴은 이러하며 그 날개는 들어 펴서 각기 둘씩 서로

연하였고 또 둘은 몸을 가리웠으며 [12] 신이 어느 편으로 가려면 그 생물들이 그대로 가되 돌이키지 아니하고 일제히 앞으로 곧게 행하며 [13] 또 생물의 모양은 숯불과 횃불 모양 같은데 그 불이 그 생물 사이에서 오르락 내리락 하며 그 불은 광채가 있고 그 가운데서는 번개가 나며 [14] 그 생물의 왕래가 번개 같이 빠르더라 [15] 내가 그 생물을 본즉 그 생물 곁 땅 위에 바퀴가 있는데 그 네 얼굴을 따라 하나씩 있고 [16] 그 바퀴의 형상과 그 구조는 넷이 한결 같은데 황옥 같고 그 형상과 구조는 바퀴 안에 바퀴가 있는 것 같으며 [17] 행할 때에는 사방으로 향한 대로 돌이키지 않고 행하며 [18] 그 둘레는 높고 무서우며 그 네 둘레로 돌아가면서 눈이 가득하며 [19] 생물이 행할 때에 바퀴도 그 곁에서 행하고 생물이 땅에서 들릴 때에 바퀴도 들려서 [20] 어디든지 신이 가려하면 생물도 신의 가려하는 곳으로 가고 바퀴도 그 곁에서 들리니 이는 생물의 신이 그 바퀴 가운데 있음이라"(겔 1:4~20).

굉장히 기괴한 모습인데, 인간의 언어로는 이렇게 밖에 표현이 되지 않는다. 도무지 상상이 가지 않는 모습이지만 잠시 후에 다시 살펴보도록 하자.

(3) 다니엘

BC 605년에 바벨론에 포로로 잡혀 온 다니엘도 하나님의 보좌와 특별히 마지막 백성을 심판하는 책들이 펴 놓인 광경을 보게 된다.

"[9] 내가 보았는데 왕좌가 놓이고 옛적부터 항상 계신 이가 좌정하셨는데 그 옷은 희기가 눈 같고 그 머리털은 깨끗한 양의 털 같고 그 보좌는 불꽃이요 그 바퀴는 붙는 불이며 [10] 불이 강처럼 흘러 그 앞에서 나오며 그에게 수종하는 자는 천천이요 그 앞에 시위한 자는 만만이며 심판을 베푸는데 책들이 펴 놓였더라"(단 7:9,10).

(4) 사도 요한

요한이 본 하나님의 보좌는 에스겔이 본 장면과 거의 비슷하다.

 "[2] 내가 곧 성령에 감동하였더니 보라 하늘에 보좌를 베풀었고 그 보좌 위에 앉으신 이가 있는데 [3] 앉으신 이의 모양이 벽옥과 홍보석 같고 또 무지개가 있어 보좌에 둘렸는데 그 모양이 녹보석 같더라 [4] 또 보좌에 둘려 이십사 보좌들이 있고 그 보좌들 위에 이십사 장로들이 흰 옷을 입고 머리에 금 면류관을 쓰고 앉았더라 [5] 보좌로부터 번개와 음성과 뇌성이 나고 보좌 앞에 일곱 등불 켄 것이 있으니 이는 하나님의 일곱 영이라 [6] 보좌 앞에 수정과 같은 유리 바다가 있고 보좌 가운데와 보좌 주위에 네 생물이 있는데 앞 뒤에 눈이 가득하더라 [7] 그 첫째 생물은 사자 같고 그 둘째 생물은 송아지 같고 그 셋째 생물은 얼굴이 사람 같고 그 넷째 생물은 날아가는 독수리 같은데 [8] 네 생물이 각각 여섯 날개가 있고 그 안과 주위에 눈이 가득하더라 그들이 밤낮 쉬지 않고 이르기를 거룩하다 거룩하다 거룩하다 주 하나님 곧 전능하신 이여 전에도 계셨고 이제도 계시고 장차 오실 자라 하고 [9] 그 생물들이 영광과 존귀와 감사를 보좌에 앉으사 세세토록 사시는 이에게 돌릴 때에 [10] 이십사 장로들이 보좌에 앉으신 이 앞에 엎드려 세세토록 사시는 이에게 경배하고 자기의 면류관을 보좌 앞에 던지며 가로되 [11] 우리 주 하나님이여 영광과 존귀와 능력을 받으시는 것이 합당하오니 주께서 만물을 지으신지라 만물이 주의 뜻대로 있었고 또 지으심을 받았나이다 하더라"(계 4:2~11).

요한에게 하늘의 문이 열려 하나님의 보좌가 보이고 그곳에서 인간의 구속을 위해 일하시는 하나님의 모습이 계시된 때는, 요한 자신은 유배당한 죄수로 밧모섬에 갇히고 대제국 로마가 연약한 교회를 박해하기 시작한 위태로운 시기였다.

이렇듯 이사야, 에스겔, 다니엘, 사도 요한이 하나님의 보좌를 보게 된 때는 한결같이 앞이 캄캄하고 모든 것이 절망적인 상황에 에워싸일 때였다. 이런 상황에 있을 때 하나님께서는 지상에서 고군분투하는 그분의 백성들에게 세상과 교회를 통치하는 분은 바로 하나님이심을 분명히 보여주셨다. 그리하여 하나님과 하나님의 교회에 대적하는 어떠한 세력이라도 마침내는 심판으로 멸망당할 것이며, 하나님은 끝내 당신의 계획을 성취하시고 마침내 승리하실 것임에 대한 확신을 갖게 한 것이다.

혹 지금 사방이 막힌 것 같고, 모든 것이 캄캄하며 엎친 데 덮친 격으로 절망적인 일들이 연속된다면 이때야 말로 하나님의 보좌를 보아야 하고 볼 수 있는 절호의 기회이다. 바로 이때 우리를 다스리시고, 우리의 앉고 일어섬을 아시는 하나님을 바라볼 때이다. 믿음을 가져라! 낙담하지 말고 믿음에 흔들리지 말고 조금만 더 인내하라!

3. 화가들의 묘사

많은 화가들이 성경에 묘사된 하나님의 보좌를 표현해 보려고 애썼다.

> "또 무지개가 있어 보좌에 둘렸는데
> 그 모양이 녹보석 같더라"(계 4:3).

하나님의 보좌에 대한 화가들의 묘사 ①
"또 무지개가 있어 보좌에 둘렸는데 그 모양이 녹보석 같더라" (계 4:3)

녹보석은 에메랄드(Emerald)인데 생생한 녹색이다. 하나님의 보좌의 색깔은 이러한 녹색인데 이 부드럽고 안정된 색깔이야 말로 하나님의 변함없으신 자비를 드러내고 있다. 보좌를 두른 영롱한 무지개는 하나님께서 약속하시는 영원한 평화의 언약을 상징하고 있다. 마치 무지개는 소나기와 햇빛이 서로 만나 이루어지는 것처럼 하나님의 공의의 햇빛과 사랑의 소나기가 서로 조화되어 나타난 것이다.

"[10] 긍휼과 진리가 같이 만나고 의와 화평이 서로 입맞추었으며 [11] 진리는 땅에서 솟아나고 의는 하늘에서 하감하였도다"(시 85:10,11).

바로 이 감격스러운 공의와 자비의 만남이 십자가에서 이루어졌으며 그것이 하나님의 보좌의 영원한 표상이 된 것이다.

24장로들이 보좌 앞에서 면류관을 던지며 경배하는 모습이다.

여섯 날개를 가진 네 생물의 뒷모습

궁창 위에 무지개 빛 하나님의 보좌가 있고, 궁창 아래 네 생물이 있고, 바퀴 안에 바퀴가 있는 모습 그리고 바퀴 안에 눈이 있다.

바퀴 안에 바퀴는 이런 식의 모습이었을거라 생각되는데, 그것은 앞뒤좌우 즉시 이동할 수 있는 구조다. 이 그림이 가장 성경에 근거한 모습이다.

하나님의 보좌에 대한 화가들의 묘사 ⑥
몸은 한 몸이고 머리는 하나인데, 얼굴 4면이 사람/사자/황소/독수리

몸은 한 몸이고, 머리는 하나인데 얼굴 4면이 각기 사람/사자/황소/독수리이다.

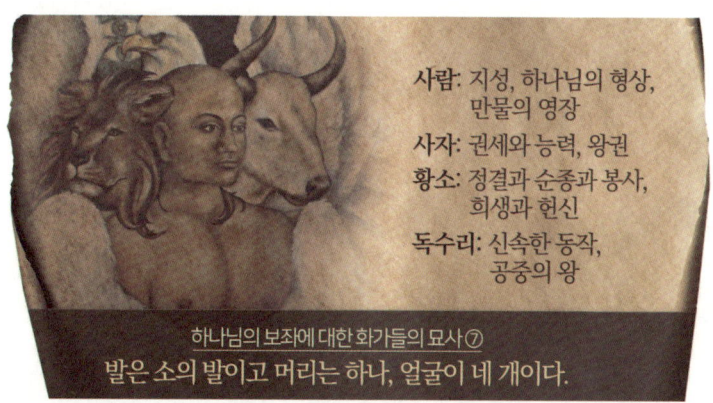

사람: 지성, 하나님의 형상, 만물의 영장
사자: 권세와 능력, 왕권
황소: 정결과 순종과 봉사, 희생과 헌신
독수리: 신속한 동작, 공중의 왕

하나님의 보좌에 대한 화가들의 묘사 ⑦
발은 소의 발이고 머리는 하나, 얼굴이 네 개이다.

발은 소의 발이고 머리가 네 개 인 것처럼 돼 있는데, 머리도 하나이고 얼굴이 네 개이다.

사람: 지성, 하나님의 형상, 만물의 영장
사자: 권세와 능력, 왕권
황소: 정결과 순종과 봉사, 희생과 헌신
독수리: 신속한 동작, 공중의 왕

상징적 계시이지 네 생물이 실제적으로 이런 모습으로 하늘에 있을 것이라고 생각하지는 말아야 한다.

소/독수리/사람/사자의 형상을 우리는 이스라엘 백성의 12지파의 진을 통해 보게 된다.

4. 성막과 네 생물

출애굽기, 민수기에 보면 성막이 있고 성막을 중심으로 동서남북 진을 쳤는데, 유다, 르우벤, 에브라임, 단 지파를 중심으로 양쪽에 하나씩

지파를 두어 총 12지파가 진을 쳤다.

　12지파 안의 동쪽에는 모세와 아론과 아론의 아들들이 진을 쳤고, 남쪽은 레위의 세 아들 중 하나인 고핫자손, 서쪽은 게르손자손, 북쪽은 므라리 자손들이 진을 쳐서 레위 지파는 내부에 포진했다.

　유대의 전통에 따르면 이스라엘 지파들이 성막 사면에 둘러 진칠 때, 각 지파를 나타내는 깃발을 세웠는데(민 2:2~31), 동편에 있는 유다 지파에는 사자가 그려진 진기가 세워졌다. 사자는 왕족을 말한다.

그래서 다윗의 자손으로 오신 메시아라는 것은 왕권을 가지신 분이라는 뜻이다. 서편 에브라임 지파는 황소, 남편 르우벤 지파는 사람, 북편 단 지파에는 독수리가 진기로 세워졌다. 이는 에스겔과 요한계시록에 나오는 네 생물과 동일하다.

5. 예수 그리스도와 네 생물

생물이라고 번역된 헬라어는 "조아"인데 "살아있는 존재들"(Living beings) 즉 하늘의 네 천사들을 말한다. 이러한 표상은 예수 그리스도의 생애를 기록한 사복음서에도 그 특징을 잘 나타내고 있다.

① 마태는 동물의 왕인 사자로 상징된 유다 지파에서 다윗의 후손으로 오신 왕이신 그리스도를 나타냈다(창 49:10; 마 1:14).

② 마가는 인내로 섬기고 봉사하며 희생하는 가축인 소처럼 인류를 위해 섬기고 봉사하러 오신 종이신 그리스도를 나타냈다.

"집에 들어가시니 무리가 다시 모이므로
식사할 겨를도 없는지라"(막 3:20).

"인자의 온 것은 섬김을 받으려 함이 아니라
도리어 섬기려 하고"(막 10:45).

쉼 없이 일하시고 섬기시는 모습을 볼 수가 있다.

③ 누가는 "인자"(Son of Man) 사람의 아들 그리스도로서 모든 면에서 사람과 같이 되시고, 지성과 인정이 넘치시는 그리스도를 나타냈다.

> ④ 요한은 새들의 왕으로 위엄과 신성의 능력을 상징하는 독수리처럼 하나님이시요, 세상을 창조하신 그리스도를 적절히 드러내고 있다.

6. 보좌를 두른 네 생물

> "[7] 그 첫째 생물은 사자 같고 그 둘째 생물은 송아지 같고 그 셋째 생물은 얼굴이 사람 같고 그 넷째 생물은 날아가는 독수리 같은데 [8] 네 생물이 각각 여섯 날개가 있고 그 안과 주위에 눈이 가득하더라"(계 4:7,8).

(1) 앞뒤에 가득한 눈들

전신에 눈이 가득히 있다(겔 1:18; 계 4:8). 눈은 성경에서 지성, 예지, 통찰을 뜻하는 표현으로 앞뒤에 가득한 눈을 가진 하늘의 존재들이란 완전한 통찰력을 가진 지적 존재임을 가리키는 표현이다. 요한이 본 하늘 보좌와 네 생물의 광경은 에스겔이 본 모습과(1장과 10장) 거의 동일함을 알 수 있다. 생물의 모습이 각각 사람, 사자, 소, 독수리로 묘사되었는데(겔 1:6,10; 계 4:7), 사람은 이성과 지성, 영적인 헌신을 상징하고, 사자는 위엄과 용기, 대담성, 소는 복종과 인내와 성실성과 희생 그리고 독수리는 예리한 관찰력과 신속한 행동을 적절히 묘사하고 있다. 네 생물이 보좌에 직속되어 임무를 수행하고 있다(겔 1:26; 계 4:6). 하나님의 속성, 성품, 존재, 능력이 어떤 분이신지를 네 생물의 특성을 가지고 이해하게 하신 것이다. 네 생물은 하나님의 속성들,

즉 그분의 지성(知性), 전능(全能), 희생(犧牲), 전지(全知), 예지(豫知), 편재(遍在)를 상징한다. 즉 무소부지(無所不知), 무소불능(無所不能), 무소부재(無所不在) 하심을 나타낸다.

(2) 여섯 날개

이사야와 요한은 네 생물이 여섯 날개들을 가지고 있다고 했다(사 6:2; 계 4:8). 두 날개는 경외함과 겸손의 표시로 얼굴을 가리우고, 두 날개는 존귀의 표상으로 발을 가리우고, 다른 두 날개는 날아가는 데 사용하기 위함이다.

(3) 그룹(Cherubim) 천사

이사야는 하나님의 보좌를 옹위하는 네 생물을 스랍들이라고 했는데(사 6:2,6), 스랍이라는 말은 오직 이사야서에만 두 번 나오고 성경 전체에서는 그룹이라고 표현한다. 에스겔은 네 생물을 그룹 천사라고 했다(겔 1:5,10; 9:3; 10:15,20). 따라서 네 생물, 네 그룹(Cherubim), 그리고 스랍은 신원이 동일하다. 그룹 천사는 영어 Group(단체, 무리)이 아니다. 그룹은 히브리어 Cherub이고 복수형태로 Cherubim(케루빔)이라고 한다. 그룹은 히브리 음을 그대로 사용한 것이다.

성경에서 그룹은 상당히 많이 등장한다.

> ① 대표적으로 우리가 잘 알고 있는 지성소 안 법궤 위에 누가 있는가? 그룹 천사가 속죄소를 덮고 있다(출 25:17~22; 히 9:5).

② 아담과 하와가 에덴동산에서 쫓겨났을 때 생명나무로 가는 길목을 그룹 천사가 지켰다(창 3:24).

③ 하나님의 심판을 집행하는 역할을 한다(겔 10:7).

④ 하나님의 보좌를 옹위하는 역할을 한다(겔 1:22,23,26; 10:1).

⑤ 여호와는 그룹 사이에 좌정하신다(시 99:1; 사 37:16).

⑥ 여호와는 그룹을 타고 날으시기도 한다(삼하 22:11; 시 18:10).

⑦ 네 생물은 성령의 지배를 받아 성령이 움직이는 대로 따라간다(겔 1:12).

⑧ 네 생물은 3가지를 찬양한다:

"네 생물이 각각 여섯 날개가 있고 그 안과 주위에 눈이 가득하더라 그들이 밤낮 쉬지 않고 이르기를 거룩하다 거룩하다 거룩하다 주 하나님 곧 전능하신 이여 전에도 계셨고 이제도 계시고 장차 오실 자라 하고"(계 4:8).

가. 하나님의 거룩하심(Holiness)

하나님께만 돌려지는 속성이 바로 그분의 거룩하심이다. 또한 단순히 거룩하심에 대한 의미만 있는 것이 아니다. "거룩 거룩 거룩"(삼성송三聖誦 Trisagion), 세 분의 하나님을 향한 찬양이다. 이사야서에도 네 생물이 세 분의 거룩하심을 찬양한다.

"서로 창화하여 가로되 거룩하다 거룩하다 거룩하다 만군의 여호와여 그 영광이 온 땅에 충만하도다"(사 6:3).

하나님의 영광은 하나님의 성품이다. 그분의 성품은 거룩하심이다. 그 자비의 성품, 사랑의 성품이 온 땅에 충만하신 분이다. 찬송가에 "거룩 거룩 거룩"이라는 찬송이 있는데, 예전에 어느 교회에서 거룩을 왜 세번이나 부르냐면서 "거룩 거룩 하다" 이렇게 개사해서 불렀다고 한다. 하지만 단순히 거룩하다는 의미만 있는 것이 아니라 세 분 하나님을 찬양하는 것이다.

나. 하나님의 전능하심(Omnipotence)

"주 하나님 전능하신 이여" 만물의 통치자 되심과 그분의 전능성을 찬양한다.

다. 하나님의 영원하심(Everlasting)

"전에도 계셨고 이제도 계시고 장차 오실 이" 영원성과 재림 때 동행할 분임을 찬양한다.

⑨ 자, 이렇게 찬양하고 이토록 하나님 가까이 있던 네 생물이 바로 그룹 천사인데, 바로 사탄(Satan)이 된 루시퍼(Lucifer)도 한때 네 생물 중 하나인 그룹 천사였다(겔 28:14).

"[14] 너는 기름 부음을 받은 덮는 그룹임이여 내가 너를 세우매 네가 하나님의 성산에 있어서 화광석 사이에 왕래하였었도다 [15] 네가 지음을 받던 날로부터 네 모든 길에 완전하더니 마침내 불의가 드러났도다 [16] 네 무역이 풍성하므로 네 가운데 강포가 가득하여 네가 범죄하였도다 너 덮는 그룹아 그러므로 내가 너를 더럽게 여겨 하나님의 산에서 쫓아 내었고 화광석 사이에서 멸하였도다 [17] 네가 아름다우므로 마음이 교만하였으며 네가 영화로우므로 네 지혜를 더럽혔음이여 내가 너를 땅에 던져 열왕 앞에 두어 그들의 구경거리가 되게 하였도다"(겔 28:14~17).

만일 사탄이 타락하지 않았다면 네 생물 중 하나로서 Cherubim의 위치를 계속 지켰을 것이다. 하지만 타락하므로 루시퍼의 자리를 가브리엘(Gabriel) 천사가 대신하여 네 생물의 구성원이 되었다.[1]

"잠깐만요 목사님! 가브리엘이 루시퍼의 자리를 대신했다는 것은 처음 듣는데요? 성경에 그런 내용 있나요?" 아마 이렇게 질문하는 분들이 있을지도 모르겠다. 성경에 직접적으로 그렇게 말씀한 부분은 없지만, 성경을 읽어보면 가브리엘 천사가 하나님의 명령을 전달하는 특별한 천사로 등장하는 것을 알 수 있다.

> "천사가 대답하여 가로되 나는 하나님 앞에 섰는 가브리엘이라 이 좋은 소식을 전하여 네게 말하라고 보내심을 입었노라"(눅 1:19).

> "여섯째 달에 천사 가브리엘이 하나님의 보내심을 받들어 갈릴리 나사렛이란 동네에 가서"(눅 1:26).

> "내가 들은즉 을래 강 두 언덕 사이에서 사람의 목소리가 있어 외쳐 이르되 가브리엘아 이 이상을 이 사람에게 깨닫게 하라 하더니"(단 8:16).

> "곧 내가 말하여 기도할 때에 이전 이상 중에 본 그 사람 가브리엘이 빨리 날아서 저녁 제사를 드릴 때 즈음에 내게 이르더니"(단 9:21).

이상과 같은 성경을 볼 때 가브리엘 천사가 루시퍼를 대신한 네 생물이 되었을 것이라고 유추해 볼 수 있다. 우리가 지금은 하나님을 사랑하여 네 생물처럼 하나님께 찬양하고, 법궤 위에 있는 그룹 천사처럼 하나님의 법도와 말씀대로 순종하며 살고, 하나님과 동행하여 성령의 인도대로 따라 살지만 유혹을 이기지 못한다면 언제든지 사탄의 편에 설 수가 있다. 하나님의 일을 하며, 하나님께 쓰임 받았고, 지혜롭다 할지라도 루시퍼처럼 타락할 수가 있음을 명심해야 한다. 우리의 과거 지위가 어떠했든지 간에, 과거에 내가 얼마나 많은 기적을 체험하며 하나님을 섬기고 살았는지가 우리의 구원과 영생을 보장해 주지 않는다. 사탄도 한때는 하나님의 보좌를 옹위하는 그룹 천사였다.

루시퍼 대신 가브리엘을 두셨듯이 우리가 하나님을 배반하고 타락한다면 하나님께서는 그 자리를 다른 사람으로 채우셔서 주님의 일을 계속 해 나가실 것이다. 그러므로 한번 구원받으면 영원히 구원받는다는 교리는 잘못된 것이다. 우리가 늘 깨어 있지 않으면, 우리는 언제든지 구원을 잃어버릴 수 있다. 우는 사자처럼 삼킬 자를 찾고 있는 사탄이 존재하는 한 우리는 늘 깨어 있어야 한다.

7. 보좌를 두른 24장로

 "또 보좌에 둘려 이십사 보좌들이 있고 그 보좌들 위에 이십사 장로들이 흰 옷을 입고 머리에 금 면류관을 쓰고 앉았더라"(계 4:4).

(1) 24장로의 기원과 역사

① 제사장의 직분을 위임받은 아론의 네 아들 가운데 나답과 아비후가 불순종으로 죽임을 당한 후 다른 두 아들인 엘르아살과 이다말이 대제사장직을 승계했다(대상 24:1,2).

② 다윗 왕 때에 엘르아살의 가계에서 족장 16명을 뽑고, 이다말 가계에서 족장 8명을 뽑아 도합 24명의 제사장이 반열을 정하여 성소 봉사를 담당하게 했다(대상 24:3~5).

③ 그 후 제사장의 수가 많아지게 되자 이들은 24반열로 나누고 각각 정해진 반차를 따라 섬기게 했으며 각 반열의 대표자를 택하여 그들을 "하나님의 집을 다스리는 자"로 불렀다(대상 24:7~18).

④ 요한계시록 4장의 24장로는 24반열을 대표하고 있으며 구약에서와 같이 향으로 표상된 성도들의 기도를 하나님께 올리고 있다 (계 5:8). 계시록에는 24장로들이 모두 열두 번이나 언급돼 있다 (계 4:4,10; 5:5,6,8,11,14; 7:11,13; 11:16; 14:3; 19:4).

(2) 24장로는 누구일까?

① 그리스도께서 승천하실 때 승전기념으로 데려간 부활한 성도들
② 천사들
③ 타락하지 않은 우주 거민들

이 세 가지 중에서 부활한 성도들이라고 보는 것이 가장 합당한데 왜냐면,

> ① 천사들을 장로라고 부른 예가 없다.
>
> ② 천사들은 화관이나 왕관을 쓰지 않는다.
>
> ③ 흰옷을 입고 승리의 면류관을 쓴 것은 그들이 땅에서 승리하여 영화롭게 된 구속받은 자들임을 가리키는 주요한 증거들이다(계 5:9).
>
> ④ 제사장은 형제 된 인간들 가운데서 선택되었으므로 이들은 하늘의 존재들이 아니라 구원받은 죄인들이다(히 1:9; 2:17).
>
> ⑤ 그렇다면 부활은 언제 하는가?

예수께서 재림하실 때 의인들이 부활하는데, 도대체 이 사람들은 언제 부활했을까? 사람이 죽는 즉시 천국이나 지옥에 간다는 사상은 성경의 가르침이 아니라 아리스토텔레스나 소크라테스의 헬라 철학이었다. 헬레니즘이 기독교에 유입되면서 사람이 죽으면 그 영혼이 어디론가 간다는 교리가 형성되었는데, 예수께서는 죽음은 자는 것과 같다고 말씀하셨다. 따라서 사람이 죽으면 천국이나 지옥에 가는 것이 아니라 무덤 속에서 잠자는 상태로 있다가 예수님이 재림하실 때 부활하는 것이다. 만약 죽는 즉시 천국에 간다면, 예수께서 재림하실 때 하늘에서 다시 땅속 무덤으로 들어갔다가 나오면서 예수님을 처음 뵙는 것처럼 기뻐할 수 있겠는가? 따라서 영혼이 죽지 않고 불멸하여 천국이나 지옥에 간다는 것은 성경의 부활을 무시하는 것이다.

하나님의 말씀을 깨닫게 해 달라고 간절히 구하면서 편견을 버리고 성경을 보면 어린아이라도 깨닫게 해 주실 수 있는 단순한 말씀이 바로 성경이다. 예수께서 재림하시기 전에도 부활한 사람들이 많았다.

엘리야가 살린 사르밧 과부의 아들, 예수께서 살리신 나사로와 나인성 과부의 아들, 베드로가 살린 다비다, 바울이 살린 유두고 등은 죽음에서 생명을 얻어 부활했으나 영원히 살지는 않았다. 다시 죽어서 무덤 속에서 잠자고 있는 것이다. 하지만 24장로는 하늘에 있다고 했기 때문에, 부활해서 천국에 있는 사람들이다. 그렇다면 언제 부활해서 천국에 갔을까? 성경에서 확인해보자.

예수님이 십자가에서 운명하실 때,

"[50] 예수께서 다시 크게 소리 지르시고 영혼이 떠나시다 [51] 이에 성소 휘장이 위로부터 아래까지 찢어져 둘이 되고 땅이 진동하며 바위가 터지고 [52] 무덤들이 열리며 자던 성도의 몸이 많이 일어나되 [53] 예수의 부활 후에 저희가 무덤에서 나와서 거룩한 성에 들어가 많은 사람에게 보이니라"(마 27:50~53).

이 사람들이 성에 들어가 그리스도의 부활을 증거했다. 그리고 40일 후에 주님께서 승천하실 때 그들을 부활의 증인으로 하늘에 데려갔다. 그 내용을 성경에서 확인해보자.

"그러므로 이르기를 그가 위로 올라가실 때에 사로잡힌 자를 사로잡고 사람들에게 선물을 주셨다 하였도다"(엡 4:8).

바로 이때 그리스도와 함께 승천한 사람들이 24장로들이다. 이 사람들은 그리스도를 믿고 승리한 자들은 분명히 부활하여 보좌에 함께 앉게 될 것을 확증하는 약속의 표이다(요 6:39,40; 11:25). 24장로가 하나님께 대한 사람들의 대표인 것처럼, 네 생물은 사람들에 대한 하나님의 대표이다. 24장로는 하나님을 섬기고 있고, 네 생물은 하나님의 명령을 집행하고 있다.

(3) 24장로의 역할

① 그들은 그리스도께서 지상 생애 동안 성취하신 구속사역의 첫 열매들로서 승리의 열매인데, 그리스도의 의를 상징하는 흰 옷을 입고 승리를 표상하는 금 면류관을 쓰고 있다(계 4:4,10).

② 그들은 자신들이 경험한 구속의 은혜를 밤낮 찬송하며 하나님과 그리스도께 감사의 경배를 계속하고 있다(계 4:10,11; 5:8,9).

③ 그들은 하늘 성소에서 지상의 동료 인간들을 위하여 성도들의 기도가 담긴 금대접을 잡고 그리스도의 중보를 조력하고 있다(계 5:8).

④ 그들은 왕과 제사장의 직분으로 세상을 심판할 성도들을 예표하고 있으며 지금 하늘에서 진행되고 있는 심판의 배심원 역할을 하고 있다.

(4) 24장로들의 찬양

 "[10] 이십사 장로들이 보좌에 앉으신 이 앞에 엎드려 세세토록 사시는 이에게 경배하고 자기의 면류관을 보좌 앞에 던지며 가로되 [11] 우리 주 하나님이여 영광과 존귀와 능력을 받으시는 것이 합당하오니 주께서 만물을 지으신지라 만물이 주의 뜻대로 있었고 또 지으심을 받았나이다 하더라"(계 4:10,11).

"영광과 존귀와 능력을 받으시는 것이 합당하오니": 여기 합당하다는 말에서 **"예배"**(Worship)라는 말이 시작했다. 세상의 아무것도 하나님 이상으로 더 값진 것이나 존귀하거나 요긴한 것이 있을 수 없음을 인정하고 그 최고 가치이신 하나님께 합당한 숭경심을 표하는 것이 예배이다.

"주께서 만물을 지으신지라": 자식에게 있어 부모의 존재는 절대적이듯 피조물에 있어 창조주 하나님의 존재는 절대적인 것이다. 바로 이 절대적인 관계로부터 예배의 원리가 성립되는 것이다. 하나님을 경배해야 하는 의무는 그분께서 창조주라는 사실이다.

8. 일곱 등불

 "보좌로부터 번개와 음성과 뇌성이 나고 보좌 앞에 일곱 등불 켠 것이 있으니 이는 하나님의 일곱 영이라"(계 4:5).

일곱(7)이라는 숫자는 완전을 표상하기 때문에 하나님의 영이 일곱 분이라는 뜻이 아니라 완전하신 속성을 가지시고 모든 시대를 완벽하게 살피시는 분이심을 강조하고 있다.

이사야와 에스겔과 요한에게 주어진 이상들을 통하여 우리는 하늘이 이 땅에서 이루어지고 있는 사건들에 얼마나 관심이 있는지, 하나님께 충성하는 자들에 대한 하나님의 보호가 얼마나 큰지 알 수 있다. 이 지구를 미국이 통치하고, 바티칸이 통치하고, 세계주의자들이 통치하고 있는 것 같지만, 전혀 그렇지 않다. 다가오는 사건들의 프로그램은 주님의 손바닥 위에 놓여져 있다. 하나님께서는 당신의 백성들에 대해 지극한 관심을 가지고 계실 뿐만 아니라 인류 역사를 운행하고 계신다.

우리가 주님을 믿고 따라갈 때 많은 어려움과 곤란을 느낄 때가 있다. 하지만 사랑의 주님께서는 우리가 혼자 짐을 지고 가도록 버려두지 않았다. 우리를 도우시는 분이 계시기 때문에 우리는 하나님을 신뢰하고 따르며 앞으로 전진할 필요가 있다. 우리를 승리하게 하는 것은 하나님의 능력이다. 우리가 불의를 버리고 마음과 생애가 순결해진다면 주님께서는 언제나 우리와 함께 일하실 것이다.

계시에 나타난 것처럼 하나님은 가만히 앉아 계시지 않는다. 번개와 같은 빠른 속력으로 생물들 사이로 왕래하시면서 우리를 다스리고 계시며, 졸지 않으시는 분이시다. 우리가 겪는 인생의 모든 실패와 좌절들이 인간의 눈으로 볼 때는 복잡한 것처럼 보이지만 주님의 손에서는 완전한 질서로 변할 수 있다. 주님은 악인들의 목적을 방해하여 당신의 백성을 해롭게 하고자 음모하는 그들의 의논을 혼란하게 하실 수 있으시다. 그러므로 지금은 탄식하고 절망할 때가 아니며, 의심과 불신에 굴복당할 때도 아니다. 그리스도께서는 요셉의 무덤에 누워 계신 구주가 아니시며, 큰 돌로 가두어 지고, 로마의 인으로 인봉 된 구주가 아니시다. 우리에게는 부활한 구주가 계신다. 그분은 왕이시며, 만주의 주가 되신다. 그분은 그룹들 사이를 왕래하고 계신다.

세상의 분쟁과 전쟁의 위험과 주변의 참소와 소요 가운데서 주님은 여전히 당신의 백성들을 지키고 계신다. 하늘에서 통치하고 계신 분은 우리의 구주이시다. 그분은 모든 시련을 헤아리신다. 하나님은 각 사람이 통과해야 할 풀무불을 주목하고 계신다. 지금은 비록 어렵더라도 하나님과 하나님의 백성을 대적하는 악한 권세는 무너질 것이고, 주님의 백성은 그분의 손안에서 안전할 것이다.

9. 하나님께서 왜 보좌를 보여주셨는가?

우리는 하나님이 눈에 보이지 않기 때문에 자꾸 잊어버리기 쉽다. 하나님께서 바로 우리 옆에 계시지만 알지 못하거나 모른 척하므로 온갖 나쁜 짓을 대담하게 할 수 있는 것이다. 우리는 요한의 계시를 믿음으로 함께 보아야 한다. 그래서 이 계시가 우리의 삶에 영향을 끼치고, 하나님께서 전 우주를 주관하고 심판하시는 분임을 우리가 인정하고 믿으며 살아가는 신앙이 되어야 한다.

보좌에 앉으신 하나님의 모습은 그분의 능력과 권위가 지금도 여전히 온 우주를 다스리고 있음을 보여주고 있다. 하나님은 "인간 나라를 다스리"(단 4:25)시고, 그분의 백성들의 "앉고 일어섬을 아시고"(시 139:2) 우리의 필요를 채워 주신다. 사람들에게 은혜를 베푸시고 또한 심판하시며 여전히 살아계시고 여전히 통치하고 계시며, 불공정한 대접을 받은 자들을 옹호하여 억울함을 풀어주는 공의로운 분이심을 보여주고 있다. 그 여호와는 우리가 의지하고 신뢰해야 할 하나님이시고 창조주와 구원자이시다. 믿음을 굳게 하라! 마지막 때는 사탄이 우리의 믿음을 흔들기 위해 상상하지 못했던 여러 가지 방법으로 하나님을 바라보던 우리의 시야를 흐리게 할 것이다.

23일만에 장엄한 메시아를 작곡한 헨델에게 "어떻게 하여 이 큰 일을 하게 되었는가?"를 누군가 물었을 때 그는 "**나는 하늘이 열리고 하나님이 크고 흰 보좌에 앉아 계신 것을 보았다**"고 대답했다. 우리도 믿음으로 하늘을 보며 살아야 한다. 누구든지 하나님의 보좌를 볼 수만 있  다면 어떠한 경우를 당하든지 형편과 처지와 관계없이 궁극적 승리에 대한 확신을 가지게 되고 하나님 편에 굳게 서게 될 것이다. 눈을 들어 보좌에 앉으신 하나님이 나의 인생을 은혜의 섭리로 인도하시는 광경을 보라!

기 도

보좌에 앉으신 전능하신 하나님 아버지!
주님께서 우리에게 하나님의 보좌를 보여주시니
참으로 감사를 드립니다. 하나님의 보좌를
보여주실 때는 참으로 인간의 눈으로 보기에는 막막하고
답답한 처지와 현실에 처해 있었습니다.
이사야가 그랬고 에스겔이 볼 때도 그러했고,
다니엘과 요한이 볼 때에도 그랬고
정말 내우외환, 안팎으로 어려움이 있는,
답답하고 곤경스러울 때에 하나님께서는
우리에게 보좌를 보여주셨습니다.
아버지! 지금 우리의 시선이 어디로 가 있습니까?
어떤 문제에 봉착해 있습니까? 우리가 눈을 들어서
여전히 나를 돌보시고 운행하시는,
모든 일이 하나님의 손바닥 위에 있는,
그 하나님의 보좌를 볼 수 있도록
은혜를 베풀어 주시옵소서!

보좌 위에 계신 거룩하신
예수 그리스도의 이름으로 간절히 기도드립니다.

아멘!

요한계시록 4장 [복습문제]

1. 하나님의 보좌에 대한 설명으로 옳은 것 두 가지는?

① 하나님의 보좌는 움직이는 보좌이다. 어떤 특정한 장소에 갇혀 계시지 않는다.
② 계시록 4장은 성도들의 기도를 받으시고 중보사역을 하시는 성소 첫째 칸의 사역을 의미한다.
③ 하나님의 보좌는 거룩하므로 가장 거룩한 곳인 지성소에만 계신다.
④ 예수님은 승천 후 지금까지 2000년 이상 하나님의 보좌 옆 우편에 앉아 계신다.

2. 하나님의 보좌를 보고 기록에 남긴 네 사람은 구약의 (　　), (　　), (　　), 신약의 (　　　)이다.

3. 하나님의 보좌를 네 선지자에게 보여준 의미와 관계없는 설명은?

① 보좌를 보았다는 것은 지상에서 하나님의 대리자로 역할을 할 수 있는 영적인 권위를 받았다는 뜻이다.
② 한결같이 앞이 캄캄하고 모든 것이 절망적인 상황에 에워싸일 시기였다.
③ 어려움을 당하는 하나님의 백성들에게 세상을 통치하시는 분은 하나님이심을 보여주셨다.
④ 하나님은 끝내 당신의 계획을 성취하시고 마침내 승리하실 것임에 대한 확신을 갖게 하셨다.

4. 보좌에 대한 묘사 중 틀린 설명은?

① 보좌의 색깔은 녹색이며 무지개가 보좌를 두르고 있다.
② 궁창 위에 무지개 빛 하나님의 보좌가 있고, 궁창 아래 네 생물이 있고, 바퀴 안에 바퀴가 있으며, 바퀴 안에 눈이 있다.
③ 네 생물의 몸은 하나이고, 얼굴 4면이 각기 사람/사자/황소/독수리이다.
④ 괴물과 같은 네 생물은 바라보기만 해도 하나님을 두려움으로 섬기게 만든다.

5. 이스라엘 12지파의 진과 에스겔이 본 네 생물과의 관계 중 상관없는 것은?

① 에스겔이 본 네 생물과 사도 요한이 본 네 생물은 다른 존재이다.
② 성막을 중심으로 12지파가 동서남북에 진을 쳤다.
③ 유다 지파 상징인 사자는 다윗의 자손으로 오신 메시아의 왕권을 의미한다.
④ 서편 에브라임 지파는 황소, 남편 르우벤 지파는 사람, 북편 단 지파에는 독수리가 진기로 세워졌다.

6. 네 생물의 특성과 공생애 기간의 예수님과의 상관관계 중 잘못된 설명은?

① 마태는 동물의 왕인 사자로 상징된 유다 지파에서 다윗의 후손으로 오신 그리스도를 나타냈다.
② 마가는 섬기고 봉사하며 희생하는 소처럼 인류를 위해 섬기고 봉사하러 오신 좋이신 그리스도를 나타냈다.

③ 누가는 사람의 아들 그리스도로서 모든 면에서 사람과 같이 되시고, 지성과 인정이 넘치시는 그리스도를 나타냈다.

④ 요한은 위엄과 신성의 능력을 상징하는 부엉이처럼 어둠을 지배하는 하나님을 나타냈다.

7. 그룹 천사에 대한 설명과 그 역할로 옳지 않은 것은?

① 이사야는 스랍 천사라고 했는데 그룹 천사와 동일하다.
② 그룹(Group)천사라는 말은 한 명이 아니라 여러 천사로 되어 있음을 뜻한다.
③ 하나님의 심판을 집행하는 역할을 한다.
④ 여호와는 그룹 사이에 좌정하신다.

8. 네 생물이 찬양하는 세 가지가 아닌 것은?

① 하나님의 자비하심(Merciful)
② 하나님의 거룩하심(Holiness)
③ 하나님의 전능하심(Omnipotence)
④ 하나님의 영원하심(Everlasting)

9. 24장로가 부활한 성도라고 보는 타당한 이유와 관계없는 것은?

① 천사들을 장로라고 부른 예가 없고 화관이나 왕관을 쓰지 않는다.
② 부활한 자들의 첫 열매로 24장로가 사람으로 유일하게 죽음을 이기고 부활했다.
③ 흰옷을 입고 승리의 면류관을 쓴 것은 그들이 땅에서 승리하

여 구속받은 자들임을 가리킨다.

④ 제사장은 형제 된 인간들 가운데서 선택되었으므로 이들은 구원받은 죄인들이다.

10. 24장로의 역할과 관계없는 것은?

① 그리스도의 의를 상징하는 흰 옷을 입고 승리를 표상하는 금면류관을 쓰고 있다.

② 구속의 은혜를 찬송하며 하나님과 그리스도께 감사의 경배를 드린다.

③ 지금 하늘에서 진행되고 있는 심판의 배심원 역할을 하고 있다.

④ 하나님의 명령을 대신 집행해주는 권한을 가졌기 때문에, 성도들의 기도를 듣고 응답해준다.

5장

지구에서 우주까지
가장 감격적인 경험

"큰 음성으로 가로되 죽임을 당하신 어린 양이
능력과 부와 지혜와 힘과 존귀와 영광과
찬송을 받으시기에 합당하도다 하더라"

[계 5:12]

[요한계시록 13부]
어린양을 찬양할 하늘 합창단 모집

말씀·손계문 목사

요한계시록 5장

[계시록 5:1~14]

[1] 내가 보매 보좌에 앉으신 이의 오른손에 책이 있으니 안팎으로 썼고 일곱 인으로 봉하였더라

[2] 또 보매 힘있는 천사가 큰 음성으로 외치기를 누가 책을 펴며 그 인을 떼기에 합당하냐 하니

[3] 하늘 위에나 땅 위에나 땅 아래에 능히 책을 펴거나 보거나 할 이가 없더라

[4] 이 책을 펴거나 보거나 하기에 합당한 자가 보이지 않기로 내가 크게 울었더니

[5] 장로 중에 하나가 내게 말하되 울지 말라 유대 지파의 사자 다윗의 뿌리가 이기었으니 이 책과 그 일곱 인을 떼시리라 하더라

[6] 내가 또 보니 보좌와 네 생물과 장로들 사이에 어린 양이 섰는데 일찍 죽임을 당한 것 같더라 일곱 뿔과 일곱 눈이 있으니 이 눈은 온 땅에 보내심을 입은 하나님의 일곱 영이더라

[7] 어린 양이 나아와서 보좌에 앉으신 이의 오른손에서 책을 취하시니라

[8] 책을 취하시매 네 생물과 이십사 장로들이 어린 양 앞에 엎드려 각각 거문고와 향이 가득한 금대접을 가졌으니 이 향은 성도의 기도들이라

[9] 새 노래를 노래하여 가로되 책을 가지시고 그 인봉을 떼기

에 합당하시도다 일찍 죽임을 당하사 각 족속과 방언과 백성과 나라 가운데서 사람들을 피로 사서 하나님께 드리시고

[10] 저희로 우리 하나님 앞에서 나라와 제사장을 삼으셨으니 저희가 땅에서 왕 노릇 하리로다 하더라

[11] 내가 또 보고 들으매 보좌와 생물들과 장로들을 둘러 선 많은 천사의 음성이 있으니 그 수가 만만이요 천천이라

[12] 큰 음성으로 가로되 죽임을 당하신 어린 양이 능력과 부와 지혜와 힘과 존귀와 영광과 찬송을 받으시기에 합당하도다 하더라

[13] 내가 또 들으니 하늘 위에와 땅 위에와 땅 아래와 바다 위에와 또 그 가운데 모든 만물이 가로되 보좌에 앉으신 이와 어린 양에게 찬송과 존귀와 영광과 능력을 세세토록 돌릴지어다 하니

[14] 네 생물이 가로되 아멘 하고 장로들은 엎드려 경배하더라

계시록 5장

지구에서 우주까지 가장 감격적인 경험

사도 요한은 계시를 통해 1장에서는 승천하신 후 성소에서 대제사장으로 사역하고 계시는 그리스도를 뵈었다(계 1:12~20). 그리고 2장과 3장에서 성소의 일곱 촛대로 상징된 지상의 일곱 교회에 보내는 말씀을 전달받았다(계 2:1~3:22). 곧 이어서 4장에서 영광스러운 하나님의 보좌를 보게 되는 엄청난 특권을 누렸고 드디어 5장에서는 보좌에 앉으신 하나님의 오른 손에 일곱 인으로 봉인된 한 두루마리를 보게 된다.

1. 구속[救贖, Redemption]

일곱 인으로 봉인했다는 사실은 그것이 완전하게 봉인됐다는 것을 의미한다. 이 두루마리는 바로 사탄에 의해 죄 때문에 잃어버린 지구에 대한 하나님의 소유권과 인간의 본래의 형상을 찾기 위한 구속(救贖)의 문서인 것이다.

구속은 구원과는 다른 의미이다. 범법자들이 죄를 지어서 수갑을 차는 구속(拘束, Arrest)이 아니다. 구원은 우리를 죄에서 건져내 주었다는 뜻이며 구속은 구원을 하기는 했는데 대가를 주고, 즉 값을 지불하고 우리를 죄에서 건져내 주셨다는 뜻이다. 어떤 값을 치렀는가? 우리를 구원하기 위해서 하나님의 아들의 생명이 필요했다. 그 생명을 주고 우리를 사셨다. 그분의 죽으심으로 우리가 구속을 받은 것이다.

계시록 5장에서는 우리를 구속하시고 이 죄악의 역사를 끝낼 수 있는 분은 오직 어린양이신 예수 그리스도뿐임을 우리에게 다시금 분명히 상기시킨다.

 "[9] 새 노래를 노래하여 가로되 책을 가지시고 그 인봉을 떼기에 합당하시도다 일찍 죽임을 당하사 각 족속과 방언과 백성과 나라 가운데서 사람들을 피로 사서 하나님께 드리시고 [10] 저희로 우리 하나님 앞에서 나라와 제사장을 삼으셨으니 저희가 땅에서 왕 노릇 하리로다 하더라"(계 5:9,10).

하나님의 백성을 나라와 제사장으로 삼고, 저희를 땅에서 왕 노릇하게 하신다고 했는데, 어떻게 그것이 가능했는가? 무엇이 그렇게 하도록 해 주었다고 말씀하고 있는가? "사람들을 피로 사서 하나님께 드리시고" 예수 그리스도의 피로 우리를 구속하셨다.

레위기 25장에 보면 "토지를 영영히 팔지 말 것은 토지는 다 내 것임이라"(레 25:23)고 했다. 땅 주인은 하나님이시기 때문에 혹시 땅을 타인에게 팔았거나 빚 때문에 빼앗겼다 할지라도 50년마다 돌아오는 희년(Jubilee)에는 원래 소유주에게 자동적으로 돌아갔다(레 25:8~17). 이런 하나님의 경제법칙을 세상에 적용하면 세상엔 가난이 없고, 빈부격차가 없고, 정말 파라다이스가 될 텐데 인간의 욕심이 하늘의 법칙을 무너뜨린 결과 오늘도 여기저기서 돈 때문에 싸우고 스스로 생을 마감하는 비참한 현실을 우리는 보고 있지 않은가? 답답한 현실이지만 믿음을 갖고 인내하자! 조금만 더 인내하면 돈 때문에 싸울 일이 없고 눈물 흘릴 일이 없는 하늘에 곧 이르게 될 것이다!

　하나님께서는 가난의 설움을 없애기 위해 희년 외에 한가지 제도를 더 주셨는데, 희년이 돌아오기 전이라 할지라도 땅을 빼앗긴 사람의 가까운 친척이나 연고자가 그 땅 값을 대신 물어주면, 토지를 빼앗기고 자식들은 종으로 팔려 종살이를 하다가도, 고달픈 나그네 인생과 종살이를 끝내고 다시 자기 기업으로 돌아와 예전처럼 안정과 행복을 누리며 살 수 있게 하셨다(레 25:23~28). 이렇게 대신 값을 내어 기업을 물어준 고마운 친족이 바로 "기업 무를 자" 다른 말로 "구속주"가 되는 것이다.

　룻기에 보면 불쌍한 나오미 가정을 위해 기업을 대신 이어준 보아스 이야기가 나오는데, 보아스가 바로 그리스도의 구속을 예표한 구속주, 기업 무를 자 즉 "고엘"(Goel)이다(룻 4:9,10). 이러한 구약의 토지제도와 기업의 회복은 지구의 운명과 구속을 적절히 예표하고 있다. 아담이 범죄했을 때 그는 이 세상에 관한 권리를 박탈당했다. 하나님께서 그에게 주신 귀중한 상속은 아담뿐만 아니라 그의 자손에게서도 몰수되었다. 사탄은 이 세상에 대한 모든 권리를 주장했으며 수천 년 동안 이 땅은 사탄의 세력에 의해 유린되어 왔다. 그래서 온 우주는 지구를 되찾기 위해 "기업 무를 자" 고엘이 나타나 그 값을 되갚아 주고 상실된 인류의 기업을 되찾아 주기를 고대하고 있었다. 물론 지구는 하나님의 소유인데 사탄이 정당한 권리로 양도받지 않고 강탈해 간 것이다. 그래서 기업 무를 자 곧 구속주가 오셔서 그 값을 치름으로써 지구를 되찾게 된다.

2. 인봉된 두루마리

 "⑵ 또 보매 힘있는 천사가 큰 음성으로 외치기를 누가 책을 펴며 그 인을 떼기에 합당하냐 하니 ⑶ 하늘 위에나 땅 위에나 땅 아래에 능히 책을 펴거나 보거나 할 이가 없더라 ⑷ 이 책을 펴거나 보거나 하기에 합당한 자가 보이지 않기로 내가 크게 울었더니 ⑸ 장로 중에 하나가 내게 말하되 울지 말라 유대 지파의 사자 다윗의 뿌리가 이기었으니 이 책과 그 일곱 인을 떼시리라 하더라 ⑹ 내가 또 보니 보좌와 네 생물과 장로들 사이에 어린양이 섰는데 일찍 죽임을 당한 것 같더라 일곱 뿔과 일곱 눈이 있으니 이 눈은 온 땅에 보내심을 입은 하나님의 일곱 영이더라 ⑺ 어린양이 나아와서 보좌에 앉으신 이의 오른손에서 책을 취하시니라"(계 5:2~7).

인봉한 두루마리를 열 사람이 아무도 없다는 것을 알았을 때 요한은 크게 울었다. 단순히 그 두루마리 내용이 궁금해서 조바심으로 운 것이 아니었다. 그는 그 두루마리가 무엇을 의미하는지를 알고 있었다. 빚에 쪼들려 그것이 유일한 생존의 기반인 줄 알면서도 땅을 팔 수밖에 없고 그래서 가족들은 뿔뿔이 흩어져 남의 집 종살이로 떠나거나 고달픈 품팔이로 살아갈 수밖에 없었던 가난한 사람들의 운명을 생각해보라. 누군가 고마운 친족이 나타나 토지 양도증서의 인을 떼고 거기에 명시된 대로 값을 치뤄주기까지는 고달픈 운명에서 벗어나지 못하는 것이다. 마찬가지로 이제 범죄로 몰수당한 세상과 인간의 통치권은 그 인봉을 떼기에 합당한 연고자가 나타나기까지는 선지자들의 모든 약속은 허사요, 성도들의 간절한 구원의 소망은 수포로 돌아가고 앞으로 펼쳐질 세상에 대한 아름다운 꿈도 여지없이 무너지고 마는 것이다. 지구를 위한 고엘이 나타나지 않으면 약속된 새 하늘과 새 땅은 성도들에게 영원히 낯선 땅이 되고 마는 것이다.

책의 인봉이 떨어지는 것은 오랫동안 죄로 말미암아 잔인하게 빼앗겼던 모든 것으로의 회복을 의미하는 것이다. 그러므로 그 책이 열리기까지 하나님의 백성은 여전히 곤궁과 슬픔과 눈물 속에 있지 않으면 안 되었다. 그러므로 이곳에서 요한의 울음은 단순히 인간적인 감정에서가 아니라 죄로 인해 말로 다할 수 없는 고난과 슬픔과 아픔을 겪어야 하는 인간들과 피조물들로 더불어 함께 탄식하며 함께 고통 당하는 고뇌의 울음이다(롬 8:19~23).

3. 어린양 예수 그리스도

그때 24장로 중 하나가 요한에게 걱정 말라고 말한다. 유다 지파의 위엄있는 사자요 또한 죽임을 당한 어린양이신 예수 그리스도께서 인을 떼시고 지구를 되찾아 줄 것이라고 위로하고 있다. 어린양이 아닌 어느 누구도 이러한 일을 하기에 합당치 않다. 왜냐하면 그분만이 인간의 박탈당한 기업을 생명이라는 값을 치르고 사셨기 때문이다.

주님은 박탈당한 지구에 대한 속전을 이미 지불하셨다. 그분은 참된 기업 무를 자이시기 때문에, 사탄에게 몰수된 채무증서를 청산하고 인봉들을 떼어 내심으로써 이 일을 완성하실 분이시다.

구속의 근거는 이미 십자가에서 완성되었지만 구속의 완성은 아직 미래에 속한 일이다. 하나님의 백성은 아직 사탄이 자기 소유라고 주장하고 있는 지구에서 시달리며 살고 있다. 악은 여전히 번성하고 악한 자들은 여전히 하나님의 백성을 괴롭히고 있다. 이미(Already)와 아직(Not yet)의 긴장 속에서 우리는 살고 있다. 이미 이루어진 구원과 아직 이루어지지 않은 구원 사이에서, 은혜의 왕국은 세워졌지만 영광의 왕국은 아직 오지 않았다. 하지만 예수께서 이미 값을 지불하셨기에 우리는 믿음으로 구속이 완성되는 그 날을 바라볼 수 있는 것이다.

> "온유한 자는 복이 있나니 저희가 땅을 기업으로 받을 것임이요"(마 5:5).

우리는 빼앗긴 이 지구를 돌려받을 것이나 이 일은 아직 완성되지는 않았다.

"이런 일이 되기를 시작하거든 일어나 머리를 들라 너
희 구속이 가까웠느니라 하시더라"(눅 21:28).

십자가에서 시작된 구속은 이제 완성을 위해 시간이 얼마 남지 않았다. 우리는 땅만 쳐다보며 살 것이 아니라 다시 오시는 구속의 완성을 향해 머리를 들어야 한다.

 "그 분 안에서 너희도 진리의 말씀, 곧 너희 구원
의 복음을 듣고 그 분 안에서 또한 믿었으니 너희
는 약속의 성령으로 인침을 받은 것이니라 이는 값
주고 사신 그 소유를 구속하기까지 우리의 유업의
보증이 되사 그의 영광을 찬양하게 하려 하심이니
라"(KJV, 엡 1:13,14).

예수께서 우리를 값을 주고 사셨다. 따라서 이 땅에서 완전히 구원해 가실 그때까지 진리의 말씀, 구원의 복음, 성령의 인치심으로 하나님께 영광을 돌리는 삶을 살아야 하는 것이 신자들에게 남아있다.

 "어린양이 섰는데 일찍 죽임을 당한 것 같더라…
어린양이 나아와서 보좌에 앉으신 이의 오른손에
서 책을 취하시니라"(계 5:6,7).

계시록에 나온 이 어린양은 이사야가 언급한 그 어린양이다.

📖 "그가 곤욕을 당하여 괴로울 때에도 그 입을 열지 아니하였음이여 마치 도수장으로 끌려가는 어린양과 털 깎는 자 앞에 잠잠한 양같이 그 입을 열지 아니하였도다"(사 53:7).

이 어린양은 바로 예수 그리스도이시다.

📖 "요한이 예수께서 자기에게 나아오심을 보고 가로되 보라 세상 죄를 지고 가는 하나님의 어린양이로다"(요 1:29).

어린양이라는 칭호는 계시록에서 매우 중요하게 쓰이는 단어로 계시록에서만 스물아홉 번이나 나온다. 사복음서가 아니라 성경의 마지막 책에서 우리에게 다시금 상기해주고 싶은 것이 무엇일까? 바로 예수께서 나를 구속하시기 위해 십자가에 달려 돌아가셨음을 재차 강조하는 것이다! 나를 단순히 구원하신 것이 아니라 피값으로 구속하신 것이다! 인간의 죄를 대속하기 위하여 십자가에서 못에 상한 그 발만이 이 운명의 책을 받기 위하여 보좌로 나아가실 수 있으시며, 못에 뚫린 그 손만이 구속의 책의 인봉을 떼실 수 있으신 것이고, 창에 허리를 상하신 그 분만이 기업의 엄청난 대가를 물으실 수 있으시고, 가시관에 이마를 찢기신 그 분만이 죄악에 짓눌린 속절없는 인간의 보아스가 되실 수 있으신 것이다. 참으로 인간과 세상의 운명이 죽임을 당하신 어린양의 못에 찔린 손안에 있는 것이다.

4. 우주로 번지는 영원한 찬양

어린양께서 책을 취하시자마자 보좌의 네 생물과 성도들의 기도가 가득 담긴 금향로를 든 24장로의 심금을 울리는 찬양이 일제히 시작된다.

 "[8] 책을 취하시매 네 생물과 이십사 장로들이 어린양 앞에 엎드려 각각 거문고와 향이 가득한 금대접을 가졌으니 이 향은 성도의 기도들이라 [9] 새 노래를 노래하여 가로되 책을 가지시고 그 인봉을 떼기에 합당하시도다 일찍 죽임을 당하사 각 족속과 방언과 백성과 나라 가운데서 사람들을 피로 사서 하나님께 드리시고 [10] 저희로 우리 하나님 앞에서 나라와 제사장을 삼으셨으니 저희가 땅에서 왕 노릇 하리로다 하더라 [11] 내가 또 보고 들으매 보좌와 생물들과 장로들을 둘러 선 많은 천사의 음성이 있으니 그 수가 만만이요 천천이라 [12] 큰 음성으로 가로되 죽임을 당하신 어린양이 능력과 부와 지혜와 힘과 존귀와 영광과 찬송을 받으시기에 합당하도다 하더라 [13] 내가 또 들으니 하늘 위에와 땅 위에와 땅 아래와 바다 위에와 또 그 가운데 모든 만물이 가로되 보좌에 앉으신 이와 어린양에게 찬송과 존귀와 영광과 능력을 세세토록 돌릴지어다 하니 [14] 네 생물이 가로되 아멘 하고 장로들은 엎드려 경배하더라"(계 5:8~14).

하늘의 찬양은 세 단계로 물결을 일으키며 온 우주로 퍼져가고 있다. 네 생물과 24장로들이 찬양하고(계 4:8~10), 천천만만의 천사들이 찬양하고(계 4:11,12), 그리고 온 우주 안에 있는 모든 만물이(계 4:13,14) 죽임을 당하신 어린양을 찬양하는 소리가 우주로 영원히 퍼져 나가는 것이다.

(1) 8절에 보면 성도들의 기도가 가득했다고 했다.

아담이 타락한 이래 수십 세기에 걸친 부르짖음은 "주님의 나라가 임하옵시고"였다. 핍박받던 선지자들과 고난당하던 성도들, 그리고 그 수를 헤아릴 수 없는 순교자들은 바로 이 날을 위해 기도하며 사모해 왔다. 길고도 비참한 죄악의 밤 동안 그들은 기도의 합창을 하나님께 올려 보내왔다. 주님의 나라가 속히 임하시기를 우리는 얼마나 간절히 고대하고 있는가? 우리가 가장 많이 나누는 대화가 **"예수님 속히 오셨**

으면"이어야 한다. 이 소망이 가슴 깊은 곳에서부터 올라오는 간절한 기도요, 찬양이 되어야 한다.

(2) 9절에 보면 새 노래로 찬양했다고 했다.

새 노래는 전혀 새로운 경험에서 우러나온, 이전 것과는 전혀 다른 새 노래이다. 구속주이신, 고엘이신, 기업을 무르신, 대속하신, 어린양이신 예수 그리스도를 만나면, 전에 결코 존재한 적이 없던 새로운 경험을 하게 된다. 새로운 기쁨, 새로운 감동, 새로운 힘, 새로운 화평을 선물로 주신다. 세상이 아무리 요동하고, 주변에서 아무리 괴롭혀도, 삶이 아무리 고달파도 "세상이 줄 수 없는 평안"을 소유하게 되는 그 새로운 경험, 그리스도가 없는 사람의 눈에는 본 적도 없고, 볼 수도 없는 그 어떤 것이 삶 속에서 생동하는 것이다. 그래서 삶이 찬양이 되는 것이다. 삶이 하나님께 영광이 되는 것이다.

이 새 노래의 주제는 예수 그리스도의 죽으심이다. 예수 그리스도께서 인류를 위해 무엇을 하셨는지를 찬양하고 있다. 예수님의 죽으심은 역사적 우연에 의한 것이 아니라 창세 전부터 예정되고 예약된 목적에 따라 죽으셨다는 사실이다. 그러므로 십자가는 창세 전에 이미 세워진 것이요, 구속은 인간의 타락 전에 이미 계획된 것이다. 인간을 구속하기 위해 하늘의 어떤 보화나 값진 재물이 아니라 피 값을 주고 샀다.

 "[18] 너희가 알거니와 너희 조상의 유전한 망령된 행실에서 구속된 것은 은이나 금 같이 없어질 것으로 한 것이 아니요 [19] 오직 흠 없고 점 없는 어린양

같은 그리스도의 보배로운 피로 한 것이니라"(벧전 1:18,19).

📖 "그가 모든 사람을 위하여 자기를 속전으로 주셨으니 기약이 이르면 증거할 것이라"(딤전 2:6).

(3) 그 이름 예수

예수께서는 모든 사람을 위하여 죽으셨다. 장로교의 신학적 기둥인 칼빈의 "이중 예정"의 치명적인 문제 중의 하나가 "어떤 사람은 구원!" 그것만 정하신 것이 아니라 "어떤 사람은 멸망!" 그것도 이미 작정해 놓으셨기 때문에 멸망 받기로 예정된 사람들을 위해서는 예수께서 죽지 않으셨다는 것이다. 이것을 "제한 속죄"라고 하는데 이런 얘기를 사도 바울이 들으면 무엇이라고 했을까? 다른 복음을 전하면 저주를 받을 것이라고 했는데(갈 1:8) 아무도 장로교를 잘못됐다고 하지 않는다. 왜냐하면 많은 사람이 믿으니까! 많은 사람이 믿으면 이단도 이단이 아닌 것이 된다. 반면에 아무리 성경적으로 믿어도 그렇게 믿는 이가 적으면 이단이 된다. 오늘날 이단 판단의 기준을 우리는 심각하게 다시 생각해봐야 한다. 예수께서 이 땅에 계실 때, 나사렛 이단이라는 소리를 들었다. 마찬가지로 오늘날 예수께서 다시 오셔서 복음을 전하신다 해도 주류 종교세력들에 의해서 신흥 이단으로 치부될 것이다. 여러분이 어느 교단, 어느 교파에 속해 있든지 이제는 오직 말씀으로 믿는 바를 검증해야 한다. "우리 교단이 얼마나 훌륭한 교단인데, 목사가 수천 명이고 신학교수가 얼만데 그러면 그 사람들이 다 틀렸다는 말입니까?" 이런 질문을 많이 받는데, 역사는 항상 반복된다는 사실을 알아야 한다.

자, 예수께서 모든 사람을 위해 죽으셨다면, 그렇다면 모든 사람이 다 구원받는 것인가? 아니다.

 "[19] 너희 몸은 너희가 하나님께로부터 받은 바 너희 가운데 계신 성령의 전인 줄을 알지 못하느냐 너희는 너희의 것이 아니라 [20] 값으로 산 것이 되었으니 그런즉 너희 몸으로 하나님께 영광을 돌리라"(고전 6:19,20).

값으로 샀는데, 피 값으로 샀다. 그래서 "너희는 너희의 것이 아니라" 성령의 전이라고 했다. 그 성전을 더럽히면 "너희가 하나님의 성전인 것과 하나님의 성령이 너희 안에 거하시는 것을 알지 못하느뇨 누구든지 하나님의 성전을 더럽히면 하나님이 그 사람을 멸하시리라 하나님의 성전은 거룩하니 너희도 그러하니라"(고전 3:16,17). 건물이 아니고 이제는 우리가 하나님의 성전이 되었다. 따라서 우리는 죄를 그치고 말씀에 순종하며 거룩한 삶을 살아야 한다. 예수께서 우리를 위해 죽으셔서 단순히 지구에서 구출해 주신 것뿐만 아니라 그리스도와 함께 나라를 다스리는 왕으로 만드시겠다고 약속하셨다(계 20:6). 그래서 예수께서 우리를 구속하셨으니 이제는 왕 같은 제사장으로서 품위와 품격을 가지고 살아야 한다(벧전 2:9; 히 4:15,16). 사탄에게 질질 끌려 다니면서 사탄의 종이 되어 사는 것은 아직 대속의 죽음을 맛보지 못했기 때문에 그렇다. 그리스도께서 나를 위해 어떤 희생을 치르셨는지를 알게 되면, "세상에서는 너희가 환난을 당하나 담대하라 내가 세상을 이기었노라"(요 16:33). 예수께서 이기신 것처럼 우리도 승리의 삶을 살게 된다.

링컨 대통령은 미국에서 가장 존경받는 대통령이다. 특별히 노예해방을 위해 그의 생애를 바친 링컨 대통령에 대한 흑인들의 존경과 감사가 시간이 지난다고 소멸되겠는가? 흑인의 해방자 아브라함 링컨, 그 이름이 그들에게 얼마나 사랑스럽고 고귀하겠는가? 하물며 우리를 죄의 노예로부터 해방시키시고 사망에서 구원하여 내사 영원한 생명과 행복을 누리게 하시려고 우리 대신 죽임을 당하신 인류의 해방자 예수 그리스도의 이름이 어찌 우리에게 사랑스럽지 않고 존귀하지 않을 수 있겠는가!

[천지에 있는 이름 중]

1. 천지에 있는 이름 중 귀하고 높은 이름
   나시기 전에 지으신 구주의 이름 예수
   [후렴] 주 앞에 내가 엎드려 그 이름 찬송함은
   내 귀에 들린 말씀 중 귀하신 이름 예수

2. 주 십자가에 달릴 때 명패에 쓰인대로
   저 유대인의 왕이요 곧 우리 왕이시라
   [후렴] 주 앞에 내가 엎드려 그 이름 찬송함은
   내 귀에 들린 말씀 중 귀하신 이름 예수

> 3. 지금도 살아계셔서 언제나 하시는 일
> 　　나 같은 죄인 부르사 참 소망 주시도다
> 　　[후렴] 주 앞에 내가 엎드려 그 이름 찬송함은
> 　　내 귀에 들린 말씀 중 귀하신 이름 예수
>
> 4. 주 예수께서 영원히 어제나 오늘이나
> 　　그 이름으로 우리게 참 복을 내리신다
> 　　[후렴] 주 앞에 내가 엎드려 그 이름 찬송함은
> 　　내 귀에 들린 말씀 중 귀하신 이름 예수 아멘!

(4) 천사들의 찬양

보좌로부터 일기 시작한 찬양의 물결은 네 생물과 24장로들을 둘러선 수많은 천사들의 열렬한 반향을 일으킨다.

> "[11] 내가 또 보고 들으매 보좌와 생물들과 장로들을 둘러선 많은 천사의 음성이 있으니 그 수가 만만이요 천천이라 [12] 큰 음성으로 가로되 죽임을 당하신 어린양이 능력과 부와 지혜와 힘과 존귀와 영광과 찬송을 받으시기에 합당하도다 하더라"(계 5:11,12).

천사들의 찬양의 주제가 무엇인가?

그리스도의 능력(Power):
그리스도는 전능하신 하나님이시다. 능치 못함이 없으신 분이시다! 우리도 믿고 함께 찬양하기를 원하는가?

그리스도의 부요(Wealth):
그리스도는 우리가 필요한 것 중에 가지고 있지 않은 것이 없으며, 우리가 간구한 것 가운데 그분이 주시기에 벅찬 것이 없다. 어떠한 약속이라도 이행하실 수 있을 만큼 주님은 부요하시다(고후 8:9; 엡 3:8). 그 사실을 믿는가?

그리스도의 지혜(Wisdom):
그리스도는 지혜의 근본이시다. 주님께서 이해 못하실 사건이 우주에는 없으며 그분께서 해결하지 못하실 난제는 없다. 우리가 처한 모든 형편을 다 알고 계시며, 어떠한 어려움이라도 주님은 능히 해결하실 수 있으신(고전 1:24) 분이심을 믿는가?

능력과 부와 지혜가 있으신 예수님은 존귀(Honor)와 영광(Glory)을 받으시기에 합당한 분이시다! 아멘!

(5) 우주와 만물의 찬양

보좌의 네 생물과 24장로에게서 비롯된 찬양의 울림은 둘러선 천천만만의 천사들의 찬양을 일으키고 이제는 끝없는 우주공간으로 파도쳐 간다.

📖 "[13] 내가 또 들으니 하늘 위에와 땅 위에와 땅 아래와 바다 위에와 또 그 가운데 모든 만물이 가로되 보좌에 앉으신 이와 어린양에게 찬송과 존귀와 영광과 능력을 세세토록 돌릴지어다 하니 [14] 네 생물이 가로되 아멘 하고 장로들은 엎드려 경배하더라"(계 5:13,14).

이 우주의 대합창에서 제외된 피조물은 아무것도 없다. 참으로 우주와 만물이 같은 시간에 같은 가사와 같은 노래를 파트와 화음을 넣어 다 같은 마음으로 다 함께 부르고 있는 것이다. 얼마나 장엄하고 영광스러운 우주와 만물의 대합창인가! 요한계시록 4장에서 하나님의 창조에 대한 찬양은 5장에 들어와서 어린양에 대한 찬양으로 그 절정에 이르고 있다.

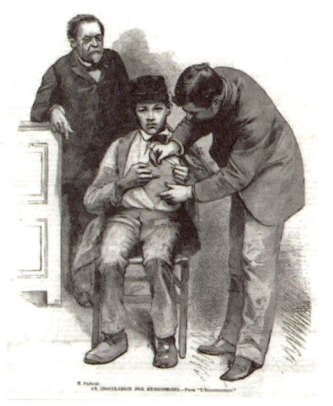

1885년 7월 6일 프랑스의 알사스에 사는 죠세프 마이스터(Joseph Meister)라는 어린 소년이 그만 미친 개에게 전신을 물려 치료를 받으러 왔지만 의사는 아무 희망이 없다고 했다. 아직 아무 백신이 없던 때라 소년은 그 무서운 광견병으로 속절없이 죽게 된 것이다. 그때 파스퇴르(Louis Pasteur)는 연구해 온 새로운 치료법을 쓰기로 작정하고 토끼의 척수를 뽑아서 만든 백신을 인간에게 최초로 주사했다. 극적으로 목숨을 건진 소년은 그 은혜를 잊지 못하여 나중에는 파스퇴르 연구소의 경비가 되었다. 그후 55년

후인 1940년 독일군이 쳐들어와 파스퇴르의 유해가 있는 사원의 문을 열라고 했으나 지금은 노인이 된 그 소년은 생명의 은인인 파스퇴르의 유해가 유린당하는 것을 끝내 거부하다가 마침내 죽음으로써 선생에 대한 그의 충성과 감사를 표했다.

하물며 사람을 미쳐 죽게 하는 광견병이 아니라 산채로 썩어 살다가 결국 영원히 죽게 하는 죄라는 치명적인 병으로부터 구원하기 위해 토끼의 척수가 아닌 그리스도 자신의 보배로운 피로 죄인들을 구속하시고 뿐만 아니라 왕과 제사장으로 삼아 주시기 위해 죽임을 당하신 어린양 예수 그리스도에게 어찌 영원한 감사와 찬양을 드리지 않을 수 있겠는가!

그리스도의 십자가는 영원토록 구속을 받은 자의 노래가 될 것이다. 하늘의 왕께서 타락한 인류를 구원하시기 위해 자기를 낮추시고 몸소 죄와 치욕을 한 몸에 지시고 잃어버린 세상의 저주가 되어 십자가 위에서 그의 심장이 터지고 생명을 버리신 그 사실은 영원히 망각되지 않을 것이다. 우리가 하늘에 가서 하나님에 대해 배우면 배울수록 그리스도에 대하여 알아가면 알아갈수록 찬탄은 더욱더 커질 것이다. 놀라운 사랑을 깨달을수록 우리는 하나님의 그 사랑의 깊이와 넓이와 높이를 볼 때, 더 큰 충격을 받고 동시에 벅찬 감격과 기쁨으로 찬양대의 일원이 되어 우주의 대합창을 올리게 될 것이다.

 "내가 또 들으니 하늘 위에와 땅 위에와 땅 아래와 바다 위에와 또 그 가운데 모든 만물이 가로되 보좌에 앉으신 이와 어린양에게 찬송과 존귀와 영광과 능력을 세세토록 돌릴지어다"(계 5:13).

이 장엄한 창조의 오라토리오(Oratorio)는 각 시대에 걸쳐 가장 환희에 넘치는 찬양인 것이다. 네 생물 중 기름부음을 받은 그룹 천사가 하늘 찬양대의 지휘자가 되어 찬양을 이끌어 가면 하늘의 다른 그룹 천사들이 함께 어울리고 곧 이어 승리와 감사의 감격에 벅차 어쩔 줄을 모르는 24장로들이 그들의 면류관을 벗어 보좌 앞에 던지며 이 찬양에 가담하고, 천천만만의 천사들이 천 가지의 화음으로 환상적인 하모니를 연출할 때, 온 우주는 이 장엄하고 환희에 찬 감사와 감격으로 한 데 어울리는 것이다. 그리고 의롭게 된 모든 사람들은 이제 곧 다가올 영광의 그날에 한 사람도 빠짐없이 이 우주의 대합창단에 속하여 각자가 맡아 부를 파트가 있을 것이다.

비록 지금은 우리가 아직도 선악의 대전쟁이 끝나지 않은 이 세상에 살고 있을지라도 장차 부를 이 우주의 대합창에 참여하기 위하여 지금 그 새 노래를 연습해야 하지 않겠는가!

[주 예수 이름 높이어]

1. 주 예수 이름 높이어 다 찬양하여라
   금 면류관을 드려서 만유의 주 찬양
   금 면류관을 드려서 만유의 주 찬양

2. 주 예수 당한 고난을 못 잊을 죄인아
   네 귀한 보배 바쳐서 만유의 주 찬양
   네 귀한 보배 바쳐서 만유의 주 찬양

3. 이 지구 위에 거하는 온 지파족속들

> 그 크신 위엄 높여서 만유의 주 찬양
> 그 크신 위엄 높여서 만유의 주 찬양
>
> 4. 주 믿는 성도 다 함께 주 앞에 엎드려
> 무궁한 노래 불러서 만유의 주 찬양
> 무궁한 노래 불러서 만유의 주 찬양 아멘

"목사님, 저는 고음이 잘 올라가지 않아요. 저음이 나오지 않아요. 저는 박치고 음치예요." 걱정할 필요가 없다. 죽임을 당하신 어린양을 마음에 모시고 사는 사람은 인류의 역사가 끝난 후 하늘 찬양대의 정식 단원으로 국립합창단 부럽지 않은, 영원히 우주 공간을 울리는 대합창단의 일원이 되어 찬양을 부르게 될 것이다. 그 날이 속히 오기를 **"아멘"**으로 화답하자!

기 도

찬양 받기에 합당하신 하나님 아버지!

미천하고 연약하고 보잘것없는 저희들에게
영원토록 하나님을 찬양할 수 있는 우주의 대 합창단에
자리를 마련해 주셔서 참으로 감사드립니다.
누구도 들어본 적이 없고 한번도 불러보지 못한 구속의 노래,
구원의 노래, 감격의 노래를 우리가 부를 수 있는
주인공 될 수 있도록 도와 주시옵소서.
아버지, 이 시간 함께 머리 숙여 기도하는
모든 하나님의 백성들이 단 한 사람도 빠짐없이
그 하늘 합창대, 우주의 대 합창대에 자리를
차지할 수 있도록 끝까지 이끌어 주시옵소서.
영원히 찬송 받기에 합당하신 어린양이신
예수 그리스도 이름으로 간절히 기도드립니다.

아멘!

요한계시록 5장 [복습문제]

1. 구원과 구속의 차이점을 서술하세요.

   구원: _____

   구속: _____

2. 희년 제도에 관한 옳은 설명은?

① 70년마다 희년이 돌아왔다.

② 희년에는 땅이 원래 소유주에게 돌아갔다.

③ 사회주의의 시초로 평등한 세상을 위해 고안해 낸 유대인들의 지혜였다.

④ 이 땅에서도 파라다이스를 누릴 수 있음을 이방에 알리기 위해 만들어진 토지법 중 하나였다.

3. 희년 외에 토지를 빼앗긴 가난한 자를 위해 주신 다른 제도는?

① 대가를 바라지 않은 품앗이를 열심히 하면 그 선행을 인정받아 땅의 일부를 돌려받는 품앗이 토지법이 있었다.

② 비록 빼앗긴 토지이나 계속 원 주인이 농사짓도록 무상으로 빌려주는 임대 토지법이 있었다.

③ 땅을 빼앗긴 사람의 가까운 친척이나 연고자가 그 땅 값을 대신 물어주면, 다시 자기 기업을 찾을 수 있었다.

④ 30년마다 한번씩 많이 가진 자에게서 토지를 빼앗아 없는 자에게 공평하게 나누어주는 분배 토지법이 있었다.

4. 나오미 가정을 위해 기업을 물어준 고마운 친족인 보아스에 관한 옳은 것은?

① 땅 부자였던 보아스는 룻의 아름다운 외모를 보고 결혼하는 대가로 나오미에게 땅을 주었다.
② 나오미의 땅을 찾아주는 대가로 룻에게 많은 일을 시켰다.
③ 그리스도의 구속을 예표한 기업 무를 자, 곧 "고엘"(Goel)이다.
④ 문중 회의에서 보아스가 뽑혀서 어쩔 수 없이 기업을 물러주게 되었다.

5. 인봉된 두루마리를 열 사람이 없음을 알고 사도 요한이 울었는데 그것의 의미로 틀린 것은?

① 책의 인봉이 떨어지는 것은 죄로 말미암아 잔인하게 빼앗겼던 모든 것으로의 회복을 의미하는 것이다.
② 그 책이 열리기까지 하나님의 백성은 여전히 곤궁과 슬픔과 눈물 속에 있지 않으면 안되었다.
③ 인간들과 피조물들로 더불어 함께 탄식하며 함께 고통 당하는 고뇌의 울음이다.
④ 두루마리 내용이 궁금해서 조바심으로 울었다.

6. 계시록 5장에서 두루마리의 인봉을 떼기에 합당한 분, 즉 우리를 구원하시고 이 죄악의 역사를 끝내시며 잃어버린 지구를 되찾아 주실 분으로 어떤 모습의 누구를 찬양하는가?

_____

7. 어린양과 그 사역에 대한 설명 중 틀린 것은?

① 사복음서에의 어린양과 계시록의 어린양은 다른 존재를 표상한다.
② 구속의 근거는 이미 십자가에서 완성되었지만 구속의 완성은 아직 미래에 속한 일이다.
③ 어린양이 아닌 어느 누구도 이러한 일을 하기에 합당치 않다.
④ 예수께서 이미 값을 지불하셨기에 우리는 믿음으로 구속이 완성되는 그 날을 바라볼 수 있다.

8. 우리는 빼앗긴 이 지구를 돌려받을 것이다. 다음 빈칸에 들어갈 말은 무엇인가?

"온유한 자는 복이 있나니 저희가 (   )을 기업으로 받을 것임이요"(마 5:5).

9. 계 5:9절에 새 노래로 찬양했다는 의미가 아닌 것은?

① 새 노래의 주제는 예수 그리스도의 죽으심이다.
② 구속주이신 예수 그리스도를 만나게 되면 전에 결코 해 본적이 없는 거듭남의 새로운 경험을 하게 되는데 그것을 의미한다.

③ 천사들도 이해하기 힘든 난해한 노래로 찬양했다는 의미이다.

④ 세상이 줄 수 없는 평안을 소유하게 되는 새로운 경험, 삶이 찬양이 되는 경험을 의미한다.

10. 천사들의 찬양의 주제가 아닌 것은?

① 전능하시고 능치 못함이 없으신 그리스도의 능력

② 어떤 약속이라도 이행하실 수 있을 만큼 부요하신 그리스도의 부요

③ 지혜의 근본이신 그리스도의 지혜

④ 구원을 위한 이중 예정의 지혜를 찬양

6장

네 말 탄자와 일곱인(印)의 비밀을 풀다

"그들의 진노의 큰 날이 이르렀으니
누가 능히 서리요 하더라"

[계 6:17]

네 말탄자와 일곱인(印)의 비밀

성경의 예언들 [요한계시록 14장]

말씀 손계문목

요한계시록 6장

[계시록 6:1~17]

[1] 내가 보매 어린 양이 일곱 인 중에 하나를 떼시는 그 때에 내가 들으니 네 생물 중에 하나가 우뢰 소리 같이 말하되 오라 하기로
[2] 내가 이에 보니 흰 말이 있는데 그 탄 자가 활을 가졌고 면류관을 받고 나가서 이기고 또 이기려고 하더라
[3] 둘째 인을 떼실 때에 내가 들으니 둘째 생물이 말하되 오라 하더니
[4] 이에 붉은 다른 말이 나오더라 그 탄 자가 허락을 받아 땅에서 화평을 제하여 버리며 서로 죽이게 하고 또 큰 칼을 받았더라
[5] 셋째 인을 떼실 때에 내가 들으니 셋째 생물이 말하되 오라 하기로 내가 보니 검은 말이 나오는데 그 탄 자가 손에 저울을 가졌더라
[6] 내가 네 생물 사이로서 나는 듯하는 음성을 들으니 가로되 한 데나리온에 밀 한 되요 한 데나리온에 보리 석 되로다 또 감람유와 포도주는 해치 말라 하더라
[7] 넷째 인을 떼실 때에 내가 넷째 생물의 음성을 들으니 가로되 오라 하기로
[8] 내가 보매 청황색 말이 나오는데 그 탄 자의 이름은 사망이니 음부가 그 뒤를 따르더라 저희가 땅 사분 일의 권세를 얻어

검과 흉년과 사망과 땅의 짐승으로써 죽이더라

[9] 다섯째 인을 떼실 때에 내가 보니 하나님의 말씀과 저희의 가진 증거를 인하여 죽임을 당한 영혼들이 제단 아래 있어

[10] 큰 소리로 불러 가로되 거룩하고 참되신 대주재여 땅에 거하는 자들을 심판하여 우리 피를 신원하여 주지 아니하시기를 어느 때까지 하시려나이까 하니

[11] 각각 저희에게 흰 두루마기를 주시며 가라사대 아직 잠시 동안 쉬되 저희 동무 종들과 형제들도 자기처럼 죽임을 받아 그 수가 차기까지 하라 하시더라

[12] 내가 보니 여섯째 인을 떼실 때에 큰 지진이 나며 해가 총담 같이 검어지고 온 달이 피 같이 되며

[13] 하늘의 별들이 무화과나무가 대풍에 흔들려 선 과실이 떨어지는 것 같이 땅에 떨어지며

[14] 하늘은 종이 축이 말리는 것 같이 떠나가고 각 산과 섬이 제 자리에서 옮기우매

[15] 땅의 임금들과 왕족들과 장군들과 부자들과 강한 자들과 각 종과 자주자가 굴과 산 바위 틈에 숨어

[16] 산과 바위에게 이르되 우리 위에 떨어져 보좌에 앉으신 이의 낯에서와 어린 양의 진노에서 우리를 가리우라

[17] 그들의 진노의 큰 날이 이르렀으니 누가 능히 서리요 하더라

계시록 6장

네 말 탄자와 일곱인(印)의 비밀을 풀다

요한계시록 6장에는 예수 그리스도께서 일곱 인 중에 여섯째 인까지 떼시는 장면이 나온다. 그 인들은 그리스도의 십자가 죽음 이후부터 재림하실 때까지 사는 그리스도인들이 겪는 경험들을 묘사한다. 계시록 6장이 확실하게 보여주는 건 하늘과 땅이 밀접히 연관되어 있으며, 하늘의 통치가 없이는 이 땅에 아무것도 결코 일어날 수 없다는 사실이다. 요한은 1~3장에서 이 땅에 있는 교회의 모습을 보았고, 4장과 5장에서 하늘의 장면을 보았으며, 6장에서는 하늘과 땅이 서로 연관되어 사건들이 일어나고 있음을 본다.

마태복음 24장과 평행

마태복음 24장에 보면 예수께서 감람산에서 제자들에게 하신 세상 끝에 관한 말씀이 나오는데, 그 말씀은 계시록 6장의 일곱 인과 평행을 이루고 있음을 우리는 발견하게 된다. 차이가 있다면 계시록의 목록이 더 길고 자세하다는 것이다.

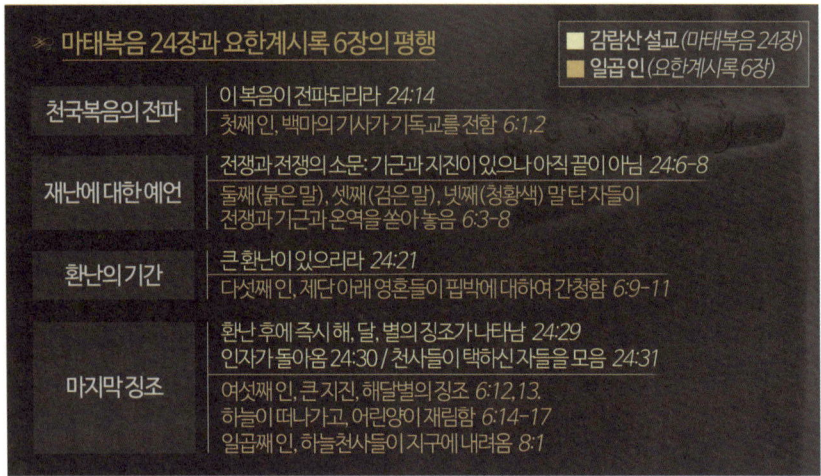

계시록 6장의 시점은 언제 일까? 일곱 인을 떼는 장면은 그리스도께서 왕이요 대제사장으로서의 등극과 함께 시작되기 때문에 정확하게 말하자면 일곱 인의 시점은 주님이 승천하신 주후 31년부터 재림하실 때까지의 전 기독교 시대를 망라하는 기간이다. 일곱 인은 일곱 교회 시대와 평행을 이룬다.

첫째인	둘째인	셋째인	넷째인	다섯째인	여섯째인	일곱째인
에베소	서머나	버가모	두아디라	사데	빌라델비아	라오디게아
초대교회	박해시대	세속화	종교암흑	종교개혁	재림운동	종말의 때
31~100	100~313	313~538	538~1517	1517~1798	1798~1844	1844~재림

이러한 개념을 가지면 일곱 인을 좀 더 쉽게 이해할 수 있다.

첫째 인부터 넷째 인까지 인을 뗄 때마다 흰 말, 붉은 말, 검은 말, 청황색 말이 나온다.

1. 첫째 인

 "내가 보매 어린양이 일곱 인 중에 하나를 떼시는 그 때에 내가 들으니 네 생물 중에 하나가 우뢰 소리같이 말하되 오라 하기로 내가 이에 보니 흰 말이 있는데 그 탄 자가 활을 가졌고 면류관을 받고 나가서 이기고 또 이기려고 하더라"(계 6:1,2).

면류관을 쓴 백마 탄 기사가 나왔다. 첫째 인의 시대는 에베소 교회 시대(AD 31~100)에 해당된다. 사도시대 교회의 순결함과 승리가 흰색으로 표현되었다. 그렇다면 활을 가지고 면류관을 썼으며 연전 연승하는 이 백마의 기사는 과연 무엇을 상징하고 있는가?

요한계시록에서는 흰색이 항상 그리스도를, 또는 구원받은 성도들이나 어떤 영적 승리를 상징하고 있다.

① 그리스도의 머리와 털은 희기가 흰 양털 같다(계 1:14).

② 진실한 신앙인들은 새 이름을 기록한 흰 돌을 받는다 (계 2:17).

③ 또 그들은 흰 옷을 입는다(계 3:4, 5, 18).

④ 24장로들도 흰 옷을 입는다(계 4:4).

⑤ 순교자들과 셀 수 없는 큰 무리들도 모두 흰 옷을 입는다(계 6:11; 7:9,13).

⑥ 인자가 흰구름 위에 앉아 계신다(계 14:14).

⑦ 다시 오실 때도 예수님은 백마를 타고 있으며 수행하는 하늘의 군대도 흰 옷을 입고 백마를 타고 있다(계 19:11,14).

또한 면류관도 의인들과 연관되어 나오는 승리의 상징이다.

① 하나님의 백성들은 생명의 면류관을 받는다(계 2:10; 3:11).

② 요한은 24 장로들이 금 면류관을 쓰고 앉아 있는 것을 보았다(계 4:4, 10).

③ 하나님의 교회는 열 두 별의 면류관을 쓴 여자로 묘사되었다(계 12:1).

④ 마침내 그리스도께서 다시 오실 때도 금 면류관을 쓰고 오신다(계 14:14).

이렇듯 흰옷과 면류관, 백마는 그리스도와 관련이 있다. 그렇다면 백마 탄 기사가 그리스도인가? 그렇지는 않다. 왜냐하면 다른 말 탄 자들이 어떤 인물을 나타내는 것이 아니라 전쟁, 기근, 죽음 같은 추상적 개념을 나타내는 것으로 봐서 첫째 인의 백마 탄 기사도 그리스도 자신이 아니라, 그리스도와 같은 순결한 성격을 가지고 온 땅에 두루 다니며 그리스도를 증거하고 이기고 또 이기는 복음이다.

1세기에 복음은 짧은 기간에 로마를 비롯 세계로 퍼져 나갔다. 복음은 모든 핍박과 방해를 이기고 또 이기며 전진한 것이다. 그리스도교는 예루살렘에서 유대로, 다시 사마리아로, 또 세상 끝까지 이기고 또 이기며 확장되어 나갔다(행 1:8). 사도 바울은 자신의 생전에 그가 알고 있는 모든 세계가 복음을 들었다고 주장할 수 있었다(골 1:6,23). 원수들은 그리스도인들이 세상을 뒤집어 놓는다고 질겁했다(행 17:6).

그렇게 복음이 온 세상을 뒤집어 놓았는데, 유감스럽게도 세월이 흘러 이제는 오히려 세상이 교회를 뒤집어 놓았다. 이교의 중심인 로마제국은 그리스도교의 일부 교리와 이름을 도입했다. 그러나 기독교인들은 이교 로마의 술책과 철학과 사상과 교리, 그리고 심지어는 로마라는 이름까지 채택했다. 그래서 로마가 된 기독교는 로마제국처럼 사람들을 십자가에 매달지는 않았지만 산채로 불태워 죽였다. 로마제국은 강도들을 고문했다. 로마교회는 자신들의 방식으로 성경을 해석하지 않는다는 죄목으로 그리스도인들을 고문했다. 도대체 교회가 세상을 정복했는가? 세상이 교회를 정복했는가?

진정한 그리스도교의 사랑이 배척될 때 평화가 파괴된다. 참으로 곤혹스러운 사실은 지난 인류 역사에서 기독교가 전쟁과 기근과 황폐의 원인이 되었다는 것이다.

◉ Battle of Poitiers, oil on canvas by Eugene Delacroix, 1830.

중세 시대에 이른바 기독교 국가라고 하는 영국과 프랑스는 "백년 전쟁"(1337~1453)을 치렀다. 개신교와 카톨릭이 "30년 전쟁"을 통해 유럽을 황폐시켰다. 로마 기독교회는 위그노(Huguenots) 교도들을 학살하고 추방했으며, 로마 카톨릭의 주교와 사제들의 폭정이 프랑스 혁명의 공포를 초래한 직접적인 원인이 되었다.

세계 1차대전은 주로 자칭 기독교 국가들끼리의 싸움이었다. 루터교의 독일, 성공회의 영국, 개신교의 미국, 정교회의 러시아, 카톨릭의 프랑스. 이 싸움으로 수백만이 죽었고, 이 싸움 끝에는 또 수백만이 넘는 사람들이 기근과 역병으로 죽었다.

더러운 말들이 백마 탄 기사인 것처럼 가면을 쓰고 질주를 했다. 처음에는 참된 복음, 순결한 복음, 죄인을 회심시키는 성령의 복음이 백마 탄 기사였는데, 짝퉁들이 생겨 복음을 더럽혀 놓았다. 어떤 사람들은 백마 탄 기사를 교황에 적용하기도 하고, 다가올 적그리스도로 적용하기도 하는데, 참된 복음을 더럽히는 짝퉁이라는 의미에서는 맞을 지도 모르겠다.

그러나 진짜 백마 탄 기사는 그리스도의 복음이다. 참된 백마 탄 기사는 오늘도 달리고 있으며 가난한 심령을 가진 진실한 영혼들을 정복하고 있다.

> "이 천국 복음이 모든 민족에게 증거되기 위하여 온 세상에 전파되리니 그제야 끝이 오리라"(마 24:14).

이 말씀을 들을 때, 여러분을 향해 오고 계시는 백마 탄 기사를 볼 수 있을 것이다. 백마 탄 기사, 참된 복음을 듣거든 심령 안으로 모셔 들이라!

2. 둘째 인

> "둘째 인을 떼실 때에 내가 들으니 둘째 생물이 말하되 오라 하더니 이에 붉은 다른 말이 나오더라 그 탄 자가 허락을 받아 땅에서 화평을 제하여 버리며 서로 죽이게 하고 또 큰 칼을 받았더라"(계 6:3,4).

붉은 말을 탄 기사는 큰 칼을 가지고 있다. 그것은 성도들을 죽이기 위한 큰 권세를 의미한다. 흰색이 승리와 순결을 나타낸다면 붉은 색은 순교자의 붉은 피를 상징하며 실제 이 당시 순교자의 피가 곳곳에서 흘려지는 시대였다. 성경과 기독교의 역사는 복음이 들어가는 곳에는 선과 악이 갈라지며 필연적인 핍박이 따르는 것을 우리에게 가르쳐준다. 복음이 승리에 승리를 거듭하자 악의 세력들은 크게 위협을 느끼고 그리스도인들을 박해하기 시작했다. 둘째 인의 시대는 일곱 교회의 서머나 교회에 해당하는 것으로서 AD 100년경부터 콘스탄틴 황제가 기독교를 공인하는 밀라노 칙령을 반포한 AD 313년까지의 기간이라고 볼 수 있다.

이 기간은 많은 핍박이 있었던 때로서 땅에는 화평이 없었다. 도처에서 순교자의 피가 흘려졌다. 그러나 위로를 받는 것은 그 모든 것이 하나님의 허락 안에 있다는 사실이다. 허락을 받는다는 것은 하나님께서 그런 고통을 주셨다는 뜻이 아니라 하나님께서 그분의 백성들이 당하는 모든 핍박과 고통을 다 아신다는 의미이다. 우리가 어떤 어려운 일을 당할 때, 어떤 곤경에 처할 때 그 사정을 정확하게 알고 올바로 판단해주는 사람이 있다면 얼마나 위로가 되겠는가? "주님 아시지요?" 이런 한 마디면 된다. 예수께서 우리의 모든 아픔을 알고 계신다.

3. 셋째 인

"셋째 인을 떼실 때에 내가 들으니 셋째 생물이 말하되 오라 하기로 내가 보니 검은 말이 나오는데 그 탄 자가 손에 저울을 가졌더라 내가 네 생물 사이로서 나는 듯 하는 음성을 들으니 가로되 한 데나리온에 밀 한 되요 한 데나리온에 보리 석되로다 또 감람유와 포도주는 해치 말라 하더라"(계 6:5,6).

검은색은 죽음과 재앙을 의미하는 것으로 첫째 인의 흰 빛이 순결과 승리를 의미하는 것이라면 셋째 인의 색깔은 그 반대로 타락과 어두움을 의미하는 것이다. 검은 말을 탄 자가 손에 저울을 가졌고 "한 데나리온에 밀 한 되요 한 데나리온에 보리 석 되"라는 것은 한 데나리온이 하루의 품삯이기(마 20:2) 때문에 밀과 보리의 가격으로는 아주 비싼 것으로써 극심한 기근을 말하고 있다. 이것은 그 당시 말씀에 대한 영적 기근이 아주 심했던 것을 나타낸 것이라고 볼 수 있다.

셋째 인의 시대는 일곱 교회 시대로 보면 버가모 교회 시대에 해당된다. 콘스탄틴 황제가 기독교를 승인한 때부터 로마 교황청이 성립된 AD 538년까지를 말하는 것이다. 이 시대에 교회는 자유를 얻었고 권력의 비호와 특혜를 누리게 되었지만 순결을 잃게 되는 비싼 대가를 치렀다.

콘스탄틴 황제는 야심만만한 사람이었다. 그는 세계단일종교로 기독교를 선택했는데, 그 기독교는 로마의 모든 이교의 교리와 관습을 혼합시킨 새로운 종교였다. 죽은 자들과 성물들을 숭배했고, 이교의 기념일이 크리스마스나 부활절이라는 이름으로 바꿔서 교회 안에 자리잡게 되었고, 안식일은 일요일로 대체되었다. 순수한 그리스도적 신앙은 거의 그 빛을 잃게 되었고 그 본질은 부패되어갔다. 이 시대는 성직자들이 성경 해석과 의식 집행의 전권을 행사하고 일반 사람들은 성경 말씀에 접근하기도 어려웠다. 그렇기 때문에 말씀의 기근과 영적 기근이 심했던 시대였다(암 8:11~13).

그러나 희망이 없는 것은 아니었다. "감람유와 포도주"는 해치 말라고 하였다. "감람유와 포도주"는 성령의 사랑과 선물, 믿음과 사랑과 순결 같은 그리스도인의 미덕을 나타내는 것이다. "감람유와 포도주"는 해치지 말라고 한 소리는 하늘 보좌로부터 나온 소리이다. 극심한 고난과 말씀의 기근 속에서도 그리스도인들이 믿음과 사랑을 잃지 않기를 바라시며 신음하고 있는 성도들을 돌보시는 하나님의 사랑을 알 수 있다.

4. 넷째 인

 "넷째 인을 떼실 때에 내가 넷째 생물의 음성을 들으니 가로되 오라 하기로 내가 보매 청황색 말이 나오는데 그 탄 자의 이름은 사망이니 음부가 그 뒤를 따르더라 저희가 땅 사분의 일의 권세를 얻어 검과 흉년과 사망과 땅의 짐승으로써 죽이더라"(계 6:7,8).

여기 청황색은 헬라어 원어에 가깝게 해석하자면, "창백한"이라고 해야 한다. 다른 번역에는 "병색으로 핼쑥한"(New English Bible)이라고 되어 있  고, 또 다른 번역은 "잿빛"(New American Standard Bible)으로 번역됐다. 이 색은 죽은 시체의 색이고 죽어가는 병자의 색이며 부패하여 푸르스름한 곰팡이가 끼여 있는 색깔이다. 더군다나 그 탄 자의 이름은 사망이었으며 음부(죽음)가 그 뒤를 따르고 있었다.

둘째와 셋째 인의 상태가 최고로 악화된 것이 넷째 인이다. 복음을 거절한 사람들의 최악의 상태요 죄의 결과를 여실히 보여주는데, 넷째 인의 장면에는 많은 학살과 희생이 있을 것을 예고하고 있다. 그래서 넷째 인은 일곱 교회의 두아디라 교회 시대와 일치한다. 교황청이 참혹한 박해를 하던 시대 즉 AD 538년경으로부터 16세기 종교 개혁자들이 일어나 개신교회를 일으킬 때까지의 긴 암흑 시대를 말하는 것이다. 암흑 시대 동안 교황청의 결정으로 수많은 사람들이 종교 재판에 회부되었으며 화형장의 이슬로 사라졌고 교회는 타락을 거듭했다. 로마 교황청의 대낮은 세상에 있어서는 깊은 밤이었다. 이렇게 해서 네 말 탄 자들의 신원이 밝혀졌다. 흰말을 제외한 이 끔찍한 세 말 탄 자는 모두 **"땅 사분 일의 권세를 얻어 검과 흉년과 사망과 땅의 짐승으로써 죽"**(계 6:8)였다.

백마 탄 기사는 그리스도의 승리, 복음의 전파를 나타내고, 붉은 말을 탄 자는 복음을 지키는 자들에 대한 핍박을 가리킨다. 검은 색 말은 분리의 결과가 심화되어 하나님의 말씀에 대한 기근을 예고하고, 그리고 청황색 말을 탄 자는 그 기근의 결과로서 이르러 올 영적 질병과 죽음의 심판들을 가리킨다.

요한은 말 탄 자들이 자신들의 임무를 위해 칼과 기근과 역병과 사나운 짐승들로 무섭게 무장하고 있음을 우리에게 알리고 있다. 그런데 이 재앙들이 새롭지 않다. 슬프게도 전쟁과 흉년과 역병은 인류를 끊임없이 괴롭혀온 재앙들이다. 악한 세 말 탄 자들은 끊임없는 분쟁, 경제의 폭락, 갑작스런 질병 등으로 우리와 우리 가정을 심각하게 위협한다. 그러나 진정한 그리스도교, 진정한 성서적 종교는 비록 우리가 그런 환난 가운데 있을지라도 소망이 있다고 가르치고 있다.

그리스도의 사랑은 우리의 가정을 이러한 불화로부터 보호할 것이다. "유순한 대답은 분노를 쉬게"(잠 15:1)한다. 예수께서 우리 집에 계신다면, 그분이 그랬으리라고 생각되는 그런 온유한 음성으로 친절히 말한다면 긴장을 해소하고 사랑을 회복하는 기적을 이룩할 수 있을 것이다.

우리의 하늘 아버지께서는 우리에게 음식과 의복과 피난처가 필요함을 아신다고 하셨다. 하나님께서 우리를 부자로 만들지 않으신 것은 우리의 연약함을 아시고 하나님만을 의지할 수 있도록 하시기 위함이다. 하나님은 우리를 돌보고 계신다. 그분이 우리의 건강과 우리의 경제 상황과 우리 가정에 대해 관심을 가지고 계신다. 주님은 수천 가지의 방법으로 우리를 돕고 계신다. 이 세상에 수많은 고통을 가져온 악한 세 말 탄 자는 우리를 위협하고 있다. 그러나 요한계시록은 백마 탄 기사, 곧 진정한 그리스도교의 복음이 우리의 모든 사정과 형편을 바꾸어 놓을 수 있다는 소망을 말하고 있다.

5. 다섯째 인

 "다섯째 인을 떼실 때에 내가 보니 하나님의 말씀과 저희의 가진 증거를 인하여 죽임을 당한 영혼들이 제단 아래 있어 큰 소리로 불러 가로되 거룩하고 참되신 대 주재여 땅에 거하는 자들을 심판하여 우리 피를 신원하여 주지 아니하시기를 어느 때까지 하시려나이까 하니 각각 저희에게 흰 두루마기를 주시며 가라사대 아직 잠시 동안 쉬되 저희 동무 종들과 형제들도 자기처럼 죽임을 받아 그 수가 차기까지 하라 하시더라"(계 6:9~11).

제단 아래서 순교자들이 자기들의 피를 신원해 주기를 호소하고 있으며, 하나님께서는 그들에게 의와 구원의 상징인 흰 두루마기를 주시며 잠시 동안 쉬면서 기다리라고 말씀하시고 있다. 시대적으로 보면 다섯째 인은 사데 교회로서 종교개혁시대(AD 1517~1798년)에 해당된다. 종교개혁이 일어났는데도 핍박은 계속되고 예수님의 재림이 오지 않은 것에 대한 성도들의 안타까움을 표현하고 있다. 이런 부르짖음은 이 시대뿐만 아니라 인류의 전 역사를 통하여 하늘로 올라갔다. 그리고 아직도 이 부르짖음은 현재 진행형이다. 재림이 아직 이르지 않았기 때문이다.

일곱 인들이 동시에 함께 떼어진 게 아니고 하나씩 떼어짐으로 일곱 인은 그리스도께서 승천하실 때부터 재림 때까지 기독교 전 시대에 걸쳐 일어날 연속적인 사건임을 가리켰다. 흰 말의 활동이 붉은 말이 나타났다고 해서 끝나는 것이 아니라 재림 때까지 공존하면서 함께 달린다. 즉 성공적인 복음전파에는 시련과 고난이 숙명적으로 뒤따르는 것이다. 다섯째 인은 주로 중세의 박해를 상징하지만 제단 아래 순교자들은 아벨로부터 시작된 모든 시대의 순교자들 그리고 앞으로 있을 순교자들까지 모두를 포함한다.

여기 제단 아래서 부르짖고 있다는 것을, 실제로 순교자들이 하늘에 올라가서 외치고 있는 것으로 생각하면 안 된다. 성경에 의하면 사람이 죽으면 흙으로 돌아가고 영혼이란 것이 따로 존재하지 않는다(전 9:5; 겔 18:4; 시 104:29). 만약 실제로 이 영혼들이 구원받아 하늘에 살고 있다면 이미 하늘의 복락을 누리고 있는데 하늘에서 자기들의 피를 신원하여 달라고 호소할 필요가 없다. 또 사람이 죽는 즉시 천국과 지옥으로 직행한다는 사상은 지극히 비성경적이고, 매우 위험한 사상이다. 바로 이러한 사상을 통해 사탄이 사람들을 기만하고 있기 때문이다. 사람이 죽는 즉시 천국이나 지옥에 간다고 믿으면 부활은 의미가 없다. 부활은 죽음에서 다시 살아날 때만 의미가 있는 것인데, 이미 하늘에서 복락을 누리며 살고 있는 영혼이 예수님의 재림 때 다시 무덤에 들어가서 부활한다는 것 자체가 이상한 일이기 때문이다. 또한 재림도 의미가 없게 된다. 의인들이 죽는 즉시 다 하늘에 갔는데, 예수께서 누굴 데리러 재림하시겠는가! 그렇게 되면 마지막 심판도 필요 없는 것이 된다. 이렇게 되면 성경의 중요한 교리들이 모두 무너지는 것이다.

인간의 죽음 이후에 대한 오해는, 사람이 죽으면 천국에 직행한다는 것뿐만 아니라, 죄인들이 지옥에서 영원한 형벌을 받는다는 얘기도 동반되는데, 이러한 사상은 하나님의 사랑의 속성을 심각하게 해치고 있다. 지옥 갈 것이 무서워 하나님을 믿게 되는 것이다. 예수님을 믿지 않았다고 영원히 이리 저리 태우시는 잔인한 하나님을 믿는 순간 순결한 동기의 믿음은 완전히 파괴된다. 하나님은 사랑이시라면서, 인간이 몇 십년 살면서 지은 죄 때문에 영원토록 죽지도 못하는 고통을 주시는 하나님을 어떻게 순수하게 사랑할 수 있으며 사랑이 동기가 되어 순종할 수 있겠는가! 오해하지 말 것은 심판과 형벌이 없다는 것이 아니라 영원토록 고통당하는 지옥이 없다는 것이다. 현대 기독교의 가장 큰 문제는 바로 영혼이 죽는 즉시 천국과 지옥에 간다는 사상이다. 성경은 사람이 죽으면 영혼이라는 것이 따로 있는 것이 아니라 사람 전체가 다 흙으로 돌아가며 아무 것도 모른다고 말하고 있다(전 9:5; 시 6:5,104:29, 115:17; 욥 14:10~12; 겔 18:4).

6. 여섯째 인

 "[12] 내가 보니 여섯째 인을 떼실 때에 큰 지진이 나며 해가 총담 같이 검어지고 온 달이 피 같이 되며 [13] 하늘의 별들이 무화과나무가 대풍에 흔들려 선

과실이 떨어지는 것 같이 땅에 떨어지며 [14] 하늘은 종이 축이 말리는 것 같이 떠나가고 각 산과 섬이 제 자리에서 옮기우매 [15] 땅의 임금들과 왕족들과 장군들과 부자들과 강한 자들과 각 종과 자주자가 굴과 산 바위 틈에 숨어 [16] 산과 바위에게 이르되 우리 위에 떨어져 보좌에 앉으신 이의 낯에서와 어린양의 진노에서 우리를 가리우라 [17] 그들의 진노의 큰 날이 이르렀으니 누가 능히 서리요 하더라"(계 6:12~17).

여섯째 인을 떼실 때에 요한에게 알려주신 징조들은 이미 부분적으로 성취되었다. 다만 하늘은 아직 종이 축처럼 말리지 않았으며 최종적인 지진도 아직 발생하지 않았다. 여섯째 인의 시대는 빌라델비아 시대에 부분 성취되었고, 라오디게아 시대에 최종 성취된다. 여섯째 인을 떼자 무서운 사건들이 연속하여 일어난다. 지상에서는 큰 지진과 아울러 하늘에서는 놀라운 천체의 징조들이 나타나고 마침내 하늘은 종이 축이 말리는 것같이 떠나가고 산과 섬들이 이동하는 일대 격변이 일어난다.

마태복음 24장에서도 예수께서는 재림의 장면을 묘사하면서 여섯째 인이 떼질 때의 장면과 동일한 표현을 하고 있다.

 "그 날 환난 후에 즉시 해가 어두워지며 달이 빛을 내지 아니하며 별들이 하늘에서 떨어지며 하늘의 권능들이 흔들리리라"(마 24:29).

여섯째 인의 사건들 중 일어난 것은 무엇이고, 일어날 것은 무엇인가?

12절과 13절은 일어난 것이다. "여섯째 인을 떼실 때에 큰 지진이 나며 해가 총담 같이 검어지고 온 달이 피 같이 되며 하늘의 별들이 무화과나무가 대풍에 흔들려 선 과실이 떨어지는 것 같이 땅에 떨어지며" 언제 이런 일이 있었는가?

큰 지진은 1755년 11월 1일 포르투갈의 리스본 대지진이고[1], 해가 총담 같이 검어지고 온 달이 피 같이 된 것은 1780년 5월 19일의 암흑일[2]이다. 이때 모든 언론과 의회는 드디어 심판의 날이 왔다고 주의를 환기시켰다. 이때의 암흑일 이후 지금까지 이것과 비교할 만한 것이 없을 만큼 어두운 날이었다.

> "이런 종류의 모든 현상 중에서 가장 신비하고 설명할 수 없는 현상은 1780년 5월 19일의 암흑일이었는데, 그날에 미국의 뉴잉글랜드 지역에는 눈으로 볼 수 있는 온 하늘과 공중이 전혀 해석할 수 없는 암흑으로 뒤덮였다."[3]

6장, 네 말 탄자와 일곱인(印)의 비밀을 풀다 • 449

"아침에 해가 떠오를 때에는 맑고 선명하였으나 잠시 후 하늘은 어두워졌다. 구름이 점점 낮아지더니 험악해졌고 이어서 번개가 치고 우레 소리가 나고 비도 약간 내렸다. 오전 아홉 시 경이 되자 구름은 옅어졌으나 온 하늘이 구릿빛처럼 붉어졌는데, 그 이상한 빛 때문에 땅과, 바위들, 나무들, 건물들, 사람의 모양 등이 모두 완전히 변한 것처럼 보였다. 그리고 잠깐 후에 새까만 구름이 지평선 위에 좁다란 선(線)만 남기고 온 하늘을 덮어 버렸다. 그리하여 일반적으로 여름철의 저녁 아홉 시 만큼의 어둠이 되어 버렸다. … 두려움과 염려와 무서운 생각이 차츰 사람들의 마음을 엄습하였다. 부인들은 문간에 서서 어두운 풍경을 주목하여 보았다. 농부들은 밭에서 돌아오고, 목수와 대장장이는 일손을 멈추고, 장사꾼들은 점포를 걷어치웠다. 학교들은 수업을 중단하여 하교하고, 아동들은 무서워서 집으로 뛰어왔다. 행인들은 가까운 농가로 피하여 들어갔다. '대관절 어찌된 일인가?' 모든 사람의 마음과 입에서 그런 의문들이 새어 나왔다. 마치 태풍이 땅에 몰려올 것처럼, 만물의 종말이 다가올 것처럼 보였다. 촛불을 켰다. 난로의 불들은 마치 달 없는 가을밤을 비추는 것 같았다. … 닭들은 홰에 올라가 잘 준비를 하고 가축들은 목장의 한 편 구석으로 몰려서 울고 있었다. 개구리가 울고 작은 새들도 저녁 노래를 불렀으며, 박쥐들은 밖으로 나와서 날아다녔다. 아직 밤이 아니라는 것을 알고 있는 것은 사람뿐이었다. … 이때에 세일럼에 있는 태버너클

교회의 목사 나다나엘 휘테이커 박사가 예배당에서 종교 집회를 열고 있었는데, 그는 설교하는 중에 그 암흑이 초자연적 현상이라고 주장하였다. 회중들은 많은 곳에서 모여들었다. 그런데 즉석 설교를 위해 선택된 성경 구절들은 한결같이 그 암흑이 성경의 예언에 일치한다는 것을 지적해 주는 듯이 보이는 것들이었다. … 그 암흑은 열한시가 조금 지나자 가장 심해졌다."[4]

"그 나라의 대부분의 지역은 한낮에 흑암이 너무도 심하였기 때문에 사람들은 촛불이 없이는 손목시계나 벽시계를 볼 수 없었고, 밥을 먹거나 집안일을 할 수도 없었다. … 그 암흑의 범위는 심히 넓었다. 동쪽으로는 팰머드까지 미치고, 서쪽으로는 코네티컷 주의 가장 먼 지역과 앨바니 시까지 미쳤다. 남쪽으로는 해안을 따른 모든 지방과 북쪽으로는 미국 지역의 최북단까지 미쳤다."[5]

"그날 밤의 어둠은 낮 동안의 어둠보다 더욱 심하였으며, 이상하고 무서운 흑암이었다. 거의 만월이었지만 등불의 도움이 없이는 아무런 물체도 분간할 수가 없었다. 그 등불도 이웃집에서나 조금 거리가 떨어져 있는 곳에서 보면 애굽에 나타났던 암흑처럼 광선이 꿰뚫을 수 없는 암흑을 통하여 보는 것 같았다."[6]

> "나는 그 때에 우주의 발광체가 모두 뚫고 나올 수 없는 암흑에 싸였거나, 없어져 버렸을 것이라고 생각할 수밖에 없었다. 그렇지 않고서야 그처럼 암흑이 심할 수는 없었다."[7]

리스본 대지진은 찬장의 그릇들이나 쏟아지는 그런 지진이 아니라 6만명의 사망자를 낸 세계 역사상 가장 큰 지진의 하나로 기록돼 있다. 리스본에서 6,000km 떨어진 북아프리카 도시들과 유럽까지 크게 흔들렸다. 리스본의 지진은 지진으로 그친 것이 아니라 이 일을 계기로 많은 사람들이 "만약 하나님이 우리를 위해 신경을 쓰고 계시지 않는다면 차라리 우리가 우리 자신을 위해 정신을 차려야 한다"고 떠들기 시작했다.

> "포르투갈의 가장 높은 산들 중의 어떤 것들은 바로 기초부터 격렬하게 흔들렸고, 어떤 산들은 산꼭대기가 터져서 놀라운 모양으로 가까운 산골짜기로 거대한 땅덩어리가 무너져 내려왔다. 또 그런 산들로부터 불꽃이 솟구쳐 나왔다고 전해지고 있다."[8]

> "지진의 진동이 있자 곧 이어 교회당과 수도원, 거의 모든 고층 건물들은 무너져 버렸고, 시가의 건물 4분의 1 이상이 파괴되었다. 지진 후 약 두 시간 정도 지나게 되자 각 곳에서 화재가 일어나서 거의 3일간 걷잡을 수 없이 맹렬한 불길을 뿜은 결과로 시가는 완전히 황폐케 되었다. 지진은 성일에 일어났으므로 교회와 승원들에

> 는 사람들이 가득 차 있는데 그들 중에서 죽음을 모면
> 한 사람은 거의 없었다."⁹

이렇게 시작된 분위기는 한 세대 후에 프랑스 대혁명의 엄청난 폭력 행위로 그 결실을 거두었다. 실로 프랑스 혁명은 인류 역사의 진로를 바꾸어 놓은 또 하나의 대지진이었다고 할 수 있다. 그리고 1833년 11월 13일에 일어난 엄청난 별들의 쏟아짐 역시 성취되었다.

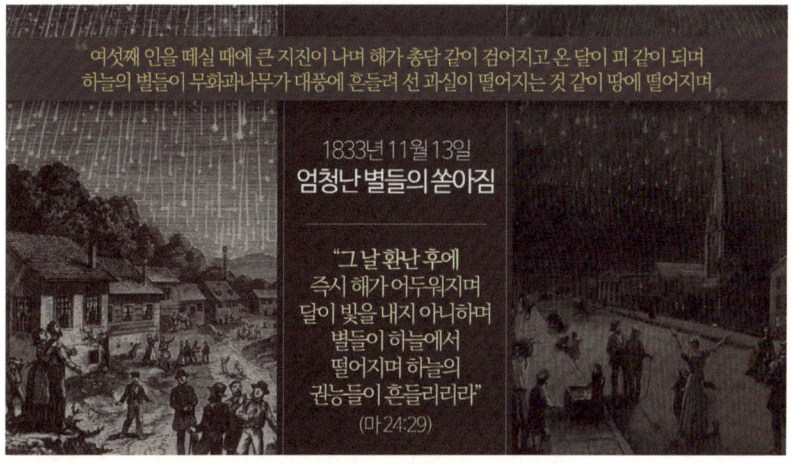

예수께서 "그 날 환난 후에 즉시 해가 어두워지며 달이 빛을 내지 아니하며 별들이 하늘에서 떨어지며 하늘의 권능들이 흔들리리라"(마 24:29)고 말씀하셨는데, 여기 환난은 1차적으로는 중세 로마 교황청이 다스렸던 기간을 말하고 2차적으로는 예수께서 재림하시기 전을 말한다.

별들이 쏟아지는 현상은 한 시간에 20만회를 넘었다는 기록도 있다. 어떤 사람들은 별들이 폭풍우와 같이 쏟아졌다고 기록했다. 장관

이기도 했지만 많은 사람들은 겁에 질려 땅에 엎드려 하나님의 자비를 간청했다. 또 많은 사람들이 심판의 날이 임박함을 깨닫고 훔친 물건들을 돌려주었다. 가히 "배상의 밤"이라는 명칭이 어울릴 그런 현상이 발생했던 것이다. 또한 그리스도인들에게는 재림의 소망으로 인한 기쁨이 고무되기도 했다. 당시 뉴욕신문에(New York Journal of Commerce) "이것은 마지막 때의 한 징조"라고 기사가 실렸다. 당시 그리스도인들은 이 현상을 오늘 본문인 계시록 6장 13절 "하늘의 별들이 무화과나무가 대풍에 흔들려 과실이 떨어지는 것 같이 땅에 떨어"진다고 예언한 말씀의 성취로 보았다.

3가지 사건은 주로 유럽과 북미에서 발생했는데, 그 당시 이 지역은 수많은 사람들이 성경을 연구하므로 시대적 부흥이 일어나던 때였다. 만약 이러한 일들이 사하라 사막이나 이슬람, 또는 중국에서 발생했다면 성경 예언의 성취로 보지 못하고 파묻혀 버렸을 것이다. 어떤 성경의 예언이 성취되기 위해서 그 일이 전 세계적으로 일어날 필요는 없다. 베들레헴의 한 마굿간에서 그리스도교의 시대를 열었던 것처럼 말이다. 그러나 이것을 역사적 일회성으로 끝났다고만 볼 수 없는 이유가, 큰 지진과 암흑과 별이 떨어지는 사건들은 "하늘은 종이 축이 말리는 것 같이 떠나가고 각 산과 섬이 제 자리에서 옮기"는 것과 함께 일어나는 것으로 기록 되어있기 때문에 이 모든 것들은 재림 시에 일어나는 징조들로 볼 수도 있다.

분명한 것은 우리는 첫째, 둘째, 셋째, 넷째, 다섯째 인을 지나 여섯째 인 끝 시대에 살고 있다는 엄숙한 사실이다. 우리는 계시록 6장 13절의 별들의 소나기 사건과 14절의 "하늘이 종이 축이 말리는 것같이 떠나가고" 죄인들이 어린양의 진노를 피하기 위하여 바위에 깔려 죽기를 바라는 그 사건의 사이에 살고 있다. 우리는 계시록 6장 13절과 14절 사이에 살고 있다.

그리스도를 거절하고 하나님의 백성을 조롱하며 세속의 유익만을 쫓아 살았던 사람들의 운명은 처참할 것이다. 그들은 두려움에 떨며 굴과 산, 바위틈에 숨으려 한다. 자신의 권세와 부를 이 땅에서 자랑하고 복음을 끝까지 거절하던 사람들이 지난 날을 가슴을 쥐어뜯으며 후회하게 될 것이다. 어떤 왕이었든지, 장군이었든지, 권세가였든지 이제는 자신의 재물이나 권세가 아무 소용없음을 깨닫고 통곡할 것이다. 이 세상에서 죄된 영화를 누렸던 모든 사람들이 경악과 낭패, 절망의 도가니에 빠지게 될 것이다. 그들은 산과 바위를 향하여 비탄의 소리를 높여 "산들아 바위야 차라리 우리 위에 떨어져 우리를 죽여달라" 애원하며 처절한 소리를 지르지 않을 수 없게 된다. 두려움에 떨며 산과 바위

틈 속에 숨지만, 어떠한 것도 그들의 죄를 은폐할 수 없을 것이다.

우리는 이러한 심판의 날이 이르기 전에 신중히 생각하고 우리 삶을 되돌아봐야 한다. 지금은 예수께서 다시 오신다는 재림 신앙을 조롱하는 사람이 많지만 언젠가 곧 만인이 다 심판대 앞에 설 때가 올 것이다. 지금 돌이켜, 회개한 마음으로 하나님께 기도하지 않는 사람은 심판의 날에 바위와 산을 향하여 절망 속에서 부르짖게 될 것이다.

심판의 날은 반드시 온다. 우리의 모든 행위가 백일하에 드러나는 날이 올 것이며 아무도 그분의 심판대를 피할 수 없게 된다. 이 세상에서 우리의 모든 생각과 행동이 우리의 운명을 결정지을 것이므로 우리

는 오늘을 아무렇게나 살 수가 없다. 심판의 날은 하나님을 거절한 사람들에게는 두려운 날이며, 그들은 산과 바위 틈에 숨어 차라리 죽기를 원할 것이다. 그러나 하나님을 믿는 사람들에게 심판의 날은 기쁜 날이다. 그 날은 오래 기다리던 주님을 만나는 날이요 다시는 죄와 죽음이 없는 새로운 삶이 시작되는 날이기 때문이다.

7. 일곱 인의 계시를 주신 목적

일곱 인의 계시를 주신 목적이 뭘까? 우리가 어떤 일을 할 때 그냥 생각 없이 하지 않는다. 어떤 목적을 갖고 하지 않은가? 집에서 나올 때 어디를 가겠다는 목적지를 향해서 가지 그냥 나와서 정처없이 떠돌면서 방황하지 않는다. 목적이 없으면 방황하게 된다. 일곱 인의 계시를 왜 주셨을까? 그것은 하나님의 충실한 백성들이 비록 전쟁, 기근, 온역 그리고 박해를 받아 죽음의 시련을 당한다 할지라도 결국은 승리할 것임을 확인시켜주는 것이다. 이 얼마나 분명한 목적인가! 우리의 결국은 영원한 승리이기 때문에, 우리를 괴롭게 하는 모든 시련 앞에서 희망을 가질 수 있는 것이다. 만약 이 소망이 없다면 우리가 어떻게 하루 하루를 살 수 있겠는가!

이 세계는 앞으로 계속 탄식과 애통과 비애로 점철될 것인가? 분명히 세상은 그렇게 될 것이다. 그러나 예수님이 계시를 통해 요한에게 그리고 우리에게 알려주고자 한 것은 이것으로 세상이 끝날 것이 아니라 그 모든 고난에서 예수님이 친히 우리의 보호자요 방패가 된다는 사실을 말씀해 주신다. 성경에서는 여러 차례에 걸쳐 우리의 하나님이 방패로 일컬어지고 있다. 군사적인 긴장이 고조되어 있던 시절에 하나님은 아브라함에게 "나는 너의 방패"라고 말씀하시며 용기를 주셨다 (창 15:1). 다윗도 적군의 공격에 직면하여 자주 이와 동일한 약속을 기억하며 용기를 얻었다. "여호와는 나의 힘과 나의 방패"(시 28:7)이시다. 또 "주는 나의 은신처요 방패"(시 119:114)이시다. 고통과 압제와 가난은 우리 모두에게 예외없이 닥친다. 그러나 예수께서는 요한계시록의 일곱 인에서 말씀하시기를 비록 재난과 죽음을 당할지라도 부활을 보장함으로써 우리를 보호하시며 지키실 것이라고 하셨다.

미리 경고해 주는 것은 사전에 대비하라는 것이다. 분명한 목적지를 보여주기 때문에 우리로 소망을 갖게 하는 것이다. 어떠한 환경 속에서도 함께 하신다는 약속이기도 하다. 성경의 예언에 의하면 우리는 진실로 세상의 마지막 때에 살고 있으며, 심판은 이미 진행되고 있다. 이제는 주님과 영원히 살 수 있도록 우리의 신앙을 준비하고, 주님의 재림을 준비하는 일꾼이 되도록 하자!

기 도

우리를 사랑하시는 하나님 아버지!
우리에게 닥치는 많은 경제적인 시련과 궁핍함과
어려움과 가난함과 폭풍이 몰아치는 그러한 위험 앞에
있을지라도 주님은 우리를 내어 버린 적 없으시고
항상 우리와 함께 하시며 우리의 피난처요
우리의 방패 되어 주셨음을 인하여 감사드립니다.
아버지! 이 세상은 참으로 분요하고
살 소망이 없는 그런 세상입니다.
그러나 주님, 우리에게 궁극적인 소망을
약속하여 주셔서 참으로 감사를 드립니다.
지금 우리 눈에는 답답해 보일지라도
주님께서 주신 약속들을 기억하면서 담대히
일어서 나아갈 수 있도록 도와 주시옵소서.
우리의 형편과 사정을 아시는 주님,
주님께 모든 것을 맡겨 드리오니
은혜를 베풀어 주시옵소서.
우리를 사랑하시는 예수 그리스도의
이름으로 간절히 기도드립니다.

아멘!

요한계시록 6장 복습문제

1. 계시록 6장의 일곱 인에 대한 설명이 아닌 것은?

① 일곱인의 시점은 예수님이 승천하신 후부터 재림하실 때까지의 기간이다.

② 하나의 인이 떼어질 때마다 지구를 황폐케 하는 크고 두려운 사건이 일어난다.

③ 일곱 인은 일곱 교회 시대와 평행을 이룬다.

④ 마태복음 24장 말씀과 평행 구조를 이룬다.

2. 첫째 인에 대한 설명이 아닌 것은?

① 백마를 탄 기사는 잘생기고 멋진 왕자이다.

② 첫째 인의 시대는 에베소 교회 시대에 해당된다.

③ 계시록에서 흰색은 그리스도나 구원받은 성도들, 또한 영적 승리를 상징한다.

④ 면류관은 의인들과 연관되어 나오는 승리의 상징이다.

3. 일곱 인의 계시를 주신 목적과 관계가 없는 것은?

① 하나님의 충실한 백성들이 비록 전쟁, 기근, 온역, 그리고 박해를 받아 죽음의 시련을 당한다 할지라도 결국은 승리할 것임을 확인시켜주는 것이다.

② 재난과 죽음을 당할지라도 부활을 보장함으로써 우리를 보호하시며 지키실 것임을 표현하셨다.

③ 여러 전쟁과 핍박, 기근을 미리 알려주면 사람의 마음이 두려움에 사로잡혀 하나님을 더 잘 믿게 되기 때문이다.

④ 미리 경고해 주는 것은 사전에 대비하라는 것이다. 분명한 목적지를 보여주기 때문에 우리로 소망을 갖게 하는 것이다. 어떠한 환경 속에서도 함께 하신다는 약속이기도 하다.

4. 인류 역사에서 기독교가 전쟁과 기근과 황폐의 원인이 된 사실과 관련 없는 설명은?
① 중세 시대에 기독교 국가 영국과 프랑스는 "백년 전쟁"(1337~1453)을 치렀다.
② 개신교와 카톨릭이 "30년 전쟁"을 통해 유럽을 황폐시켰다.
③ 세계 1차 대전은 비 기독교 국가들끼리 싸웠으며 그 결과로 기독교인이 사상자와 전쟁 고아를 많이 도와주게 되어 온 세상에 기독교의 우수성을 알리게 되는 계기가 되었다.
④ 로마 카톨릭의 주교와 사제들의 폭정이 프랑스 혁명의 공포를 초래한 직접적인 원인이 되었다.

5. 둘째 인과 관련된 설명이 아닌 것은?
① 붉은 말을 탄 기사는 큰 칼을 가지고 있다. 그것은 성도들을 죽이기 위한 큰 권세를 의미한다.
② 일곱 교회의 서머나 교회에 해당하는 시기로 AD 100년경부터 콘스탄틴 황제가 기독교를 공인하는 밀라노 칙령을 내리는 AD 313년까지의 기간이라고 볼 수 있다.
③ 신실한 그리스도인들에게는 많은 핍박과 순교의 시대였다.
④ 식량 전쟁을 하며 피를 많이 흘렸기 때문에 말의 가죽이 붉은 색으로 물들었을 정도였다.

6. 셋째 인이 떼어질 때의 시대적 배경이 아닌 것은?

① 교회는 자유를 얻었고 권력의 비호와 특혜를 누리게 되면서 가장 많은 신자 수를 가진 성공적인 기독교 시대였다.
② 콘스탄틴 황제가 기독교를 승인한 때부터 로마 교황청이 성립된 AD 538년까지이다.
③ 검은색은 타락과 어두움을 의미하는 것이다.
④ 한 데나리온이 하루의 품삯이기 때문에 영적 기근이 아주 심했던 것을 나타낸 것이다.

7. 기독교를 승인한 콘스탄틴의 정책과 그 결과와 관계없는 것은?

① 로마의 모든 이교의 교리와 관습을 혼합시켜 세계 단일종교 기독교를 탄생시켰다.
② "감람유와 포도주"는 해치지 말라고 한 소리는 극심한 고난과 말씀의 기근 속에서도 그리스도인들을 돌보신다는 하나님의 사랑의 표현이다.
③ 안식일이 일요일로 대체되면서 더 많은 사람들이 교회에 발을 들여 놓게 됨으로 참된 복음 전파의 문이 열렸다.
④ 성직자들이 성경 해석과 의식 집행의 전권을 행사하고 일반 사람들은 성경 말씀에 접근하기 어려웠다.

8. 넷째 인과 관련이 없는 설명은 무엇인가?

① 두아디라 교회 시대로 AD 538년경부터 16세기 종교 개혁자들이 일어나 개신교회를 일으킬 때까지의 긴 암흑 시대이다.

② 복음을 거절한 죄의 결과로 많은 학살과 희생이 있을 것을 예고하고 있다.
③ 청황색은 죽어가는 병자의 색이다.
④ 청황색 말 탄 자들이 지나간 곳에는 전염병과 기근이 들어 사람들에게 공포의 대상이었다.

9. 괄호안에 들어갈 단어는 무엇인가?

　　(　　) 탄 기사는 그리스도의 승리와 복음의 전파를 나타내고, (　　)을 탄 자는 복음을 지키는 자들에 대한 핍박을 가리킨다. (　　)은 분리의 결과가 심화되어 하나님의 말씀에 대한 기근을 예고하고, (　　)을 탄 자는 그 기근의 결과로서 이르러 올 영적 질병과 죽음의 심판들을 가리킨다.

10. 여섯째 인에 대한 설명과 관계없는 것은?
① 12절의 큰 지진은 1755년 11월 1일 포르투갈의 리스본 대지진으로 성취되었다.
② 12절의 해가 총담 같이 검어지고 온 달이 피 같이 된 것은 1780년 5월 19일의 암흑일로 성취되었다.
③ 13절의 하늘의 별들이 무화과나무가 대풍에 흔들려 선 과실이 떨어지는 것 같은 현상은 1833년 11월 13일에 일어난 엄청난 별들의 쏟아짐으로 성취되었다.
④ 14절의 "하늘이 종이 축이 말리는 것같이 떠나가고" 죄인들이 어린양의 진노를 피하기 위하여 바위에 깔려 죽기를 바라는 사건은 7년 대환란의 시기이다.

7장

말도 많고 탈도 많은
14만 4천

"...이는 큰 환난에서 나오는 자들인데
어린 양의 피에 그 옷을 씻어 희게 하였느니라"

[계 7:14]

요한계시록 7장

[계시록 7:1~17]

[1] 이 일 후에 내가 네 천사가 땅 네 모퉁이에 선 것을 보니 땅의 사방의 바람을 붙잡아 바람으로 하여금 땅에나 바다에나 각종 나무에 불지 못하게 하더라

[2] 또 보매 다른 천사가 살아 계신 하나님의 인을 가지고 해 돋는 데로부터 올라와서 땅과 바다를 해롭게 할 권세를 얻은 네 천사를 향하여 큰 소리로 외쳐

[3] 가로되 우리가 우리 하나님의 종들의 이마에 인치기까지 땅이나 바다나 나무나 해하지 말라 하더라

[4] 내가 인 맞은 자의 수를 들으니 이스라엘 자손의 각 지파 중에서 인 맞은 자들이 십사만 사천이니

[5] 유다 지파 중에 인 맞은 자가 일만 이천이요 르우벤 지파 중에 일만 이천이요 갓 지파 중에 일만 이천이요

[6] 아셀 지파 중에 일만 이천이요 납달리 지파 중에 일만 이천이요 므낫세 지파 중에 일만 이천이요

[7] 시므온 지파 중에 일만 이천이요 레위 지파 중에 일만 이천이요 잇사갈 지파 중에 일만 이천이요

[8] 스블론 지파 중에 일만 이천이요 요셉 지파 중에 일만 이천이요 베냐민 지파 중에 인 맞은

자가 일만 이천이라

[9] 이 일 후에 내가 보니 각 나라와 족속과 백성과 방언에서 아무라도 능히 셀 수 없는 큰 무리가 흰 옷을 입고 손에 종려 가지를 들고 보좌 앞과 어린 양 앞에 서서

[10] 큰 소리로 외쳐 가로되 구원하심이 보좌에 앉으신 우리 하나님과 어린 양에게 있도다 하니

[11] 모든 천사가 보좌와 장로들과 네 생물의 주위에 섰다가 보좌 앞에 엎드려 얼굴을 대고 하나님께 경배하여

[12] 가로되 아멘 찬송과 영광과 지혜와 감사와 존귀와 능력과 힘이 우리 하나님께 세세토록 있을지로다 아멘 하더라

[13] 장로 중에 하나가 응답하여 내게 이르되 이 흰 옷 입은 자들이 누구며 또 어디서 왔느뇨

[14] 내가 가로되 내 주여 당신이 알리이다 하니 그가 나더러 이르되 이는 큰 환난에서 나오는 자들인데 어린 양의 피에 그 옷을 씻어 희게 하였느니라

[15] 그러므로 그들이 하나님의 보좌 앞에 있고 또 그의 성전에서 밤낮 하나님을 섬기매 보좌에 앉으신 이가 그들 위에 장막을 치시리니

[16] 저희가 다시 주리지도 아니하며 목마르지도 아니하고 해나 아무 뜨거운 기운에 상하지 아니할지니

[17] 이는 보좌 가운데 계신 어린 양이 저희의 목자가 되사 생명수 샘으로 인도하시고 하나님께서 저희 눈에서 모든 눈물을 씻어 주실 것임이러라

계시록 7장

말도 많고 탈도 많은 14만 4천

1. 누가 진리를 말하는가?

오늘날 개신교회가 계시록을 잘 모르고 터부시하는 이유 중 하나는 장 칼뱅(Jean Calvin)의 영향이 있는 것 같다. 칼뱅은 계시록 주석에 한계를 느끼며 보지 말라고 했는데, 오늘날 개신교회는 마치 칼뱅의 유언을 받드는 것처럼 계시록을 금서로 여기게 되었고, 계시록을 언급하면 이단으로 치부하며 편견을 갖게 되었다.

물론 많은 이단들이 계시록을 자의적으로 해석함으로 이단이 된 것은 사실이나 그것은 올바른 해석의 부재 때문에 생긴 것이다. 계시록을 올바로 해석한다면 이단에 빠질 이유가 없고 오히려 성경 전체에 대한 더욱 깊이 있는 이해를 가지게 될 것이다.

물론 칼뱅이라고 해서 성경을 다 알 수는 없다. 당시 종말론에 대해 정립이 되지 못했기 때문에 계시록을 다룰 수가 없었다. 그러나 지금은 종교개혁이 있은 지 500년이 지났다. 여전히 계시록은 읽어서는 안 될 책일까? 그렇다면 하나님께서 왜 계시록을 주셨을까?

어떤 분들은 "수많은 계시록 해석 중에 당신 말이 맞는지 그걸 어떻게 압니까?"라고 물을 수 있고 일리가 있는 말이다. 요즘도 인터넷상에는 자신만의 계시록 해석이 끊임없이 올라오고, 모두 해석이 다르다. 과연 누가 진리를 말하는가?

"오직 하나님이 성령으로 이것을 우리에게 보이셨으니 성령은 모든 것 곧 하나님의 깊은 것이라도 통달하시느니라"(고전 2:10).

이 성경의 약속을 주장하고 성령의 인도하심에 대해 기도하며 성경을 펴는 성도들을 하나님은 반드시 참된 계시록의 해석으로 인도하실 것을 믿는다.

계시록 7장과 14장에 14만 4천에 대해 나오는데, 오늘은 요한계시록 7장에 나오는 정말 말도 많고 탈도 많은 144,000의 정체에 대해서 말씀을 나누려고 한다. 개인의 사상이나 해석을 주입하지 않고, 성경이 성경 그 자체를 해석할 수 있도록 최선을 다하겠다. 하나님께서 분별하는 영의 은사와 성경을 깨닫게 하는 지혜의 성령을 우리 모두에게 허락하셔서 요한계시록을 통해 마지막 시대를 사는 우리에게 하시고자 하는 하나님의 말씀을 올바로 깨달을 수 있기를 간절히 기도한다.

2. 십사만 사천

계시록 6장에서 일곱 인이 나오는데 여섯째 인까지 설명되고 끝났다. 그러면 7장에서 일곱째 인이 나와야 하는데, 일곱째 인은 8장에서 나오기 때문에 7장은 여섯째 인이 끝나는 그 중요한 시점에 뭔가 특별한 일이 벌어진다는 것을 우리에게 알려준다.

인터넷에서 144,000이라고 검색해보면 어느 백과사전의 답에서 "144,000은 143,999보다 크고 144,001보다 작은 자연수이다."라고 설명하고 있다. 144,000은 그저 그런 숫자일까? 기독교인들은 14만 4천에 대해 잘 알까? 일반적으로 세대주의 기독교에서는 14만 4천을 실제 유대인이라고 해석한다. 기독교인들이 비밀 휴거로 승천하고 나면, 7년 환난이 시작하고 이 땅에는 악인들과 유대인만이 남는데, 이 상황에서 모든 유대인이 그리스도를 믿음으로 국가적으로 회심하고 그들이 마지막 복음사역을 완수하게 되는데 그들이 14만 4천이라는 시나리오다. 이 해석은 당연히 비 성경적인 것이다. 그 이유에 대해서는 [성경의 예언들 11회, 적그리스도와 휴거신학] 말씀을 참조하기 바란다.

YouTube 에서 [성경의 예언들 11회, 적그리스도와 휴거신학]을 검색하세요.

또 본인들이 14만 4천이라고 하는 교단이 있다. 계시록 14장에 보면, 그들의 특징을 "그 입에 거짓말이 없고 흠이 없는 자들이더라"(계 14:5)고 되어 있다. 그런데 그 교단의 전도 전략 중 하나가 모략과 거짓이다. 기만과 거짓을 전도의 방법으로 포장하며 거짓말을 정당화한다. 그러므로 그들은 14만 4천이 될 수 없을 뿐만 아니라, 거짓말하는 자들은 천국에 가지 못하고 멸망할 것이라고 기록하고 있다.

 "무엇이든지 속된 것이나 가증한 일 또는 거짓말하는 자는 결코 그리로 들어오지 못하되 오직 어린양의 생명책에 기록된 자들뿐이라"(계 21:27).

"모든 거짓말하는 자들은 불과 유황으로 타는 못에 참예하리니 이것이 둘째 사망이라"(계 21:8).

또한 "예수 피만 믿으면 된다, 행위가 어떠하든지 걱정하지 말라, 한번 얻은 구원은 잃어버리지 않는다"는 것도 거짓 복음이다. 이제 그만 거짓말을 멈춰야 한다.

요한계시록 7장은 6장의 여섯째 인의 마지막 부분에 악인들이 "진노의 큰 날이 이르렀으니 누가 능히 서리요?"라는 질문에 대한 답변으로 제시되었다. "과연 누가 하나님의 심판 앞에 능히 설 것인가?" 거기에 대한 대답으로 7장에서 "그들은 바로 14만 4천이다"라고 답변하고 있다. 14만 4천은 하나님의 인을 받고 마지막에 특별한 복음 사역을 완성할 사람들이다. 그들은 하나님 앞에서 흠이 없는 자들이라고 계시록 14장에서 그 특징을 설명하고 있다. 다시 말하자면 하나님의 말씀대로 사는 자들이다. 6장까지는 과거 기독교 역사에 관련된 내용이었지만, 7장은 이 시대를 사는 우리들에게 적용되는 중요한 예언이다. 그러므로 14만 4천은 과거 그리스도인이 아니고 오늘을 살고 있는 우리 모두가 14만 4천의 후보라는 것이다.

요한계시록 7장에는 몇 가지 궁금한 질문들을 우리에게 던져준다.

- 마지막 날에 하나님의 인을 받은 사람들이 14만 4천명인데, 그들은 과연 어떤 사람들인지?
- 그 숫자는 실제인지 상징인지?
- 14만 4천과 셀 수 없는 큰 무리는 같은 무리인지, 다른 존재인지?

이 여러 가지 질문에 대한 답을 찾아가 보도록 하자!

(1) 바람을 붙잡는 네 천사

 "이 일 후에 내가 네 천사가 땅 네 모퉁이에 선 것을 보니 땅의 사방의 바람을 붙잡아 바람으로 하여금 땅에나 바다에나 각종 나무에 불지 못하게 하더라"(계 7:1).

땅의 사방은 동서남북 온 세상을 말한다. 이사야는 "땅 사방에서 유다의 흩어진 자를 모으시리니"(사 11:12)라 했고, 에스겔도 "이 땅 사방"(겔 7:2)이라고 했고, 요한은 이 세상을 4중으로 즉 "나라와 족속과 백성과 방언"으로 언급했다(5:9; 7:9; 10:11; 11:9; 13:7; 14:6; 17:15). 네 천사가 땅 네 모퉁이에 선 것은 지구가 사탄의 군대들과  악의 세력들에게 위협을 받고 있지만 하나님의 백성은 여전히 보호를 받고 있음을 나타낸다.

바람은 예언을 해석할 때 전쟁이나 파괴를 의미하는 것이기 때문에 (렘 25:31; 단 7:2), 세계 도처에서 파괴와 파멸을 일삼는 사탄과 그의 악한 천사들의 활동이다. 하나님의 천사들이 그 바람을 붙잡는다는 것은 이 땅에 전 세계적인 전쟁과 파멸이 일어나지 못하도록 억제한다는 뜻이다. 영원토록 억제하시는 것이 아니라 인치는 일이 마칠 때까지 억제하고 있다가 인치는 일이 끝나면 바람이 놓인다. 지금은 네 천사가 바람을 붙잡고 있는 때다. 하나님께서 재난을 억제하고 계시는 은혜의 시기이다. 그러나 이 바람이 놓이는 순간 인간의 악함과 사탄의 광포를 제어하고 있던 손이 놓이게 되어 무서운 파멸이 이 땅을 휩쓸게 될 것이다. 그렇다면 이 은혜의 시기에 우리는 어떤 사람으로 준비되어야 하겠는가? 이 인치는 시기에 우리는 하나님의 참된 백성으로 성별 되어야 한다. 계시록 7장에서 말하는 14만 4천으로 준비되어야 한다.

성경에서 **나무**는 하나님의 백성, 의인을 표상한다(시 1:3; 렘 17:8). 이 바람이 나무에는 불지 못하게 한다고 했다. 그러므로 하나님의 백성들에게는 해를 끼치지 못한다는 말씀이다. 따라서 우리는 환난을 두려워할 필요가 없다.

지구에 전쟁과 파괴와 멸망이 임할 두려운 날이 다가오고 있다. 하지만 지금은 네 천사가 그 바람을 붙잡고 있는 은혜의 기간이다. 유예의 시간이 끝나면 사탄의 세력은 최후 발악으로 말로 형언하기 어려운 고난과 고통의 때를 가져올 것이며 전 세계가 혼란에 빠져 개국 이래로 없던 환난에 휘말릴 것이다. 바람이 놓이는 때는 하늘 성소에 계신 그리스도께서 "다 이루었다!"고 선포하실 때, 네 천사가 바람을 놓을 것이다. 바람을 놓으면 계시록 15장과 16장의 묘사처럼 일곱 재앙이 쏟아진다. 그러나 일곱 재앙의 때에도 하나님의 나무들, 인침 받은 14만 4천은 보호함을 받을 것이다.

(2) 살아계신 하나님의 인

 "[2] 또 보매 다른 천사가 살아 계신 하나님의 인을 가지고 해 돋는 데로부터 올라와서 땅과 바다를 해롭게 할 권세를 얻은 네 천사를 향하여 큰 소리로 외쳐 [3] 가로되 우리가 우리 하나님의 종들의 이마에 인치기까지 땅이나 바다나 나무나 해하지 말라 하더라"(계 7:2,3).

여기 하나님의 인을 가진 천사가 해 돋는 데로부터 올라온다. 우리나라에 이 성경 절을 근거로 본인이 한국에 태어난 재림 예수라고 주장하는 사람들이 20여 명이 넘는다. 그들에 의하면 해 돋는 곳은 한국이며, 자기가 하나님의 인을 가진 천사라는 것이다. 해 돋는 곳이 과연 한국일까? 요한은 계시록의 많은 표현을, 아니 거의 대부분의 사상을 구약에서 가져왔다. 구약의 여기저기 있는 하나님의 말씀을 한곳에 모아 놓은 것이 요한계시록이다.

 기독교 역사가인 윌리엄 밀리건은 "구약에서 끌어오지 않은 상징이 단 하나라도 있는지, 또는 구약에서 끌어오지 않은 자료로 만들어진 단 하나의 완전한 문장이 있을지 의심스러울 정도이다."[1]라고 했다.

이처럼 요한계시록에서 성경의 모든 책들이 만나고 끝난다. 그러므로 계시록을 해석할 때는 구약의 배경에 비추어 상징들을 이해하는 것이 안전하고 정확하다. 그렇지 않으면 온갖 이단이 생기게 된다. 오늘

날 구약을 무시하는 사람들이 상당히 많은데, 구약이 있어야 신약이 더 완전해지는 것이다. 구약에 대한 이해 없이 요한계시록을 해석하려다 보니까 해석이 안되거나, 본인이 재림 예수 또는 아버지 하나님, 어머니 하나님 또는 보혜사라고 주장하는 어이없는 일이 발생하게 된다.

천사가 동쪽으로부터 올라오는 것은 에스겔의 인용이다.

   "이스라엘 하나님의 영광이 동편에서부터 오는데 하나님의 음성이 많은 물소리 같고 땅은 그 영광으로 인하여 빛나니"(겔 43:2).

구약에서 동쪽은 항상 하나님이 나타나시는 곳의 상징으로 사용되었다. 신약에서도 동편은 예수 그리스도의 재림의 상징이며 하나님의 보좌의 상징이기도 하다. 그러므로 인치는 천사가 해 돋는 곳에서 왔다는 것은 동방의 나라 한국을 말하는 것이 아니라 예수 그리스도로부터 보내심을 받았다는 것을 의미한다.

① 살아계신 하나님의 인이란 무엇인가?

이 마지막 시대에, 다른 기독교 역사 어느 때가 아니라 개국이래로 없던 환난이 눈앞에 있는 이때, 이 인을 받아야 환난을 통과하는데, 그것이 무엇일까?

· 첫 번째, 인침이라는 것은 신분을 증명해주는 하나의 [신분증]이다. 그 신분증엔 "하나님의 참 백성이다"라고 기록돼 있다.

이것은 마치 구약시대 할례가 하나님과 그분의 백성 사이에 언약의 표징이 되는 것처럼(창 17:10,11) 이 사람이 진짜인지 가짜인지, 명품인지 짝퉁인지 구별해주는 표이다. 왕이 옥새를 찍는 것은 왕권의 확인 또는 어떤 문서가 정말 진짜요 왕으로부터 왔다는 것을 확증하는 것이다. 위조와 변경을 하지 못하도록 문서에 인을 친다. 그러므로 하나님의 인은 하나님의 진짜 백성임을 증명해주는 신분증이 확실하다.

- **두 번째, 하나님의 인은 하나님의 것으로 인정됐다는, 즉 하나님의 소유라는 것을 나타내는 것이다.** 하나님의 인을 받으면 하나님께 속했다는 것이고, 짐승의 표를 받으면 짐승에게 속했다는 것이다.

- **세 번째, 살아계신 하나님의 인은 보호의 표이다.** 출애굽 당시 열 번째 재앙에서 이스라엘 백성을 보호하기 위해 어떤 일이 있었는가? 유월절 어린양의 피를 문설주 위에 바름으로 보호를 받았다(출 12:21,22). 이것과 같은 기능이다. 살아계신 하나님의 인을 맞은 자들은 마지막 7재앙의 환난 때에 보호받을 것이다. 따라서 인치는 시기는 지금이며, 7재앙이 시작하기 전에 끝난다. 그렇다면 7재앙은 언제 시작할 것인가? 아무도 그 시기를 정확히 말할 수는 없지만 세상의 형편을 보았을 때, 우리 주님께서 재림하실 날이 그렇게 많이 남지 않은 것이 확실하다. 7재앙은 예수께서 재림하시기 직전에 있기 때문에 지금은 인치는 시기이다. 그렇다면 이

엄숙한 시기 우리는 어떻게 살아야 할까? 환난을 두려워하며 벌벌 떨면서 살 필요가 없다. 앞에서 말했듯이 나무들은 보호함을 받는다. 그러므로 우리는 환난을 두려워할 것이 아니라 내가 하나님의 나무로 심어지고 자라나는 일이 오늘 우리에게 더욱 중요하다.

- 네 번째, 살아계신 하나님의 인이란 하나님의 성품과 사상을 가리키며 그 인을 받는다는 것은 **주님의 거룩한 성품과 사상이 마음에 새겨져 그리스도의 형상을 반사하는 것을** 의미한다. 예수님을 닮은 주님의 충성스런 백성들에게 인쳐주신다는 의미이다. 인침이라는 것은 실제 눈에 볼 수 있는 어떤 표시가 아니라 지적으로 영적으로 진리에 굳게 서는 것이다. 인침은 순결의 표요, 하나님의 인정의 표다.

- 다섯째, 살아계신 하나님의 인은 **하나님의 법, 하나님의 말씀인 십계명에 녹아있다.** 하나님의 말씀대로 사는지 그렇지 않은지, 하나님의 법대로 사는지 그렇지 않은지를 밝혀준다. 따라서 하나님의 말씀, 하나님의 계명을 지키는 자들이 살아계신 하나님의 인을 받는다. 그래서 계시록 14:12절에 짐승의 표를 받지 않은 14만 4천의 특징을 "성도들의 인내가 여기 있나니 저희는 하나님의 계명과 예수 믿음을 지키는 자니라"고 했다.

계시록에는 하나님의 인과 짐승의 표가 대조되어 나온다. 이마나 손에 인을 친다는 사상은 신명기에서 왔다.

> "너는 또 그것을 네 손목에 매어 기호를 삼으며 네 미간에 붙여 표를 삼고"(신 6:8).

그래서 오늘날도 정통 유대인들은 이마에 성구함을 달고 다닌다. 또 에스겔 9:4절에 보면 하나님의 백성의 이마에 인치라고 했다. 이마가 마음이나 사상을 의미한다면 손은 행위나 행동을 가리킨다. 짐승의 표를 이마나 손에 받는다는 것  은 짐승의 사상이 마음에 새겨지고 그 짐승이 원하는 대로 행동한다는 뜻이 있고, 또한 짐승의 표를 이마에 받는 사람은 그 사람이 전적으로 짐승을 추종하기 때문에 받으며, 손에 받는 것은 마음은 원치 않지만 어쩔 수 없이 받게 되는 형편을 나타내기도 한다.

하나님의 인이든 짐승의 표든 그것은 인치는 주체의 형상을 반사하는 것을 의미한다. 짐승의 표는 성품이 사탄과 같은 악한 형상을 지니고 하나님을 반역하는 사람이 받는 것이고, 하나님의 인은 하나님의 성품을 닮은 예수님을 따르는 사람이 받는 것이다.

② 인치는 목적이 무엇인가?

계시록 9장을 보면 더욱 분명하게 나온다.

📖 "저희에게 이르시되 땅의 풀이나 푸른 것이나 각종 수목은 해하지 말고 오직 이마에 하나님의 인 맞지 아니한 사람들만 해하라 하시더라"(계 9:4).

수목과 하나님의 인을 맞지 않는 사람이 대조되어 나온다. 그래서 나무는 의인들을 의미한다. 그렇다면 왜 인을 치는가? 종말적 멸망의 때에 하나님의 백성들을 보호하기 위해서이다. 따라서 환난의 때가 이르기 전에 비밀리에 휴거되어 안전하다는 것은 성경에 없는 가르침이다. 믿는 자든 믿지 않는 자든 모두 환난을 통과하지만 인침 받은 하나님의 백성은 하나님의 보호 아래 거한다.

우리는 계시록 7:3절의 말씀을 통해서 몇 가지를 분명하게 확인할 수 있다.

> 첫째, 하나님의 백성들이 인을 받을 때까지 그리스도께서 모든 것을 지배하고 계신다.
>
> 둘째, 인치는 일이 끝나면 은혜의 시간이 끝난다. 따라서 회개할 시간은 지금뿐이다.
>
> 셋째, 인치는 일이 마치면 7재앙(대환난)이 온다.
>
> 넷째, 인치는 일이 마칠 때까지 재림은 지연된다.

그러면 예수께서 왜 아직 재림하지 않으시는가? 답은 분명하다. 아직 하나님의 백성들이 인침을 다 받지 못했기 때문에 그렇다. 예수님의 형상을 반사하고, 죽기까지 주님께 충성을 다할 하나님의 백성들이 준비되면 인침은 끝이 나고, 잠깐의 환난이 있은 후에 주님은 재림하신다.

(3) 12지파의 의미

"내가 인 맞은 자의 수를 들으니 이스라엘 자손의 각 지파 중에서 인 맞은 자들이 십사만 사천이니"(계 7:4).

드디어 14만 4천이 나왔다. 그런데 이 14만 4천이 이스라엘 12지파에서 나왔다고 했다. 여기서 많은 사람들이 어려움을 느끼게 되는데, 이스라엘 12지파가 실제 지파인가? 영적 의미인가 하는 것이다.

이스라엘의 열 두 지파

창세기 49장	민수기 1장	에스겔 48장	요한계시록 7장
르우벤	르우벤	단	유다
시므온	시므온	아셀	르우벤
레위	유다	납달리	갓
유다	잇사갈	므낫세	아셀
스불론	스불론	에브라임	납달리
잇사갈	에브라임	르우벤	므낫세
단	므낫세	유다	시므온
갓	베냐민	베냐민	레위
아셀	단	시므온	잇사갈
납달리	아셀	잇사갈	스불론
요셉	갓	스불론	요셉
베냐민	납달리	갓	베냐민

계시록 7장에 나온 지파의 목록은 구약에서 한 번도 제시된 적이 없

는 목록이다. 계시록 7장에 소개된 지파의 목록을 그대로 받아들일 때는 벌써 자체에서부터 문제에 봉착하게 된다. 여기에 나타난 지파의 배열방식은 성경의 다른 곳에서는 찾아볼 수 없다. 유사하다고 생각되는 에스겔 48장에 나오는 지파의 배열 방식과도 다르다. 계시록에 나오는 지파의 목록에는 단 지파와 에브라임 지파가 빠져 있다는 점에서 여타의 지파 목록과 다르다. 에브라임은 요셉의 아들이므로 에브라임은 요셉 지파 속에 간접적으로 포함되어 있다고 주장할 수도 있다. 그렇다면 므낫세는 요셉의 아들인데도 목록에 올라있으니 에브라임에 대한 설명대로라면 므낫세는 두 번 포함되는 셈이다. 일부 주석가들은 단 지파가 누락된 문제를 해결하기 위해 단 지파에서 적그리스도가 출현할 것이라는 주장을 하고 있지만 에스겔 48장에서 종말론적인 백성들의 구원을 언급할 때, 단 지파가 포함되어 있다는 사실을 기억해야 한다. 그러므로 실제 지파가 아닌 영적 의미로 이해할 수 있다.

또한 성경 자체의 증거로 예수 그리스도께서 이 땅에 오신 이후로는 혈통적 유대인들이 아니라 영적 이스라엘 즉 그리스도를 믿는 교회가 이스라엘이 되었다. 예수님은 유대인들에게 "하나님의 나라를 너희는 빼앗기고 그 나라의 열매 맺는 백성이 받으리라"(마 21:43)고 하셨다. 이방인의 사도인 바울도 마찬가지로 "[28] 대저 표면적 유대인이 유대인이 아니요 표면적 육신의 할례가 할례가 아니라 [29] 오직 이면적 유대인이 유대인이며 할례는 마음에 할지니 신령에 있고 의문에 있지 아니한 것이라 그 칭찬이 사람에게서가 아니요 다만 하나님에게서니라"(롬 2:28,29). "[28] 너희는 유대인이나 헬라인이나 종이나 자주자나 남자나 여자 없이 다 그리스도 예수 안에서 하나이니라 [29] 너희가 그리스도께 속한 자면 곧 아브라함의 자손이요 약속대로 유업을 이을 자니라"(갈 3:28,29). 바울은 이방인으로 구성된 갈라디아 교인들을 "**하나님의 이스라엘에게 평강과 긍휼이 있을지어다**"(갈 6:16). 하나님의 이스라엘이라고 불렀다. 따라서 예수께서 오신 이후로 그리스도를 따르는 사람들이 영적 이스라엘이다. 야고보는 그리스도를 믿는 교회에 보내는 편지에서 "**흩어져 있는 열두 지파에게 문안하노라**"(약 1:1)고 했다. 따라서 열두 지파가 혈통적 이스라엘의 열두 지파를 가리키지 않는다는 것은 너무나 자명하다.

열두 지파는 유대민족을 가리키는 것이 아니라 모든 그리스도인을 통틀어 하는 말씀이다. 왜냐하면 요한 당시에도 실제 12지파는 이미 사라졌기 때문이다. 북방 이스라엘이 BC 721년에 앗시리아에게 정복당했을 때(왕하 17:5~23) 열 지파는 팔레스타인과 중동지역에 흩어져 이방과 동화되었고 섞여져(왕하 17:24~41) 지파의 의미가 없어져 버렸다. 남방 유다도 지금으로부터 약 2,500년 전인 BC 605년 바벨론의 침공을 받아 포로에서 돌아온 이후에는 지파 간의 통혼이 공공연히 이루어졌다. 물론 제사장 지파인 레위 족속에 한해서만은 예외적이었을 것이다. 하지만 이미 예수님 시대에 열두 지파는 크게 혼합되어 있었다. 그러므로 유전학적인 의미에서 거의 모든 유대인들은 "**다윗의 자손**"이었다. 따라서 계시록 7장에 나오는 12지파가 오늘날 각각 12,000명의 순수한 혈통의 후예들을 가지고 있다고 생각하기는 심히 어려운 일이다. 더군다나 AD 70년에 로마에 의해 완전히 멸망되어 유대인들은 전 세계에 흩어졌다. 그러므로 144,000을 문자적이 아니라 영적인 이스라엘, 곧 그리스도의 참된 교회의 상징으로 이해하면 어려움은 없게 된다. 12는 성경에서 완전수이다. 따라서 12의 제곱인 144는 최상의 완전수를 의미하며 거기에 충만을 나타내는 10의 세제곱을 하면 144,000이 된다. 그러므로 144,000은 충만하고 완전한 수를 상징한다. 마지막 시대 그리스도의 영광스러운 아름답고 완결되고 균형 잡힌 영적 이스라엘로 대표되는 성도들이 완전하고 충만한 모습으로 하나님의 인을 받을 것이라고 해석할 수 있다.

(4) 14만 4천 명이 실제 수인가? 상징 수인가?

"[5] 유다 지파 중에 인 맞은 자가 일만이천이요 르우벤 지파 중에 일만이천이요 갓 지파 중에 일만이천이요 [6] 아셀 지파 중에 일만이천이요 납달리 지파 중에 일만이천이요 므낫세 지파 중에 일만이천이요 [7] 시므온 지파 중에 일만이천이요 레위 지파 중에 일만이천이요 잇사갈 지파 중에 일만이천이요 [8] 스블론 지파 중에 일만이천이요 요셉 지파 중에 일만이천이요 베냐민 지파 중에 인 맞은 자가 일만이천이라"(계 7:5~8).

실제 수인가? 상징 수인가? 많은 이단들이 14만 4천을 실제 수로 주장하면서 전도활동을 하고 있다. 교세가 14만이 안될 때는 14만 4천을 모으면 영생불사한다고 가르치다가, 14만명이 넘어가자 교회 내 누가 14만 4천인지 모른다면서 거기에 속하기 위해서는 교회에 절대 충성해야 하는 무한경쟁 체제로 돌입했다.

언급했듯이 지파 자체가 상징이기 때문에, 14만 4천 역시 상징 수로 이해하는 것이 성경적인 이해이다. 인침 받고 구원받을 자의 수를 제한하는 것은 성경 전체에서 드러난 하나님의 구속의 역사와 성격에 어긋나는 일이다. 그것도 각 지파에서 정확히 12,000명만 구원을 받는다고 하면 구원이 너무 기계적이고 숫자적이 된다. 또한 실제 수로 주장하는 많은 교단이나 단체는 자기들의 모임에 들어와야 144,000이 된다고 주장하는 폐단을 안고 있다. 성경의 기본적인 개념은 하나님은 누구에게나 후하게 은혜를 베푸시는 분이시며 그의 사랑에 응답하는 사람이면 누구나 받아들이시는 분이시다. 우리가 이해하는 하나님의 성품에 비추어 볼 때, 열두 지파에서 구원받을 사람이 하나 같이 정확하게 더도 덜도 아니고 12,000명씩이라는 것은 받아들이기 어렵다. 따라서 요한이 이스라엘의 열두 지파를 말한 것은 문자적인 이스라엘을 말하려는 것이 아니라 영적인 이스라엘, 곧 교회를 뜻하려 함이었고 그 숫자 역시 상징적인 수로 이해하는 것이 바람직하다.

우리는 144,000에 대하여 완전히 이해할 수가 없다고 말하는 것이 정직한 고백일 것이다. 우리가 확실히 알 수 없는 문제로 자기만 옳다고 주장하는 편협한 우를 범하지 않도록 하자. 그러나 그들이 특별한 무리이며, 마지막 세대로서 우주 앞에 제시해야 할 특별한 사명을 가지고 있는 자들로서의 이해는 반드시 가지고 있어야 하겠다.

(5) 14만 4천이란 수는 어떻게 나온 것인가?

계시록 13장의 짐승의 수는 불완전을 상징하는 6이 세 번 연속으로

666이다. 하나님께서도 완전을 의미하는 144,000이라는 상징 수를 가지고 있다. 성경 문맥은 144,000은 악의 세력에 대항하는 영적 군대를 상징하는 숫자이다. 민수기에 보면 이스라엘이 군대를 보낼 때, 각 지파에서 천 명씩 뽑았다(민 31:4). 1,000은 군대조직의 기본이었다. 12는 성경에서 완전수이다. 12x12=144로서 최상의 완전수를 의미하며 거기에 1,000을 곱하면 144,000이 된다. 12x12x1000=144,000이다. 그러므로 144,000은 충만하고 완전한 수를 상징한다.

(6) 144,000은 누구인가?

14만 4천은 마지막 시대 "티나 주름 잡힌 것이나 이런 것들이 없는"(엡 5:25~27) 그리스도의 군대이다. 사탄의 세력과 최후의 일전을 치르는 144부대인 셈이다. 성령으로 충만하여 그리스도의 아름다운 형상을 반사하는 살아계신 하나님의 인을 받은 충성스런 마지막 백성들이다.

(7) 144,000과 셀 수 없는 큰 무리는 같은 무리인가? 다른 무리인가?

> "[9] 이 일 후에 내가 보니 각 나라와 족속과 백성과 방언에서 아무라도 능히 셀 수 없는 큰 무리가 흰 옷을 입고 손에 종려 가지를 들고 보좌 앞과 어린 양 앞에 서서 [10] 큰 소리로 외쳐 가로되 구원하심이 보좌에 앉으신 우리 하나님과 어린양에게 있도다 하니"(계 7:9,10).

두 무리는 동일한 무리로서 144,000은 이 땅에서 전투하는 교회의 모습을 표현한 것이고, 큰 무리는 하나님 보좌 앞에 서 있는 승리한 교회의 모습을 묘사한 것이다. 14만 4천은 이 땅에서 환난을 통과하는 재림 직전의 모습이고, 큰 무리는 환난을 통과하고 하늘에 있는 재림 직후의 모습이다.

요한은 "내가 들으니" 그 다음 "내가 보니"라는 형식으로 기록하고 있다.

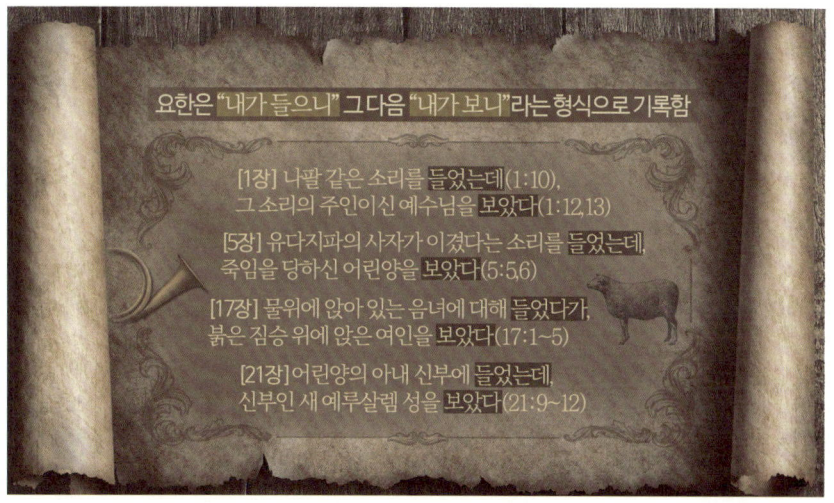

처음에는 듣고 그 다음 보는 패턴이다. 마찬가지로 요한은 7장 4절에서 144,000이라는 수를 들었고, 9절에서 셀 수 없는 큰 무리를 보았다. 그러므로 동일한 무리를 다른 환경과 다른 시기에 본 것이다. 처음에는 천사가 아직 "땅이나 나무나 바다"를 해하기 전에 144,000이 지상에 있는 모습이고, "셀 수 없는 큰 무리"는 모든 것이 끝난 후 흰 옷을 입고 손에 승리의 종려나무 가지를 들고 하나님의 보좌 앞에 있는 모습이다. 즉 그들이 지상에 있을 때와 하늘 보좌 앞에 있을 때를 비교한 것으로서 장소만 다를 뿐 동일한 무리이다. 144,000으로 말할 때는 전쟁에 나가는 군사적 단위로 말했고, 큰 무리로 말할 때는 전쟁에서 승리한 개선자로 묘사한 것이다.

(8) 그들이 어떻게 왔는가?

 "[13] 장로 중에 하나가 응답하여 내게 이르되 이 흰 옷 입은 자들이 누구며 또 어디서 왔느뇨 [14] 내가 가로되 내 주여 당신이 알리이다 하니 그가 나더러 이르되 이는 큰 환난에서 나오는 자들인데 어린양의 피에 그 옷을 씻어 희게 하였느니라"(계 7:13,14).

144,000은 "어린양의 피에 그 옷을 씻어 희게" 하였다. 피는 붉은데 그 피가 희게 한다는 사상은 참 역설적인 표현이다. 어린양의 피는 그리스도의 십자가의 죽음을 의미한다. 모든 죄에서 깨끗케 하는 것은 어린양 예수 그리스도의 피밖에 없다(요일 1:7). 출애굽 때 유월절 양의 피가 이스라엘 장자들을 구원했듯이 어린양의 피로 구원을 얻는다. "그의 피로 말미암아 구속 곧 죄 사함을 받았"(엡 1:7)다고 했다. 또한 그리스도의 피는 우리의 양심을 깨끗케 한다(히 9:14).

하나님은 우리에게 더 이상 보여줄 것이 없는, 최고의 사랑을 모두 보여주셨다. 이것 이상 더 큰 사랑을 감춰둔 것이 없고, 모든 것을 다 쏟아부어서 우리를 사랑하셨다. 주님께서는 이미 나타내신 사랑보다 더 큰 사랑을 나타내실 수 없다. 그런데 인간이 이 사랑에 반응하지 않으면 전혀 희망이 없다. 하나님의 사랑을 거절할 때마다, 하나님의 자비를 거절할 때마다 우리는 더욱더 불신으로 굳어지게 된다. 마음을 열지 않고 굴복하지 않고 회개하지 않을 때마다 우리는 주님의 음성을 더욱 싫어하게 된다.

여기 그 옷을 "씻어"라고 했다. 피는 예수께서 흘리셨지만, 씻는 일은 우리에게 달려있다. 씻는 것은 그리스도의 속죄를 믿고 죄의 고백과 회개를 통해 용서를 받고 의를 얻어 승리자가 되는 것을 말한다. 그리스도의 피를 내게 적용하는 것은 사람이 해야 할 부분이다. 죄의 옷을 그리스도의 피에 빨아야 하는 일은 다른 사람이 대신해 줄 수 있는 일이 아니고, 내가 해야 하는 일이다. 아내가 아무리 믿음이 좋아도 남편의 죄를 대신 씻어주지 못한다. 부모나 친구가 아무리 믿음이 좋아도 그들의 회개가 내 것이 될 수 없다. 그리스도의 피를 바라보고 참된 회개와 믿음을 통해 옷을 씻어야 한다.

(9) 그 사람들이 어떻게 되는가?

> "[16] 저희가 다시 주리지도 아니하며 목마르지도 아니하고 해나 아무 뜨거운 기운에 상하지 아니할지니 [17] 이는 보좌 가운데 계신 어린양이 저희의 목자가 되사 생명수 샘으로 인도하시고 하나님께서 저희 눈에서 모든 눈물을 씻어 주실 것임이러라"(계 7:16,17).

아멘! 요한계시록을 읽는 우리들은 하나님의 은혜에 감격하여 진심으로 "아멘"이라고 부르짖게 된다. 마지막 날 예수께서 다시 오실 때,

우리들이 그리스도를 찬송하는 무리 가운데 있기를 원한다면 지금 결단이 필요하다. 요한계시록은 그리스도의 승천 이후부터 다시 오실 재림 때까지 기독교 역사를 예언으로 보여주고 있는 책이다. 그리스도인을 없애기 위한 사탄의 핍박과 선과 악의 전쟁의 역사 사이 사이에 요한계시록은 하늘을 열어 하늘에서 진행되는 일들을 우리에게 보여준다. 계시록 7장은 14만 4천을 언급하면서 세상의 역사가 아무리 악하고 성도들에게 힘든 것일지라도 그 모든 역사를 주관하시는 분은 결국 하나님이라는 것을 우리에게 확신시켜 주며, 우리에게 용기와 위로를 주고 있다.

3. 우리의 준비

요한계시록 7장의 분명한 목적은 "그 숫자는 상징인가? 실제인가?" "14만 4천은 누구인가?"가 아니라 "그들은 어떤 사람들인가?"이다. 인류 역사의 마지막에 사탄의 세력과의 최후의 싸움을 위해 준비해야 할 필요성을 우리들에게 일깨워주는 것이다. 투쟁의 바람이 그 파멸의 일을 이제 막 시작하려 하고 있다. 지체할 시간이 없다. 그런 순간에 천사들이 바람을 붙들고 있다는 것은 하나님의 자비를 보여주는 것으로 하나님은 당신의 백성에게 준비할 시간을 주신다.

계시록 6장의 지상 역사의 마지막 장면에서, 회개하지 않은 자들은 심판을 두려워하여 "보좌에 앉으신 이의 낯에서와 어린양의 진노에서" 숨겨 달라고 절규하는 반면(6:16), 구속받은 자들은 "보좌 앞과 어린양 앞"에 당당히 서 있다(7:9). 이 얼마나 큰 대조인가? 보좌 앞에 숨기를 원하는가? 보좌 앞에 서 있기를 원하는가? 천만 천사들이 노래하고

온 우주가 하나님의 사랑을 찬송하는데 은혜와 구원을 받은 당사자인 우리들이 그 사랑을 깨닫지 못하고 배은망덕하게 살아간다면 얼마나 부끄러운 일인가!

우리 앞에는 하늘에서의 영원한 삶이 기다리고 있다. 하나님께서 살아계시므로, 또한 예수님이 우리를 구원하기 위해 생명을 주셨기 때문에, 이 땅에서 희망 없이 죽도록 버려두시지 않으신다. 어떤 사람들은 하늘나라를 지어낸 이야기나 신화처럼 생각하고 그대로 믿는 것을 유치하게 생각한다. 그러나 믿지 않는 것이 유치한 일이 아닐까? 목적도 없이 살아가다가 어느 날 죽어 우주의 먼지처럼 사라져 버린다고 생각하는 것이 더 유치한 것이다.

지금은 14만 4천이 준비되는 시기다. 이 마지막 시대에 많은 사람들이 자신의 편리와 유익을 위해 하나님을 떠나고, 어떤이들은 믿는다고 하면서 오히려 하나님의 참 백성을 핍박할 것이다. 그럴지라도 여전히 하나님의 충성스런 백성들인 14만 4천이 남아 있을 것이며, 결국 그들이 살아계신 하나님의 인을 받아 세상 역사의 피날레를 장식하고, 영원토록 하나님의 사랑과 공의를 증명하는 예수님의 증인들이 될 것이다.

4. 열한시 일꾼

우리가 전하는 복음은 "예수님을 믿으면 구원받는다"는 것으로 끝나지 않는다. 이 마지막 시대에 어린양이 어디로 인도하든지 따라가는 "예수님의 증인"이 되는 사명을 감당할 자들, 그들을 준비시킬 뿐만 아니라 나를 그 증인으로 부르시는 그 소명 앞에 우리는 서 있다.

우리가 살고 있는 이 시대는 예수님의 재림 직전의 시대, 인류 역사의 문을 닫기 1시간 전인 긴박한 때이다. 인류의 멸망과 영생이 최종적으로 결정나는 이러한 위기 속에서 하나님의 최후의 호소를 전하기 위해 부르심을 받은 예수 그리스도의 증인들! 그들은 적그리스도와 짐승의 표의 정체를 밝히고, 하나님의 영광의 사본인 십계명의 회복과 인간 성소의 정결(죄를 승리하는 거룩한 삶)에 대한 복음, 그리스도와 사탄 사이의 우주적인 대전쟁, 재림 전 심판과 영원한 복음, 그리고 예수 그리스도의 재림을 전해야 하는 사명을 맡은 일꾼들을 우리는 11시 일꾼이라고 부른다.

 "이 일 후에 다른(넷째) 천사가 하늘에서 내려오는 것을 보니 큰 권세를 가졌는데 그의 영광으로 땅이 환하여지더라"(계 18:1).

> 11시 일꾼들은 [죄인을 변화시키는 하나님의 능력을 경험]하여 그 영광으로 온 세상을 환히 비추는 사람들이다.
>
> 11시 일꾼들은 인류 역사의 마지막 시기에 살고 있으며, 자신을 변화시키고 성숙케 한 "사람의 아들 그리스도" 안에 들어있는 영원한 복음을 전하는 사람들이다.
>
> 11시 일꾼들은 자신들이 없으면 예수의 증인들이 준비될 수 없다는 시대적 사명을 깨닫고 온전한 굴복과 전적인 헌신을 하는 사람들이다.
>
> 11시 일꾼들은 연약한 사람들이다. 영적으로, 도덕적으로, 정신적으로, 체력적으로 모든 면에서 앞선 믿음의 선조들보다 불리한 조건에 있는 사람들이다.

그러나 "사람의 아들이신 그리스도"와 함께 했던 성령의 능력으로 마지막 짐승의 우상과 대전쟁을 치르게 된다. 비록 죄 된 인간의 본성을 타고 태어났지만, 말씀의 능력과 성령의 능력으로 **"그 중에 약한 자가 그 날에는 다윗 같겠고 다윗의 족속은 하나님 같고 무리 앞에 있는 여호와의 사자 같을 것이라"**(슥 12:8)는 말씀을 성취하는 용사들이 된다. 이들에게 임하는 능력은 늦은비 성령이다. 요엘 선지자는 예언한다.

"[28] 그 후에 내가 내 신을 만민에게 부어 주리니 너희 자녀들이 장래일을 말할 것이며 너희 늙은이는 꿈을 꾸며 너희 젊은이는 이상을 볼 것이며 [29] 그 때에 내가 또 내 신으로 남종과 여종에게 부어 줄 것이며 [30] 내가 이적을 하늘과 땅에 베풀리니 곧 피와 불과 연기 기둥이라 [31] 여호와의 크고 두려운 날이 이르기 전에 해가 어두워지고 달이 핏빛 같이 변하려니와 [32] 누구든지 여호와의 이름을 부르는 자는 구원을 얻으리니 이는 나 여호와의 말대로 시온 산과 예루살렘에서 피할 자가 있을 것임이요 남은 자 중에 나 여호와의 부름을 받을 자가 있을 것임이니라"(욜 2:28~32).

요엘서의 1차적인 성취는 사도 시대에 이뤄졌다. 사도행전 2장에 보면 베드로가 오순절에 성령을 받고 예루살렘에서 설교할 때, 요엘서의 이 말씀을 인용하면서 지금 너희가 본 그대로 이 말씀이 성취됐다고 선포했다(행 2:16~21). 마지막 시대에 요엘서의 이 말씀이 다시 한 번 성취될 것이다. 그때는 오순절 사도 시대보다도 더 큰 능력으로 임하게 된다. 이와 같이 성령께서 일하실 때, 사탄은 더욱 "우는 사자 같이 두루 다니며 삼킬 자를 찾"고 "택하신 자까지 미혹"해서 최후의 전쟁을 준비하고 있다(벧전 5:8; 마 24:24). 자기의 때가 얼마 남지 않은 줄 알고 크게 분내어 짐승의 표의 환난을 준비하고 있다.

"용이 여자에게 분노하여 돌아가서 그 여자의 남은 자손 곧 하나님의 계명을 지키며 예수의 증거를 가진 자들로 더불어 싸우려고 바다 모래 위에 섰더라"(계 12:17).

이러한 때에 11시 일꾼은 사탄의 세력을 무너뜨리고, 마지막 종교 개혁을 완성하며, 예수 그리스도의 재림과 하나님의 인을 세상에 분명히 전해야 하는 사명을 가지고 있다. 그 일을 위해서는 참 성령의 역사가 필요하며 우리는 그것을 **"늦은비 성령"**이라고 부른다. 사도 시대는 씨앗의 파종을 위한 이른비 성령의 시대였고, 마지막 시대는 곡식을 여물게 하는 늦은비 성령의 시대이다. 이른비가 가랑비였다면 늦은비는 폭포수처럼 쏟아지는 장대비이다. 요엘의 이 예언은 사도 시대에 부분적으로 성취되었다. 이제 그 예언은 지금 이 시대를 사는 마지막 백성들에게 보다 더 분명하게 성취될 때에 우리는 살고 있다.

11시 일꾼은 **"그 여자의 남은 자손 곧 하나님의 계명을 지키며 예수의 증거를 가진 자들"**이다. 그렇다면 하나님의 참 백성, 마지막 남은 자손의 특징과 사명은 무엇일까?

> "성도들의 인내가 여기 있나니 저희는 하나님의 계명과 예수 믿음을 지키는 자니라"(계 14:12).

계시록 12장 17절에 이어 14장에서 재차 반복되고 있다. 이 말씀은 그들의 특징을 한마디로 표현해 주고 있다. 먼저, 하나님의 백성의 가장 중요한 특징은 하나님의 계명을 지키는 것이다. "하나님의 계명은 순종할 수 없다"는 사탄의 주장을 침묵시키기 위하여 예수께서 이 땅에 오셔서 성령과 연합하여(인성과 신성의 연합) 온전히 계명을 순종하는 생애를 사셨던 것처럼, 마지막 하나님의 백성은 성육신하신 예수 그리스도의 모본을 따라 죄 된 육체를 가졌지만 **"예수의 믿음"**을 가지고 성령의 능력으로 계명을 지키는 사람들이다. 이러한 인성과 신성의 연합의 결과 예수님의 형상을 충만히 반사하게 된다. 문자적 규율을 철저히 지키는 것이 아니라 모든 법도에 들어있는 하나님의 사랑의 형상이 반사되는 말 그대로 "그리스도인"이 되는 것이다.

또 다른 특징은 **"예수의 믿음"**을 가지는 것이다. 예수 믿음이란, 예수님을 믿는 믿음뿐만 아니라 예수께서 가지고 계신 그 믿음이다. 예수께서 우리와 같은 인간의 본성을 쓰시고 오셨지만 하나님을 온전히 신뢰하는 믿음으로 승리하는 생애를 사신 것처럼, 예수께서 가지신 그 믿음으로 성령께서 함께 하시면 우리도 그렇게 살 수 있다는 것이다. 예수님의 믿음이 있어야만 하나님의 계명을 지킬 수 있다. 예수 믿음의 결론 역시 예수님의 형상을 충만히 반사하는 것인데, 이사야 58장의 삶으로 그 결과가 나타난다. 하나님의 계명과 예수님의 믿음을 지키는 모든 일의 결론은, 인성과 신성의 연합으로 우리를 신의 성품에 참여하게 하여 예수님의 형상을 충만히 반사하는 "그리스도인"이 되게 하는 것이다.

5. 예수의 향기내는 예수의 증인

열한시에 포도원에 들어온 자들은 그들이 일할 기회를 얻게 된 것에 대해 감사하는 마음을 가졌다. 그들의 마음은 그들을 일꾼으로 불러 주신 주인에 대한 감사로 가득 차 있었다. 그가 일한 시간이 너무도 짧았기 때문에 품삯을 받을 자격이 없다고 생각했다. 그러나 그는 하나님께서 자기를 받아 주셨기 때문에 그의 마음에 기쁨이 충만했다. 그는 그리스도와 동역자가 된 특권을 감사히 생각하고 겸손한 마음으로 하나님을 의지하면서 열심히 일했다. 로마의 백부장 고넬료는 이방인이었지만 "경건하여 온 집으로 더불어 하나님을 경외하며 백성을 많이 구제하고 하나님께 항상 기도하"(행 10:2)는 사람이었다. 그러나 당시의 참된 진리인 "하나님의 아들 그리스도"에 대해서 알지 못했다. 하지만 베드로를 통해 "하나님의 아들 예수 그리스도"에 대한 가르침을 받고 주님을 믿으니 제자들이 받았던 동일한 이른비 성령을 받았다. 이렇듯 성령은 준비되어 온 자에게, 작은 빛이라도 받은 빛에 순종해온 자에게 내릴 뿐만 아니라 제자들이 "하나님의 아들 예수 그리스도"를 깨닫고 이른비를 받았듯 마지막 시대에는 "사람의 아들 예수 그리스도"를 믿고 순종하므로 "하나님의 계명"과 "예수의 믿음"을 가진 자들이 늦은비 성령을 받게 된다. 그래서 "사람의 아들 예수 그리스도"는 아무리 강조해도 지나치지 않는 "우리 안에 계신 그리스도, 곧 영광의 소망"이 되어야 한다(골 1:27). 고넬료와 같은 경건한 그리스도인이 오늘날 기독교에 많이 있고 예수님의 증인(11시 일꾼, 144,000)으로 지금 준비되고 있다. 그들이 빛을 받았을 때, 고넬료가 그러했던 것처럼 예수님의 증인의 대열에 함께 서게 될 것이다. 우리 모두 그 무리에 포함되기를 간절히 바란다.

기 도

은혜로우신 하나님 아버지!
지금 우리를 위하여 네 천사가 이 땅 사방 바람을
붙잡고 있음을 인하여 감사합니다. 지금은 인치는 시기이고
144,000이 준비되는 시기입니다. 아버지, 바로 그 144,000에
우리가 포함되기를 간절히 원합니다. 그리하여 하나님의 실추된
명예와 하나님의 억울하심과 하나님의 공의를 온 우주에 드러내는
마지막 참된 백성이 되기를 원합니다. 아버지! 이 인치는 시기의
엄숙함을 깨닫고 또 바람을 붙잡으라 붙잡으라는
하나님의 자비의 음성을 듣고 지금 우리가 돌이켜 회개하여
하나님의 마지막 백성 될 수 있도록 인도하여 주시옵소서.
주님은 다시 오실 것을 약속하셨습니다.

이제 그 날이 우리의 목전에 임박해 있습니다.
아버지, 우리가 세상에 속해있는 마음이나 혹시 한발자국
뒤로 물러나고 있다면 정신을 차리고 다시 오시는 주님을
바라볼 수 있도록 도와주시옵소서.

예수 그리스도 이름으로 간절히 기도드립니다.

아멘!

요한계시록 7장 복습문제

1. 네 천사가 땅의 사방 바람을 붙잡는 것에 대한 설명이 아닌 것은?

① 땅의 사방은 온 세상을 의미한다.

② 전 세계적인 전쟁과 파멸이 일어나지 않도록 억제한다는 뜻이다.

③ 바람을 놓으면 적그리스도가 멸망하고 평화가 임한다.

④ 나무는 하나님의 백성을 표상하기 때문에 바람이 나무에 불지 못한다는 의미는 의인들에게는 해를 끼치지 못한다.

2. 괄호 안에 들어갈 단어는 무엇인가?

"[2] 또 보매 다른 천사가 (   )을 가지고 해 돋는 데로부터 올라와서 땅과 바다를 해롭게 할 권세를 얻은 네 천사를 향하여 큰 소리로 외쳐 [3] 가로되 우리가 우리 하나님의 종들의 이마에 인치기까지 땅이나 바다나 나무나 해하지 말라 하더라"(계 7:2,3).

3. 다른 천사가 살아계신 하나님의 인을 가지고 해 돋는 데로부터 올라오는데 이것을 바르게 설명한 것은?

① 한국은 동방의 등불이므로 살아계신 하나님의 인을 가진 천사는 한국에서 나온다.

② 해 돋는 곳은 동쪽의 나라인 한국이므로 한국에서 재림 예수가 나타나야 한다.

③ 동쪽은 하나님의 보좌의 상징으로 사용되었으므로 예수 그리스도로부터 보내심을 받았다는 것을 의미한다.
④ 한국에서 계시록 해석이 활발하고 그 어느 나라보다 신심이 뛰어난 이유는 천사가 친히 한국에 나타나 사람들을 격려하기 때문이다.

4. 살아계신 하나님의 인에 대한 설명이 아닌 것은?
① 천사가 앞 이마에 십자가를 그려주고 악인에게 보호함을 받게 한다.
② 하나님의 진짜 백성임을 증명해 주는 신분증이다.
③ 하나님의 보호의 표로 마지막 7재앙 때에 보호를 받는다.
④ 주님의 거룩한 성품과 사상이 마음에 새겨져 그리스도의 형상을 반사하는 것을 의미한다.

5. 살아계신 하나님의 인과 짐승의 표를 이마나 손에 받는다는 의미와 관계없는 설명은?
① 신명기와 에스겔에 등장하는 표현으로 이마는 마음과 사상을 의미하고, 손은 행동을 가리킨다.
② 이마나 손에 받는 것으로 통일해야 몸 구석구석을 살피지 않아도 되고 한 눈에 표시가 된다.
③ 짐승의 표를 이마에 받는 사람은 전적으로 짐승을 추종하기 때문에 받으며, 손에 받는 것은 마음은 원치 않지만 어쩔 수 없이 받게 되는 형편을 나타낸다.
④ 짐승의 표는 성품이 하나님을 반역하는 사람이 받는 것이고, 하나님의 인은 하나님의 성품을 닮은 사람이 받는 것이다.

6. 인치는 목적이 무엇인가?

① 까마귀가 인침 받은 사람을 알아보고 먹을 것을 주기 때문이다.

② 인침 받은 사람은 하나님의 능력을 직접 행사하여 재앙의 때에 자신을 보호할 수 있기 때문이다.

③ 인침 받은 사람들끼리 서로 알아보고 무리를 지어 숨어 지낼 수 있기 때문이다.

④ 7재앙의 때에 인침 받은 하나님의 백성들을 보호하기 위해서다.

7. 인침과 관련된 예언의 순서와 결과로 옳지 않은 것은?

① 하나님의 백성들이 인을 받을 때까지 그리스도께서 모든 것을 지배하고 계신다.

② 인치는 일이 끝나면 은혜의 시간이 끝난다.

③ 인치는 일이 마치면 7재앙(대환난)이 온다.

④ 인치는 일이 끝나면 늦은 비 성령이 내리고 전 세계적인 복음 사역이 능력있게 시작된다.

8. 14만 4천이 나오는 12지파가 영적 이스라엘이라고 보는 타당한 이유가 아닌 것은?

① 계시록에 나오는 12지파의 목록에는 단 지파와 에브라임 지파가 빠져 있다는 점에서 여타의 지파 목록과 다르기 때문이다.

② 예수 그리스도께서 이 땅에 오신 이후로는 혈통적 유대인들이 아니라 영적 이스라엘 즉 그리스도를 믿는 교회가 이스라엘이 되었다.

③ 혈통적 유대인이 영적 이스라엘로 변경되었다는 대체신학은 적그리스도 신학이다.
④ 사도 바울은 이방인으로 구성된 교회에 하나님의 이스라엘이라는 호칭을 사용했고 요한 당시에도 이미 혈통적 유대인은 존재하지 않았기 때문이다.

9. 14만 4천과 셀 수 없는 큰 무리에 대한 잘못된 설명은?
① 14만 4천은 사람이고 셀 수 없는 큰 무리는 천사들이다.
② 동일한 무리로서 14만 4천은 이 땅에서 전투하는 교회의 모습을 표현한 것이고, 큰 무리는 하나님 보좌 앞에 서 있는 승리한 교회의 모습을 묘사한 것이다.
③ 그들이 지상에 있을 때와 하늘 보좌 앞에 있을 때를 비교한 것으로서 장소만 다를 뿐 동일한 무리이다.
④ 14만 4천으로 말할 때는 전쟁에 나가는 군사적 단위로 말했고, 큰 무리로 말할 때는 전쟁에서 승리한 개선자로 묘사한 것이다.

10. 14만 4천만에 대한 설명 중 관계없는 것은?
① 큰 환난에서 해를 받지 않고 살아 승천하는 자들이다.
② 하나님 앞에서 흠이 없는 자들이며 하나님의 인을 받고 마지막에 구원 얻을 사람들이다.
③ 오늘을 살고 있는 우리 모두가 14만 4천의 후보이다.
④ 14만 4천명만 하나님께 기쁨과 영광이 된다.

8장

일곱 나팔
(유대교, 기독교, 이슬람)
심판이 시작되다

"또 다른 천사가 와서 제단 곁에 서서
금 향로를 가지고 많은 향을 받았으니 이는 모든 성도의
기도들과 합하여 보좌 앞 금단에 드리고자 함이라"

[계 8:3]

요한계시록 8장

[계시록 8:1~13]

[1] 일곱째 인을 떼실 때에 하늘이 반 시 동안쯤 고요하더니
[2] 내가 보매 하나님 앞에 시위한 일곱 천사가 있어 일곱 나팔을 받았더라
[3] 또 다른 천사가 와서 제단 곁에 서서 금 향로를 가지고 많은 향을 받았으니 이는 모든 성도의 기도들과 합하여 보좌 앞 금 단에 드리고자 함이라
[4] 향연이 성도의 기도와 함께 천사의 손으로부터 하나님 앞으로 올라가는지라
[5] 천사가 향로를 가지고 단 위의 불을 담아다가 땅에 쏟으매 뇌성과 음성과 번개와 지진이 나더라
[6] 일곱 나팔 가진 일곱 천사가 나팔 불기를 예비하더라
[7] 첫째 천사가 나팔을 부니 피 섞인 우박과 불이 나서 땅에 쏟아지매 땅의 삼분의 일이 타서 사위고 수목의 삼분의 일도 타서 사위고 각종 푸른 풀도 타서 사위더라
[8] 둘째 천사가 나팔을 부니 불 붙는 큰 산과 같은 것이 바다에 던지우매 바다의 삼분의 일이 피가 되고
[9] 바다 가운데 생명 가진 피조

물들의 삼분의 일이 죽고 배들의 삼분의 일이 깨어지더라

[10] 셋째 천사가 나팔을 부니 횃불 같이 타는 큰 별이 하늘에서 떨어져 강들의 삼분의 일과 여러 물샘에 떨어지니

[11] 이 별 이름은 쑥이라 물들의 삼분의 일이 쑥이 되매 그 물들이 쓰게 됨을 인하여 많은 사람이 죽더라

[12] 넷째 천사가 나팔을 부니 해 삼분의 일과 달 삼분의 일과 별들의 삼분의 일이 침을 받아 그 삼분의 일이 어두워지니 낮 삼분의 일은 비침이 없고 밤도 그러하더라

[13] 내가 또 보고 들으니 공중에 날아가는 독수리가 큰 소리로 이르되 땅에 거하는 자들에게 화, 화, 화가 있으리로다 이 외에도 세 천사의 불 나팔 소리를 인함이로다 하더라

계시록 8장

일곱 나팔(유대교, 기독교, 이슬람)심판이 시작되다

사랑은 때로 고함을 지르게도 하고 매를 들게도 한다. 대여섯 살 된 아이가 공놀이를 하다가 공이 자동차가 쌩쌩 달리는 도로로 굴러갔다. 아이가 차는 보지 않고 공만 보며 달려간다. 그때 여러분이 아이의 엄마, 아빠라면 어떻게 할까? "애야! 당장 멈춰!"라고 소리치며 아이를 저지할 것이다. 또는 걸음마를 겨우 하는 아기가 끓는 물 주전자를 뒤집어 엎으려는 순간이라면 어떻게 할까? 보통 목소리로는 안 될 것이다. 모든 부모들이 이 사실을 잘 알고 있다. 사랑하기 때문에 소리를 치게 되는 것이다.

물론 하나님께서는 조용히 타이르는 것을 더 좋아하신다. 예수님의 생애를 보면 사람들에게 따뜻하고 조용하게 이끄시고 위로하셨다. 하지만 성전을 방문하셨을 때, 성전 마당이 상인들과 협잡꾼들로 난장판이 된 것을 보시고는 상을 엎으시며 "이것을 여기서 가져가라"(요 2:13~17)고 소리치셨다.  사람들은 기겁을 하고 흩어졌으나 예수님이 사랑이 없으셔서 상을 엎으신 것이 아니다.

일곱 나팔은 하나님의 심판의 분명한 확실성을 말해주고 있다. 하나님의 심판은 "네 이놈, 너 잘못했으니까 맛 좀 봐라" 이런 식의 것이 아니다. 큰 소리로 외치는 이유는 우리를 죄의 길에서 떠나 회개하여 돌이키게 하기 위함이다. 그러므로 하나님의 심판인 일곱 나팔의 목적은 보복이 아니라 회개시키기 위한 것이다.

1. 일곱 나팔의 시점은 언제인가?

일곱 인의 개봉처럼 그리스도께서 승천하신 후부터 재림하실 때까지 기독교 전 시대를 망라한다. 일곱 천사들이 일곱 나팔을 한꺼번에 분 것이 아니라 하나씩 연속적으로 불었으므로 일곱 나팔은 이어지는 역사적 사건임에 틀림없다.

계시록 2, 3장의 일곱 편지가 일곱 교회와 기독교 시대를 다루고, 6장에서 일곱 인이 기독교 역사를 취급하고 있는 것처럼, 일곱 나팔은 일곱 교회와 일곱 인의 내용과 동일하게 반복하여 강조한다. 일곱 나팔은 기독교뿐만 아니라 세계 3대 종교인 유대교와 이슬람에 대한 하나님의 심판을 나타내고 있다.

일곱 나팔은 8장부터 11장까지 진행되는데, 살펴볼 8장은 첫 번째부터 네 번째 나팔까지 설명돼 있다.

> "일곱째 인을 떼실 때에 하늘이 반 시 동안쯤 고요하더니"(계 8:1).

일곱째 인을 뗀 다음에 일곱 나팔이 시작하는 것이 아니다. 일곱 인과 일곱 나팔은 계시록에서 역사적인 전반부에 속하는 것으로 십자가 이후부터 재림 때까지 전 시대를 포괄하면서 일곱 나팔은 일곱 인을 반복하여 강조하고 있다. 요한은 2절에서 장면이 바뀌어 나타나는 새로운 광경을 목격했다.

2. 그리스도의 중보

 "[3] 또 다른 천사가 와서 제단 곁에 서서 금 향로를 가지고 많은 향을 받았으니 이는 모든 성도의 기도들과 합하여 보좌 앞 금단에 드리고자 함이라 [4] 향연이 성도의 기도와 함께 천사의 손으로부터 하나님 앞으로 올라가는지라"(계 8:3,4).

금 향로, 향, 금단은 그리스도의 중보사역을 표상한다. 지상 성소에서 매일 행하던 제사장들의 사역을 배경으로 삼아 그리스도의 하늘 성소 사역을 묘사하고 있다. 성소 안 향단에서 드리는 분향은 매일 두 차례 행해졌는데, 그날의 첫 제사가 드려질 때와 마지막 제사가 드려질 때 향이 드려졌다. 계시록 5장 8절에서 금 대접에 가득히 담겨진 향을 성도들의 기도라 했기 때문에 금 향로는 모든 성도의 기도와 탄원을 담은 것을 의미한다. 그런데 8장 4절에서는 성도의 기도들과 향연이 합해져 하나님 앞에 올려진다고 했다. 이것은 그리스도의 의를 예표하는 속죄의 피와 공로를 상징하는 것으로 그리스도의 공로가 죄를 회개하는 자들의 기도에 섞이는 향이다. 즉 인간이 드리는 모든 기도는 불완전하지만 그리스도의 은혜로 하나님께 올라가는 것이다(롬 8:26,27; 계 5:5).

선악의 대쟁투에서 악이 승리하는 것 같은 무서운 장면들을 기록하기 전에 요한계시록은 먼저 하늘을 열어 위로의 말씀을 보여준다. 아무리 어려운 일들이 이 세상에 발생하고 하나님의 백성에게 핍박이 몰려와도 하나님께서는 여전히 성도의 기도를 들으시고 응답하고 계시는 것이다.

3. 하나님의 심판

 "천사가 향로를 가지고 단 위의 불을 담아다가 땅에 쏟으매 뇌성과 음성과 번개와 지진이 나더라"(계 8:5).

그런데 중보의 장면이 갑작스럽게 심판의 장면으로 바뀌면서 긴장감을 일으킨다. 불을 땅에 쏟는다는 것은 심판을 의미한다. 왜냐하면 하나님은 주님의 백성들이 고통을 당하고 있는 것을 강 건너 불구경 하듯 않으시고 개입하여 해결해 주시기 때문이다(출 3:7). 향로에 불을 가득 담아 땅에 쏟는 것은 에스겔의 계시에서도 나오는 표현이다(겔 10:2). 이것은 전쟁을 통해 예루살렘에 내릴 하나님의 심판을 상징한다.

이렇게 갑작스럽게 분위기가 변한 현상을 어떻게 설명할 수 있을까? 금 향단은 우리의 간절한 기도와 관련이 있으면서 또 우리의 고통의 원천이기도 하다는 말인가? 하나님은 우리를 사랑하시면서 우리를 해롭게도 하시는가? "항상 살아서 우리를 위해 간구"(히 7:25) 하시는 우리의 대제사장이 때로는 우리에게 벌을 내리기도 하시는가? 확실히 그렇다. 때로는 사랑하기 때문에 고함도 지르고 벌을 내리기도 한다. 일곱 교회에 보내는 편지를 보면 그리스도께서 버가모 교회에 있는 완고한 죄인들에게 회개치 않으면 "내 입의 검으로 그들과 싸우리라"고 하셨다(계 2:16). 또 자기 만족에 빠진 뜨뜻미지근한 라오디게아 교인들을 향하여 말씀하시기를 "무릇 내가 사랑하는 자를 책망하여 징계하노니 그러므로 네가 열심을 내라 회개하라"(계 3:19)하셨다.

(1) 사랑하면서도 벌을 주는 이유

그렇다면 왜 사랑하면서도 벌을 줄까? 사랑하기 때문에 고함이 터져 나오고 처벌을 가하게 되는 데는 몇 가지 이유가 있다.

> 첫째는 우리를 회개시켜 나쁜 길에서 돌이키게 하려고 우리를 처벌하는 것이다.

> 둘째는 우리들을 원수의 핍박으로부터 보호하기 위해 우리의 원수들을 처벌하는 것이다.

형이 어린 동생과 과자를 나눠 먹지 않고 혼자 독차지한다면 엄마가 형에게서 과자를 뺏은 다음 욕심스럽게 굴지 말라고 잔소리를 할 것이다. 그 이유는 첫째, 형으로 하여금 잘못한 것을 깨닫게 하여 더 이상 동생을 괴롭히지 못하게 하고, 둘째는 과자를 먹을 수 있는 동생의 권리를 보호해 주기 위함이다. 그런데 부모는 과자를 빼앗을 때 단호히 해야 한다. 만약 형이 동생에게 같은 잘못을 반복하고, 조용히 타

이르는 정도로는 별 효과가 나타나지 않을 때는 벌을 가할 필요가 있다. 물론 벌을 주기에 앞서 그 아이와 지금 발생된 사태에 대해 이야기를 나눌 수 있다. 많은 부모가 실수하는 부분이 화가 나서 자기 감정과 성질로 아이를 혼내는 것이다. 그러면 아이는 또 악을 쓰며 반항하고 악순환의 반복이다. 부모는 먼저 아이를 사랑하고 신뢰한다는 표현을 충분히 한 다음에 바람직한 방법으로 욕심을 극복할 수 있도록 도와줄 수 있을 것이다. 아이와 함께 하나님께서 아이를 용서하고 도와주시기를 짤막하게 기도할 수도 있을 것이다. 그리고 이런 과정을 거친 후에 "너는 매맞을 일을 했으니 매를 맞아야 하겠다."라고 할 수도 있을 것이다.

어린 자녀들이 반발심에 차 있는 것을 볼 때, 부모는 조급히 말하고 행동하려는 충동과 유혹을 받을 것이다. 그러나 그들을 나무라기 전에 한번 더 생각하라. 뜸을 들이고 그들에게 생각할 기회를 주면서 여러분도 마음을 진정하도록 하라. 아이들이 충분히 벌받을 어떤 일을 저질렀을지도 모른다. 그러나 그때 만약 부모가 그리스도의 정신으로 자녀를 대한다면 그들은 부모의 품에 안길 것이다. 그들을 나무라기 전에 하나님께서 아이들의 마음을 부드럽게 해주시기를 기도하고, 또 자녀들을 현명하게 다룰 수 있는 지혜를 주시도록 기도하라. 자녀들을 사랑으로 훈계해야 한다.

하나님이 우리를 바로잡고 처벌하시는 방법이 이와 같다. 하나님은 우리처럼 화를 내지 않고 모든 것을 사랑으로 하신다. 예수께서 화 내시는 모습이 상상이 되는가? 예수님이 자제력을 잃고 아이를 막 매질하시거나 큰 소리로 상처를 주는 것은 상상할 수도 없는 일이다. 하나님은 참으로 놀라우리만큼 참을성이 많은 분이시다. 하나님이 얼마나 오래 참으시는 분이신가를 생각하라! 우리는 때로 마음에 들지 않는 사람을 '하나님께서 좀 없애 주셨으면, 왜 저런 사람들을 저렇게 내버려두나' 하는 생각이 들 때가 있다면, 다른 사람이 나에 대해서도 그렇게 생각할 수 있다는 사실을 생각해보라. 이런 기도들이 다 응답된다면 세상에 살아있는 사람은 한 사람도 없을지 모르겠다. 하나님께서 그 사람에 대해 오래 참으시는 것처럼 나에 대해서도 오래 참고 계신다는 사실을 생각하자!

(2) 하나님은 어떻게 처벌하시는가?

처벌 방식의 하나는 우리를 보호하고 있는 손을 거두심으로 우리가 저지른 행위의 결과를 당하게 하는 것이다. 대부분의 경우 하나님은 우리들에게 조용한 음성으로 말씀하시고 좀처럼 소리치지 않으신다. 그러나 우리가 고집스럽게 우리의 길을 돌이키지 않을 때 하나님께서는 보호하심의 일부를 철회하는 것이 최선이라고 판단하시게 된다.

하나님께서 우리에게 벌주시는 또 하나의 방식은 우리의 원수들로 우리를 벌하도록 하시는 것이다. 하지만 이것 역시 지금까지 우리를 원수들로부터 지키고 보호하시던 손길을 철회하는 것이다.

(3) 일곱 나팔은 누구를 처벌하는가?

성경에는 심판이 하나님의 백성들로부터 시작한다는 원칙이 나타나 있다. 아시리아가 처벌을 받기 전에 하나님의 백성인 이스라엘이 먼저 아시리아에 의해 처벌을 받았다. 또 바벨론이 패망하기 전에 하나님의 백성인 유다가 먼저 바벨론에 의해 처벌을 받았다. 에스겔 9장 6절에 보면 하나님께서 심판하는 천사를 향해 "내 성소에서 시작할지니라"고 했다. 베드로전서 4장 17절에서도 "하나님의 집에서 심판을 시작할 때가 되었다"고 했다. 다른 번역은 "하나님의 친 백성이 첫 번째로 심판을 받아야 한다"고 했다. 이것은 당연한 말씀이다. "많이 받은 자에게는 많이 찾을 것이요 많이 맡은 자에게는 많이 달라 할 것이니라"(눅 12:48)고 했다. 우리가 하나님의 참되심과 선하심에 대해 많이 알면 알수록 우리는 더 선한 사람이 되어야 하며, 만약 우리가 더 선한 사람이 못되면 그만큼 더 큰 책임을 피할 수 없는 것이다. 따라서 세상은 교회에 더 높은 도덕성을 요구하는 것이 당연한 것이고, 교회의 타락은 누구보다도 더 큰 심판과 채찍과 지탄을 받아야 함이 마땅하다. 그래서 우리는 첫 번째 나팔이 하나님의 백성에 대한 심판을 나타내는 것을 알 수 있다.

일곱 나팔을 간략히 정리하면, 8장에 첫째부터 넷째 나팔이 나오는데,

> 첫째 나팔은 예루살렘과 유대민족이 그리스도를 거절함으로 받게 되는 하나님의 심판을 상징한다.
>
> 둘째 나팔은 서로마에 대한 심판을 상징하고 있다.
>
> 셋째 나팔은 타락한 기독교회에 가해지는 심판을 말한다.
>
> 넷째 나팔은 중세의 어둠을 가져온 재앙이었다.

9장에 다섯째와 여섯째 나팔이 나오는데,

> **다섯째 나팔**은 중동 일대를 휩쓸고 유럽까지 쳐들어간 무함마드의 채찍을 상징한다.
>
> **여섯째 나팔**은 아시아와 아프리카와 유럽의 많은 지역을 지배한 투르크(이슬람) 세력에서 계속된 재앙을 상징한다.

11장에 일곱째 나팔은 그리스도의 재림 직전, 인간 역사의 최종적 단계에서의 마지막 심판을 보여주고 있다.

4. 일곱 나팔
(1) 첫째 나팔

> "첫째 천사가 나팔을 부니 피 섞인 우박과 불이 나서 땅에 쏟아지매 땅의 삼분의 일이 타서 사위고 수목의 삼분의 일도 타서 사위고 각종 푸른 풀도 타서 사위더라"(계 8:7).

우박, 불, 뇌우, 피는 전쟁의 특성을 나타내고 있다. 삼분의 일이라는 표현은 정확한 수치를 말하기보다 일부분을 의미한다. 일곱 교회와 일곱 인이 그리스도교 역사의 전 기간을 망라하며 첫째 교회와 첫째 인은 요한계시록을 쓴 요한이 아직 생존해 있던 1세기의 기간에 성취되었다. 그래서 첫째 나팔의 성취도 의심할 여지없이 AD 70년 로마 군대에 의한 유대 국가의 멸망이다.

구약성경에서는 푸른 "풀"이 하나님의 백성을 나타내고 있으며(사 44:3,4), "나무" 역시 하나님의 백성을 대신하고 있다(시 1:3; 52:8; 9:12). 예레미야 선지자는 유대민족을 감람나무라고 일컬었으며 바벨론 사람들이 내려와서(BC 587) 산불처럼 그 가지를 불태울 것이라 하였다(렘 11:16,17). 예수께서 그 당시의 유대 민족을 열매 맺지 못하는 무화과나무로 요약하셨다(마 21:19). 시편에는 의인이 종려나무와 백향목으로 상징되었다(시 92:12). 에스겔이 불신실한 예루살렘의 멸망에 대해 예언하면서 나무를 하나님의 백성으로 적용하여 "**내가 너의 가운데 불을 일으켜 모든 푸른 나무와 모든 마른 나무를 멸하리니 맹렬한 불꽃이 꺼지지 아니하고 남에서 북까지 모든 얼굴이 그슬릴지라**"(겔 20:47). 침례 요한도 좋은 열매 맺지 아니하는 나무를 찍어 불에 던질 것을 말했는데, 그 나무는 열매 없는 유대인들을 상징한 것이다(마 3:10).

예루살렘 멸망에 대한 끔찍한 이야기는 새삼스럽게 다시 할 필요가 없다.

유대인 역사가 요세푸스는 "미래에 예루살렘을 방문하는 사람들이 그곳에 사람들이 살았다고 믿을만한 아무런 흔적도 찾을 수 없도록 그곳에 아무 것도 남겨두지 않았다"고 했다.

유대 민족은 고집스럽게 하나님의 선지자들을 배척했다. 끝내는 우리 모두를 구원하기 위해 오신 하나님의 아들을 죽이기까지 했다. 그리하여 하나님으로서는 불가불 유대 민족으로 하여금 그들의 선택의 결과를 거두도록 내버려 두실 수밖에 없으셨다. 마태복음 23장 38절에서 예수님은 눈물을 머금고 **"너희 집이 황폐하여 버린 바 되리라"**고 말씀하셨다. 예루살렘은 하나님으로부터 떨어져 나갔기 때문에 원수의 손에 심판을 받지 않으면 안되었다. 그러나 이러한 심판을 통해 많은 유대인들은 그리스도인 신자가 되었다.

(2) 둘째 나팔

> "[8] 둘째 천사가 나팔을 부니 불붙는 큰 산과 같은 것이 바다에 던지우매 바다의 삼분의 일이 피가 되고 [9] 바다 가운데 생명 가진 피조물들의 삼분의 일이 죽고 배들의 삼분의 일이 깨어지더라"(계 8:8,9).

둘째 나팔은 AD 476년 서로마제국의 멸망을 뜻한다. 베드로는 1세기 말경에 로마제국으로부터 박해를 받고 있던 유대인들이 바벨론에게 고통을 당한 걸 빗대어 로마를 **"바벨론에 있는 교회"**(벧5:13)라고 상징적으로 말했다. 바벨론은 BC 539년경에 페르시아의 고레스에 의해 함락되었기 때문에(단 5:26~28) 요한 당시에 실제의 바벨론 성은 없었으며 오늘날까지 사람이 살지 않는 유령도시이다. 그러므로 바벨론은 하나님의 성도들을 박해하는 나라를 상징한다.

불은 첫째 나팔에서처럼 심판하실 때 사용하는 표현이다. 산은 나라(사 13:4)를 의미하며 큰 산은 제국을 의미한다. 산이 나라로 나올 때는 항상 하나님의 심판의 대상으로 등장한다. 그러므로 불붙는 큰 산은 제국이 하나님의 심판의 대상이 되었음을 의미한다. 예레미야 51장에서는 바벨론을 "멸망의 산", "불타는 산"으로 부르며 멸망 당할 것으로 예고했다(렘 51:25).

"바다 가운데 생명 가진 피조물"들은 백성을 상징한다(겔 29:5; 합 1:14). 물이 피가 되고 고기가 죽는 것은 애굽의 나일강에 내린 첫째 재앙을 연상시켜 준다(출 7:19~21). 바다의 고기가 죽는 것은 악행 하는 자들에 대한 하나님의 심판을 상징한다(습 1:3). **"배들"**은 거만한

나라의 부의 근원을 상징하며(겔 27:25,33), 심판의 방편으로서 배들이 파괴되는 것은 경제의 붕괴와 사회질서의 파괴가 일어날 것을 상징한다(대하 20:37; 사 2:16; 계 18:17~19).

첫째 나팔은 한때 하나님을 따르다가 언약을 깨뜨리고 배도한 이스라엘에 내린 재앙이었으나 둘째 나팔은 이방인 나라인 로마에 내리는 심판으로 적용했다.

(3) 셋째 나팔

 "[10] 셋째 천사가 나팔을 부니 횃불 같이 타는 큰 별이 하늘에서 떨어져 강들의 삼분의 일과 여러 물 샘에 떨어지니 [11] 이 별 이름은 쑥이라 물들의 삼분의 일이 쑥이 되매 그 물들이 쓰게 됨을 인하여 많은 사람이 죽더라"(계 8:10,11).

성경에서 "**별**"은 천사를 상징한다 (욥 38:7; 계 9:1; 12:4). 별이 크다는 것은 중책을 맡은 천사를 가리킨다. "**큰 별**"은 하늘 천사들의 삼분의 일을 타락시켜 반역해서 그들과 함께 쫓겨난 그 우두머리인 루시퍼, 곧 사탄을 가리킨다. 예수께서 사탄이 하늘에서 떨어지는 것을 보았다고 했다(눅 10:18).

쑥은 "**쓴 풀**"이라는 뜻이며 역시 사탄을 가리키는 것으로 쓴 물이 많은 사람을 죽게 했다. 구약에서 쑥은 하나님을 떠나 우상 숭배를 조장하는 자들을 상징했다. 모세는 하나님의 백성들 중에 "독초와 쑥의 뿌리"가 생기면 단연히 불로 소멸하실 것을 엄중히 경고했다(신 29:17~21). 쑥을 먹거나 쓴 물을 마시는 것은 죄로 오염되어 부패된 자를 하나님께서 심판하시는 것을 상징한다(렘 8:14; 9:13~15). 그것을 먹으면 죽기 때문이다. 유다가 하나님을 배반하고 바알을 섬겼기 때문에 심판하는 것을, 그들에게 쑥을 먹이며 독한 물을 마시게 하겠다고 하나님께서 말씀하셨다(렘 23:15).

"**강들**"은 참 종교와 하나님의 진리를 상징한다. "**여러 물 샘**"은 영적 영양을 공급해주는 "**생명의 샘**"(잠 13:14)과 "**구원의 우물**"(사 12:3)인 생수의 원천인 생명의 말씀이다(요 7:38,39). 그래서 강물과 여러 물 샘은 하나님의 은혜와 말씀의 상징이다. 물로 채워지는 것은 하나님의 말씀으로 말미암아 그분의 은혜가 충만하게 되는 걸 가리킨다. 그 물이 깨끗할 때는 생명의 원천이 되어 영적 영양 공급의 젖줄이 되지만, 만일 더러워지면 강과 물 샘은 영적 사망의 근원이 되는 것이다.

솔로몬은 우물과 샘이 더러워지는 것을 악인 앞에 굴복하는 영적 결과로 상징했다(잠 25:26). 따라서 **"강들과 여러 물 샘"**은 하나님의 진리를 간직하여 가르치는 교회를 가리키는데, 하늘에서 큰 별이 강들과 여러 물 샘에 떨어지는 것은 하늘에서 쫓겨난 사탄이 교회 내부에 침입하여 활동하는 것을 상징적으로 표현한 것이다.

셋째 나팔이 말하는 것은 이방종교가 아니라 슬프게도 기독교를 통해 독성 있는 사탄의 비성서적 가르침이 유포되고 그로 말미암아 이 땅에 있는 하나님의 교회와 그리스도교의 진리가 오염되는 것을 의미한다. 중세 교회는 한걸음씩 세속적인 이교문화에 연합한 끝에 결국 하늘에서 땅에 떨어진 쑥 천사 사탄의 유혹에 굴복되고 말았다. 달콤하고 빛이 영롱했던 생명의 물 샘은 쓰디쓴 오염수로 변하였다.

셋째 나팔은 진리를 곡해하는 것으로서 교회가 사탄의 역사와 거짓 교사들의 가르침으로 세속화되어 상당한 사람들이 영적 죽음을 맞게 될 것을 경고하는 것이다. 예수께서도 기만적인 가르침을 주장할 거짓 선지자들이 일어날 것을 경고하셨다.

초대 교회의 순수한 진리가 발전하는데 걸림돌이 되던 유대주의가 첫째 나팔에서 제거되고, 그들을 박해하고 괴롭히던 로마가 둘째 나팔에서 멸망되므로 이제는 교회의 성장을 위해 길이 훤히 열린 것 같았다. 그러나 사탄이 이를 가만히 두지 않았음은 분명하다. 사탄은 거짓 가르침과 거짓 선지자, 거짓 교사들을 동원하여 교회 내부를 공격하여 생명을 주는 하나님의 말씀을 곡해시켰다. 생명의 젖줄 되는 영적 양식 대신에 사망의 쑥을 먹이고 쓴 물을 마시게 했다. 순결한 교회에 사탄이 진리를 변질시키고 이교 문화를 받아들이게 하므로 세상과 타협하여 점점 세속화되어 영적으로 죽게 만든 것이다. 교회의 주류 세력이 성경의 가르침을 곡해시켰다. 그리하여 교회는 사람을 변화시키던 힘을 잃어버리고 달콤하던 생수의 근원의 역할을 상실하고 만 것이다. 중세시대뿐 아니라 오늘날도 교회에서 "쓴 풀"을 먹이고 사람들을 영적으로 죽게 하고 있지는 않은가? 하나님의 심판이 임하기 전에 교회는 회개해야 한다.

(4) 넷째 나팔

 "넷째 천사가 나팔을 부니 해 삼분의 일과 달 삼분의 일과 별들의 삼분의 일이 침을 받아 그 삼분의 일이 어두워지니 낮 삼분의 일은 비침이 없고 밤도 그러하더라"(계 8:12).

"해"는 구약에서 예수 그리스도를 상징하기도 하고(말 4:2), 하나님의 말씀을 상징하기도 한다(시 119:105). 예수께서 친히 "나는 세상의 빛이라"고 하셨다. 달은 성장케 하는 것을 상징한다(신 33:14). 별들은 하나님의 사자들을 상징한다(계 1:20). 그런데 어두워졌다는 것은, 영적 이해력과 통찰력이 약화되는 것을 상징한다. 영적으로 하나님에 관한 참된 지식을 없애거나 위조하는 사건들이 역사적으로 있었던 시대다.

넷째 나팔은 교회가 심각한 암흑으로 뒤덮일 것을 가리킨다. 셋째 나팔에서 쑥이 되는 것은 하나님의 말씀이 곡해를 받아 오류가 되는 것을 나타내고, 넷째 나팔은 그 말씀을 아예 제거하여 비추지 못하게 하는 것이다. 셋째 나팔에서 사람들은 생명을 얻으려고 샘물에서 마시기를 계속하지만, 넷째 나팔에서는 생명을 주는 근원 자체가 침을 받는다.

구약에서 천체가 어두워지는 것은 하나님의 심판을 상징한다. 빛은 하나님의 은총의 증거로 오는 복음을 상징하고 흑암은 복음을 부인하는 결과로 오는 영적 이해력과 통찰력이 없음을 상징한다(사 60:1,2; 마 4:16). 죄인들이 빛보다 흑암을 사랑하는 것은 흑암의 권세를 잡은 자 곧 사탄에게 속했기 때문이다(골 1:13,14). 진리의 빛을 거절할 때 사탄의 역사로 마음이 어두워지며 그 마음이 기만적인 오류로 채워진다.

그리스도가 가리워지고 복음이 거절되며 죄가 성행하는 시대가 됐다. 셋째 나팔은 영적인 배도로 쑥처럼 쓰게 된 중세시대를 묘사했다면, 넷째 나팔은 그 후에 더욱 어두워진 영적 흑암을 말하고 있다. 중세의 암흑시대에 뒤이은 16세기부터 유럽은 인간의 이성을 한없이 높인 계몽주의(Enlightment), 이성의 시대(the Age of Reason)를 거쳐 합리주의(Rationalism)와 자유주의(Liberalism) 사상의 지배를 받게 되었다. 그것은 그리스도교에 타격을 가하고 사람들로 하여금 회의주의와 세속주의에 빠지게 했다. 그리고 오늘날 교회는 이러한 사상에 점령당한 신학을 마치 고상한 진리인 양 선포하고 있다. 참으로 빛을 발해야 할 교회가 심각히 어두워진 오늘날이다.

첫째부터 네 번째 나팔까지 간략히 살펴보았다. 일곱 나팔은 "**경고와 심판**"이다. 이 심판의 나팔들은 우리들에게 회개를 촉구하기 위해 불려지고 있다. 나팔은 우리에게 진실되고 진지한 그리스도인이 되며, 하나님의 뜻에 진심으로 순종하고 이웃들에게 참으로 친절하고 너그러운 사람이 되라고 외친다. 우리는 하나님을 사랑하는 만큼 사람을 사랑하는가? 하나님을 사랑한다고 떠드는 사람들이 어찌 그리 무정한가? 어찌 그리 매정한가? 기도 많이 하고, 교회 열심히 다니고, 성경 많이 읽으면 하나님을 사랑하는 것일까? 진정으로 하나님을 사랑하는 사람이라면 하나님이 위하여 죽으신 사람들을 어떻게 취급하는가로 알 수 있다. 그러나 우리는 사소한 것도 손해 보려 하지 않고, 자신의 기득권이 조금이라도 손상되면 어떻게든 놓치지 않으려고 하며, 상처를 주면서도 양심의 가책이 없고, 쉽게 미워하고 시기한다. 그것은 하나님을 사랑하는 것이 아니다. 알람이 울리고 있다. 지금 깨어나라고 그렇게 살면 안 된다고, '나는 잘하고 있어 하는' 기만에 빠지지 말라고, 지금 경고의 나팔이 불고 있는데도 계속 잠을 잘 것인가?

> "내가 또 보고 들으니 공중에 날아가는 독수리가 큰 소리로 이르되 땅에 거하는 자들에게 화, 화, 화가 있으리로다 이 외에도 세 천사의 불 나팔 소리를 인함이로다 하더라"(계 8:13).

화를 세 번이나 반복한 것은 가장 혹독한 세 번의 심판, 즉 다섯째, 여섯째, 일곱째 나팔이 아직 남아 있다는 것을 뜻한다. 이 무시무시한 선포는 호세아의 예언과 흡사하다.

"나팔을 네 입에 댈지어다 대적이 독수리처럼 여호와의 집에 덮치리니 이는 무리가 내 언약을 어기며 내 율법을 범함이로다"(호 8:1).

지금까지의 나팔은 경고성의 것이었다. 이제 나머지 세 나팔 소리가 날 때 일어날 사건들은 이제까지 일어난 심판보다 더욱 무섭고 두려운 성질의 재앙이 될 것을 암시하고 있다. 하나님의 율법을 범한 자들에게 닥치는 심판이다.

5. 일곱 나팔의 3가지 목적

- **첫째**, 하나님께서 그분의 신실한 백성들의 기도를 기억하여 응답하사 그들을 괴롭혀온 세력들을 심판하시는데 초점을 둔다. 억울한 누명을 쓰고 시련과 고통 중에 신음하는 하나님의 백성을 기억하여 그들을 압제하는 자들을 심판하시는 것이다(슥 9:14).

- **둘째**, 죄인을 회개시킬 목적으로 경고하고 정치적, 군사적 사건들을 도구로 사용하는 것이다(겔 33:3; 습 1:16).

- **셋째**, 일곱 나팔은 왕의 행차를 알리는 주의 재림과 연관이 있으며, 그분을 맞이하기 위해 진영을 가다듬으라는 나팔 소리인 것이다.

예수께서 곧 오신다! 온 세상은 주님의 재림 때 두 무리로 갈라져서 서게 될 것이다. 양과 염소의 무리로 분리되어 서게 될 것이다. 의인과 악인의 무리로 갈라져서 서게 될 것이다. 알곡과 가라지로 분리되어 서게 될 것이다. 우리는, 그리고 나는 어느 무리에 속하게 될 것인가?

미켈란젤로의 유명한 조각 다윗상에는 이런 이야기가 전해온다. 어느 날 미켈란젤로는 한 쪽이 떨어져 나가고 금이 간 대리석 덩이를 발견한다. 대리석 상인이 쓸모가 없다고 버리다시피 한 물건이었다. 미켈란젤로는 그 대리석을 헐값에 샀다. 그리고 깨진 것과 금이 간 것을 잘 이용하여 최고의 명작인 다윗상을 조각했다는 것이다. 우리의 인생에도 때로는 거친 풍파가 밀려올 때가 있고, 시련이 많으며, 깨져버리고 금이 가서 절망할 때가 있다. 그러나 하나님을 원망하지 않고, 반항하지 않으며 자신을 하나님의 손에 맡기면 우리는 그 모든 흠에도 불구하고 최고의 명작이 될 것이다.

8장, 일곱나팔(유대교, 기독교, 이슬람) 심판이 시작되다 지난 교회 역사를 통해 보았듯이 참 교회에 대한 핍박은 끝이 없고, 진리를 수호하는 교회는 고난이 많다. 그러나 일곱 촛대 사이를 다니시며 하나하나 세심하게 우리를 돌보시는 그리스도가 계신 이상 아무리 무서운 역사가 진행되어도 우리는 두렵지 않게 된다. 우리는 환난이나, 재앙이나, 심판을 두려워할 것이 아니라 그 환난의 때, 심판의 때 하나님이 내 편에 계시지 않은 것을 두려워해야 한다.

나팔소리가 요란하고 전쟁과 재앙이 세상에 가득해도 하나님의 백성들은 걱정이 없다. 왜냐하면 우리의 기도는 향기로운 향이 되어 하나님 앞에 올라갈 것이고 우리의 중보자 되시는 그리스도께서는 우리의 기도를 단 하나도 놓치지 않고 하나님 앞에 드리기 때문이다. 그것은 8장에서 금 향로에 향을 담아 보좌 앞 금단에 드리는 것으로 표상되었다. 하나님께서는 모든 기도를 응답해 주시되 우리 뜻대로가 아니고 아버지의 뜻대로 응답하신다. 그러므로 우리가 소원을 달성하기 위하여 하나님을 강제할 필요가 없다. 우리를 사랑하시는 하나님의 손에 죽는 것까지도 맡겨버리는 것이 편하고도 아름다운 신앙이다.

나팔소리가 요란하고 전쟁과 재앙이 세상에 가득해도 하나님의 백성들은 걱정이 없다. 왜냐하면 나팔이 악인을 심판하는 소리임과 동시에 하나님의 백성을 보호하기 위해 하나님께서 친히 나서신다는 사실을 기억하게 만드는 소리이기 때문이다. 나팔을 불면 하나님께서 기억하여 응답하시며 구원하신다(민 10:9). 나팔을 불면 하나님께서 그분의 백성을 위해 전사로 등장하여 당면한 문제들을 해결해 주신다. 심판을 위한 나팔소리가 들릴 때 두려움에 떠는 신앙이 아니라 여호와의 편에 서서 담대한 신앙을 가질 수 있기를 간절히 기도한다.

기 도

사랑이신 하나님 아버지!
어제나 오늘이나 영원토록 동일하게
우리의 기도를 들으시고, 보호하시고,
아껴주시는 하나님 아버지, 우리가 하나님의 뜻에
기꺼이 순종하므로 하나님의 보호함을 받는
주님의 백성 되기를 원합니다. 온 세상에 지금 나팔이
불려지고 있습니다. 심판의 나팔이 불려지는 이때에
내가 심판 받는 악인들의 자리에 있는 것이 아니라,
이 나팔이 불려질 때 하나님께서 나를 보호하시는
전사로 등장하는, 그래서 담대히 용기를 가지고 주님과
함께 전진할 수 있는 그런 신앙의 용사가 될 수 있도록
인도하여 주시옵소서. 아버지, 지금은 심판의 때입니다.
우리가 이 엄숙한 시기를 기억하고 우리의 영혼을
죄에서 건져 내시는 주님을 간절히 의지하므로
죄와 상관이 없는, 죄로부터 정결케 된 주님의
일꾼 될 수 있도록 도와 주시옵소서.
예수님 이름으로 간절히 기도드립니다.

아멘!

요한계시록 8장 복습문제

1. 일곱 나팔의 시점에 대한 설명으로 옳지 않은 것은?
① 그리스도께서 승천하신 후부터 재림하실 때까지 기독교 전 시대를 망라한다.
② 하나씩 연속적으로 불었으므로 일곱 나팔은 이어지는 역사적 사건이다.
③ 일곱 교회와 일곱 인의 내용과 동일하며 기간 또한 동일하게 반복하여 강조한다.
④ 일곱째 인을 뗀 다음에 일곱 나팔이 시작하는 것이다.

2. 일곱 나팔이 불려지기 전에 성도의 기도가 하나님 앞에 올라가는 계시를 보여주신 이유는?
① 기도할 때 실제로 향을 피우면서 기도하라는 의미이다.
② 악이 승리하는 것처럼 보이고 하나님의 백성에게 핍박이 몰려와도 성도의 기도를 들으시고 응답하고 계심을 보여주기 위함이다.
③ 심판하시기 전에 기도를 많이 하면 심판을 없애 주신다는 의미이다.
④ 심판의 때에 40일 금식 기도를 많이 하라는 의미이다.

3. 사랑의 하나님이 심판하며 벌을 주시는 이유 두 가지는?
① 우리를 회개시켜 나쁜 길에서 돌이키게 하기 위함이다.

② 사람은 가혹한 방법으로 다루어야 고분고분해지기 때문이다.
③ 우리들을 원수의 핍박으로부터 보호하기 위해 원수들을 처벌하는 것이다.
④ 두려움으로 순종하고 따라가도록 만드는 것이 가장 손쉬운 교육 방법이기 때문이다.

4. 하나님의 처벌 방식에 대한 설명으로 옳지 않은 것은?
① 보호하고 있는 손을 거두심으로 우리가 저지른 행위의 결과를 당하게 하는 것이다.
② 고집스럽게 우리의 길을 돌이키지 않을 때 하나님께서는 보호하심의 일부를 철회하는 것이 최선이라고 판단하시게 된다.
③ 강한 자가 약한 자를 심판하도록 하시는 것이 하나님의 방법이다.
④ 우리의 원수들이 우리를 벌하도록 하시는 것은 지금까지 원수들로부터 지키고 보호하시던 손길을 철회하는 것이다.

5. 하나님의 심판은 어디에서부터 먼저 시작하는가?

_____

6. 첫째 나팔에 관한 설명과 관계없는 것은?
① 삼분의 일이라는 표현은 정확한 수치를 말하기보다 일부분을 의미한다.
② 유대인들이 끈질기게 하나님의 말씀을 불순종하자 바벨론에 멸망당한 것을 상징적으로 의미한다.

③ 첫째 교회와 첫째 인이 1세기의 기간에 성취된 것처럼, 첫째 나팔의 성취도 AD 70년에 발생한 유대 국가의 멸망이다.
④ 예루살렘은 하나님으로부터 떨어져 나갔기 때문에 원수의 손에 심판을 받았다.

7. 둘째 나팔에 관한 설명과 관계없는 것은?
① 고대 유대인들을 멸망시킨 바벨론에 대한 심판이다.
② 불붙는 큰 산은 제국이 하나님의 심판의 대상이 되었음을 의미한다.
③ 둘째 나팔은 AD 476년 서로마제국의 멸망을 뜻한다.
④ 배들이 파괴되는 것은 경제의 붕괴와 사회질서의 파괴가 일어날 것을 상징한다.

8. 셋째 나팔에 관한 설명과 관계없는 것은?
① "큰 별"은 루시퍼, 곧 사탄을 가리킨다.
② 쓴 물을 마시는 것은 죄로 오염되어 부패된 자의 심판을 상징한다.
③ 거짓 교사들의 가르침으로 상당한 사람들이 영적 죽음을 맞게 될 것을 경고하는 것이다.
④ 사탄이 땅에 독초를 많이 뿌려 기근에 그것을 캐 먹던 사람들이 대량으로 죽은 심판이다.

9. 넷째 나팔에 관한 설명과 관계없는 것은?
① 하나님에 관한 참된 지식을 없애거나 위조하는 사건들이 역사적으로 있었던 시대다.

② 하나님의 말씀을 제거하여 비추지 못하게 하는 시대이다.
③ 해, 달, 별이 자주 빛을 잃으므로 기온이 떨어져 지구멸망의 징조로 보였다.
④ 영적인 흑암을 말하고 있다.

10. 일곱 나팔의 3가지 목적과 관계없는 것은?
① 성도들을 괴롭혀온 세력들을 심판하시는데 초점을 둔다.
② 죄인을 회개시킬 목적으로 경고하고, 정치적, 군사적 사건들을 도구로 사용하는 것이다.
③ 주의 재림과 연관이 있으며, 그분을 맞이하기 위해 진영을 가다듬으라는 나팔 소리이다.
④ 하나님의 백성들이 영적인 잠에서 깨어나지 못하자 하늘에서 일곱 번 큰 나팔소리가 울려 퍼졌다.

각주

서론 1: 가짜 해석에 점령당한 기독교회

[1] 안티오코스 4세 에피파네스(BC 215 ~ BC 164)의 헬라화 정책 제1목표는 유대교를 말살하고 헬라 종교를 그 지역에 심는 것이었다. 이에 에피파네스는 2만 2천의 군대를 파견하고 유대인들이 안식일에는 싸우지 않을 것을 이용해 안식일에 예루살렘을 공격했다. 예루살렘은 대부분 약탈당하고 불태워졌으며 많은 사람들이 죽고 여자와 아이들은 노예로 잡혀갔다. 그리고 BC 167년에는 드디어 유대인들이 조상 대대로 지켜 오던 율법 준수를 금하기에 이르렀다. 즉 안식일 준수, 절기 시에 행하는 축제, 할례 등을 금지시켰다. 그리고 율법서를 모두 불태우며 성전에 제우스 신상을 세워고, 번제단 위에 돼지고기로 제물을 바쳤으며, 유대인들에게 돼지고기를 먹도록 강요했다. 그리고 이 가운데 어느 하나라도 어기는 자는 누구를 막론하고 사형에 처하도록 했다. 외경 마카비 1서(The First Book of Maccabees)에 안티오코스 4세의 행적이 자세히 기록돼 있다. 마카비는 유대 혁명단을 이끌며 게릴라 전투를 벌여 더럽혀진 예루살렘을 BC 164년에 되찾고, 성전을 다시 봉헌했다. 이날을 기념하여, "하누카"라는 명절을 오늘날에도 지킨다.

[2] See The Inaedille, Cover-up : Expiring the Origin of Rapture Theories, by Dave McPherson.

2장, 일곱교회(에베소): 아른트와 슈페너가 현대 기독교에 말하다

[1] Philip Schaff, History of the Christian Church, 3d ed.(Grand Rapids, MI: Eerdmans, 1910), 13~20

[2] 레반트(Levant): 팔레스타인, 시리아, 요르단, 레바논 지역

[3] Charles Spurgeon, A Devotional Commentary, The Revelation of St. John the Divine, p.29

[4] Carter Lindberg ed., The Pietist Theologians, 이은재 역, 『경건주의 신학과 신학자들』(서울: 기독교문서선교회, 2009), 73~74

[5] J.A. Seiss, The Apocalyse, I, 121

2장, 일곱교회(서머나): 그리스도인이 된다는 것은?

[1] Ante-Nicene Fathers, 14:42

[2] Scorpiace 10; Ante-Nicene Fathers, 3:642

[3] Ante-Nicene Fathers, Vol. I, p.39

[4] Eusebius, Ecclesiastical, History, VIII. ch. 15(유세비우스: 교회사, 엄성옥 역, 서울 도서출판 은성, 2003, 11, pp.408,409)

[5] Eusebius, Ecclesiastical, History, I. 6

[6] Eusebius, Ecclesiastical, History, 8:2

[7] Eusebius, Ecclesiastical, History, 8:2

2장, 일곱교회(버가모): 발람과 발락의 유혹에서 벗어나라

[1] Robert H. Mounce, p.95

[2] Bunch, p.152

[3] Anderson, p.25

[4] Barclay, pp.113,114

[5] Codex Justianus, Book 3. Title 12, 3, trans. In Schaff, History of the Christian Church, 3:380. A.H.Lewis, History of the Sabbath and the Sunday, 2d.ed., rev., pp.123,124

[6] Irenaeus, Against Heresies, book 1, chap. 6, sec.3

2장, 일곱교회(두아디라): 교황청과 이세벨을 저항하라

[1] Ante-Nicene Fathers, 14:42

[2] Scorpiace 10; Ante-Nicene Fathers, 3:642

[3] Ante-Nicene Fathers, vol. I, p.39

[4] Eusebius, Ecclesiastical, History, VIII. ch. 15(유세비우스: 교회사, 엄성옥 역, 서울 도서출판 은성, 2003, 11, pp.408,409)

[5] Eusebius, Ecclesiastical, History, I. 6

[6] Eusebius, Ecclesiastical, History, 8:2

[7] Eusebius, Ecclesiastical, History, 8:2

[8] Tertullian, Apologeticus, ch.50

3장, 일곱교회(사데): 종교개혁은 끝나지 않았다

¹ J.H.M. D' Aubigne, History of the Reformation of the Sixteenth Century, b.7, ch.8

² 1529년 10월 30일~11월 5일까지 Marburg에서 회담

³ J. Wayne Laurens, The Crisis in America; or the Enemies of America Unmasked, G.D.Miller, 1855, p.267

⁴ A. J. Wearner, 성서기초교리, p.143

⁵ D' Aubigne, History of the Reformation of the Sixteenth Century, b.13, ch.6

⁶ D. Neal, History of the Puritans, vol, 1, p.269

⁷ W. C. Martyn, The Life and Times of Luther, vol, 5, pp.70,71

4장, 하나님의 보좌, 네 생물과 24장로

¹ Desire of Ages pp. 99, 234, 693

6장, 네 말 탄자와 일곱인(印)의 비밀을 풀다

¹ Between History and Periodicity: Printed and Hand-Written News in 18th-Century Portugal

² R.M.Devens, Our First Century, p.89, The Essex Antiquarian, April, 1899, vol.3, No.4, pp.53, 54

³ R.M.Devens, Our First Century, p.89.

⁴ The Essex Antiquarian, April, 1899, vol.3, No.4, pp.53, 54.

⁵ William Gordon, History of the Rise, Progress, and Establishment of the Independence of the U.S.A., vol.3, p.57.

⁶ Isaiah Thomas, Massachusetts Spy; or American Oracle of Liberty, vol.10, No.472(May 25, 1780).

⁷ Letter by Dr. Samuel Tenney, of Exeter, New Hampshire, December, 1785. in Massachuestts Historical Society Collections, 1792, 1st Series, vol.1, p.97.

⁸ Sir Charles Lyell, Principles of Geology, p.495.

⁹ Encyclopedia Americana, art. "Lisbon," note (ed.1831).

7장, 말도 많고 탈도 많은 14만 4천

¹ William Milligan, Lectures on The Apocalypes, London: Macmillan, 1892, 72

복습문제(정답)

계시록 서론 1
가짜 해석에 점령당한 기독교회

1   ③
2   읽는 자, 듣는 자, 지키는 자, 때
3   예수회
4   과거주의, 미래주의, 역사주의
5   ②
6   미래주의
7   ① 구원은 예수 그리스도를 통해서만 얻을 수 있다.
      ② 로마 교황청은 성경에 나오는 적그리스도이다.
8   ①
9   ④
10   ③

계시록 서론 2
한눈에 보는 요한계시록과 밧모섬 탐방

1   ③
2   ①
3   ④
4   ④
5   ③
6   ②
7   카이아즘(교차 대구법)
8   ③
9   ① 금욕주의 ② 쾌락주의
10   ④

복습문제(정답)

계시록 1장
요한계시록 안에 나타나신 그리스도

1. 다니엘서, 요한계시록
2. ③
3. 14장
4. ②
5. ④
6. 교회를 돌보시는 일곱 촛대 사이에 서 있는 그리스도
7. 두 짐승의 등장, 짐승의 표 강요
8. 짐승의 표를 받지 않고 하나님의 표를 받은 교회와 그들이 전할 복음
9. 바벨론에서 나오라는 마지막 호소와 바벨론의 멸망
10. 새 하늘과 새 땅, 새 예루살렘

계시록 2장, 일곱교회
(에베소: 아른트와 슈페너가 현대 기독교에 말하다)

1. 에베소교회
2. ④
3. ③
4. ①
5. ④
6. ②
7. ④
8. ①
9. 필립 야콥 슈페너

10 ②

계시록 2장, 일곱교회
(서머나: 그리스도인이 된다는 것은?)

1 ④
2 ①
3 ①
4 ③
5 ②
6 ③
7 밀라노 칙령, 313년
8 ②
9 ④
10 ④

계시록 2장, 일곱교회
(버가모: 발람과 발락의 유혹에서 벗어나라)

1 313~538년
2 ④
3 ④
4 ①
5 ③
6 ②
7 ④
8 감추었던 만나, 흰 돌

복습문제(정답)

9 ③
10 ①

계시록 2장, 일곱교회
(두아디라: 교황청과 이세벨을 저항하라)

1 ④
2 하나님의 아들
3 ①
4 ③
5 ②
6 ③
7 위클리프, 후스, 루터
8 ①, ④
9 ①
10 ④

계시록 3장, 일곱교회
(사데: 종교개혁은 끝나지 않았다)

1 ③
2 ④
3 ①
4 ③
5 ②
6 ③
7 ②

8 종교개혁
9 성경
10 ③

계시록 3장, 일곱교회
(빌라델비아: 그리스도인의 가슴에 불을 던지다)

1 형제의 사랑
2 ④
3 ①
4 ②
5 ②, ④
6 ②
7 ③
8 ④
9 기대, 시도
10 ①

계시록 3장, 일곱교회
(라오디게아1부: 자신에 대해 속은 교회)

1 백성을 심판함, 심판 받은 백성
2 ④
3 ①
4 321, 일요일
5 주님의 날, 라오디게아

복습문제(정답)

6	②, ④
7	①, ③
8	②
9	①
10	②

계시록 3장, 일곱교회
(라오디게아교회 2부)

1	불로 연단한 금, 흰 옷, 안약
2	④
3	①
4	③
5	징계
6	음성, 먹고
7	③
8	②
9	보좌
10	④

계시록 4장
하나님의 보좌, 네 생물과 24장로

1	①, ②
2	이사야, 에스겔, 다니엘, 사도 요한
3	①
4	④

5 ①
6 ④
7 ②
8 ①
9 ②
10 ④

계시록 5장
지구에서 우주까지 가장 감격적인 경험

1 구원: 죄에서 건져내 주었다.
  구속: 값을 지불하고 건져내 주었다.
2 ②
3 ③
4 ③
5 ④
6 어린양이신 예수 그리스도
7 ①
8 땅
9 ③
10 ④

복습문제(정답)

계시록 6장
네 말 탄자와 일곱인(印)의 비밀을 풀다

1 ②
2 ①
3 ③
4 ③
5 ④
6 ①
7 ③
8 ④
9 백마, 붉은 말, 검은색 말, 청황색 말
10 ④

계시록 7장
말도 많고 탈도 많은 14만 4천

1 ③
2 살아계신 하나님의 인
3 ③
4 ①
5 ②
6 ④
7 ④
8 ③
9 ①
10 ④

계시록 8장, 일곱 나팔
(유대교, 기독교, 이슬람)심판이 시작되다

1   ④
2   ②
3   ①, ③
4   ③
5   하나님의 교회, 하나님의 백성
6   ②
7   ①
8   ④
9   ③
10 ④

11TH HOUR NETWORK
열한시 선교센터

[11HN 성서연구원]은 세속과 비진리가 교회 안에 밀려들어오는 이 시대에 진리의 울타리로 신앙의 순수성을 보존하고, 초대교회가 가지고 있었고 종교개혁자들이 목숨 걸고 지켰던 그 순결한 복음으로의 회복을 외치고 있습니다. 종교개혁자들이 시작한 진리의 개혁은 그 후예들에게 와서 중단되어 버렸습니다. 그러나 완전히 회복되지 않은 진리의 빛은 개혁을 통해 앞으로 더 계속되어야 합니다.

오늘날 개신교는 그 이름을 잃어버렸습니다. 뼈저린 희생을 치르며 지켜온 개혁 신앙의 귀중함을 망각하고, 성서적으로 명백한 오류임을 깨닫고도 개혁의 의지를 상실한 채 신앙적 양심에 아무 부담도 느끼지 않고, 개혁을 위한 어떠한 희생도 원치 않는 오늘날 대부분의 개신교인들은 진정한 종교개혁의 후예들입니까?

현재 기독교 안에는 많은 교파가 존재합니다. 그러나 어떤 한 교리만 중요시하여 그 교파에 안주하는 것은 하나님의 뜻이 아닙니다. 종교개혁은 현재 진행형입니다. 저희는 "종교개혁은 끝나지 않았다!"는 사명으로 성경의 진리와 참된 복음을 회복하기 위해 힘쓰고 있으며 값싼 구원론과 교회성장, 기계적인 신앙으로 전락해버린 교회를 흔들어 깨우기 위해 회개운동, 거룩운동, 재림운동을 하는 신앙 운동체입니다.

예수 그리스도의 마음을 품은 예수님의 증인들이 세상 곳곳에서 일어나기를 소망합니다. 이제는 우리가 듣고 보는 모든 것을 하나님의 말씀으로 확인해 보아야 할 엄숙한 시기입니다.

한국	1544·0091 / 010·9543·0091	**미국**	1·917·935·9006
웹사이트	www.11hn.net	**이메일**	11hnnet@gmail.com

11HN 성서연구원

차별화된 기독교 방송이 제공됩니다!

 설교 마지막 시대를 살아가는 현대인들을 하늘 백성으로 준비시키는 참된 만나

 강의 성경의 예언들, 성경연구, 그리스도인 연애와 결혼 등 다양한 주제의 성경강의

 간증 거듭난 사람들의 간증과 행복한 가정, 자녀 교육, 그리스도인의 삶

 건강 현대인에게 필요한 건강 상식, 스트레칭, 채식 요리 레시피

 토크 그리스도인 청년들의 토크, 참 신앙을 찾는 사람들의 이야기

 다큐 마지막 시대를 살아가고 있는 현대인들을 위한 성경 다큐